Gisela Röper
Cornelia von Hagen
Gil G. Noam (Hrsg.)

Entwicklung und Risiko

Perspektiven einer
Klinischen Entwicklungspsychologie

Verlag W. Kohlhammer

Die Deutsche Bibliothek – CIP-Einheitsaufnahme

Entwicklung und Risiko : Perspektiven einer klinischen Entwicklungspsychologie /
Hrsg.: Gisela Röper ... – Stuttgart ; Berlin ; Köln : Kohlhammer, 2001
ISBN 3-17-016527-5

Dieses Werk einschließlich aller seiner Teile ist urheberrechtlich geschützt. Jede Verwendung außerhalb der engen Grenzen des Urheberrechts ist ohne Zustimmung des Verlags unzulässig und strafbar. Das gilt insbesondere für Vervielfältigungen, Übersetzungen, Mikroverfilmungen und für die Einspeicherung und Verarbeitung in elektronischen Systemen.

Alle Rechte vorbehalten
© 2001 W. Kohlhammer GmbH
Stuttgart Berlin Köln
Verlagsort: Stuttgart
Umschlag: Gestaltungskonzept Peter Horlacher
Gesamtherstellung:
W. Kohlhammer Druckerei GmbH + Co. Stuttgart

Inhalt

Autorenverzeichnis   7

Einleitung

Gisela Röper, Cornelia von Hagen und Gil G. Noam
Perspektiven der Klinischen Entwicklungspsychologie 11

I Sinnstrukturen und Transformation

Gil G. Noam
Reifung in der Lebensspanne: Die Suche nach dem tieferen Sinn 27

George E. Vaillant
Nutzen und Vorteile einer Hierarchie von Abwehrmechanismen 68

Kurt W. Fischer und Malcom W. Watson
Die dynamische Entwicklung sozio-emotionaler Rollen und ihre
Verzerrungen in Familien: Der Ödipuskonflikt 87

Rolf Oerter
Spieltherapie: Ein handlungstheoretischer Ansatz 118

II Protektive Faktoren und Resilienz

Klaus E. Grossmann und Karin E. Grossmann
Bindungsqualität und Bindungsrepräsentation über den Lebenslauf 143

Inge Bretherton
Innere Arbeitsmodelle von Bindungsbeziehungen als Vorläufer
von Resilienz 169

Ann S. Masten
Resilienz in der Entwicklung: Wunder des Alltags 192

Inhalt

III Risiko und Psychopathologische Entwicklung

Meinolf Noeker
Risiko und Schutzfaktoren der familiären Adaptation an die chronische
Erkrankung des Kindes: Ein klinisch-entwicklungspsychologisches
Modell als Grundlage ressourcenorientierter Familienberatung 223

Gil G. Noam und Sophie Borst
Bedeutungen konstruieren und wieder verlieren: Auf dem Weg zu
einem besseren Verständnis für suizidales Verhalten bei Jugendlichen 247

Giovanni Liotti
Der desorganisierte Bindungsstil als Risikofaktor bei der Entwicklung
der Borderline Persönlichkeitsstörung 265

Gisela Röper
Chronische innere Unsicherheit und ihre Bedeutung für die Entstehung
der Zwangsstörung – Ein klinisch-entwicklungspsychologisches
Störungsmodell 286

Autorenverzeichnis

Dr. Sophie Borst, Kinderkrankenhaus der Universität Leiden, Holland
Prof. Dr. Inge Bretherton, Human Development and Family Studies, 1430 Linden Drive, University of Wisconsin, Madison, WI 53706, USA
Prof. Dr. Kurt W. Fischer, Harvard Graduate School of Education, Larson Hall, Appian Way, Cambridge, MA 02138, USA
Prof. Dr. Klaus Grossman, Prof. Dr. Karin Grossmann, Lehrstuhl Psychologie IV, Universität Regensburg, Universitätsstraße 31, D-93040 Regensburg
Dr. Cornelia von Hagen, Fröbelweg 5, 85669 Pastetten
Prof. Dr. Giovanni Liotti, Viale Del Castro Pretorio 116, Assoc. Psicologia Cognitiva, I-00185 Roma
Prof. Dr. Ann S. Masten, University of Minnesota, 51 East River Road, Minneapolis, MN 55455-0345, USA
Prof. Dr. Gil G. Noam, Harvard Medical School, Hall-Mercer Laboratory of Dev. Psych. and Human Development and Psychology, Harvard University, 115 Mill Street, Belmont MA 02178, USA
Dr. phil. Meinolf Noeker, Dipl.-Psych., Zentrum für Kinderheilkunde der Universität Bonn, Adenauerallee 119, D-53113 Bonn
Prof. Dr. Rolf Oerter, Institut für Pädagogische Psychologie und Empirische Pädagogik der Ludwig-Maximilians-Universität, Leopoldstraße 13, D-80802 München
Gisela Röper, PhD, Institut für Klinische Psychologie und Psychotherapie der Ludwig-Maximilians-Universität, Leopoldstraße 13, D-80802 München
Prof. Dr. George E. Vaillant, MD, The Study of Adult Development, Brigham and Women's Hospital, Harvard Medical School, 75 Francis Street, Boston, Massachusetts 02115, USA
Prof. Dr. Malcolm W. Watson, Dept. of Psychology, MS 62, Brandeis University, Waltham, MA 02454-9110, USA

Einleitung

Perspektiven der Klinischen Entwicklungspsychologie

Gisela Röper, Cornelia von Hagen und Gil G. Noam

Dieses Buch ist dem Thema der menschlichen Entwicklung, deren Risiken und Chancen gewidmet. Entwicklung vollzieht sich in einem Prozess variierender Veränderungsdichte über die gesamte Lebensspanne. Sie wird sowohl durch innere als auch äußere Impulse vorangetrieben. Entwicklungsabschnitte, in denen ein klares inneres Weltbild vorherrscht, wechseln sich ab mit solchen krisenhafter oder sprunghafter Veränderungen.

Kulturen haben implizite Leistungserwartungen an ihre Individuen in bestimmten Lebensabschnitten ebenso wie an deren Verhalten in sozialen Situationen. In sozialen Gruppierungen gibt es klar umrissene Vorstellungen über Kriterien eines individuellen Lebensweges, der als gelungen, erfolgreich oder würdevoll – im Sinne der Entwicklung zu einer reifen Persönlichkeit – oder im Gegensatz dazu als vergeudet, entgleist oder gescheitert zu beurteilen ist.

Aus wissenschaftlich phänomenologischer Perspektive geht es darum, aus verschiedenen Blickwinkeln die Entwicklung und Entfaltung eines Lebensweges zu analysieren. Ziel ist es, einerseits ein Verständnis davon zu gewinnen, welchen Risiken Individuen oder Gruppen ausgesetzt und welche Konsequenzen zu erwarten sind, und andererseits unter welchen Bedingungen und mit welchen Ressourcen Menschen ihren Lebensweg aktiv gestalten und die Herausforderungen des Lebens bewältigen.

Seit einer guten Dekade existiert die Fächerkombination der Klinischen Entwicklungspsychologie (z.B. Noam, 1988; Oerter et al., 1999; Petermann, 1998), in der sich Vertreter zweier Fachrichtungen zusammengefunden haben, weil die einen die Notwendigkeit der Berücksichtigung entwicklungspsychologischer Erkenntnisse sahen, und die anderen entwicklungspsychologische Forschung betreiben wollten, die zum konkreten Nutzen von klinischen Populationen zur Anwendung gelangen sollte.

Für diesen Band wurden Arbeiten zusammengetragen, die auf der Schnittstelle zwischen Klinischer Psychologie und Entwicklungspsychologie angesiedelt, und somit dem neuen Fachgebiet der Klinischen Entwicklungspsychologie zuzuordnen sind. Das Buch behandelt drei Bereiche: Sinnstrukturen und Transformation, protektive Faktoren und Resilienz sowie Risiko und psychopathologische Entwicklung.

Einleitung

Der erste Bereich befasst sich mit Prozessen individueller Bedeutungsbildung und deren Veränderung über die Zeit. Die erkenntnistheoretische Haltung, vor deren Hintergrund »*Sinnstrukturen und Transformation*« beleuchtet werden, ist die des Konstruktivismus. Unter den verschiedenen Ausrichtungen des Konstruktivismus bezieht sich die Klinische Entwicklungspsychologie auf jene, die sich mit der Bildung von Realitätskonstruktionen bei Individuen und Gruppen (wie Familie, Schulumfeld etc.) und auch mit der inhaltlichen Analyse dieser Realitätskonstruktionen befasst (Oerter & Noam, 1999). Bei der Diskussion um Prozesse von Sinn- und Bedeutungsgebung, häufig auch im biographischen Kontext hat es deutliche Schwerpunktsetzungen gegeben, ob das Hauptaugenmerk der Analyse auf Struktur oder Inhalt kognitiver bzw. affektiv-kognitiver Aktivität zu richten sei. Dieser Band stellt eine Reihe theoretischer Grundlagen vor, die eine übergreifende Synthese von Entwicklung, Risiko und Resilienz intendieren.

Hintergrund der für die klinische Entwicklungspsychologie relevanten Entwicklungsmodelle waren Piagets empirische Studien zur Intelligenz des Kindes, in denen er die Entwicklung der Erkenntnisfähigkeit des Kindes als Konstruktionsleistung bezeichnete. Er schrieb seinen epistemiologischen Stufen folgende Charakteristika zu:

1. Stufen der (Intelligenz-)Entwicklung vollziehen sich in invarianter Abfolge;
2. die jeweils höhere Stufe stellt eine qualitative Veränderung in Richtung Fortschritt dar und schließt vorherige Stufen in überarbeiteter Form ein,
3. höhere Stufen bedeuten bessere Anpassungsleistung, sie sind allen niedrigeren Stufen überlegen;
4. Entwicklung wird vorangetrieben durch kognitive Konflikte.

Einige Autoren schlossen sich dem Primat der Struktur gegenüber demjenigen des Inhaltes an, obgleich die gewählten Themen wie Moralentwicklung (Kohlberg, 1976), Ich-Entwicklung (Loevinger, 1976) und Glauben (Fowler, 1981) die Anerkennung der Bedeutung des Inhaltes einforderten, diese jedoch entweder minimierten oder nur widerstrebend konzedierten (vgl. Röper & Noam, 1999). Sinnstiftende Aktivität äußert sich nicht nur in ordnenden mentalen Konzepten der Realitätserfassung, sondern auch in Handlungen und Tätigkeiten, wobei die dahinter liegenden Konstruktionen nicht notwendigerweise als deklaratives Wissen verfügbar sind (Oerter & Noam, 1999). Bewusst sind oft nur abgeschlossene und verarbeitete Erkenntnisprozesse, hingegen ist die jeweils aktuelle Konstruktionsarbeit, die umfassendste Selbst- und Weltsicht, die Noam als »cutting edge« (Noam, 1986b, S. 92) bezeichnet, metakognitiver Einschätzung oft nur schwer zugänglich.

Um die Entwicklung über die Lebensspanne sowie deren Risiken und Chancen umfassend beleuchten zu können, sind neben dem konstruktivistischen Theorieverständnis, unter dem eine Vielzahl von Perspektiven subsumiert werden kann, wie beispielsweise sozial-kognitive Stufenmodelle, biographische Ansätze oder Bindungstheorien, Familienpsychologie und Sozialisation, auch bio-physiologische Komponenten zu berücksichtigen. Hier führen Oerter & Noam (1999) u. a.

den Einfluss von Gesundheit und Krankheit, genetische Ursachen, Entwicklungsbeeinträchtigungen und toxische Wirkungen durch Umweltkontaminierung an. Die biologische Ausstattung eines Menschen wie Temperamentsfaktoren bilden die Grundlage, auf der Konstruktionsleistungen individuell geprägte Bahnen einschlagen.

Jene Forscher, die Konstruktion und Sinn vorwiegend im biographischen Kontext untersuchten, haben sich besonders für Lebensthemen, motivationale Parameter und Lebensziele interessiert. Bühler (1933) wählte den Begriff der Intentionalität für jene Menschen, die ihrem Leben ein Ziel geben, »für etwas Leben« wollen (S.17). Sie konstatierte seinerzeit einen historischen Wandel dessen, was als »Sinn des Lebens« angesehen wurde. Während ihrer Auffassung nach *früher* der Sinn des Lebens in Zielen außerhalb des Individuums festgelegt wurde, sei es in einer ich-transzendierenden, einer spirituell-religiösen Gottessuche oder in der Verfolgung humaner, idealer Anliegen, »betrachten (nun) mehr und mehr Menschen die Verwirklichung ihrer vollen Potenzialitäten als sinnvolles Ziel und als ihren Beitrag zum Leben« (Bühler, 1933, S.18).

Thomae (1968) prägte den Begriff der »Daseinsthematik« und beschrieb sieben Bereiche, die Inhalte, Werte und Zielsetzungen umschreiben, die über längere Zeiträume den Lebensweg eines Menschen bestimmen. Daseinsthemen »sind nach eindeutigen Kriterien aus biographischen Dokumenten wie einem Bericht über einen Tagesablauf oder über eine biographische Episode ableitbare Inhalte personaler Prozesse, in denen es nicht nur um die kognitive Repräsentation von Situationen, sondern um Art und Ausmaß des Betroffenseins von ihnen, der inneren und äußeren Auseinandersetzung mit ihnen geht« (Thomae, 1988, S. 53).

Erikson (1950) hat Entwicklungsstufen konzipiert, die für den epigenetischen Lebenszyklus bestimmte Herausforderungen des Reifungsprozesses eines Menschen benennen. In Gegensatzpaaren umreißt er die Dimensionen erfolgreicher bzw. missglückter Anpassung, wie z.B. für die erste Lebensphase die Dimension Urvertrauen vs. Misstrauen. Als zentrale Entwicklungsphase sieht er die Identitätsfindung in der Adoleszenz an, der er die Identitätsverwirrung gegenüberstellt. Das Thema der Sinnfindung siedelt Erikson (1980) in der letzten Lebensphase an. Das Ziel dieser Stufe, die er als Integrität vs. Verzweiflung umschreibt, sieht der Autor in der Erlangung von Weisheit. Zur Integrität des alten Menschen gehört das Annehmen der eigenen Hinfälligkeit und Sterblichkeit, das Akzeptieren des eigenen Lebensweges als Ergebnis einer kritischen Auseinandersetzung und die Anerkennung der Bedeutung, die wichtige Menschen und Begleiter in den einzelnen Lebensphasen gespielt haben. Menschen, die auf der Dimension Integrität vs. Verzweiflung dem Pol der Integrität sehr nahe gekommen sind, haben zu einer größeren Toleranz gegenüber sich selber und gegenüber anderen Menschen gefunden. Sie empfinden beispielsweise eine neue und andersartige Liebe für ihre Eltern. Diese ist nicht geprägt durch den Wunsch, dass sie anders hätten sein sollen, sondern von Akzeptanz der Verantwortung für das eigene Leben. »For he knows that an individual life is the accidental coincidence of but one life cycle with but one segment of history: and that for him all human integrity stands and falls

Einleitung

with one style of integrity of which he partakes« (1980, S.104). So teilt Erikson mit Jung die Auffassung, dass der Alterungsprozess nicht nur mit dem Verlust von nahe stehenden Menschen, Gesundheit, Kompetenzen und Macht einhergeht, sondern auch mit der Möglichkeit zu Weisheit, Selbst-Akzeptanz und toleranteren Beziehungen, ein Thema, das in diesem Buch aufgegriffen wird.

Kegan (1986) greift das Entwicklungsmodell Piagets auf (1954) und beschreibt Entwicklungsstufen des Selbst und seiner Übergänge. Im Gegensatz zu Erikson (1968), dessen Entwicklungsmodell von einigen Autoren vorgeworfen wird, dass es in erster Linie »männliche Entwicklung« abbilde und Charakteristika einer eher weiblichen affektiv-kognitiven Struktur vernachlässige (Gilligan, 1984), postuliert Kegan zwei Pole grundsätzlicher menschlicher Strebungen: den Wunsch, dazuzugehören (yearning to belong) und den Wunsch, unabhängig und einzigartig zu sein (yearning to be different). Diese beiden menschlichen Strebungen werden nach Kegan von beiden Geschlechtern verfolgt, wenn auch der Sozialisationsprozess in westlichen Kulturen für Frauen und Mädchen eher das Streben nach Zugehörigkeit fördert, Männern und Jungen dagegen stärker das Streben nach Individualität zuweist. Ansatzweise beinhaltet auch das Modell von Erikson (1950) einen Beziehungsstrang und einen Identitätsstrang, die sich durch die Entwicklungsstadien durchziehen.

Wie andere Stufentheoretiker (Kohlberg, 1976; Fowler, 1981) beschreibt auch Kegan die verschiedenen Stufen und ihre Übergänge, die klar voneinander abgegrenzte aufeinander aufbauende, irreversible epistemische Strukturen der Selbst- und Weltsicht definieren. Gleichzeitig beinhaltet sein Modell auch die Berücksichtigung des Entwicklungsprozesses, der die schrittweise Veränderung affektiv-kognitiver Strukturen über die Zeit aufzeigt. Die Organisationsstrukturen des Selbst stehen immer in einem konkreten Subjekt-Objektverhältnis. Das Modell der Entwicklungsstufen des Selbst von Kegan beschreibt einen idealtypischen Verlauf affektiv-kognitiver Entwicklung in einem Umfeld der von ihm so genannten »einbindenden Kultur«, die alle Aufgaben optimal wahrnimmt.

Noam (1986) weist darauf hin, dass biographische und psychopathologische Entwicklung in diesem Modell nicht abzubilden ist. In seiner Theorie von Biographie und Transformation betont Noam die systematische Verbindung der biographischen und transformierenden Aktivitäten des Selbst. In jeder Phase des Lebens beeinflusst die aktuelle Selbst- und Weltsicht Zukunftsperspektiven und rückwirkend die gesamte Lebensgeschichte. Obgleich entwicklungsbedingte Transformation eine neue Synthese ermöglicht, können Teilbereiche dem Transformationsprozess, d.h. der neuen Synthese, widerstehen, und damit dem Einfluss früherer Strukturniveaus verhaftet bleiben. Sie formieren sich zu rigiden, abgesonderten Aspekten der vorherrschenden Selbst- und Weltsicht. Diese Teilbereiche bezeichnet Noam als Einkapselungen, eine Art lebende Biographie, durch deren Einfluss frühere Selbst-Systeme mit späteren koexistieren. Immer sind die Ergebnisse früherer Formierungen Teil des jeweils gültigen Bezugsrahmens.

Einkapselungen können zu jedem Zeitpunkt der Entwicklung entstehen und sind immer an starke Gefühle und Verletzlichkeiten in Verbindung mit bedeutenden Primärbeziehungen gebunden. Kontinuierlich internalisiert das Selbst Erfahrungen aus Primärbeziehungen und bezieht Schätzung, Selbstschätzung und Konflikt aus ihnen. Diese Erfahrungen werden Teil der inneren Welt. Internalisierungen sind Ergebnis einer konstruktivistischen Aktivität. Sie formieren sich nicht direkt aufgrund von realen sozial-interaktiven Erlebnissen, sondern wachsen im Rahmen der Bewertung der persönlichen Erfahrungen.

Noam distanziert sich mit seinem Konzept klar von der strikten Trennung zwischen Struktur und Inhalt anderer Stufenmodelle, in denen die invariante Abfolge der Stufen dominiert. Der Autor geht von einer biographisch geordneten Struktur aus, indem sein Interesse den Konstruktionen des Selbst als prozesshaftem Geschehen über die Lebensspanne sowie der kontinuierlichen Wechselwirkung zwischen Struktur und Inhalt gilt. Noam setzt sich detailliert mit den Herausforderungen und Fallen höherer Reifeniveaus auseinander (vgl. Kap. 1 im gleichen Band). Er betont, dass auch und gerade die Komplexität höherer Entwicklungsniveaus durch den andauernden Kampf zwischen Integration und Spaltung, zwischen Rigidität und flexibler Einsicht einen hohen Preis fordert.

Die ersten beiden Beiträge des Abschnitts beschäftigen sich mit der Frage der Sinnsuche und der Verwendung von Abwehrmechanismen. Beide beschreiben den Verlauf dieser konstruktivistischen Aktivität über die Lebensspanne. Die folgenden Beiträge des ersten Teils fokussieren in ihrer Darstellung die Kindheit, einmal die ödipale Entwicklung aus kognitiv-entwicklungspsychologischer Sicht, und weiterhin das Spiel. In beiden Beiträgen wird ein Ausblick auf die Auswirkungen dieser Bereiche auf den weiteren Verlauf des Lebens gegeben.

In dem Beitrag »Reifung in der Lebensspanne: die Suche nach dem tieferen Sinn« elaboriert Noam die Entwicklung von Sinnstrukturen über die Lebensspanne und setzt sich insbesondere mit den Herausforderungen der Entwicklung auf dem höchsten Reifungsniveau auseinander. Er widerspricht einer häufig zu findenden Vorstellung, dass Reife und Weisheit mit innerer Ruhe und Ausgeglichenheit einhergehen. Nach Noam bringt Leid häufig den Anstoß für Entwicklung, aber Entwicklung bedeutet nicht notwendigerweise Heilung von Leiden. Er beschreibt die Fesseln individueller Rigiditäten in Anbetracht wachsender Erkenntnis über den Prozess von Wandlung sowie die Verzweiflung, die ein Mangel an kreativem Ausdruck hervorrufen kann. Er spricht weiter einerseits von den Verbindlichkeiten, die reifere Menschen gegenüber lebensphilosophischen Fragen empfinden, die als dringlich erlebt werden und andererseits einer schwindenden Bereitschaft, die eigenen Werte zu übergehen und sich mit bequemeren Lösungen zufrieden zu geben. Die Bearbeitung dieser Themen wird durch Fallbeispiele von Psychotherapien beleuchtet.

Die Verwundbarkeit, die mit dem Weg zu höheren Bewusstseinsstufen einhergeht, ist jedoch nur die eine Seite der Medaille. Die andere besteht in den Chancen für Transformation hin zu weiseren Ansichten, möglicherweise sogar dem Erlangen von Weisheit, die fortlaufende Entwicklungsherausforderungen mit sich bringen können. Die Waage, die zuvor in Richtung Rigidität, Repetition und Verzweiflung ausschlug, kann sich auf dem Wege der Transformation hin zu grö-

Einleitung

ßerer Flexibilität, tieferer Einsicht und kreativer Erkundung der Gegenwart neigen.

Vaillant widmet sich der wissenschaftlichen Auseinandersetzung mit dem Freudschen Konzept der Abwehrmechanismen. Im Mittelpunkt der Arbeit steht zunächst die Frage, ob eine Hierarchie der Abwehrmechanismen reliabel identifiziert werden kann, und ob Abwehrmechanismen eine prädiktive Validität besitzen. Ferner versucht der Autor zu klären, ob der Reifegrad von Abwehrmechanismen unabhängig von Umwelteinflüssen und mehr als ein Artefakt sozialer Schichtzugehörigkeit ist. Zur Beantwortung der Fragen greift der Autor auf das umfangreiche Datenmaterial dreier Längsschnittstudien zurück, die über einen Zeitraum von 50 bis 70 Jahren durchgeführt wurden. Es gelang Vaillant, zwischen reifen und unreifen Abwehrmechanismen zu differenzieren, und eine Hierarchie zu erstellen. Anhand des Reifegrades von Abwehrmechanismen lassen sich zum einen die Anpassungsleistungen an Stress verstehen; zum anderen ist die Reife der Abwehr signifikant mit mentaler Gesundheit assoziiert. Zudem konnte gezeigt werden, dass Abwehrmechanismen von Umwelteinflüssen unabhängig sind.

Fischer und Watson zeigen die dynamische Entwicklung sozio-emotionaler Rollen und Verzerrungen in Familien anhand des Oedipuskonfliktes auf. Sie beleuchten den Oedipuskomplex aus einer neuen, kognitiv orientierten entwicklungspsychologischen Perspektive. Sie stellen ein Rahmenkonzept einer dynamischen Entwicklung von Fähigkeiten vor, das erläutert, wie die fortschreitende Entwicklung kognitiv-sozialer Fertigkeiten und emotionaler Reifung Bedingungen vorgeben, die in den Oedipus-Konflikt hineinführen, und welche Entwicklungsschritte die Überwindung dieses Komplexes ermöglichen. Die Autoren entwerfen eine Sequenz von drei Ebenen sozio-emotionaler Beziehungsrepräsentation, die im jeweiligen Spannungsfeld von Wachstum und Beschränkung beschreiben, wie der Oedipuskonflikt geformt und schließlich überwunden wird. Die Überwindung des Oedipuskonfliktes wird damit nicht wie bei Freud als Rücktritt aus Furcht vor Strafe verstanden, sondern als die Erkenntnis der Zeitperspektive in der Generationenabfolge.

Ausgangspunkt des spieltherapeutischen Ansatzes von Oerter ist die Tatsache, dass Spielhandlungen in der Kindheit mit Gegenständen verbunden sind, und sich gut beobachten lassen. Als Grundlage für die Diagnose und Intervention ist ein konstruktivistischer und handlungstheoretischer Ansatz nach Oerter daher besonders gut geeignet. Eine Schlüsselrolle kommt dabei dem gemeinsamen Gegenstandsbezug zu. An der Qualität des gemeinsamen Gegenstandsbezuges lassen sich Störungen und Defizite ebenso wie deren Ursachen erkennen. Die konkrete Vorgehensweise im Rahmen von Diagnostik und Intervention wird anhand kasuistischer Beispiele erläutert. Die jeweiligen Förderungsmöglichkeiten werden auf der Basis des Kontextes der Zone nächster Entwicklung erörtert. Es handelt sich dabei um die Zone oberhalb des momentanen Entwicklungsniveaus, die das Kind noch nicht alleine, sondern nur mit Hilfe kompetenter Sozialpartner bewältigen kann. Abschließend weitet der Autor den vorgestellten Ansatz auf die systemische Perspektive aus.

Perspektiven der Klinischen Entwicklungspsychologie

Der zweite Teil des Bandes befasst sich mit dem Thema »*Protektive Faktoren und Resilienz*«. Empirische Studien, die der systematischen Analyse der Wirkungsweise von Schutzfaktoren dienen, werden erst seit knapp zwei Jahrzehnten durchgeführt. Protektive Faktoren können das Individuum unter Risikobedingungen vor einer negativen Entwicklung schützen (vgl. Petermann, Kusch & Niebank, 1998; Resch, 1996; Rutter, 1987). In Analogie zur Risikoforschung intendiert auch die Erforschung protektiver Faktoren die Relevanz intra- und interindividueller, familiärer und umweltbedingter Merkmale sowie deren spezifische Interaktionen. So gliedert Garmezy (1985) protektive Faktoren in die Kategorien »disponierende Eigenschaften des Kindes«, »Merkmale des Familienmilieus« und »Eigenschaften der außerfamiliären sozialen Umwelt«. Zu den individuellen Merkmalen, die den Charakter von Schutzfaktoren haben, zählt der Autor u. a. ein positives Temperament, Autonomie, Soziabilität, intellektuelle Fähigkeiten und internale Kontrollüberzeugungen. Merkmale des Familienmilieus, die protektiv wirken, sind wenige Geschwister, ein größerer Altersabstand zwischen den Geschwistern sowie keine langen Trennungen von der Hauptbezugsperson. Zu den protektiv wirkenden Eigenschaften der außerfamiliären Umwelt werden beispielsweise soziale Unterstützung und positive Schulerfahrung gerechnet.

Nach Werner (1993) ist die Wirkung spezifischer Schutzfaktoren in hohem Maße vom Geschlecht des Kindes abhängig. Während bei Mädchen im Kleinkindalter beispielsweise ein umgängliches Temperament als Prädiktor erfolgreicher Problembewältigung im Erwachsenenalter gilt, haben für Jungen familiäre Stabilität und positive Interaktionen mit der Mutter die größte Bedeutung. In der mittleren Kindheit spielen für Mädchen spezifische Problemlösefertigkeiten und das Rollenvorbild einer Mutter mit einem Schulabschluss und ständiger Berufstätigkeit eine zentrale Rolle. Im Unterschied dazu zählen bei Jungen in diesem Altersabschnitt primär die soziale Unterstützung durch die Familienmitglieder, die Geschwisterzahl und die Anzahl erwachsener Personen, mit denen das Kind außerhalb der Familie positive Interaktionen erlebt.

Vom Terminus des Schutzfaktors ist derjenige der Resilienz abzugrenzen. Es handelt sich dabei um die Widerstandsfähigkeit eines Individuums, die Waters & Sroufe (1983) als Fähigkeit definieren, internale und externale Ressourcen erfolgreich zu nutzen, um Entwicklungsanliegen zu bewältigen. Resilienz bildet den Gegenpol zu Vulnerabilität und entwickelt sich über die Zeit im Kontext der Mensch-Umwelt-Interaktion. Masten, Best & Garmezy (1990) betonen, dass die Resilienz über die Zeit und verschiedene Situationen variiert und somit keine stabile Disposition darstellt. Von Bedeutung ist ferner, dass auch resiliente Personen aufgrund spezifischer Belastungen Vulnerabilitäten entwickeln können. Nach Cicchetti & Garmezy (1993) müssen als resilient eingeschätzte Kinder daher in ihrem Entwicklungsverlauf beobachtet werden. Auch ist es wichtig, Bedeutungsmuster zu verstehen, denn die Interpretation von negativen Situationen spielt eine große Rolle in der Anpassung.

Werner (1993) konnte im Rahmen der Kauai-Längsschnittstudie, in der 72 als resilient eingeschätzte Kinder aus einer Hochrisikogruppe über einen Zeitraum

Einleitung

von 35 Jahren untersucht wurden, für die einzelnen Lebensabschnitte unterschiedliche protektive Faktoren eruieren. So erwies sich im Säuglingsalter u.a. die positive Aufmerksamkeit von Familienmitgliedern als resilienzförderlich. Im Krabbelalter sind Autonomie, Suche nach neuen Erfahrungen, positive soziale Orientierung, größere Fortschritte in der Kommunikation und Lokomotion sowie spezifische Selbsthilfeaspekte relevante Schutzfaktoren. Im Grundschulalter zeichnen sich resiliente Kinder durch ein gutes Sprach- und Leseverständnis sowie vielfältige Interessen und Hobbies aus. Zudem sind resiliente Kinder im Grundschulalter besser als Kinder mit erhöhtem Entwicklungsrisiko in der Lage, vorhandene Fertigkeiten effektiv zu nutzen. Nach der Grundschulzeit wirken ein positiveres Selbstkonzept und internale Kontrollüberzeugungen als Resilienzfaktoren.

Zu den zentralen Themen der nachfolgenden Kapitel zählt in diesem Teil des Buches die Bedeutung der Bindungsbeziehungen. Enge persönliche Beziehungen, insbesondere die Eltern-Kind-Bindungen, sind in der Lage vorhandene Risikofaktoren zu moderieren und in ihrer pathogenen Wirkung abzuschwächen. Kinder, die als sicher gebunden klassifiziert werden, sind in ihren Beziehungen zu Gleichaltrigen und Erwachsenen in der Regel kompetent und empathisch, wohingegen unsicher gebundene Kinder aufgrund starker Distanziertheit oder übermäßiger Abhängigkeit zu problematischen Interaktionsmustern tendieren (vgl. Petermann, Kusch & Niebank, 1998).

In einer Reihe empirischer Studien wurden die Auswirkungen der frühen Bindungsbeziehungen auf spezifische Verhaltens- und Erlebnismuster in späteren Entwicklungsabschnitten analysiert. So zeigte sich in den Studien von Grossmann & Grossmann (1991), dass sich Kinder, die im Alter von einem Jahr als sicher gebunden klassifiziert wurden, im Vorschulalter kompetenter mit Konfliktsituationen umgehen, weniger feindselig sind und sich im Kindergarten besser zurechtfinden. Der Kind-Eltern-Bindung kommt ferner auch von der Phase der Präadoleszenz bis zum frühen Erwachsenenalter eine hervorgehobene Bedeutung zu, da das Vertrauen in die Verlässlichkeit der Bindungsperson die Basis für den Aufbau einer stabilen, selbstvertrauenden Persönlichkeit bildet (vgl. Bretherton im gleichen Band).

Die ersten beiden Beiträge dieses Teils setzen sich mit der Bedeutung von Bindungserfahrungen auseinander. Dabei geht es um die Auswirkungen früher Bindungsmuster auf Bindungsverhalten im weiteren Entwicklungsverlauf.

Den Abschluss dieses Abschnittes bildet eine Abhandlung des Phänomens der Resilienz, der Fähigkeit, trotz widriger Lebensumstände gut mit den Anforderungen des Lebens und der individuellen Entwicklung zurecht zu kommen.

In dem Beitrag von Grossmann & Großmann werden Entwicklung und Risiko im Kontext der Bindungstheorie analysiert. Die Autoren gehen zunächst auf die frühkindliche Bindung und Bindungsqualität ein und betonen, dass die wichtigsten Faktoren beim Bindungsaufbau in der mütterlichen Feinfühligkeit, der Kooperation und der Annahme des Säuglings bestehen. Ferner wird das Explorationssystem dargestellt. Bindungs- und Explorationssystem werden unter evolutionsbiologischen Gesichtspunkten als integrale und komplementäre Systeme betrachtet, da das Zusammenspiel von Bindung und Exploration den Rahmen für die Anpassung an die unterschiedlichen Lebensgegebenheiten bildet. Als zentrales Merkmal einer sicheren Bindungsrepräsentation betrachten Grossmann & Grossmann die Kohärenz, die durch den verbal frei zugänglichen Umgang mit eigenen Gefühlen, Erinnerungen, Motiven und Absichten sowie dem diskursiv erfahrenen Wissen über andere charakterisiert ist. Im Rahmen empirischer Studien konnten die Autoren nachweisen, dass sichere internale Arbeitsmodelle adaptiver sind als unsichere, da sie in der Lage sind, flexibel zu analysieren und negative Gefühle in ziel- und lösungsorientierte Planungen zu integrieren.

Bretherton diskutiert Bowlbys Konzept der inneren Arbeitsmodelle von Bindungsbeziehungen als Vorläufer von Resilienz. Der Beitrag befasst sich mit der Entwicklung optimaler und pathologischer Bindungsmuster in ihrer Beziehung zu Internen Arbeitsmodellen. Die Autorin bezieht sich auf Bowlby, der den Standpunkt vertritt, dass sich Interne Arbeitsmodelle vom Selbst und der Pflegeperson aus wiederholten Interaktionsmustern entwickeln und daher als Repräsentationen der wechselseitigen Eltern-Kind-Beziehungen verstanden werden können. Im Laufe der Entwicklung konstruiert der Mensch immer komplexere mentale Repräsentationen von seinen Bindungen, wobei das affektive Grundmuster zumeist relativ stabil bleibt. Inadäquate elterliche Kommunikation kann zu Desorganisation und Verwirrung in den Arbeitsmodellen führen. Im Rahmen empirischer Studien konnte gezeigt werden, dass gut organisierte und revidierbare Interne Arbeitsmodelle der Bindungsbeziehung von der frühen Kindheit bis ins frühe Erwachsenenalter mit offener, kohärenter Kommunikation zwischen Eltern und Kindern einhergehen.

Masten befasst sich in ihrem Beitrag mit Resilienz in der Entwicklung als einem »ganz gewöhnlichen Mysterium«. Gemeint ist das Phänomen, dass Menschen trotz möglicher Risiken und ungünstiger Lebensumstände auf positive Entwicklungspfade gelangen. Masten beschreibt dieses Phänomen in seinen vielen Facetten als das »Wunder des Alltags«. Gewöhnliche protektive Systeme scheinen es zu ermöglichen, unter außergewöhnlichen Bedingungen den eigenen Weg zu finden. Obwohl das Phänomen der Resilienz erst seit etwa 25 Jahren beachtet und untersucht wird, liegen umfangreiche Forschungsergebnisse vor, insbesondere aus Längsschnittstudien. Als Beispiele aus dieser Forschungslinie werden u. a. eine Studie an obdachlosen Kindern, eine an ehemaligen Flüchtlingskindern aus Kambodscha und die Längsschnittstudie zur »Projektkompetenz« dargestellt, in der zahlreiche bereichsspezifische Kompetenzen einzeln und in Interaktion evaluiert wurden. Die Autorin zeigt Implikationen dieser Forschung für Therapie und Politik auf. Resilienzforschung und deren Anwendung kann ihrer Ansicht nach gegenüber der Stigmatisierung durch Etikettierung mit Begriffen von Risiko, Störung und Benachteiligung ein positives Gegengewicht bieten.

Im dritten und letzten Abschnitt des Buches geht es um »*Risiko und psychopathologische Entwicklung*«. Der Terminus des Risikos bezeichnet nach Petermann, Kusch & Niebank (1998) die Wahrscheinlichkeit, mit der spezifische Krankheitsbilder auftreten. Unter den Begriff des Risikofaktors werden diejenigen Kräfte subsumiert, die mit einer Erhöhung des Risikos der Entwicklung psychopathologischer Symptome einhergehen. Dabei wird zumeist zwischen biologisch begründeten und psychosozialen Risikofaktoren unterschieden. In Abhängigkeit vom Zeitpunkt des Auftretens schädigender Einflüsse wird zudem häufig zwischen prä-, peri- und postnatalen Risikofaktoren differenziert (Heimann, 1997, Kusch, Petermann & Niebank, 1998). Zu den pränatalen Faktoren zählen u. a. toxische Einflüsse während der Schwangerschaft und spezifische Infektionen der Mutter. Perinatale Risikofaktoren sind beispielsweise Sauerstoffmangel während des Geburtsvorgangs und mechanische Verletzungen des Kopfes durch Zangengeburt oder Vakuumextraktion. Als relevante postnatale Entwicklungsrisiken werden u. a. ein ungünstiges familiäres Milieu, soziale Deprivation und ein niedriger sozioökonomischer Status genannt (Heimann, 1997; Kusch, Petermann & Niebank, 1998).

Während sich Forschungsarbeiten älteren Datums primär der isolierten Betrachtung einzelner Risikofaktoren widmeten, werden in jüngeren Ansätzen vermehrt Risikokonstellationen analysiert. Die Relevanz der Betrachtung kombiniert auftretender Entwicklungsrisiken besteht darin, dass sich die Auswirkungen einzelner Faktoren nicht nur addieren, sondern spezifische Faktorenkonstellationen in erheblich höherem Maße pathogen wirken können. Rutter (1989) ermittelte in der Isle of Wight-Studie sechs psychosoziale Faktoren, die mit psychopathologischen Auffälligkeiten im Alter von 10 Jahren korrelierten. Es handelte sich dabei um massive Eheprobleme, geringen Sozialstatus, eine beengte Wohnsituation, elterliche Kriminalität, psychiatrische Auffälligkeiten der Mutter und häufigen Kontakt zu Gesundheits- und Jugendämtern. Rutter (1989) konnte zeigen, dass die Wahrscheinlichkeit des Auftretens psychischer Störungen für Kinder mit keinem bzw. nur einem der genannten Risikofaktoren lediglich bei zwei Prozent lag, wohingegen die Auffälligkeitsrate bei Kindern, für die zwei oder drei Risikofaktoren ermittelt werden konnten, bei sechs Prozent lag. Für Kinder, die vier Risikofaktoren ausgesetzt waren, betrug die Wahrscheinlichkeit des späteren Auftretens einer psychopathologischen Symptomatik sogar 20 Prozent.

Auch die Befunde der Studie von Laucht, Esser, Schmidt, Ihle, Löffler, Stöhr, Weinrich & Weinel (1992) sprechen für eine Interaktion der Effekte von Risikofaktoren. Die Autoren stellten fest, dass die motorische Entwicklung bei Kindern, die durch Schwangerschafts- und Geburtskomplikationen belastet waren, ungünstig verlief, wenn die psychosozialen Lebensumstände belastend waren, wohingegen sich bei sozial unbelasteten Kindern mit entsprechenden Komplikationen keine Entwicklungsverzögerungen fanden. Über die Betrachtung der additiven bzw. kumulativen oder transaktionalen Wirkung spezifischer Risikofaktoren hinausgehend, werden in der Literatur auch intermediäre Risikomodelle diskutiert. Ansätze dieser Art beschreiben weniger diejenigen Faktoren, die der Erklärung der Manifestation einer Störung dienen, als vielmehr die Genese einer Vulnerabilität.

Mit dem Begriff der Vulnerabilität ist die Anfälligkeit eines Individuums für die Entwicklung psychopathologischer Auffälligkeit gemeint. Bei ausgeprägter

Vulnerabilität besteht somit eine höhere Wahrscheinlichkeit, dass Risikofaktoren eine ungünstige Wirkung haben und zu einer Destabilisierung führen (vgl. Kusch & Petermann, 1998; Oerter, 1999). Eine Reihe von Autoren geht davon aus, dass die Auftretenswahrscheinlichkeit einer Störung größer ist, wenn die Entwicklungsrisiken während sensibler Perioden auftreten. Von Bedeutung ist ferner die Existenz von Schutzfaktoren, die den pathogenen Charakter der Risikofaktoren abschwächen und den Bewältigungsprozess günstig beeinflussen können.

Der erste Beitrag setzt sich mit der familiären Einbindung bei chronischen Erkrankungen im Kindesalter auseinander und präsentiert ein Modell zur ressourcenorientierten Familienberatung. Der zweite Beitrag beleuchtet unterschiedliche innere Haltungen und Auffassungen suizidgefährdeter Jugendlicher und zeigt die Notwendigkeit spezifischer Behandlungsansätze auf. Im dritten Beitrag wird erneut der Bereich der Bindungstheorie aufgegriffen und der desorganisierte Bindungsstil als Ausgangspunkt und Kernstück einer Entwicklung zur Borderline-Persönlichkeitsstörung beschrieben. Im letzten Beitrag wird am Beispiel der Zwangsstörung ein entwicklungspsychologisches Modell vorgestellt, das einen Störungskern, »das chronische Gefühl mangelnder Sicherheit« als Ausgangspunkt annimmt, und die Stationen auf dem Weg in die Zwangsstörung aufzeigt.

Noeker befasst sich mit dem Risiko und den Schutzfaktoren der familiären Adaptation an die chronische Erkrankung des Kindes, und stellt ein klinisch-entwicklungspsychologisches Modell als Grundlage ressourcenorientierter Familienberatung vor. Er entwickelt im Kontext chronischer Krankheiten im Kindesalter ein Bedingungsmodell zu den wesentlichen Determinanten familiärer Adaptation, welches zur konzeptuellen Fundierung klinischer Familienberatung genutzt wird. Dabei wird davon ausgegangen, dass individuelles und familiäres Bewältigungsverhalten wechselseitige Risiko- bzw. Schutzfaktoren darstellen, wobei ein kompetentes Bewältigungsverhalten des Kindes als Schutzfaktor für die familiäre Anpassung wirkt. Umgekehrt führen die jeweils spezifischen Konstellationen familiärer Belastungen, Vulnerabilitätsfaktoren und Ressourcen auf Seiten des Kindes entweder zu einer Risikoerhöhung oder -minimierung. Als wesentliche übergeordnete Ziele einer ressourcenorientierten Familienberatung bei chronischer Erkrankung werden die Reduktion erkrankungsbedingter Folgebelastungen für Kind und Familie, die Minimierung von Adaptationsrisiken infolge erkrankungsabhängiger Vulnerabilitätsfaktoren, die Verbesserung der Effektivität und Adaptivität individueller Bewältigungsstrategien und deren intrafamiliäre Passung sowie der Aufbau und die Aktivierung familiärer Ressourcen zur Krankheitsbewältigung genannt.

Noam und Borst diskutieren den kognitiven Einfluss von Sinnstrukturen auf die Suizidalität Jugendlicher und die Notwendigkeit ihrer Berücksichtigung in der therapeutischen Intervention. Sie stellen eine Serie von Untersuchungen vor, die beispielsweise den unterschiedlichen Ausdruck von suizidalem Handeln in Abhängigkeit von Bedeutungsstrukturen belegen. Sie betonen die Notwendigkeit, in die innere Welt der suizidgefährdeten Jugendlichen vorzudringen.

Einleitung

Liotti stellt ein Modell zur Entstehung der Borderline Persönlichkeitsstörung vor und erläutert die Bezüge seiner Theorie zu den Modellvorstellungen anderer Autoren. Den Ausgangspunkt der Ausführungen Liottis bildet ebenfalls die Bindungstheorie. Es wird angenommen, dass der Kern der Borderlinestörung aus einem desorganisierten Bindungsstil besteht. Das charakteristische Merkmal des desorganisierten Bindungsstils besteht in einem Konflikt, zu dem offensichtlich kein adäquates Verhaltensprogramm existiert. Daraus folgt häufig seltsames und bizarres Verhalten wie Grimassieren und Erstarren. Liotti schafft dadurch, dass er den desorganisierten Bindungsstil in den Mittelpunkt der Entstehungsgeschichte stellt, ein Rahmenkonzept, das die zentralen Symptome der Störung wie dissoziierte Vorstellungen von sich selbst, die Sensibilität bezüglich eines möglichen Verlassenwerdens und die abnorme Gefühlsregulierung, klar einordnet. Den Ausführungen über die Bedeutung des desorganisierten Bindungsstils für die Entstehung der Borderlinestörung fügt Liotti einen Exkurs über den möglichen Einfluss dieses Bindungsstils als besonderem Risikofaktor für die Entstehung einer posttraumatischen Belastungsstörung hinzu. Abschließend zeigt der Autor auf, welche Präventions- und Therapiemöglichkeiten sich aus dem Modell ableiten lassen.

Röper stellt ein Modell vor, das die Entstehung und Aufrechterhaltung der Zwangsstörung beschreibt. Das Modell beschreibt einerseits die je aktuelle Problemsituation mit ihren die Störung aufrechterhaltenden Wirkfaktoren sowie andererseits den Entwicklungsverlauf, der von einer Ansammlung folgenschwerer Erfahrungen im Verlauf der affektiv-kognitiven Entwicklung gekennzeichnet ist. Auf der Grundlage von Modellvorstellungen zur Ich-Entwicklung werden vulnerable Entwicklungsabschnitte dargestellt und charakteristische Gefahren für eine spätere Zwangsentwicklung aufgezeigt. Das »Sicherheitsmodell der Zwangsstörung« ermöglicht handlungsrelevante Schlussfolgerungen für eine Erweiterung bewährter verhaltenstherapeutischer Methoden durch die entwicklungspsychologische Perspektive und entwicklungsstützende Interventionen.

Die in diesem Buch zusammengestellten Beiträge stellen einen Rahmen für klinische Phänomene dar, die als Teil von Entwicklung, vor allem Entwicklung von Bedeutungsmustern zu verstehen sind.

Risikofaktoren werden nicht nur als Einzelvariablen gesehen, sondern als Konstellationen, die komplexe psychologische und dynamische Prozesse wie Bindung und Abwehrmechanismen beinhalten. Resilienz beschreibt die Vielfalt menschlichen Schutzes, der zum Teil durch biologische Aspekte der Entwicklung mitprogrammiert ist und sich zum Teil in interpersonellen Beziehungen entfaltet.

Der positivste und weitreichendste Aspekt dieses klinisch-entwicklungspsychologischen Ansatzes besteht darin, dass Risiko und Psychopathologie im Laufe der Entwicklung überwunden und transformiert werden können.

Die in diesem Band vorgestellten theoretischen und empirischen Konzepte werden zunehmend einer klinischen Entwicklungspsychologie theoretische und praktische Impulse verleihen und einen übergreifenden Rahmen schaffen.

Literatur

Cicchetti, D./Garmzey, N.: (1993) Prospects and promises in the study of resilience. Development and Psychopathology 5: 497–502.
Bühler, Ch.: (1933) Der menschliche Lebenslauf als psychologisches Problem. Leipzig: Hitzel. Nachgedruckt 1959: Göttingen: Hogrefe.
Bühler, Ch./Massarik, K.: (1969) Lebenslauf und Lebensziele. Stuttgart: Fischer.
Erikson, E.H.: (1950) Childhood and Society. New York: Norton. Dt.: Kindheit und Gesellschaft. Stuttgart: Klett, 1968.
Erikson, E.H.: (1980) Identity and the Life Cycle. New York: Norton.
Garmzey, N.: (1985) Stress-resistant children: The search for protective factors. In: Stevenson, J.E. (Hrsg.): Recent research in developmental psychopathology. Oxford: Pergamon Press, 213–233.
Gilligan, C.: (1978) In a different voice: women's conception of the self and morality. Harvard Educational review 47: 481–517. Dt.: Die andere Stimme. München: Piper, 1984.
Grossmann, K.E./Grossmann, K.: (1991) Attachment quality as an organizer of emotional and behavioral responses in a longitudinal perspective. In: Parkes, C.M./Stevenson-Hinde, J./Marris, P. (Hrsg.): Attachment across the Life Cycle. London/New York: Tavistock/Routledge, 93–114.
Heimann, K.: (1997) Neurogene Ursachen von Verhaltensstörungen. Kindheit und Entwicklung 6: 206–211.
Kegan, R.: (1982) The Evolving Self. Problem and process in human development. Dt.: Die Entwicklungsstufen des Selbst: Fortschritte und Krisen im menschlichen Leben. München: Kindt, 1986.
Kohlberg, L.: (1976) Moral Stages and Moralization: The cognitive-developmental approach. In: Lickona, T. (Hrsg.): Moral development and behavior: Theory, Research and socisl issues. New York: Holt, Rinehart & Winston.
Kusch, M./Petermann, F.: (1998) Konzepte und Ergebnisse der Entwicklungspsychopathologie. In: Petermann, F. (Hrsg.): Lehrbuch der Klinischen Entwicklungspsychopathologie. Göttingen: Hogrefe, 3. korr. Aufl., 53–93.
Laucht, M./Esser, G./Schmidt, M.H./Ihle, W./Löffler, W./Stöhr, R.-M./Weinrich, D./Weinel, H.: (1992) »Risikokinder«: Zur Bedeutung biologischer und psychosozialer Risiken für die kindliche Entwicklung in den ersten beiden Lebensjahren. Praxis der Kinderpsychologie und Kinderpsychiatrie 41: 274–285.
Loevinger, J.: (1976) Ego development: Conceptions and theories. San Francisco: Jossey-Bass.
Noam, G.G.: (1986a) Developmental Psychopathology. Borderline Personality Disorders and the Theory of Biography and Transformation, Part I. McLean Hospital Journal 11: 19–43.
Noam, G.G.: (1986b) The theory of biography and transformation and the borderline personality disorders (Part II). McLean Hospital Journal 11: 79–105.
Noam, G.G.: (1988) The Theory of biography and transformation: Foundation for clinical-developmental therapy. In: Shirk, S. et al.: Cognitive development and child psychotherapy. Perspectives in developmental psychology. New York: Plenum Press, 273–317.
Noam, G.G.: (1993) »Normative vulnerabilities« of self and their transformations in moral action. In: Noam, G./Wren, T. (Hrsg.): The moral self. Cambridge, MA: The MIT Press, 209–238.

Oerter, R./von Hagen, C./Röper, G./Noam, G.G.: (1999) Klinische Entwicklungspsychologie. Weinheim: Beltz.
Oerter, R.: (1999) Klinische Entwicklungspsychologie: zur notwendigen Integration zweier Fächer. In: Oerter, R./von Hagen, C./Röper, G./Noam, GG.. (Hrsg.): Klinische Entwicklungspsychologie. Weinheim: Psychologie Verlags Union, 1–10.
Oerter, R./Noam, G.G.: (1999) Der konstruktivistische Ansatz. In: In: Oerter, R./von Hagen, C./Röper, G./Noam, GG.. (Hrsg.): Klinische Entwicklungspsychopathologie. Weinheim: Psychologie Verlags Union, 45–78.
Petermann, F.: (1998) Lehrbuch der Klinischen Kinderpsychologie. Göttingen: Hogrefe, 3. erg. Aufl..
Petermann, F./Kusch, M./Niebank, K.: (1998) Entwicklungspsychopathologie. Weinheim: Beltz.
Piaget, J.: (1952) The origins of intelligence in children. New York (1936). Dt.: Das Erwachen der Intelligenz beim Kinde. Stuttgart, 1969.
Piaget, J.: (1954) The construction of reality in the child. New York: Basic Books.
Resch, F.: (1996) Entwicklungspsychopathologie des Kindes- und Jugendalters. Ein Lehrbuch. Weinheim: Psychologie Verlags Union.
Röper, G./Noam, G.G.: (1999) Entwicklungsdiagnostik in klinisch-psychologischer Therapie und Forschung. In: Oerter, R./von Hagen, C./Röper, G./Noam, GG.. (Hrsg.): Klinische Entwicklungspsychologie. Weinheim: Psychologie Verlags Union, 240–269.
Rutter, M.: (1987) Psychosocial resilience and protective mechanism. American Journal of Orthopsychiatry 57: 316–331.
Rutter, M.: (1989) Isle of Wight revisited: Twenty-five years of child psychiatric epidemiology. Journal of the American Academy of Child and Adolescent Psychiatry 28: 633–653.
Thomae, H.: (1968) Das Individuum und seine Welt. Eine Persönlichkeitstheorie. Göttingen: Hogrefe.
Waters, E./Sroufe, L.A.: (1983) Social Competence as a Developmental Construct. Developmental Review 3: 79–97.
Werner, E.E.: (1993) Risk, resilience, and recovery: Perspective from the Kauai Longitudinal Study. Development and Psychopathology 5: 503–515.

Sinnstrukturen und Transformation

Reifung in der Lebensspanne: Die Suche nach dem tieferen Sinn[1]

Gil G. Noam

> Ich glaube, viele hätten zur Weisheit gelangen können, wenn sie nicht geglaubt hätten, sie erreicht zu haben.   Seneca, *Über die Seelenruhe,* Auszug aus Vers 17

> Denn wo viel Weisheit, da ist viel Verdruss, und je mehr Wissen, desto mehr Schmerz.   *Prediger, Kap. 1, Vers 18* (cit. Zwingli-Bibel Zürich, Ausgabe 1966)

Über die Jahrhunderte hinweg haben Männer und Frauen durch radikales Denken, tiefe Intuition oder durch vorbildliches Handeln die Idee in Frage gestellt, dass ein beispielhaftes Leben nicht geführt werden könne, ohne doch gleichzeitig eine nicht perfekte Welt zu unterstützen. Sie waren Suchende, die sich nicht nur dem Kampf gegen die sie umgebenden sozialen Missstände verpflichtet fühlten, sondern ihren persönlichen Beitrag leisten wollten, positive Veränderungen herbeizuführen. Ihre Kritik richtete sich gegen problematische äußere Zustände und erforderte gleichzeitig das ehrliche Eingeständnis der eigenen inneren Widerstände, ein tieferes, verpflichtetes und »*weises* Leben« zu führen.

Diese erweiterte Sichtweise vom Selbst und von der Welt hat nichts von ihrer Aktualität verloren. Sie entsteht gewöhnlich als Ergebnis vieler Krisen und garantiert keineswegs das Erlangen eines Zustandes harmonischen Gleichgewichts. Shakespeares tragisches Portrait von hohem Alter und schwindender Macht ist ein eindrucksvolles Beispiel dafür. Konfrontiert mit dem Verfall seines Körpers, dem Auseinanderbrechen seines Königreiches und dem Verlust der Kontrolle über seine Familie erkennt Shakespeares König Lear, dass seine psychologische Welt zusammenbricht. Lear erlebt eine Zerstörung, die er zuvor nie für möglich gehalten hätte, die aber vielen bekannt ist, die versuchen, ihre Welt an die nächste Generation zu übergeben. Für Lear wurden Verlust und Alter zum Synonym für Hoffnungslosigkeit und Vernichtung. Der von ihm erlebte Zusammenbruch von Familienbeziehungen und Lebenssinn vermittelt keine Hoffnung auf Entwicklung und Reifung; er enthüllt vielmehr einen gnadenlosen Rhythmus von gefundenem und wieder verlorenem Sinn. Lears Blindheit ist Metapher für eine allumfassende Leere: für das Fehlen von Visionen, Einsicht und Zukunft. Er selbst steht für den beklemmenden Archetypus des Zerberstens der existenziellen Grundlagen ohne eine neue Chance zum Wiederaufbau.

Aber mit dieser Trostlosigkeit zeigt uns Lear nur eine Lösung, wo viele möglich sind. In der Tat hat diese Geschichte viele Gegengeschichten: die Freiheit, die

---

[1] Leicht gekürzte und geänderte Fassung des Originalbeitrages: »Reconceptualizing Maturity: The Search for Deeper Meaning«. In: Noam, G. & Fischer, K. (1996).

entsteht, wenn Person und Macht weniger eng miteinander identifiziert werden; die Entdeckung dessen, was wirklich von Bedeutung ist, wenn einengende Konventionen transzendiert werden können; und die Entdeckung, dass es trotz überwältigender Verluste eine wachsende Fähigkeit zu lieben gestalten und zu denken gibt.

Der Dichter und Philosoph G.E. Lessing hat uns mit seinem »Nathan der Weise«, für den das Erwachsenenalter auch verheerende Traumen bereithielt, solch eine andere, genauso zeitlose Geschichte geschenkt. Nathan, ein Jude im multikulturellen Jerusalem, hatte seine Frau und sechs Kinder bei einem Aufstand verloren. Geneigt, sich dem Hass und der Rache zu überlassen, wählte er stattdessen den Weg der Trauer, der Akzeptanz und der lebensbejahenden Weisheit. Als er seine viel geliebte Adoptivtochter verlieren sollte – ein Kind christlicher Eltern, das er nach der Ermordung seiner eigenen Familie adoptiert hatte – musste er sich jedoch erneut seiner Vergangenheit stellen. Aber seine Wesenshaltung zusammen mit seiner Fähigkeit zur Empathie, ließen ihn über die bigotte Welt, die ihn umgab, triumphieren. In der klassischen griechischen Tradition geht Lessings Moral der universellen Akzeptanz kultureller und religiöser Unterschiede Hand in Hand mit einem Paradigma erleuchteter Selbst-Kenntnis und wird in Lessings Aussage zusammengefasst: »Mensch, lerne Dich selbst erkennen, das ist das Zentrum der Weisheit«.

König Lear und Nathan der Weise sind zwei verschiedene Dramen, erzählt in unterschiedlichen Jahrhunderten, Kulturen und Sprachen. Und doch verdeutlichen sie zwei gegensätzliche Erfahrungen, die das Erwachsenenalter und das Alter betreffen; zwei, in diesem Fall männliche Erfahrungspole, die den Entwicklungsraum abstecken, der in diesem Kapitel behandelt wird.

Das Entwicklungsdrama am Ende der Lebensspanne hat viele Generationen von Psychologen und Psychotherapeuten beschäftigt. Wie kein anderer hat Erikson (1950) das Ziel des Lebenszyklus' als Weisheit beschrieben, bei voller Anerkennung der menschlichen Hinfälligkeit und Sterblichkeit. Im letzten Stadium seines epigenetischen Zyklus »Integrität versus Verzweiflung« sieht er Weisheit als eine Tugend, als Bejahung des Lebens, so wie es gelebt wurde. Diese positive Sicht wird jetzt in eine generellere Akzeptanz der Kontinuitäten des Lebens eingebettet, und zwar im Angesicht des Todes. Vor Erikson hat Jung (1966) unter Berücksichtigung des transzendenten psychologischen Sinns in der Psychotherapie in der Entwicklung im Erwachsenenalter einen anderen Schwerpunkt gesehen. Für Jung besteht die Beschäftigung mit der äußeren Welt in der ersten Hälfte des Lebens darin zu lernen, wie die Welt funktioniert, und eine gewisse Kontrolle über sie zu erlangen. Erst wenn die Mitte des Lebens überschritten ist, beobachtete Jung, wenden die Menschen sich ihrem inneren Selbst zu, dem Nachdenken über und dem Erleben von immer tieferen Schichten innerer Sinnzusammenhänge. Diese höheren Entwicklungsniveaus gründen darauf, dass wir den unbewussten Prozessen und der Spiritualität stärker verpflichtet sind und die Schattenseite der eigenen Persönlichkeit anerkennen, unsere Anima und unseren Animus annehmen. Erikson (1950) und Jung (1984) wiesen so darauf hin, dass der Alterungsprozess nicht nur einher geht mit den im Vordergrund stehenden Verlusten von Fähigkeiten und Gesundheit, signifikanten Beziehungen und Macht in Institutionen, sondern auch mit Möglichkeiten zu tieferer Einsicht, Weisheit, freieren Beziehungen und Selbst-Akzeptanz.

Die Mühen und die individuelle Suche, die in diesem Kapitel beschrieben werden, sind nicht präzise innerhalb der letzten Phasen der Lebensspanne angesiedelt, wie sich dies für Erikson und Jung darstellte. Viele alte Menschen wollen nicht wirklich in die Tiefen der Selbstexploration eintreten, und viele jüngere Menschen fühlen sich zu einem beachtenswert tiefen Nachdenken über das Selbst, das Leben und seinen Sinn gedrängt. Es ist sicherlich so, dass sich durch die kontinuierliche Lebenserfahrung und das Nahen des Todes für den Menschen viele Möglichkeiten ergeben, die Starre des täglichen Lebens zu transzendieren und spielerische Spontaneität und nicht-defensive Reflexion zu entwickeln. Aber die Last der Erfahrungen, die Verluste und Tragödien und der nachgewiesene biologische Verfall können zusammen wirken und zu einem verfrühten Abschließen führen, zu einer ausschließlichen Beschäftigung mit vergangenen Zeiten und einem tödlichen Mangel an Neugier. Im Gegensatz dazu können eine besondere Sensibilität und Lebensumstände schon sehr viel früher im Leben einen tiefen inneren Raum entstehen lassen, integrative reflektive Fähigkeiten und eine überraschende Reife in Beziehungen und sozialen Bindungen.[2]

Die meisten Entwicklungsmodelle – ob Alters- oder Stufenmodelle – postulieren hohe Reifeniveaus am Ende des Wachstumsprozesses. Die hehren Ideen, mit denen eine Entwicklungsutopie beschrieben wird, werden von vielen angestrebt und von wenigen erreicht. Es existieren nur wenig überzeugende Definitionen für die höchsten Entwicklungsniveaus. In den meisten Entwicklungstheorien finden sich unklar definierte, aber generell beobachtete Kombinationen von hohen reflektiven Fähigkeiten, eindrucksvoller Perspektivenübernahme und einem tieferen Gefühl von persönlicher Verantwortung. Diese Fähigkeiten werden häufig als ausreichend postuliert, um Grundkonflikte und Reifungsprozesse, die in diesem Buch behandelt werden, zu lösen. Es gibt Darstellungen von Toleranz und Selbstakzeptanz (z.B. Loevinger, 1976), von einem universellen moralischen Imperativ (z.B. Kohlberg, 1984), von postnarzisstischer Empathie und Weisheit (Kohut, 1977) und einer generellen spirituellen Dimension in menschlichen Beziehungen (z.B. Fowler, 1981; Jung, 1966). Um diesen Punkt zu erläutern soll Loevingers (1976) Modell der Ich-Entwicklung und ihre Darstellung der höchsten Stufen herangezogen werden.

Die reifsten Stufen von Ich-Entwicklung, die mit bestimmten Bedeutungsrahmen gleichzusetzen sind, die benutzt werden um sich selbst und die Welt zu verstehen und sich darin zurecht zu finden, werden als autonome und integrierte

---

[2] In einer sehr interessanten Reihe von Studien fanden Baltes und Kollegen (z.B. Baltes & Smith, 1990), dass Weisheit, operationalisiert und gemessen, die einzige psychologische Fähigkeit war, die im Alter nicht abnahm. Er und seine Kollegen versichern, dass diese Fähigkeit auch bei Erwachsenen jüngeren und mittleren Alters gefunden wurde.

Stufen bezeichnet. Die Person hat Merkmale wie »Mut, sich mit Konflikten auseinander zu setzen«, ist in der Lage, die Realität auf komplexe und vielschichtige Weise zu sehen und kann Vorstellungen, die einander scheinbar widersprechen, integrieren. Weiterhin zeigt die Person ein hohes Maß an Ambiguitätstoleranz, ist sich wechselseitiger Abhängigkeiten bewusst und »zählt menschliche Bindungen als zu ihren kostbarsten Werten gehörig und pflegt sie« (S. 23). Die Person spricht lebhaft und überzeugend über ihre Gefühle, auch über ihre verschiedenen sinnlichen Erfahrungen.

Psychologen, die die komplexen Entwicklungsstufen beschreiben, die auch als »postformale Operationen« bezeichnet werden, benutzen Adjektive wie transformational, dynamisch, flexibel und verantwortlich (Basseches, 1984; Perry, 1976). Labouvie-Vief, eine kreative Wissenschaftlerin, die über Entwicklung im Erwachsenenalter geforscht hat, beobachtete, dass historischer Wandel und kontextuelle Vielfalt wertgeschätzt werden, was eine offenere Flexibilität nach sich zieht, die von Verantwortung und Selbstreflexion gekennzeichnet ist (Labouvie-Vief, Hakim-Larson & Hobart, 1987). Loevinger, Labouvie-Vief und andere innovative Entwicklungstheoretiker waren sich sehr wohl der ernsthaften Probleme bewusst, die auch auf hohen Niveaus, die durch erweiterte Perspektiven, Flexibilität und Toleranz gekennzeichnet sind, vorhanden sein können. Jedoch ging das komplexe Wissen der Theoretiker über die menschliche Natur in ihre Modelle, Definitionen und Beschreibungen von Entwicklung häufig nicht ein. Integriert und gespalten sein, weise und rigide, einsichtig und simplistisch, sind auch auf komplexen Entwicklungsniveaus typische Widersprüche, die in den meisten Theorien unberücksichtigt bleiben. Die Komplexität des Selbst sollte nicht idealisiert werden. Es ist notwendig, den bis zum Ende des Lebens andauernden Kampf zwischen Stärken und Schwächen, Risiken und protektiven Prozessen zu analysieren.

Wenn Menschen mit all ihren Konflikten betrachtet werden, ist zu berücksichtigen, dass auch die weisesten Menschen mit ihren erweiterten Perspektiven Teil eines hoch fragmentierten sozialen Systems sind und dass ihre Lebensläufe diese Brüche und Widersprüche widerspiegeln. Es entsteht ein genaueres Bild, wenn Visionen und Ideale, Toleranz und Perspektive nicht ihrer Gegenstücke beraubt sind: Verlust an Mut, Nihilismus, Rigidität des Charakters, Mangel an Kreativität, usw. Tatsächlich sind empirisch typische Spannungen zwischen Vulnerabilität und Entwicklung zu erwarten, denn viele Menschen, die ein hartes Leben durchleben, gehören gerade zu denjenigen, die zu größerer Weisheit und tieferem Sinn getrieben werden. Anders ausgedrückt: Leid ist häufig der Anstoß für Entwicklung, aber Entwicklung bringt nicht notwendigerweise Heilung vom Leid!

Selbst-Repräsentanzen und Beziehungen

In diesem Abschnitt werden Dimensionen reifer Selbst-Repräsentanzen angesprochen, die ein breites Spektrum von Entwicklungsbereichen umfassen. Es wird nicht davon ausgegangen, dass diese Dimensionen bei jedem Einzelnen immer alle synchron verlaufen, dem selben Entwicklungspfad folgen und sich integrieren. Einige Menschen erleben eine starke Prozess-Orientierung, aber sie werden ihr Ringen darum nicht in Begriffen von Kreativität ausdrücken. Andere konzentrieren sich nur wenig auf ihre eigene Individualität und sind viel stärker daran interessiert, sich in politischen und sozialen Belangen verpflichtend einzubringen. Es sollen verschiedene psychologische Schauplätze diskutiert werden, auf denen die neue entwicklungspsychologische Konstruktion zum Ausdruck kommen kann. Es sollen mögliche Entwicklungsverläufe dargestellt werden, die unter guten Bedingungen Chancen haben, Wirklichkeit zu werden, aber nicht zwingend das Resultat einer inneren Logik von Wachstum sind.

Einheit in Frage gestellt: Widerspruch und Prozess

Die Forschung hat gezeigt, dass ein Individuum kognitiv über dualistische und einfache Abstraktionen hinauswachsen kann zu dynamischen widersprüchlichen und dialektischen Konstruktionen seiner Realität (z.B. Commons, Richards & Armon, 1984; Fischer & Ayoub, 1996; King, Kitchner, Wood & Davidson, 1989). Dieser Erkenntnisstand macht auch den Weg frei für neue Möglichkeiten in der Entwicklung von Selbst und Persönlichkeit. Auf der früheren Entwicklungsstufe, aus der man sich herausentwickelt, wird der Kern der Selbst-Repräsentanz durch das Bemühen um Logik, Einheit und eine kohäsive biographische Erzählung bestimmt. Weil das Selbst und die Persönlichkeit auch auf diesen Stufen um den Preis der Entwicklung wissen, geht man häufig mit der ständigen Bedrohung durch übermäßige Kontrolle und Rigidität um. Dieser Kampf zwischen Ordnung und Unordnung wird sich bei höherem Entwicklungsstand fundamental verschieben. Bewegung und Veränderung, so fand Basseches (1984) in seiner Studie über »dialektische Denker«, werden als grundlegende Merkmale der Natur von Wissen angesehen. Dies führt zu einer Bestätigung eines sich ständig verändernden Selbsts, die zeitlich mit einer Kritik an Stagnation in der Persönlichkeitsentwicklung zusammenfällt. Das Nicht-Erreichen von Ganzheit des Selbst oder Kohäsion im Lebensplan wird nicht mehr unbedingt mit Versagen gleichgesetzt. Einheit wird sehr viel mehr in menschlichen Begriffen gesehen: man kann danach streben, aber sie nie vollkommen erreichen.

Viele Menschen erleben sich rückwirkend als viel zu verstandesbetont und viel zu stark um Konsistenz und klare Lebensbahnen bemüht. Diese starken Bemühungen um Konsistenz und Klarheit werden im nachhinein kritisch beleuchtet und gedeutet als ein zu totalitärer Versuch, das Selbst zu kontrollieren und zu bestrafen. In verschiedenen Phasen des Lebens gedeutete Einheit des Selbst wird später eingeschätzt als Versuch, eines fragilen Selbst, Stabilität zu schaffen. Das Selbst wird jetzt als ständig im Fluss gesehen und es gibt ein Bewusstsein dafür, was das Selbst sein und werden kann. Es ist nicht nur eine etablierte Einheit, die in der Adoleszenz geschaffen wird und damit für das ganze Leben identitär festgeschrieben ist. Broughton (1978) bezeichnete dieses Phänomen als *Identität in ständiger Krise* – ein intelligentes Wortspiel mit Eriksons »Identitätskrise«. Krisen, auch wenn sie schmerzhaft die innere Ordnung aus dem Gleichgewicht bringen, sind weniger bedrohlich, wenn die Person sie als wachstumsfördernd ansieht.

Diese Orientierung befreit das Individuum potenziell von einer Sicht eines Lebens voller Besitztümer, und damit auch von der Vorstellung, das Selbst und signifikante Beziehungen besitzen zu können. Diese neue Sicht der Welt gibt dem Sein eine größere Valenz und nicht dem Haben, eine Unterscheidung, die Fromm (1976) in seinem Spätwerk »Haben oder Sein« eindrucksvoll beschrieben hat. Er kritisierte den »Haben«-Modus der industrialisierten Welt und führte das »Sein« ein als ethisch reiferen und psychologisch gesünderen Lebensstil. Zu seiner Beschreibung eines »neuen Menschen« in einer humanistischen Gesellschaft gehören als wesentliche Attribute die Überwindung von Narzissmus und Gier und die Entwicklung reifer Liebe, die auf einer kontinuierlichen Evolution der Persönlichkeit basieren. Nur mit dieser Vorstellung vom Sein, einem »Im-Augenblick-Leben« und einem Erkennen der menschlichen Möglichkeiten und Grenzen, kann es für Fromm die Chance zur Freiheit geben und Schutz vor lebensverneinender Starre. Wenn mehr Spielraum erwächst bei der Beschäftigung mit dem Selbst, bei der Befreiung von Einschränkungen, die durch Kontrolle, Leistungsanspruch und dem Streben nach Status und Prestige entstehen, dann entwickelt sich ein neuer Lebensrhythmus, ein unabhängigerer und gleichzeitig lebendigerer Lebensraum, in dem die schmerzhaften Lebensthemen, die eine Biographie bestimmt haben, neu beleuchtet werden können.

Fromms Ideen zu einem sich kontinuierlich entwickelnden Gefühl für das Sein entsprechen den Vorstellungen des Autors von Entwicklung. Fromms Perspektive wird aus entwicklungspsychologischer Sicht jedoch unvollständig, wenn er diesen Modus des Seins als für jedes Individuum wünschenswert ansieht, ungeachtet der Tatsache, dass seine Beschreibungen, was die menschliche Natur und soziale Verantwortung betrifft, hoch entwickelte Perspektiven voraussetzen. Welches sind die entwicklungspsychologischen Vorbedingungen, die gegeben sein müssen, damit Menschen einen solchen Selbst-Modus erreichen können? Müssen Individuen nicht Zeiten durchmachen, in denen sie die aktuelle Lebenshaltung als die endgültige definieren und in denen sie kategorisieren? Dies sind alles wichtige Leistungen auf früheren Entwicklungsstufen. Aber Fromm schenkt uns die wichtige Überzeugung, dass wir über die Illusion hinaus wachsen müssen, der Besitz von Einheit und Organisation schaffe wahre Identität.

Jedoch führt die Vorstellung einer kontinuierlichen Evolution des Selbst, auch wenn sie Stabilität und Beständigkeit gefährdet, oft zum Infragestellen der eigentlichen Existenz des »Selbst«. Was für die Person mit größerer Klarheit existiert, ist ein einzigartiges Muster von Erfahrungen und eine »Verpflichtung« zum »Sein«, die jetzt einer noch breiteren und stärker auf Entwicklung bezogenen Kategorie des »Werdens« untergeordnet ist. Dieses Gefühl von Fortschritt bekommt größte Bedeutung, weitaus größere Bedeutung als jedes statisch scheinende Konzept von Einheit, Selbst oder Rollen-Identität.

Jenseits von Kontrolle: Intuition und Spontaneität

Auf reiferen Entwicklungsniveaus gibt es dem Individuum nur wenig Befriedigung, wenn es soziale Rollen spielt oder Konventionen um der Konventionen willen einhält; letztere sieht man jetzt, als ob sie das Potenzial für Selbstverwirklichung und Selbsterforschung unterdrückten. Die frühere Beschäftigung mit sozialen Normen und sozialer Kontrolle (auch wenn beides abgelehnt wurde) wird jetzt ersetzt durch die Ideale: Intuition, Spontaneität und kreativer Ausdruck. Das Individuum möchte sich eine Offenheit für die Welt und für Beziehungen schaffen, die hoch strukturiert und komplex sind; dies ist gleichzeitig eine Rückkehr zu den Wahrnehmungen der Kindheit, nur »um sie (die Kindheit) zum ersten Mal zu verstehen«, wie T.S. Eliot es so treffend formuliert hat. Eine Offenheit für neue Erfahrungen, die das Selbst verändern – insgeheim immer erhofft – wird jetzt zu einer realen Möglichkeit. Diese starke und romantische Vorstellung findet sich in der gesamten Literatur über höhere Systeme von Erfahrung und Bewusstsein (z.B. Maslow, 1970, 1982). In diesen Schriften findet sich ein idealistischer und reiner Glaube an die angeborenen guten Kräfte der menschlichen Natur, die ihren einzigartigen Ausdruck finden werden. Auch bei einer gewissen Skepsis gegenüber unbegrenzten Möglichkeiten lässt sich beobachten, dass für viele Menschen der Gedanke aufkeimt, dass Entdeckung wichtiger ist als Kontrolle, und dass dies ein bislang unbekanntes Gefühl von Bewegung und Freude mit sich bringen kann.

Eine weitere Ausarbeitung dieser Vorstellung findet sich in Csikszentmihalyis (1990) sehr beachtetem Buch »*Das Flow-Erlebnis*«. Dieses Plädoyer für eine neue Wahrnehmung enthält eine Vielzahl von Beispielen darüber, wie mit einem Fokus, der den Prozess in den Mittelpunkt rückt, neue Konzentration und Erregung ins Leben kommt. Mit allen diesen Beispielen legt Csikszentmihalyi dar, dass der Prozess (oder Fluss) eine Primärkraft ist, nach der wir leben sollten. Ähnlich wie Fromm vor ihm weist er darauf hin, dass diese Einstellung dabei hilft, unsere übertriebenen Sorgen um Ergebnisse, Produktion und Leistung zu überwinden.

In allen Entwicklungsphasen gibt es große Spannungen zwischen widerstreitenden Gedanken, Verlangen, Wünschen und Leidenschaften, aber nun können Ambiguität und Widersprüche zwischen unterschiedlichen Strebungen als wesentliche Bestandteile des Lebens akzeptiert werden. Diese Einstellung klingt – theoretisch formuliert – so: ich muss nicht zwei Seiten meines Selbst aushalten und die Ambivalenzen, die sich daraus ergeben, tolerieren, sondern ich mache gerade die Art dieser verschiedenen Begehrlichkeiten und die Ambiguität, die daraus entsteht, zum inneren Wesenskern dessen, was ich bin. So sind weniger Entscheidungen nötig, weniger endgültige Beschlüsse gefragt. Früher fühlte sich das Selbst durch die Schwierigkeiten des sich Entscheiden-Müssens bedroht und Unentschlossenheit wurde als Hauptfeind des effizienten und handlungsorientierten Selbst gesehen. Aber jetzt wird das Bedürfnis, zwanghaft Leistungen erbringen zu wollen kritisiert, wenn nicht sogar lächerlich gemacht. Bei der Arbeit und in der Liebe versucht der Mensch das innere Wesen von Freiheit, Spontaneität und Nonkonformismus zu verwirklichen.

Universalität und Einzigartigkeit

Entwicklungsleistungen sind sowohl in Begriffen von Universalität als auch Einzigartigkeit relevant. In dem Maße, in dem das Individuum die übermäßig besorgte Beschäftigung mit sich selbst überwinden kann, kann es in die Welt eintauchen und schätzen lernen, dass es Teil einer universalen Erfahrung und Verpflichtung ist, Mensch zu sein. Eine Reihe von Autoren, die die Kenntnisse über Entwicklung im Erwachsenenalter erweitert haben, gaben diesem Phänomen Namen. Erikson, zum Beispiel, beobachtete eine Bewegung von einer im zeitlichen gebundenen Identität zu einer »gesamt-menschlichen und existenziellen Identität«. Jung beobachtete einen Übergang von Ich-Versunkenheit zu einem das Selbst transzendierenden Konsens.

Diese Sicht vom Selbst als öffentlich und durch seine Teilnahme an universellen Erfahrungen definiert geht mit der gestärkten Erkenntnis einher, dass kein Selbst wie das andere ist. Jede Erfahrung lebt im Augenblick und kann nur in der sehr einzigartigen Welt eines Menschen gefunden werden. Das Wissen von der Welt wird weniger abstrakt, losgelöst und persönlicher. Dieser persönliche, kontextuelle und historische Aspekt individueller Erfahrung taucht in vielen Beschreibungen über Entwicklung auf (z.B. Edelstein & Noam, 1982; King et al., 1989; Labouvie-Vief et al., 1987). Die Spannung zwischen dem »sich-selbst-überwunden-haben« und »sich-selbst-gefunden-haben« macht dieses Entwicklungsniveau besonders interessant: Es ist ein extremer Relativismus zu beobachten, der sich auch als Toleranz gegenüber anderen ausdrückt, wenn jeder Einzelne als anders erlebt wird, als jemand, der seine oder ihre spezifischen Vorstellungen und Ideale verfolgt. Angesichts der Universalität menschlichen Erlebens und Leidens ist oft ein entschlossenes »sich-verpflichtet-fühlen« zu beobachten, das Bedürfnis, sich für übergreifende Belange zu engagieren und grundlegende Prinzipien (z.B. von Gewaltlosigkeit) zu verfolgen. Vielleicht kann der Mensch ausgeprägt relativistisch werden, wenn er sich intensiv mit grundlegenden und allgemein gültigen Prinzipien wie Gerechtigkeit, Fairness und Empathie auseinander gesetzt hat.

Wahres Selbst – Falsches Selbst

Das Gebundensein an die eigenen Erfahrungen sowohl im Augenblick wie in vergangenen und künftigen Zeiten, führt zu einem anderen wichtigen Thema: dem Bedürfnis, sich selber, den gewählten Beziehungen und dem, was man als wichtig erkannt hat treu zu sein. Das viel beschriebene aber dennoch flüchtige wahre Selbst besteht aus einem Mosaik von Gefühlen, die für kognitive, emotionale, moralische oder spirituelle Authentizität sprechen. Dieses Bedürfnis nach persönlicher Wahrhaftigkeit ist selbstverständlich von Kindheit an vorhanden, aber es bewegt sich jetzt ins Zentrum des Geschehens als bewusste, wenn auch noch nicht verstandesmäßige Beschäftigung damit. Der Mensch auf diesem Entwicklungsniveau weiß, dass das, was er ist und lebt, letztendlich das Selbst offenbart.

Winnicott (1958) hat aus einer klinischen Perspektive höchst einfühlsam über die Unterscheidung zwischen wahrem und falschem Selbst geschrieben. Trotz der Tatsache, dass er das Ganze nicht in einem ausgearbeiteten theoretischen Rahmen präsentiert hat, sondern seine Beobachtungen und Gedanken in kurzen Aufsätzen mitgeteilt hat, zeigt die anhaltende Umsetzung seiner Vorstellungen, dass er einen Komplex sehr relevanter Fragen festgehalten hat. Winnicott machte das wahre Selbst fest an Kreativität, Spontaneität und einem Gefühl für Realität: »Die spontane Geste ist das wahre Selbst in Aktion. Nur das wahre Selbst kann kreativ sein und nur das wahre Selbst kann sich als wirklich fühlen. Während das wahre Selbst sich selbst als echt empfindet, führt die Existenz eines falschen Selbst zu einem Gefühl von Unwirklichkeit oder Nutzlosigkeit« (S. 148). Winnicott verband das wahre Selbst weiter mit einem Gefühl von Lebendigkeit, im-eigenen-Körper-leben und »das Soma« erfahren. Für Winnicott wird das wahre Selbst sehr früh im Leben geformt. Er schrieb: »Das wahre Selbst erscheint, sobald es überhaupt irgendeine mentale Organisation von Individualität gibt, und es ist wenig mehr als die Summe der senso-motorischen Lebendigkeit« (S. 149).

Obwohl Winnicott das wahre Selbst vor allem als Ergebnis der frühen Entwicklung beschrieb, stammen die Beispiele für ein falsches Selbst tendenziell aus dem späteren Alter. Dies sollte uns nicht überraschen, denn Winnicott sah das falsche Selbst als ein sozialisiertes Selbst, das sich durch schlechtes Elternverhalten und andere Umwelteinflüsse entwickelt, die ein konformistisches Selbst entstehen lassen. Das falsche Selbst versteckt das wahre Selbst und entwickelt einen intellektualisierten Verstand, der vom Körper dissoziiert ist. Winnicott schrieb:

»Wir können große akademische Erfolge beobachten und es fällt uns schwer dabei an die sehr reale Verzweiflung der betreffenden Person zu glauben, die sich »unecht« fühlt je erfolgreicher er oder sie ist. Wenn solche Personen sich auf die eine oder andere Art zerstören anstatt ihre Versprechen einzulösen, löst dies unweigerlich ein Gefühl des Schocks aus bei denen, die große Hoffnungen auf das Individuum gesetzt hatten (S. 144).«

Falschheit entfremdet das Selbst nicht nur von sich selbst, sondern auch von dem Übergangsraum, in dem Spiel und Fantasie wohnen. In Winnicotts Theorie erfährt der Erwachsene diesen Raum durch die Teilnahme an »Kultur«, in der Symbole entstehen. Eine Folge des falschen Selbst ist seine Unfähigkeit, diesen Raum zu betreten wegen seiner ständigen Besorgtheit, seinem Mangel an Konzentration und seiner Unfähigkeit, sich kreativ loszulassen. Winnicotts unerschütterliches Festhalten an dem Selbst, das spontan, kreativ und lebendig bleibt, ist beeindruckend. Es fällt jedoch nicht schwer, darin ein romantisches Rousseau'sches Ideal zu entdecken von den guten, dem Menschen innewohnenden Kräften und den schlechten Einflüssen der Sozialisation. Dieser Glaube an die ursprüngliche Vitalität des Kindes ist ein Grund, warum das wahre Selbst aus entwicklungspsychologischer Sicht so früh angesiedelt wird.

Sinnstrukturen und Transformation

Interessant dabei ist, dass, auch wenn die Entwicklung eines wahren Selbst mit sehr frühen Erfahrungen verknüpft ist, die Beschäftigung mit seiner Existenz und der Versuch, es wieder zu erfahren, erst relativ spät in der Entwicklung einsetzen. Das große Dilemma der späteren Entwicklung ist, dass – obwohl ein »wahres Leben« zu leben entscheidende Bedeutung bekommt – Menschen nur empfinden können, wenn sie echt und sich selber treu sind, aber reflektiv nicht ergründen könne, wie man echt ist. In der Tat ist es so, dass jeder Versuch dem wahrem Selbst durch einen Denkprozess näher zu kommen, gerade diesen Prozess, den man verfolgt, untergräbt. Außerdem macht die volle Erkenntnis der Relativität aller menschlichen Erfahrung es unmöglich, dass jemand anders als wir selbst das eigene wahre Selbst definieren kann. Wenn jemand anders, auch ein Therapeut, den Versuch einer Definition machen würde, wäre es kein wahres Selbst mehr, und es würde dadurch auch keine Möglichkeit geschaffen, es zu entwickeln.

Hier liegt ein entscheidender Unterschied zu früheren Entwicklungsphasen, in denen Wille, Intellekt und individuelle Entschiedenheit als Organisationsprinzipien des Selbst gesehen wurden, und als den Emotionen, Intuitionen und einem grundsätzlichen Eingeständnis von Wünschen überlegen. Aus diesem Grund kann das Individuum jetzt eine »gleichberechtigte« Beziehung zwischen Gedanken und Gefühlen entwickeln wie dies zuvor nie möglich war. Die Gedanken werden dynamisch, menschlich und vertiefen sich zu Einsicht; die Gefühle werden als Zeichen für die Validität der Reflektion und des Denkens ernst genommen und dienen oft als Führer auf dem Weg zu tieferen Entdeckungen. In diesem Prozess hört die Unterscheidung zwischen kognitiven und emotionalen Bereichen auf, von Nutzen zu sein, da die Verflechtung nahezu vollkommen werden kann. Eine Reihe von Forschern betonen die essenzielle Integration von Gedanken, Gefühlen und Erfahrung (Fischer & Ayoub, 1996; Pascual Leone, 1989). Die starken Fähigkeiten, Kognitionen, Emotionen und Gefühle reflektiv werden zu lassen, haben weitreichende Implikationen für die innere Erfahrung und die Suche nach einem lebendigen, wahren Selbst.

Ein Leben, das den eigenen, direkten, nicht intellektualisierten und auf Erfahrung gründenden Wurzeln entfremdet ist, verursacht enormes Leid für das gefangene Selbst. Unter den strengen Regeln der Selbstverneinung bleibt den meisten Menschen ein Gefühl dafür erhalten, dass ihnen wichtige Aspekte ihrer Persönlichkeit auf dem Weg verloren gegangen sind. Aber die Person hat nur wenig Möglichkeiten dem abzuhelfen, insbesondere deshalb, weil viele Aspekte des Selbst, die hier eingesetzt werden müssten (z. B. sich vulnerabel, offen fühlen, etc.), als Schwächen angesehen werden und das Streben danach als Nachgiebigkeit gegenüber dem eigenen Selbst. Diese Kombination von Verfremdung und Verwerfung der potenziellen Abhilfen führt zu der kerkergleichen Enge des Selbst. Menschen können – häufig in der Therapie – voller Interesse damit beginnen, sich selbst zu erforschen, wie sich das strangulierte und einsame Selbst fühlte, zum Beispiel wie einst als Kind in einer autoritären Familie. Einem Gefühl von Lebendigkeit nachzustreben, gilt nicht mehr als Nachsicht. Aus theoretischer Sicht finden wir zu keinem anderen Zeitpunkt in der Entwicklung eine derart zwingende Notwendigkeit die kognitiven Modellvorstellungen Piagets zu erweitern und einen Menschen mit einem internalen, sich selbst erfahrenden Selbst und einer Biographie zu beschreiben.

Unbewusste Prozesse

Die Prozess-Orientierung hilft Menschen, jenen Aspekten von Selbst und Beziehungen gegenüber toleranter zu werden, die geheimnisvoll und fremd bleiben. Nicht alles muss geklärt werden und nicht alles folgt expliziten Regeln. Menschen entwickeln ein neues und tieferes Verständnis für Mythen, Symbole und Träume als intuitive Formen, die die Vorstellungskraft stützen, sich aber dem vollständigen Verständnis entziehen. Mittlerweile wird akzeptiert, dass das Selbst nur einige Aspekte der Realität begreifen kann, was das Wissen um die Grenzen des kontrollierenden Selbst weiter stärkt.

Das Gefühl »zu sein«, das so sehr Teil jedes Individuums ist, das Bedeutungen konstruiert, geht verloren, wenn die Wissenskategorien ohne Berücksichtigung der persönlichen Bedeutungen, die sie für das Individuum haben, klassifizieren. Intrapsychisch werden die Grenzen des Wissens als ein riesiges Reservoir von Erfahrungen erlebt, die Teil des Menschen sind und sogar unser Handeln bestimmen und dennoch vom Handelnden niemals vollkommen verstanden werden. Das Verständnis für die Tiefen menschlicher Erfahrung öffnet diese Menschen für den spirituellen Sinn und die religiöse Interpretation von Erfahrung. Sie beschäftigen sich selten mit den Besonderheiten religiöser Dogmen, Spiritualität ist für sie ein Prozess, in dem sie tiefgründige und für sie persönlich wichtige Metaphern entdecken. Selbstverständlich kann Spiritualität zu jedem Zeitpunkt im Leben vorhanden sein – oder niemals Teil des Bedeutungssystems eines Menschen werden – aber heute wird das tägliche Leben oft in moralischen oder spirituellen Formen ausgedrückt.

Eine ganz wichtige Entwicklung ist der Wechsel von einer Perspektive, aus der unbewusste Motivationen als Feind des Selbst gesehen werden und intellektuelles Verstehen Kontrolle ermöglicht, hin zu Prozessen, die vielfältig verknüpft und als Bereicherung des Lebens erlebt werden. So werden scharfe Grenzen zwischen bewussten gedanklichen Prozessen und unbewussten Motivationen viel weniger wichtig als vorher und es lohnt sich nicht mehr, darum zu kämpfen. Das Gesichtsfeld ist weiter und es schließt das vorher Versteckte, das Schändliche und Irrationale, als Aspekte des Menschen und des Selbst nicht mehr aus. Anders ausgedrückt bedeutet dies, dass das Selbst weit weniger defensiv ist und offen für das Erfahren von Widersprüchen zwischen ausgesprochenen Wünschen und den erfindungsreich ausgeklügelten Möglichkeiten, sie zu unterdrücken.

Die Betrachtung weiterer bestehender Risiken und schwerer Vulnerabilitäten, die viele Menschen auf dieser Entwicklungsposition durchleben müssen, lässt eine noch reichere, wenn auch oft zerrissene innere und interpersonale Welt zu Tage kommen.

Vulnerabilität und Risiko

Wenn die Stärken miteinander eine »Allianz eingehen« und so viele neue Möglichkeiten für Entwicklung entstehen, wie Flexibilität und Bewegung, Selbst-Transzendenz und vertiefte Beziehungen usw., welche Risiken und Vulnerabilitäten sind dann zu erwarten? Weisheit ist sicherlich eine menschliche Stärke und sollte auch nahezu ausschließlich in Begriffen menschlicher Stärken und Entwicklungsleistungen beschrieben werden. Eine Äußerung, die wir heute in eine mehr technische Sprache kleiden würden: Weisheit ist vor allem ein protektiver Prozess. Für eine Studie mit weisen Individuen vorgeschlagen zu werden, ist genauso ehrenhaft, wie wenn bedeutende Entscheidungsträger sich um Rat an uns wenden. Und dennoch können vertiefte Einsicht und verpflichtend eingegangene Bindungen zu einer tödlichen Gefahr werden, wie es in der Geschichte von Sokrates bis Gandhi und von Galileo bis Martin Luther King zu beobachten ist.

Angefangen mit der Bibel und den alten Griechen bis ins neunzehnte Jahrhundert hinein haben Philosophen Weisheit und Einsicht idealisiert, aber sie haben auch an die geschichtliche »Erkenntnis« erinnert, dass die bloße Beschäftigung damit zur Vertreibung des Menschen aus dem »Paradies« der Unwissenheit führte. Eine andere, psychologischere Version dieses Gedankens ist der Spruch: »der Mensch wird immer zum Opfer seiner Wahrheiten«. In diese vielschichtige Äußerung können sehr viele Deutungen gelegt werden. Von Bedeutung für den hier vorgelegten Beitrag ist der Gedanke, dass der Mensch nicht nur aktiver Wahrheitssucher ist, sondern dass das Wissen auch seinen Wissensträger findet, dessen Perspektiven formt und Realitäten schafft, die er nicht vollkommen unter seiner Kontrolle hat. Aus solchen Ideen werden Tragödien gemacht. Dass der Mensch Opfer seiner Wahrheiten werden kann, spricht für den Gedanken, dass Einsichtsfähigkeit auch ein Risikofaktor ist. Wahrheiten sind befreiend, aber auf einem gewissen Niveau können sie auch komplexere Irrgärten schaffen. Sind wir stark genug, um das volle Gewicht dieser Wahrheit auszuhalten? Und was ist, wenn nicht?

Die neuen Fähigkeiten sind genauso wie in früheren Entwicklungsphasen mit signifikanten Problemen, Zusammenbrüchen und Dysfunktionen verknüpft. Personale und interpersonale Vulnerabilitäten spielen gewöhnlich nicht die gleichermaßen allumfassende Rolle wie in der frühen Entwicklung. Aber es sind die Menschen, die schwierige Lebenserfahrungen oder Traumata verarbeiten müssen (wie z.B. Migration in entfernte Länder, Gefangenschaft in Lagern, das Durchleben von Kriegszeiten oder den Horror von Missbrauch in der Familie), die oft vorwärtsgetrieben werden bis auf diese komplexen Entwicklungsniveaus, und dies nicht trotz des Leides in ihrem Leben sondern *wegen* dieses erlittenen Leides. Nur wenige Therapeuten haben sich mit diesem Problem so direkt und auf so tragische Weise auseinander setzen müssen wie Victor E. Frankl. In seinem berühmten Bericht über das Leben in einem Konzentrationslager der Nazis berichtet er von einem Moment ganz besonderer Hilflosigkeit in der Gruppe der Gefangenen und der Notwendigkeit zu ihnen zu sprechen:

Dann sprach ich über die vielen Möglichkeiten, wie man dem Leben einen Sinn geben kann. Ich sagte meinen Kameraden (die bewegungslos dalagen, auch wenn gelegentlich ein Seufzer zu hören war), dass das menschliche Leben unter gar keinen Umständen jemals aufhört einen Sinn zu haben, und dass dieser unendliche Sinn des Lebens Leiden und Sterben, Entbehrung und Tod einschließt. Ich forderte die armen Geschöpfe, die mir in der Dunkelheit der Hütte aufmerksam zuhörten, auf, sich dem Ernst unserer Lage zu stellen. Dass sie die Hoffnung nicht verlieren dürften, sondern ihren Mut bewahren sollten in der Gewissheit, dass die Hoffnungslosigkeit unseres Kampfes ihm nicht seine Würde und seinen Sinn entzieht«. (Frankl, 1985).

Durch sein ganzes Buch mit dem Titel *Man's Search for Meaning* hindurch zieht sich das überzeugende Argument, dass das Festhalten und Entwickeln von einem Sinn selbst unter unvorstellbarsten Bedingungen der Schlüssel für psychologisches Überleben ist. Es sind genau diese Traumen, Brüche und Verfremdungen, die den Hintergrund formen, vor dem Entwicklung stattfinden kann; aber diese Entwicklung heilt nicht notwendigerweise die internalen Symptome dieser Tragödien. Und es ist erstaunlich wenig bekannt über diese Dialektik zwischen Leid und dadurch entstehender Einsicht und Sinn.

All die zuvor beschriebenen Stärken werden jetzt durch eine unheimliche Klarheit der Sicht und eine messerscharfe Fähigkeit, zum Kern durchzudringen, verstärkt. Worauf man dann stößt, ohne dass die lindernden Mittel der Selbsttäuschung weiter zur Verfügung stehen, bleibt oft trotz aller Akzeptanz von Selbst und Welt unerträglich. Erinnerungen und aktuelle Erfahrungen können schwerer sein als sie es waren, als die Einsicht noch getrübt war. Aus den vielen Manifestationen von schwerwiegendem Konflikt und Problemen sollen hier vier genannt sein, die grundsätzliche Konfigurationen von Entwicklung abbilden: (a): die Spannung zwischen der Rigidität des Charakters und der neu geschaffenen Prozessorientierung; (b): die Verzweiflung, die mit dem Mangel an kreativem Ausdruck einhergeht; (c): die Zähigkeit von Lebensthemen, die jetzt, statt weniger schmerzhaft zu werden, noch mehr schmerzen; und (d): der Verlust von Sinn in Beziehung und eine daraus folgende Tendenz zur Suizidalität. Damit gleichzeitig ein Blick auf den klinischen Entwicklungsprozess möglich wird, sollen die auftauchenden Vulnerabilitäten an Beispielen aus der klinischen Kasuistik erläutert werden.

Rigider Charakter und Entwicklungsprozess

Es war Freuds Überzeugung, dass der Charakter ab einer bestimmten Lebensphase festgelegt ist und jenseits der Lebensmitte nicht mehr stark verändert werden kann. Diese Annahme ist seitdem immer kontrovers geblieben. Freud ging sogar so weit, bei Menschen über 40 von einer Psychoanalyse abzuraten, weil er überzeugt war, dass deren Persönlichkeiten zu sehr fixiert waren, um noch von einer Behandlung profitieren zu können. Diese Position ist von der nachfolgenden

Generation von Analytikern und Therapeuten, die in allen Lebensphasen ein beträchtliches Veränderungspotenzial feststellten, aufgegeben worden. Heute werden Möglichkeiten der Veränderungen für die gesamte Lebensspanne angenommen. Ein Paradox des Alterns liegt in folgender Erfahrung begründet: Menschen können sich, wenn es in ihrem Leben keine Herausforderungen gibt, denen sie sich stellen müssen, in ihrem Wesen verfestigen, sogar versteinern, oder auch eine erweiterte Perspektive gewinnen, aus der heraus sie sich mit der früheren Rigidität ihres Charakters auseinander setzen können.

Aus diesem neuen Blickwinkel heraus – was wiederum nicht notwendigerweise nur eine Frage des Alters ist, denn es findet sich durchaus starre Rigidität bei jüngeren als auch große Flexibilität bei älteren Menschen – ist es besonders frustrierend, die Grenzen des eigenen Charakters zu erkennen. Es überrascht nicht, dass größere Selbst-Akzeptanz auch für problematische Aspekte des Selbst gefunden wird, aber die Schmerzen werden stärker, weil die globale Prozessorientierung (das Selbst mehr als werdend denn als seiend) sich nicht auf alle Aspekte der Persönlichkeit überträgt. Die Möglichkeiten, die mit dem Erleben eines freieren Selbst verbunden sind, stehen im Gegensatz zu den Rigiditäten und sind immer schwerer zu ertragen. Charakterschwächen, wie exzessiver Geiz und extreme Zurückhaltung, chronische Grübeleien und narzisstische Wut geraten jetzt in direkte Konfrontation zu einigen der Ideale, Motivationen und Ziele, die diese neue Entwicklungswelt kennzeichnen. Der Konflikt kann eine furchtbare Verzweiflung auslösen.

Die klinischen Theoretiker verschiedener psychoanalytischer Traditionen[3] treffen alle eine wichtige Unterscheidung, die als syntonische und dystonische Charakterentwicklung bekannt geworden ist. Der syntone Charakter bezieht sich darauf wie ein Individuum seinen eigenen prinzipiellen Modus operandi in der Welt akzeptiert. Der Soziopath z. B. erzeugt eine ganze Reihe negativer Reaktionen bei Personen und Instituten und glaubt trotzdem nicht, dass er irgend etwas falsch gemacht hat; oder der Narzisst, der andere unempathisch entwertet und trotzdem der Meinung ist, dass es deren Problem ist, wenn sie seine Erwartungen nicht erfüllen. Was sollte diese Persönlichkeitstypen motivieren, sich zu ändern? Der syn-

---

3 Für die frühen Psychoanalytiker (z. B. Freud, Abraham, Jones etc.) war Charakter eine Konfiguration von Verhaltensweisen, Symptomen und Abwehr früher Fixierungen sexueller und aggressiver Triebe (Libido). Für Wilhelm Reich transformierten sich diese Fixierungen in automatische Muster, die von den früheren Konflikten unabhängig werden. Die psychoanalytische Ich-Psychologie (Hartmann, Kris, Klein, Erikson etc.) befreite den Charakter dann von dem sehr engen Fokus auf die frühe Sexualität, der einen Höhepunkt erreichte in Shapiros Monographie über neurotische Stile, die als persistierende Formen von Adaption und Dysfunktion gesehen wurden. Aus entwicklungspsychologischer Sicht setzen sich fixierte Charakterzüge oder neurotische Stile aus einer komplexen Mischung von Charakterzügen zusammen, die weit in die Kindheit zurückreichen, und aus Entwicklungsleistungen, von denen man erwarten kann, dass sie sich im Verlauf signifikanter Entwicklungen im Erwachsenenalter verändern können.

tonische Stil sagt weniger Veränderungspotenzial vorher als der dystonische Charakter, bei dem eine Diskrepanz zu beobachten ist zwischen dem, wie die Dinge sind und wie sie sein sollten (z. B. Vaillant, 1977, vgl. Vaillant in diesem Band).

Der Mensch mit dystonischem Charakter leidet unter seinen Handlungen, möchte sich manchmal ändern, anerkennt eine gewisse Beteiligung des eigenen Selbst und ist dennoch in einem Grundmodus von Anpassung gefangen. Angesichts der Tatsache wie wichtig dies für Diagnose und Behandlung von Persönlichkeitsstörungen ist, hat die Frage, wie einige Individuen von einem systonischen zu einem dystonischen Charakterstil wechseln, noch nicht genügend Interesse gefunden. Wenn wir Charakter als etwas sehen, das sich in früher Kindheit entwickelt und durch das ganze Leben hindurch seine starre Form behält, dann werden spätere Einschlüsse in den »Charakterpanzer« (Reich, 1972) nicht zugegeben oder lösen keine große Hoffnung aus.

Der Wandel besteht interessanterweise nicht in einer Veränderung im Charakter sondern in der Art, Dinge zu bewerten und zu wissen. Da, wo Bewusstheit und Ideale in einen Gegensatz zu der alltäglichen Form von Anpassung geraten, können wir eine aufkeimende Widersprüchlichkeit beobachten. Dies ist natürlich oft der Fall: es kann zu neuen Einsichten kommen lange, bevor Verhalten und Anpassungsstil eine systematische Änderung erfahren. Tatsächlich leben viele Menschen über lange Zeiträume hinweg mit dieser Diskrepanz. Im Fall von Charakterstörungen oder rigiden Charakterneurosen ist es jedoch von entscheidender Bedeutung, diese Diskrepanzen in der Entwicklung aufzulösen, und so eine Möglichkeit zur Veränderung des Charakters zu schaffen. Mit neuen Einsichten kann ein syntonischer Charakter dystonisch werden. Dieser Wandel führt zu einem hohen Maß an *innerem* Leiden, was die Chancen für motivierte Arbeit in Richtung auf Veränderung erhöht.[4]

Entscheidend für den Erfolg solcher Veränderungen ist das Interesse an Veränderung, das die Person selbst hat. Die Chancen dafür sind zu keinem anderen Zeitpunkt besser als dann, wenn durch den natürlichen Verlauf von Entwicklung Spannungen hervorgerufen werden. Der Zugang, der sich damit eröffnet, bietet aber nur eine Möglichkeit, den Kampf aufzunehmen, denn die konservativen Kräfte bleiben weiterhin allen Veränderungen gegenüber extrem resistent. Trotzdem sind jetzt ein neuer Antrieb und neue Hilfsmittel für Veränderung entstanden, was in der Äußerung eines Patienten beispielhaft deutlich wird: »Ich kann es nicht ausstehen, dass ich auf alle Abgabetermine immer damit reagiere, dass ich ‚streike'. Dann werde ich wütend und zwinge mich, es zu tun. Es muss andere Wege geben.«

---

4 Wir wissen, dass einige Aspekte dessen, was wir traditionell *Charakter* genannt haben, besser als Temperament bezeichnet wäre, als biologischen Typus, der resistent ist. Kagans (1989) ausgezeichnete Langzeitstudie hat diesen Punkt bei ängstlichen Kindern sehr deutlich gemacht. Andere Aspekte von Charakter dagegen würden besser als rigide aufgebaute Coping- und Abwehrstile bezeichnet, die unter stützenden Bedingungen und durch Konfrontation verändert werden können.

In der Person des Paul T. haben wir ein Beispiel und die Möglichkeit, diese komplexen Themen gründlicher zu behandeln[5]:

Paul T., ein 60 Jahre alter Mann, zu Hause in der Welt der großen Geschäfte, hatte, als er in den Dreißigern war, eine sinnvolle Psychoanalyse durchgeführt und noch einmal eine Analyse (ein Jahr) als er 50 wurde. Er war jetzt an einem anderen Punkt in seinem Leben angekommen und versuchte, sich weniger Sorgen um berufliche Leistungen zu machen und dem Leben größere und tiefere Zufriedenheit abzugewinnen. Er wollte seinen ausgeprägt kompetitiven und kritischen Stil, der zu seiner Isolierung beigetragen hatte, verändern. Er wollte andere stärker akzeptieren und auch mehr von sich selbst einbringen. Seine Kinder waren erwachsen und er versuchte eine zärtlichere Beziehung zu seiner Frau aufzubauen. Aber er »prallte« gegen die Grenzen seines unbeugsamen Wesens. Ein impulsiver Mann, ein wenig paranoid und immer schnell bereit, sich zurückgesetzt zu fühlen, war er für seine explosiven Ausbrüche bekannt. Obwohl ihm seine früheren Therapien dabei geholfen hatten, sein Schuldgefühl und seine Hemmungen abzubauen, schienen sie einige seiner charakterlichen Schwächen nicht verändert zu haben.

In seinen interpersonalen Beziehungen, auch der zu mir, jagte eine verbale Attacke die nächste. Dieses Verhalten war sehr typisch in seinem Leben und stand immer in Zusammenhang mit einem Gefühl von Ungerechtigkeit oder Mangel an Akzeptanz, die ihm seiner Meinung nach von Gleichaltrigen, seinen Chefs und seinen Untergebenen entgegengebracht wurde. Eigenartigerweise war er nach jeder dieser Explosionen zu einem gewaltigen Maß an Perspektivenübernahme und Empathie fähig. Er erlebte typischerweise tatsächlich eine ganze Menge Schuldgefühle darüber, wie er andere behandelt hatte, wenn er sie anschrie; ein Verhalten, das er häufig auch zu Hause zeigte.

Was seine Diagnosen betrifft, d. h. die Kategorie von Persönlichkeitsstörung oder sogar narzisstischer Persönlichkeitsstörung, die er in früheren Therapien bekommen hatte, so schienen diese nicht ganz im Einklang zu sein mit der Art und Weise, wie man das Zusammensein mit diesem Mann erlebte, dessen Fähigkeit, Mitleid zu zeigen und einsichtsvoll zu sein. Er demonstrierte in einigen Situationen Weisheit und war in seiner Gemeinde jemand, an den man sich um Rat wandte. Aber er war nicht fähig, dieses Wissen in ausreichendem Maße auf seine alltäglichen Anpassungsleistungen in seinem Leben anzuwenden.

Paul T. kämpfte mit einer ganzen Menge aufkeimender neuer Einsichten, und damit soll hier nicht nur eine kognitive Fähigkeit, die Unzulänglichkeiten des eigenen Charakters zu erkennen, sondern ein tiefes Gespür für Reflexion und Mitgefühl, das mit Impulsivität und chronischem Ärger auf Kriegsfuß stand, betrachtet werden. Der springende Punkt ist, dass dieser Mann viele Erfahrungen gemacht hatte, die dazu führten, dass er all diesen Zurückweisungen gegenüber ängstlich und empfindlich geworden war, und er war unfähig zu sehen, dass es tatsächlich er selber war, der zum Zustandekommen genau der Enttäuschungen beitrug, die er am meisten vermeiden wollte. In der Therapie erwies es sich als notwendig, die Diskrepanz zwischen seinem rigiden Charakter und seiner im Entstehen begriffenen prozess-orientierten Entwicklungswelt zu berücksichtigen. Impulsive Handlungen und explosive Wesensart mussten immer in Verbindung mit dieser neuen Perspektive auf das Selbst und menschliche Beziehungen gesehen werden.

Paul T. erlitt viele Enttäuschungen, auch während der Zeit seiner Behandlung. Er war sehr gut in der Lage seine Wut und seine impulsiven Handlungen auf in seiner Kindheit er-

---

[5] Die Behandlungen wurden von dem Autor durchgeführt und werden in der Ich-Form berichtet

littene Zurückweisungen zurückzuführen: chronische Enttäuschungen in der Beziehung zu einem kalten und erfolgreichen Vater, der von seinem Sohn Disziplin und intellektuelle Unbeugsamkeit verlangte. Obwohl er sich der Liebe seiner Mutter sicher sein konnte, konnte dies die Gefühle, die aus der Beziehung zu dem Vater resultierten, nicht kompensieren.

Sicher war es leicht, Paul T.'s häufige Wut auf mich, seinen Glauben, ich wäre nicht wirklich auf seiner Seite und würde ihn nicht als gleichberechtigt sehen, als Rückkehr zu tiefen frühen Verletzungen und primitiven Persönlichkeitsproblemen zu sehen. Aber ich war viel stärker berührt von der kontinuierlichen emotionalen Fluktuation zwischen der warmen und umfassenden Intelligenz, die eine sehr lebensbejahende und weise Seite hatte, und einem depressiven, rigiden und egozentrischen Stil. Unsere Beziehung fing an, seine wachsenden Fähigkeiten, die Dinge ruhen zu lassen und zu sehen, wie er selbst seinem Wunsch nach gegenseitigen und weniger kontrollierenden Beziehungen im Wege stand, widerzuspiegeln.

Paul T. hatte meine volle Unterstützung beim Eintauchen in seine Selbst-Vulnerabilitäten, und ich begleitete ihn von Zurückweisung zu Zurückweisung, von Enttäuschung zu Enttäuschung, von Wut zu Wut. Wir mussten in ihm nicht nur den kleinen Jungen wieder treffen, der durch die in unserer Beziehung wieder erwachten Gefühle so durch und durch verunsichert und isoliert war. In einem kontinuierlichen Punkt-Kontrapunkt-Spiel, ähnlich wie wir es hören, wenn wir in klassische Musik vertieft sind, wurde das rigide Thema durch Spiel und Tanz ausgeglichen. Ich bin überzeugt, dass es nicht allein die Rückkehr zu vergangenen Erfahrungen und Lebensthemen war, die ihn schließlich befreite. Im Gegensatz zu seinen früheren Therapien konnten wir uns jetzt mit einem neuen mentalen Apparat verbünden, der im Lauf der Entwicklung entstanden war. Paul T. fing an, den wirklichen Kern seiner psychologischen Wesensart in Frage zu stellen. Als er den Genesungsprozess begann, wurden die Zeiten, in denen sein Selbst ständig auf dem Spiel stand, immer seltener. Er war in der Lage, die Tatsache im Auge zu behalten, dass ein fest umrissenes Selbstbild in seiner jetzigen Welt mit ihren neuen Deutungen eine Schwäche darstellte. Denn in dieser neuen Welt gewannen Selbst-Transzendenz und Handeln nach eigenen Prinzipien an Bedeutung, unabhängig davon, was andere ihm antaten. Und seine wachsende Prozess-Orientierung half ihm mehr und mehr, selbstbezogenes Grübeln zu unterlassen.

Diese so veränderte Erfahrungswelt eröffnete für die Therapie neue Zugangsmöglichkeiten, Momente, in denen paradoxe Bemerkungen gemacht und auf Humor und Metaphern zurückgegriffen werden konnte, um den gemeinsamen Raum zu erweitern. Es war manchmal seltsam einfach, die schweren Gedanken, die unvermeidlich zu explosivem Ärger geführt hatten, auszugleichen. Die Wichtigkeit einer »Leichtigkeit des Seins« – Kunderas Buchtitel, auf den Paul T. sich häufig mit Vergnügen bezog – war als Konzept bereits für einige Zeit implantiert gewesen, aber sie wurde jetzt zu einer lebendigen Orientierung, aus der heraus er die rigiden Fallstricke seines Charakters transzendieren konnte.

Sicher ist, dass Paul T. seine alten Vulnerabilitäten niemals vollständig hinter sich gelassen hat. Ein langes Leben war gelebt worden und wichtige Aspekte seines Menschseins hatten sich geformt. Es entstand nie der Eindruck, dass er eine Metamorphose durchmache oder einen Flug zu Höhen, auf denen die Einzelheiten der Schmerzen in seinem Leben aufhörten, eine Rolle zu spielen. Aber die neue epistemologische Haltung, die Liebe zu Paradox und Prozess, zur Suche anstatt zum Ergebnis, erwies sich als bedeutende Dimension seiner Genesung.

Mit Paul T. wurde ein klinisches Beispiel voller Hoffnung vorgestellt. Es soll jedoch noch einmal betont werden, dass viele Menschen ihre sich erweiternde Perspektive nicht für die Transformation ihrer Rigiditäten und selbstzerstörischen

Stile nutzen können. Für diese Menschen bringt die neue Entwicklung mehr Ungleichgewicht und Desillusionierung mit sich, weil sie kritischer geworden sind, ohne in der Lage zu sein die notwendigen Veränderungen vorzunehmen. Nur wenige Dinge im Leben sind härter als der Umgang mit dem »fast«, mit einer Freiheit, die ihrer Verwirklichung so nahe ist und dennoch unerreicht bleibt.

Blockierter kreativer Ausdruck

Kreativität, so sagte es Rollo May (1940), erfordert den Mut, eine unbekannte Welt zu betreten und sich dem zu stellen, was Existentialisten gerne als »nichts« bezeichnen. Der Fokus auf Mut – im physischen, moralischen und sozialen Bereich bereits erforscht – kommt zu den Dimensionen Talent und Fähigkeit hinzu. Der kreative Mensch muss Stärken zeigen, um dem Unbekannten nachspüren zu können, damit Fähigkeiten und Gefühle, Ideen und Vorstellungen neue Bilder entstehen lassen können. Es wurde bereits das kreative Potenzial angesprochen, das frei wird, wenn das Selbst weniger von Konventionen bestimmt wird als durch die Exploration tieferer Zusammenhänge. Das Selbst wurde weiter beschrieben als etwas, das große Tiefe hat, und Kreativität wurde mit der Freiheit in Zusammenhang gebracht, sich diesen verschiedenen Ebenen zuzuwenden. Diese Bewegung im Selbst auf diesem Entwicklungsstand stattfinden zu lassen – in Beziehungen, bei der Arbeit und durch die Beteiligung an der Lösung übergreifender Fragen – ist einer der zentralen Indikatoren für Wohlbefinden. Kreativität wird nicht in Begriffen spezifischer Ergebnisse gemessen, sondern als Ausdruck des inneren Selbst, der das Individuum in immer neue, oft überraschende Richtungen führt. Manchmal steht dieser Ausdruck im Zusammenhang mit künstlerischem Schaffen, ein anderes Mal mit beruflichen Beiträgen oder mit der Gestaltung intimer Beziehungen. Wo immer dieser Weg gegangen wird, impliziert er ein tiefer werdendes Gefühl von Bewusstheit und Neugier, die wichtigsten Gegenkräfte zu Wiederholung und Stagnation.

Aber das Wissen um kreative Möglichkeiten ist immer noch weit entfernt von der Entwicklung eines inneren Raumes und eines sozialen Kontexts, um kreativ zu sein. Wie der Charakter die Fähigkeiten, den neuen Potenzialen entsprechend zu leben, schwerwiegend behindern kann, so kann der Kampf um Kreativität verheerend sein, weil der Einzelne sich stark motiviert fühlt und gleichzeitig das Gefühl hat, noch weit entfernt vom Ziel zu sein. Unabhängig vom Ausdrucksmodus, ob als Maler, Schriftsteller, Denker oder Musiker, spüren Professionelle und Amateure gleichermaßen, wie das Leben sich anfühlen würde, wenn der kreative Impuls vorhanden wäre. Mut ist nur eine der dazu notwendigen Fähigkeiten, Intuition, Wissen und ein Gefühl von Freiheit sind andere.

Sternberg (1988), einer der bedeutenden Erforscher kreativer Prozesse, betont, wie wichtig es ist, dass die kreative Person über ihr augenblickliches Wissen hinausgeht. Der kreative Mensch sucht immer neue Ausdrucksmöglichkeiten und neue Arten von Wissen. Nicht jeder Mensch hat dieses Streben nach Kreativität; aber die neue psychologische Perspektive, die in diesem Kapitel beschrieben wird, lässt die Unterscheidung zwischen persönlicher Entwicklung und kreativem Ausdruck oft zusammenbrechen und gibt so dem gesamten Entwicklungsschub eine kreative Richtung. Wenn man der spielerischen, perzeptiven und emotionalen Seite der eigenen Persönlichkeit potenziell näher ist, lässt dies viele Wünsche nach kreativen Erfahrungen aufkommen und danach, das Etablierte und Gegebene hinter sich zu lassen, wenn auch nur für kurze Zeit.

Aber viele können diesen Schritt nicht tun, sie bleiben unsicher, was ihre eigenen Fähigkeiten betrifft, und sie fürchten die Einsamkeit, die eine kreative Suche begleiten kann. Der Weg zu Einsicht, Weisheit und ästhetischem Ausdruck ist oft ein Weg der Spannungen und totaler Ablehnung: Konventionen werden gebrochen und etablierte Mächte üben Vergeltung. Den eigenen kreativen Instinkten folgen heißt oft, über seine Eltern hinaus wachsen, die nicht das Privileg hatten, ihre Potenziale verwirklichen zu können. Tatsächlich berichten Patienten oft, dass es ihnen an Mut fehlt, um ihrer inneren Stimme zu folgen, weil sie sich sozialen Zwängen oder kompetitiven Ängsten zu sehr verpflichtet fühlen.

Diese komplexen Gewebe aus kulturellen, familiären und individuellen Faktoren, die es immer gegeben hat und die dem kreativen Ausdruck Grenzen gesetzt haben, sind jetzt zur Gänze im Konflikt mit einer innerpsychischen Welt, die Kreativität höher schätzt als fast alle anderen Aspekte des Lebens. Wie schon erwähnt, wird Leistung weniger an Macht und sozialer Stellung gemessen, die durch sie erworben werden kann, sondern an Standards, die Exploration, Ausdruck und tiefer werdende Einsichten wertschätzen. Diese neue Sicht von Leistung setzt die Person, die sich weiterhin gefangen fühlt und vor Kreativität zurückschreckt, unter heftigen Druck. Inmitten dieses Konflikts tauchen Gefühle großen Bedauerns und ein Bewusstsein über verpasste Möglichkeiten auf. Ein falsch ausgerichtetes Leben zu leben, ohne dass man über die Schutzmechanismen verfügt, um die Tiefe dieses existenziellen Dilemmas zuzudecken, ist eine grausame Erfahrung, die Menschen auf diesem Entwicklungsniveau machen.

In vielen Leben ist der Mangel an kreativem Ausdruck eine immer vorhandene Angst und Realität, aber an diesem Punkt von Entwicklung hat sie sich bis ins Zentrum der Existenz hin verschoben und der Mangel wird als fast ebenso tödlich erlebt wie der Mangel an Sauerstoff oder Sonnenlicht. Kreativität hat entscheidende Bedeutung bekommen – ist zu einer elementaren Lebenskraft geworden. Ein Leben ohne sie ist es nicht wert, gelebt zu werden. Mit einem weiteren Fallbeispiel sollen diese Gedanken näher mit den lebensnahen Erfahrungen einer Therapie verknüpft werden.

Renate R. ist eine alleinstehende Frau in den Mittdreißigern und selbständige Architektin. In der Schule brachte sie immer ausgezeichnete Leistungen und fand es leicht, professionelle Anerkennung zu bekommen. Sogar in schwierigen wirtschaftlichen Zeiten, wenn viele ihrer Kollegen arbeitslos waren, baute sie Häuser. Gebunden an einen Familienstil, in dem weder negative Gefühle noch Leidenschaften zum Ausdruck gebracht wurden, lebte sie in großer äußerer Unabhängigkeit, aber auch innerer Akzeptanz, in einer Welt, die nicht

Sinnstrukturen und Transformation

ganz die ihre war. Sie war fähig, tiefe und anhaltende Freundschaften einzugehen, blieb aber dem Gedanken einer weiter gehenden Verpflichtung gegenüber zurückhaltend.

Renate R. hatte viele Begabungen und die Architektur, bei der sie beständig zwischen ihren Vorstellungen und den Wünschen und finanziellen Möglichkeiten ihrer Klienten Kompromisse schließen musste, war für ihren Geschmack zu sehr Handwerk oder Geschäft. Sie fühlte sich statt dessen zu Musik und Dichtung hingezogen und blieb viele Nächte auf, um an Projekten zu arbeiten, die ihr sehr viel befriedigender erschienen. So tauchte in ihrer Therapie als zentrales Symptom dieses schwer zu definierende, aber dennoch beherrschende Gefühl auf, dass sie von einem essenziellen Teil ihres Selbst abgetrennt lebte. Es war nicht überraschend, dass einige der biographischen Wurzeln dieser Erfahrung gefunden werden konnten. Ein schüchternes Mädchen, zog sie die Rolle der Beobachterin insbesondere ihrer weniger farblosen Geschwister vor. Wenn sie sich selbst behauptete, neigte sie dazu, ihre Freundinnen zu dominieren, was dann zu Schuldgefühlen führte. Ihren Eltern gegenüber war sie fügsam, aber da sie deren Grenzen kannte, ging sie mit einer gewissen Freude an der Heimlichkeit ihrem eigenen Leben nach.

Am auffallendsten bei unserer Arbeit war für mich das Bedürfnis von Renate R., in der Gegenwart zu bleiben. Von Zeit zu Zeit trat sie durch Träume und Reflektionen in ihre Vergangenheit ein und gewann dadurch jedes Mal wichtige Erinnerungen zurück. Aber ich kam mehr und mehr zu der Überzeugung, dass ihre Sehnsucht und ihre Isolation genau so stark durch ihre augenblickliche epistemologische Haltung wie durch die Entwicklung ihrer Identität und »archaische internale Objekte« ausgelöst wurden. Kreativität wurde für sie, mehr als Leistung und Geld, zum definierenden Merkmal ihres Selbst. Wie ich es auch bei anderen Klienten beobachtet habe, wurde die Welt der Kindheit, trotz einer sehr aktiven und sich entfaltenden Übertragung, Teil einer viel größeren Suche. Das alles überragende Thema, ein kreatives Leben zu leben, blieb während ihrer gesamten Therapie das wichtigste Thema und der entscheidende Indikator für ihre Fortschritte.

Anfangs deutete ich ihr Bedürfnis, in der Gegenwart zu bleiben, als einen Weg eine erneute Begegnung mit den Menschen in ihrem Leben, die am Entstehen ihrer Hemmungen Anteil gehabt hatten, zu vermeiden. Erst als ich in mir selbst die sehr verunsichernden Gefühle erlebte, nicht die richtigen Worte finden zu können, zu schweigen, obwohl ich etwas zu sagen hatte, und blockiert zu sein, wenn ich starke Gefühle ausdrücken wollte, erst dann konnte ich in ihr existenzielles Dilemma eintreten. Indem ich diesen Erfahrungsraum betrat, erfuhr ich von den verheerenden Frustrationen, auf die man stößt, wenn man anfängt zu leben und nach einem tieferen Sinn zu suchen und noch nicht die richtige Sprache und Grammatik entworfen hat, um dem Ausdruck zu geben. Eine ähnliche und genau so tiefe Frustration habe ich nur bei Kindern gesehen, wenn sie selber schon eine ganze Menge verstehen, aber viele ihrer Worte für andere noch unverständlich sind. Die verwirrten Mienen der Erwachsenen sind für die Kinder, die große Anstrengungen machen, um sich verständlich zu machen, Momente großer Entmutigung.

In dem Maße wie wir gemeinsam die Sprache aufspürten, die Renate R. und auch uns beiden fehlte, fasste sie Mut. Jedes Bild und jedes Gedicht wurde zu einer Offenbarung in diesem Prozess, in dem sie lernte, sich selber zuzuhören, ihre eigenen Ängste zu entdecken und damit anfing, anderen zuzuhören. Einzig und allein in diesem Kontext wurde die Beziehung zu ihrer eigenen Vergangenheit wirklich wichtig für sie.

Es wäre zu einfach, diese Botschaft nur so zu verstehen, als spiele die Biographie keine Rolle und die Phänomenologie der augenblicklichen Erfahrung sei alles was zählt. Aber das ist es nicht, was hier vermittelt werden soll. Während eine neue Sicht dessen, was für das Selbst die größte Bedeutung besitzt, nämlich seine Entwicklung und seine Beziehungen, im Entstehen begriffen ist, tritt die Vergangenheit manchmal in den Hintergrund. In diesem Moment entsteht in der Person ein starkes Bedürfnis nach aktuellen Erfahrungen. Aus diesem Grund müssen Therapeuten dort, wo es um die essenzielle Bedeutung der Vergangenheit für die mentale Gesundheit geht, flexibel bleiben. Obwohl die Vulnerabilität eines Lebens, das keine Mittel, hat um kreativen Wünschen Ausdruck zu geben, auch auf Kindheitserfahrungen zurückgeführt werden konnte, ist es wichtig festzuhalten, dass dieser Konflikt nicht im Vordergrund stand, solange Renate R. sich noch nicht auf diesen neuen Weg, sich selbst und die Welt zu sehen, eingelassen hatte. Jetzt erst war der Kernkonflikt zu einem Konflikt geworden, der daraus erwuchs, dass sie von dem kreativen und intuitiven Potenzial ihres Selbst getrennt lebte. Die sich vertiefende Introspektion, die Sicht von Kreativität als Indikator für ein wahres Leben und die kontinuierliche Suche anstelle der Beschäftigung mit Arbeitsleistungen, all dies waren Beispiele für die komplexe Natur des Selbst.

Die Zähigkeit von Lebensthemen

Es soll ein weiteres Entwicklungsparadox genannt sein: Wenn das Selbst in universaleren Begriffen gesehen wird, führt dies oft zu einer Abnahme der Beschäftigung mit dem Selbst. Die Heilung der Biographie wird zu einem Synonym für die Hinwendung zum persönlichen Einsatz bei der Bekämpfung allgemeiner Ursachen von Leid (z. B. Kindesmissbrauch, Kinder im Krieg, Armut, Unterdrückung, Rassismus). Dies ist selbstverständlich ein sehr produktiver Aspekt von Genesung, auf den man nicht nur auf diesem Entwicklungsniveau trifft; aber er ist hier zu einer typischen Form von Anpassung geworden. Mit der Fähigkeit, das eigene Selbst als Verursacher von Veränderung in einer Welt des Leidens und der Solidarität zu sehen, vertieft sich auch ein Gefühl für persönliche Involviertheit. Verantwortung wird nicht mehr an andere Personen oder Institutionen delegiert, die Person verlässt sich stark auf ihre eigenen Ressourcen. Genau in dem Moment, in dem das Selbst am stärksten zum öffentlichen Selbst geworden ist, hat es sich die größte Privatsphäre geschaffen.

Dass viele Menschen gerade jetzt effiziente Führungspersonen sein können, erklärt sich daraus, dass sie jetzt fähiger sind, den Dingen gerade ins Auge zu sehen und Muster erkennen, ohne defensiv zu werden oder ihr Mitgefühl zu verlieren. Aber diese klare Anerkennung der eigenen Biographie ohne eine nostalgische Umschreibung der Lebensgeschichte kann zu quälenden Schmerzen führen. Das Fehlen defensiver Wahrnehmung macht die Person menschlicher, aber gleichzeitig nimmt es ihr auch nützliche Schutzmechanismen und »psychologische Schmerzkiller«. Wissen und Einsicht können unerhört brutal sein, und die Klarheit der Sicht vertieft oft noch das Leid.

Diese Haltung entsteht häufig, wenn Personen die Brüchigkeit des menschlichen Lebens zu erkennen beginnen und in ihrem Leben ein Gefühl für die eigene

Sinnstrukturen und Transformation

Sterblichkeit zulassen. Humor bringt sehr oft eine willkommene Erleichterung angesichts der Schärfe dieser Erkenntnis. Woody Allen, exemplarischer Grübler über Tod und Sterben, gibt uns mit seinem klassischen Ausspruch ein gutes Beispiel: »Ich will nicht durch meine Arbeit Unsterblichkeit erlangen, sondern dadurch, dass ich nicht sterbe!« Viele Lebenserfahrungen lassen sich nicht so einfach durch eine von Humor geschaffene Distanz erträglicher machen. Wenn sie der typischen Formen der Selbst-Täuschung und des Selbst-Schutzes beraubt ist, wird der Mensch, der schwere Traumen und eine belastende Lebensgeschichte hinter sich hat, jetzt mit deutlicherer Klarheit an vieles erinnern und steigt auch mit verstärkter emotionaler Kraft in diese Erinnerungen ein. Wie nützlich, so könnte man argumentieren, waren doch die Abwehrmechanismen, die jetzt ihre Macht verloren haben!

Das entscheidende Merkmal von Selbst-Empathie ist bei denen, die zu den sehr komplexen Formen von Realitätskonstruktion vorangetrieben werden, oft gar nicht präsent. Das Phänomen ist schwierig, aber der Grund dafür ist relativ einfach: Selbst-Akzeptanz ist nicht nur eine Leistung der späteren Entwicklung, sondern ist eng verknüpft mit der Art und Weise, wie die ersten wichtigen Beziehungen internalisiert werden und wie sie im Inneren weiter leben. Aus diesem Grund können nagende Selbstzweifel und Selbst-Ablehnung noch erneut an Kraft gewinnen, auch wenn sie schon längst begraben schienen. Und jetzt, mit weniger Fähigkeiten zur Abwehr von Gefühlen, mit Prozess-Orientierung und assoziativem Denken, und der Bereitschaft, unbewussten Neigungen nachzugehen, führt dies zu neuerlichem Ringen mit den eigenen biographischen Vulnerabilitäten. Der Ausgang dieses Kampfes ist gewöhnlich unbekannt. Die vorhandenen Stärken sind glücklicherweise ganz erheblich, aber die Wahrheits-, eher als die Macht-Orientierung, bei den vielen, denen großes Unglück widerfahren ist, löst einen neuerlichen ernsthaften Kampf aus. Gerade weil die Person oft sehr großmütig ist und sich sehr auf die Beiträge des eigenen Selbst konzentriert, gibt es weniger Möglichkeiten, anderen die Schuld zu geben und Konflikte zu externalisieren. Dieses Problem und seine Beziehung zur Suizidalität soll im Anschluss an eine weitere Fallbeschreibung wieder aufgegriffen werden.

Frau D., eine Frau in den Fünfzigern, wuchs in einer Familie auf, in der beide Eltern sehr ehrgeizig und beruflich erfolgreich waren. Die Eltern verhielten sich miteinander wie auch gegenüber beiden Kindern emotional sehr distanziert. Von allen Familienmitgliedern, auch den Kindern, als sie noch klein waren, wurde logisches und planvolles Verhalten erwartet. Frau D. erlebte diese Forderungen so als müsse sie ihre Gefühle, Wünsche und sogar ihre Fähigkeiten verleugnen. Sie erinnerte sich an viele Situationen, in denen sie sich wie ein Anwalt vor Gericht vor ihren Eltern verteidigen musste. Obwohl sie ein stilles Kind war, hatte sie immer das Gefühl, etwas Verbotenes getan zu haben. Zu den Familientraditionen gehörte es, dass man in das Esszimmer gerufen wurde, wo Vater und Mutter den Vorsitz bei einer »Anhörung« hatten. Die Eltern kritisierten sie und verlangten von ihr besseres und logischeres Verhalten. Das Urteil stand bereits fest, bevor die Anhörung begonnen hatte: sie hatte unrecht getan.

Wenn sie in der Therapie zu rekonstruieren versuchte, ob sie Fehler gemacht hatte oder nicht und worin der tiefere Sinn der Übertretungen lag, gelang es ihr niemals, irgendein Gefühl von Gewissheit zu bekommen. Sie war sich jedoch bewusst, dass sie, als sie begann sich sowohl zu Hause wie auch in der Schule einsamer und hässlicher zu fühlen, »sich selbst zurückgelassen hat«, ebenso wie eine Liebe zu künstlerischem Ausdruck. Mit Erreichen der Adoleszenz war sie übergewichtig geworden und hatte nicht nur damit begonnen, ihren Körper abzulehnen, sondern den größten Teil ihres in-der-Welt-seins. Sie war eine unglückliche junge Erwachsene geworden, die Akzeptanz und Trost suchte und beides nicht fand. Dieses Gefühl von Einsamkeit und Selbst-Ablehnung, mit dem sie ihr ganzes weiteres Leben lebte, wurde durch ihre Schuldgefühle über eine stark erotisch getönte Beziehung zu ihrem Vater noch stark verkompliziert. Das Familientribunal hatte das Kind verwirrt zurückgelassen und die Wurzeln für die Selbst-Ablehnung geschaffen. Während der ganzen Therapie eskalierten Momente von Selbstzweifeln zu Depression und wiederkehrenden Selbstmordphantasien. In der Therapie erweiterte und vertiefte Frau D. ihre Perspektive. Der Übergang zu komplexeren Formen psychologischer Konstruktionen findet sich auch in einem Traum, der in der Therapie bearbeitet wurde.

Frau D. und ich fuhren in Griechenland in einem Jeep eine sehr kurvenreiche Straße hinauf. Die Straße war mit alten Olivenbäumen gesäumt. Je höher die Straße führte, um so großartiger wurden die Ausblicke, die sich auf das Meer eröffneten. Sie liebte die Freiheit, den Wind und die Mischung der Farben – braune, grüne und blaue Töne. Jetzt tauchten Tiere auf, meist Esel, die ihr anfangs gefielen. Aber als die Esel zahlreicher wurden und näher an die Straße heran kamen, wurde sie ängstlich. Ich fuhr den Jeep und sie fing an, das Steuer zu übernehmen. Die Esel waren jetzt auf der Straße und sie hatte das Steuer vollkommen übernommen, hatte aber große Angst, wir könnten von der Straße abkommen und in den Abgrund stürzen.

Dieser Traum leitete eine neue Phase in der therapeutischen Beziehung ein und half Frau D.'s Entwicklung, einen neuen Impuls zu geben. Sie war sehr neugierig auf die vielen Sinnzusammenhänge, die der Traum enthüllte. Griechenland war für sie ein Land voller Geheimnisse, Schönheit, Geschichten und ewiger Wahrheiten. Die Tradition in den griechischen Dörfern, das Leben mit Freude an gutem Essen, an Lachen und Tanzen zu feiern, hatte sie immer beneidet. Ihre Familie war nie zu einem vergleichbaren Ausdruck von Freude in der Lage gewesen. Als sie – in ihren Worten – den »Brunnen unmittelbaren Erlebens und Ausdrucks« fand, war dies eine Bewegung hin zu ihrem »wahren Selbst«, von dem sie schon sehr früh in ihrem Leben entfremdet worden war.

Die Vorstellung, eine Bergstraße hinaufzufahren, von der aus der Blick immer offener wird, begeisterte Frau D. Sie baute eine Brücke zu ihrer Behandlung und dazu, wie sich ihre Einsichten vertieften und ihre Perspektive sich in dem Maße erweiterte, wie sie gemeinsam mit ihrem Therapeuten den Berg immer höher erklomm. Es störte sie jedoch, dass sie noch immer auf dem Beifahrersitz saß, trotz der Tatsache, dass sie selbst das Steuer übernehmen wollte. Interessanterweise wollte sie nicht den Platz tauschen und die Kontrolle ganz übernehmen. Träume,

Sinnstrukturen und Transformation

in denen man die Verantwortung übernimmt, sind in frühen Entwicklungsphasen häufig. In späteren Phasen besteht das Ziel eher darin, sich gemeinsam in Raum und Zeit zu bewegen. Aus diesem Grunde vermutlich beklagte sich Frau D., dass der Jeep keine Doppelsteuerung hatte und sie in ihren Träumen findiger werden und Fahrzeuge kreieren müsse, die eine solche Zusammenarbeit erlauben. In der Tat zeigten ihre späteren Träume auf vielerlei Weise, wie man gemeinsam die Kontrolle über etwas haben kann.

Frau D. war überzeugt, dass die Esel für ihre Eigensinnigkeit und ihre Abwehr standen, jene Elemente in ihrer Persönlichkeit, die sie daran hinderten, sich wirklich am Leben zu freuen und Dinge zu erforschen. Diese Esel, ebenso wie die hartnäckigen Widerstände gegen das Familientribunal, blieben in der Therapie ein starkes Thema. Immer wenn sie sich frei fühlte, musste sie sich um Hindernisse auf ihrem Weg Sorgen machen. In der folgenden Therapiephase ging es darum, ihre Ängste auszuloten. Die Esel erschienen Frau D. auch als Sexualobjekte, sie hatte Pferde beim Kopulieren gesehen, und die Esel erinnerten sie an animalische Kräfte. Griechenland wurde für sie auch als Ort der antiken Dramen und des Orakels von Delphi, zu einer Metapher für die Unmöglichkeit, der eigenen Lebensgeschichte zu entrinnen, wie es auch Ödipus Rex erfahren hat. Bezüglich der therapeutischen Beziehung hatte sie Angst, vor neuen Terrains, die sich als gefährlich erweisen könnten.

Es soll noch einmal auf die Funktion der Abwehr aus der Sicht komplexer Entwicklungsniveaus eingegangen werden. Solange das Selbst als Gefängnis fungierte, war es sich des Gebrauchs von Abwehr bewusst, und wenn diese zusammenbrach, wurde sehr viel Energie darauf verwendet, sie neu aufzubauen. Aber jetzt wird der Zusammenbruch von Abwehr als positiv gesehen, selbst wenn daraus großer Schmerz entsteht. Unsicherheit, Schwanken, Verlust von Standhaftigkeit und klarer Identität werden akzeptiert um einem Gefühl von Entfremdung, Isolation und Mangel an Vitalität zu entgehen. Im Fall von Frau D. war das Vorwärtskommen in ihrer Fähigkeit, ihr eigenes Leben in kristalliner Klarheit zu sehen – so wie ein Maler über alle Details eines Gegenstands nachsinnt – eine Mitursache für lange Phasen von Depression und suizidaler Verzweiflung. Obwohl sie sich sehr viel zurückerinnerte und vieles noch einmal erlebte, was oft zu einer großen Fähigkeit zum »loslassen« führte, wurde ihr Familientrauma nicht schwächer, sondern deutlicher. Die Zeiten waren vorbei, in denen sie bereit war Entschuldigungen zu finden, Fakten zu fälschen und ihre Eltern in Schutz zu nehmen. Sie hatte gelernt, mit ihren Gefühlen zu leben und sich eine Sprache dafür zu schaffen, aber sie bezahlte für die neu entstandenen Konstruktionen mit dem Verlust von Abwehr gegen die ursprünglichen harschen Realitäten in ihrem Leben.

Es handelt sich hier um einen so bedeutsamen Aspekt, dass er noch einmal aus einem anderen Blickwinkel betrachtet werden soll. Eine starke Konzentration auf »Sein« und »im-Entstehen- begriffen-sein« und nicht auf »Haben« setzt in der Therapie und im Leben große Energien frei und assoziative Freiheit. Aber sie kann auch eine starke Intensivierung des Leidens bewirken. Sogar nach langer und als erfolgreich zu bezeichnender Therapie, erlebte Frau D. phasenweise

Selbst-Ablehnung und Feindseligkeit gegen das eigene Selbst. Sie vermied es nicht sich mit den Erinnerungen der extrem schlimmen Erfahrungen auseinander zu setzen, die sie in ihrem Leben gemacht hatte. Aber gerade diese Offenheit für Erfahrung verstärkte ihre Depression und ihre Verzweiflung. Inzwischen waren diese Gefühle nicht mehr neurotisch, das Selbst hatte gelernt, die Intensität des Affekts auszuhalten. Trauer und Bewältigung hatten zu einer Symptomreduktion geführt. Frau D. erlebte jetzt Zeiten, in denen sie den bösen Angriffen und hoffnungslosen Aspekten ihres Lebens gegenüber offener war als vorher, als sie noch in der Lage war zu externalisieren, zuzudecken und auszuagieren.

Ob dieses Entwicklungsparadox zu einem Suizidrisiko beitragen könne, war eine Frage, die auch Frau D. sehr stark beschäftigte.

Sinnverlust und Suizidalität

Sich auf den tieferen Sinn zu konzentrieren, ein sozial bewussteres Geflecht von Bindungen einzugehen, kann sein dialektisches Gegenstück haben: einen Zusammenbruch von Sinnzusammenhängen ohne den Trost durch genügend Lebensmut, der durch intime Beziehungen und institutionelle Bindungen entsteht. Döbert und Nunner-Winkler (1994) haben ähnliche Beobachtungen gemacht.

Das Konzept vom Sinn des Lebens ist mit der Vorstellung verknüpft, dass die eigene Biographie in umfassende soziale oder andere Bedeutungszusammenhänge eingebettet ist und damit das individuelle transzendiert... Sinnlosigkeit besteht hier nicht mehr in der Nutzlosigkeit spezifischer Handlungen, sondern im Fehlen guter Gründe für die eigene Existenz und Lebensführung (S.34).

Schutz vor Suizid entsteht durch das Eingehen starker Bindungen in Beziehungen und Engagement in sozialen Fragen. Die Person fühlt sich nicht nur dem Selbst, sondern auch anderen gegenüber verantwortlich und erkennt, oft inmitten tiefster Verzweiflung, dass Selbstmord eine soziale Handlung ist, die eine ganze Gemeinschaft vulnerabel zurücklässt. Intrapsychisch hat die Person größere Ressourcen, um negative Affekte in sich zu halten, weil diese als Teil einer Prozessorientierung im Leben gesehen werden. Erlebte Kontinuität von Sinnzusammenhängen, verbunden mit einem Glauben an die Tragfähigkeit der Bindungen, die man verpflichtend eingegangen ist, ist so wichtig, dass ihr Verlust ein großes neues Suizidrisiko mit sich bringt. Die Bewegung hin zu entwicklungspsychologisch komplexen Fähigkeiten rührt oft von sozialer und ethnischer Marginalität und traumatischen Erfahrungen her, die die bequeme Identifizierung mit dem bestehenden System verhindern. Jetzt, wenn eine erweiterte Perspektive, Selbst-Bewusstheit und Sensibilität entstehen, können Erfahrungen ein wiederkehrendes Gefühl von Sinnlosigkeit entstehen lassen. Sinnhaftigkeit erfordert ein Maß an Flexibilität, Vertrauen und sich-auf-Menschen-einlassen, das für viele nicht erreichbar ist. Deshalb enden sie verzweifelt, unglücklich und desillusioniert.

Sinnstrukturen und Transformation

Hier finden wir jedoch seltener die Depression, in der es darum geht, nicht gemocht oder nicht geliebt zu werden. Suizidalität ist oft mit einer allgemeinen Verzweiflung über den Zustand der Welt verbunden, und darüber, wie die Welt nachfolgenden Generationen übergeben wird. Es gibt eine Verzweiflung, gegen die man nur schwer argumentieren kann. Die Kräfte der Depression können vielfältig sein, aber die Form, die sie gewöhnlich annimmt, hat eine starke Komponente von *Weltschmerz*. Dieser Schmerz kann Motor für soziale Handlungen sein, weil das Selbst sich als am sozialen Leben beteiligt wahrnimmt und oft die Wege kennt, die innerhalb von Institutionen erforderlich sind; aber für einige wird der Schmerz so groß, dass er jegliche Form sinnvoller Aktivität verhindert. Dies kann selbstverständlich auch im Zusammenhang mit schwererer Psychopathologie stehen, wie z.B. manisch-depressiven Erkrankungen oder Psychosen. Bei Begabteren und möglicherweise geistig unabhängigeren Menschen, die man auf dieser Entwicklungsposition findet, werden diese Pathologien als verstärkt vorkommend nachgewiesen. Es ist sehr selten, dass Menschen ihre Depression als rein biologisch erleben.[6]

Dieses Kapitel wurde mit einer Exploration der Weisheit begonnen, mit ihrer Betonung auf Lebensbejahung unter Anerkennung schwerer Herausforderungen und Belastungen. Kreativität und das Eingehen von Bindungen, Liebe zu Widerspruch und Toleranz waren Teil einer größeren entwicklungspsychologischen Konfiguration. Dann wurde auch die andere Seite beleuchtet: die Seite völliger Verzweiflung und Sinnlosigkeit. Diese Sinnlosigkeit kann in komplexen Formen auftreten. Die Tiefe der Perspektive kann genauso gut einen anderen Weg einschlagen, um neue Ressourcen zu schaffen und alte Traumen zu besiegen. Damit ist nicht die Kreation eines bunten Wandteppichs gemeint, der den kritischen Spiegel zuhängen soll, den uns viele zweifelnde Künstler, Kliniker und Philosophen vorhalten. Statt dessen schafft das Hin und Her zwischen einem Mangel an Glauben an Vergangenheit und Zukunft einerseits und der Suche nach neuen individuellen und kollektiven Stärken andererseits bislang unbekannte Möglichkeiten zur Genesung.

Zu keinem anderen Zeitpunkt der Entwicklung sind die Chancen besser, um sich erneut und auf produktive Art und Weise mit alten Vulnerabilitäten auseinander zu setzen. Die gesamte konstruktivistische Kraft ist auf ein im psychologischen Sinn gesünderes Leben ausgerichtet und dies macht es weniger wahrscheinlich als vorher, dass alte Probleme in komplexere neue Probleme transformiert werden. Aber es ist sehr viel wahrscheinlicher, dass Menschen neue Wege einschlagen, um neue Einsichten bezüglich alter Komplexe und destruktiver internalisierter Beziehungsmuster zu finden.

---

6 Sie denken multikausal und sie denken in der Regel auch dann so, wenn sie ihre eigenen Symptome zu verstehen suchen. Ich war jedoch tief beeindruckt von ihrer Fähigkeit, komplex zu denken und ihre psychologischen Probleme auf eher wenig entwickelte Art zu interpretieren.

Neue Wege – neue Potenziale

Trotz mächtiger Loyalitäten, die grundlegende Veränderungen verhindern können, erkennt die Person jetzt mit einiger Überraschung, dass es neue Möglichkeiten für Veränderungen gibt. Diese Möglichkeiten werden häufig auf die in der Therapie angewandten Techniken zurückgeführt, aber häufiger ist es so, dass Therapie und Psychoanalyse eher zufällig auf diese entwicklungsbedingten Kapazitäten stoßen. Manchmal ergibt sich eine Veränderung ohne große Anstrengungen – Einsicht entsteht unangekündigt und spontan. Unter anderen Umständen mag ein guter Teil direkter Aufmerksamkeit und Arbeit notwendig sein. Neues Interesse an Anderen, ein stärker werdender Glaube an Dialog und die Teilnahme an größeren Projekten lässt die meisten Menschen sich weniger isoliert fühlen und gibt ihnen eine Chance, die Form ihrer inneren Objektwelt durch neue Interaktionen in der sozialen Welt zu verändern. Gleichzeitig können eine neue Art von innerem Dialog, eine neue Valenz für Gefühle und Empfindsamkeiten und eine neue Art des Erlebens von Zeit und Biographie den Personen erheblich mehr Freiheit geben, um sich zwischen Vergangenheit, Gegenwart und Zukunft hin und her zu bewegen und frühere Traumen zu überwinden.

Hier ist jedoch eine Mahnung zur Vorsicht geboten. Die Wendepunkte und die Einsicht, die in diesem Kapitel diskutiert wurden, schaffen das Potenzial für eine erneute Auseinandersetzung mit Problemen, sind jedoch keineswegs sichere Wege zur Genesung. Sogar unter besten Voraussetzungen bleiben die Spannungen zwischen Wiederholung, Rigidität und Desorganisation auf der einen Seite und Flexibilität, Exploration und sich-Öffnen auf der anderen Seite bestehen. Dies erfordert auch die Akzeptanz von Vulnerabilitäten und vergangenen Erfahrungen – sie werden nicht auf magische Weise verschwinden. Jedoch sollte dieses Beibehalten einer realistischen Sichtweise von Genesung nicht davon abhalten die neuen Werkzeuge des Denkens, Fühlens und Handelns, die eine Person jetzt zu ihrer Verfügung hat, zu verstehen. Mit einem neuen Fenster in die Vergangenheit kann die Person anfangen, ungelöste Probleme anzuschauen, neue Einsichten zu gewinnen und Wege zu finden, damit sie diese neuen Werkzeuge nutzen kann, um Traumen und Enttäuschungen zu verarbeiten. Dass dieser Prozess, bei dem man alte Vulnerabilitäten aus einer neuen Perspektive heraus bearbeitet, gleichzeitig neue Probleme aufdecken wird, ist Teil der schwierigen Dialektik, die der Genesung inhärent ist. In diesem Abschnitt soll der natürlich vorkommende Prozess sich entwickelnder Resilienz beleuchtet werden, nicht der der klinischen Nutzung dieser Entwicklungspotenziale. Die folgende Aufstellung soll als kurze Übersicht für einige der Hauptgesichtspunkte in diesem Abschnitt dienen.

Sinnstrukturen und Transformation

Neue Potenziale für Veränderungsprozesse

Neue temporale Verknüpfungen	Vergangenheit, Gegenwart und Zukunft werden immer stärker miteinander verflochten und leichter zugänglich. Dies führt oft zu größerem Schmerz, aber auch zu Möglichkeiten der Überwindung alter Vulnerabilitäten durch Neuerfahrung und Rekonstruktion.
Neue Räume für Fantasie u. Realität	Ein neuer Fokus auf Leichtigkeit, auf kindliche Intuition und Wahrnehmung führt weg von einem rigiden Überinvolviert-Sein mit der »Realität«. Das Individuum kann sich eine protektive Sphäre schaffen, in der Träume, Bewusstheit, Fantasie, das eigene Leben leben und alltägliche Freude an Erfahrungen ihren Platz haben.
Biographie neu konstruieren	Biographie wird in prozessualen Begriffen gesehen, nicht als starrer Container für frühe Erfahrungen, die die Gegenwart formen. Diese neue Sicht kann im Hinblick auf die Fallstricke der Vergangenheit einen befreienden Effekt haben.
Suche nach dem »wahren Selbst« als Kompass	Authentizität, Spontaneität und Vitalität spielen alle zusammen und helfen der Person, sich einen inneren Kompass zu schaffen, der bei dem Wachstumsprozess als Führer durch die vielen zu erwartenden Umwege und Labyrinthe dient.
Neue Balance von Kognition/Emotion	Es gibt kein Primat des Kognitiv-konzeptuellen mehr, Wahrheit hat aus dieser Perspektive eine starke emotionale Komponente, die die Tendenz des komplexen Selbst zu Intellektualisierung ausgleicht.
Privates Selbst/öffentliches Selbst	Unterscheidungen zwischen privatem und öffentlichem Selbst werden sehr viel weniger wichtig. Dies führt dazu, dass das innere Wesen des Selbst sich mehr mitteilt, dies wiederum schafft mehr Wissen über das eigene Selbst und ein Potenzial zur Überwindung von Geheimnissen und Scham.
Intimität	Weniger Beschäftigung mit Selbst, Identität u. Grenzen führt zu neuen Freiheiten zur Schaffung von Intimität, gegründet auf gemeinsamen Explorationen, Dialog u. einer Abnahme von Kämpfen um Autonomie. Dies wiederum führt zu weniger Einsamkeit und bindet alte Beziehungsvulnerabilitäten in neue Beziehungsgefüge mit dem Potenzial zur Transformation dysfunktionaler Muster ein.

Größere Verpflichtungen	Der soziale, moralische und spirituelle Rahmen des Selbst führt oft zu Engagement bei größeren Projekten. Dies kann der Person dabei helfen, dass sie weniger durch internale Prozesse beansprucht wird und persönliche Erfahrungen und Traumen in kollektives Handeln einbringen kann.

Ein neuer Raum für Fantasie und Realität

Vergangenheit, Gegenwart und Zukunft werden weit mehr miteinander verflochten als je zuvor und dies führt zu einer größeren Gewandtheit bei der Neu-Durchsicht alter Vulnerabilitäten. Wie in den surrealistischen Gemälden von Magritte, Escher oder Dali können Träume und Fantasien in Konzepten von Realität einen größeren Raum einnehmen. Nachdem die Unterschiede und Grenzen zwischen den Sphären – bewusst und unbewusst, Fantasie und Realität, Vergangenheit und Gegenwart und so weiter – in der früheren Entwicklung verfestigt worden sind, ist jetzt eine größere Durchlässigkeit erlaubt, sogar erwünscht. Die Surrealisten haben diese Art von Erleben in kraftvollen Bildern eingefangen: Dalis Objekte, die zu Persönlichkeiten werden und antworten, als befänden sie sich in dem spärlich erleuchteten Zimmer eines Kindes, das mitten in der Nacht aufwacht. Objekte leben in zwei Welten gleichzeitig, zum Beispiel in Magrittes berühmtem Haus der Nacht, das vor einem taghellen Himmel steht. Oder die Menschen in Eschers Bildern, die in einem endlosen Quadrat von gleichzeitig auf und abwärts laufenden Stufen hinauf und hinunter geführt werden. Diese Bilder spielen mit den Wahrnehmungen der Betrachter und sind gleichzeitig eine grundlegende Kritik an Struktur, Organisation und Logik als den wichtigsten Aspekten menschlicher Erfahrung.

Nicht jeder »konvertiert« zum Surrealismus oder findet sich in diesen Gemälden wieder. Die Themen und Kämpfe aus dieser entwicklungspsychologischen Welt werden in ihnen jedoch in einer höchst privaten Form der Konstruktion von Welt dargestellt, in der die Validierung von Wahrnehmung und Erfahrung durch Konventionen grundlegend in Frage gestellt wird. Viele Elemente aus der kreativen, oft unlogischen und magischen Welt des Kindes scheinen wieder auf und die Bilder bekommen symbolische Funktion: Die »brennende Giraffe« von Dali zum Beispiel, vor einen tief dunklen Hintergrund gemalt, ist der Alptraum eines Kindes und das Ringen des Erwachsenen mit der Sinnlosigkeit des Krieges. Die Person möchte jetzt die Welt der Vergangenheit wieder betreten und erkennt mit existenziellem Bedauern, sogar mit Verzweiflung, dass Entwicklung nicht nur darin besteht, größere Kompetenzen und mehr Wissen zu erwerben, sondern auch darin, dass das direkte Erleben und die intuitiven Formen von Sein und Spiel verloren gehen können.

Die Sehnsucht der Maler, Komponisten, Dichter und Schriftsteller jene Welt der Kindheit erneut zu erschaffen, ist auch ein Wunsch, aus den durch einen komplexen psychologischen Verstand gegebenen Grenzen auszubrechen. Sich an den Erinnerungen an alte Zeiten zu orientieren, ist nicht nur ein Mittel um in die Vergangenheit zurückzukehren, sondern eine Metapher, um dem »deformierten« sachkundigen Wesen der Gegenwart die Stärken der Kindheitserfahrungen wieder nahe zu bringen. Diese Sehnsucht gilt einer längst verloren gegangenen besonderen Vitalität, und dank der größeren integrierenden Fähigkeiten des Selbst kann sie in veränderter Form wieder erstehen. Diese Fähigkeiten reißen die strikten Trennlinien zwischen Vergangenheit und Gegenwart, zwischen Fantasie und Realität ein und schaffen so ungeahnte Möglichkeiten für Leidenschaften, die lange verloren geglaubt waren.

Diese »lebende Vielfältigkeit« vergangener und gegenwärtiger Welten kann einen Übergangsraum zurückbringen, in dem Realität und Nicht-Realität nebeneinander existieren. Durch die scharfsinnigen Beobachtungen von Winnicott (1965) wissen wir, wie wichtig die Entwicklung eines solchen Phantasieraumes für die psychologische Reifung des Kindes ist. Wenn sie bei den alltäglichen Trennungen mit dem Verlust der Eltern umgehen, in dem sie sich Übergangsobjekte erschaffen, lernen Kinder, extrem schwierige Gefühle auszuhalten. Es ist dieser intermediäre Raum zwischen Realität und Fantasie, in dem das Symbolspiel gedeihen kann: sich in eine Welt vertiefen und gleichzeitig wissen, dass man sie selbst erschaffen hat.

Solch ein Raum wird jetzt auf einem komplexen Niveau neu erfunden und neu bewohnt. Der Mensch trennt sich nicht nur von signifikanten primären Beziehungen, sondern hier auch von Denksystemen und Institutionen. Wer seine Welt im Kopf verändert, wird sie sogar dann, wenn er erfolgreich ist und Macht erlangt hat, als gefährlich und enttäuschend erleben, weil sie durch Funktionieren und Wettbewerb definiert ist: jeder Gewinner kennt die Gefahr und Unvermeidbarkeit der Niederlage. In diesem Raum muss man die »Spielregeln« nicht einhalten und man kann mit assoziativer Freiheit, aufeinander folgenden Bildern, Träumen und Fantasien experimentieren.

Diese Entwicklung hat sehr viel mit dem Erwerb psychologischer Stärken zu tun. Aus der Psychotherapie ist bekannt, dass, wenn das innere Leben an Tiefe gewinnt, dies oft ein entscheidender Schritt ist auf dem Weg zur Überwindung von Vulnerabilitäten. Genesung, in ihrer doppelten Bedeutung, heißt, Psychopathologie durch die Wiedergewinnung von Bildern, Erinnerungen und Träumen zu transformieren. Auf einer früheren Stufe stand das Bemühen im Vordergrund, systematisch und ordentlich zu sein. Jetzt spielt die Toleranz für spielerische Unordnung diesem neuen Potenzial in die Hände. Wenn die Person das lineare Denken aufgibt, muss sie nicht starren Umrissen und Strukturen folgen. Auf den ersten Blick scheint Ordnung die Gegenkraft zu Unordnung zu sein, aber dieses Missverständnis hat auf früheren Entwicklungsniveaus zu Fehlschlägen bei den Versuchen, gesund zu werden beigetragen. Jetzt kann man das Paradox erkennen – dass der Gebrauch von Abwehrmechanismen, die Ordnung schaffen, oft in direktem Widerspruch zur Genesung steht. Gesundwerden ist ein schmutziger, unordentlicher und verworrener Prozess. Zuerst muss man sich auf die Desorganisation einlassen und Wege finden, um sie zu akzeptieren und zu verstehen, wofür sie steht. Dies geschieht am besten durch Flexibilität, Akzeptanz von Ambiguität und die Fähigkeit, sich mit den verrückten Bildern, zu denen das Selbst fähig ist, zu beschäftigen.

Träume und Fantasien schaffen ein Ungleichgewicht, das gesundheitsfördernd sein kann, denn sie unterstützen eine Form von Kreativität und die Erweiterung eines expressiven Übergangsraumes. Es ist wichtig, sich nicht voreilig der Logik zu bedienen und auch die Interpretation von Träumen im Licht der Bedeutungen, für die sie stehen, aufzuschieben. Der Fokus auf strukturiertem Sinnzusammenhang schafft Rationalität und Ordnung auf Kosten von Spontaneität und emotionaler Erfahrung. Jetzt kann das Durcheinander menschlicher Psychologie als Teil menschlicher Kreativität anerkannt werden und dabei helfen, das Selbst zu entpathologisieren.

Im kreativen Raum zwischen Realität und Fantasie kommen auch viele traumatische Erfahrungen zu Tage. Dies ist ein Grund, warum die Suche nach der Vitalität der Kindheit so entsetzlich schmerzlich sein kann. Die lebhaften Erinnerungen bringen Leid aus einer Zeit mit sich in der man von der Fürsorge anderer abhängig war und traumatisiert oder chronisch frustriert worden war. Der direkte Zugang zu Träumen und Fantasien kann, wie in der Fallvignette von Frau D. deutlich wird, beträchtliche Verzweiflung auslösen. In diesem neuen Raum kann Leid durch Geschichten, Gedichte und Bilder – wirkliche oder fantasierte – aktiv symbolisiert werden und so zu einem produktiven Versuch führen, dem früheren Leid Ausdruck zu geben. Das Dilemma, dem man sich gegenüber sieht, besteht darin, ob man sich weiterhin von einer gewissen Empfindsamkeit und Intuition abschotten, oder ob man offener sein und sich damit schmerzlichen Gefühlen aussetzen soll. Die neue Perspektive des Selbst verleiht uns größere Geschicklichkeit und mehr Interesse auf dem Weg zur Schaffung von Lebendigkeit, auch wenn es Phasen größeren Leidens bedeutet.

Eine häufig beschriebene Entwicklungskrise des mittleren Lebensalters wurde als die »Midlife Crisis« bezeichnet (z.B. Osherson, 1980; Vaillant, 1977). Die Verpflichtungen des Erwachsenenseins verlangen eine Spezialisierung von Fähigkeiten und ein Abstandnehmen von einer ganzen Reihe von Interessen des Kindes- und des Jugendalters. Jetzt, wo Sachverstand gewonnen worden ist, wird das Gefühl von Verlust bei jenen, die glauben, sie hätten sich selbst gezwungen und zu viel aufgegeben, überdeutlich. Die Beispiele sind wohl bekannt: die Manager, die ihre Chefetagen verlassen und sich der Kunst zuwenden, die Professoren für Englisch, die Musik studieren, oder die Geschäftsleute, die »aussteigen« und mit ihren Familien um die Welt reisen. Die Jahre des Leidens, die in diese Entscheidungen eingegangen sind, werden oft für andere nicht sichtbar. Unglücklicherweise übersetzen zu viele Menschen, vor allem Männer, ihre Sehnsucht nach Freiheit, Spiel und Fantasie in den Drang, ihre Frauen zu verlassen, bevor sie sich und ihnen eine Chance geben, gemeinsam in einer freieren und kreativeren Welt zu leben. Die Freude an Leidenschaft und sexueller Freiheit wird oft fälschlicherweise als die Befreiung gesehen, die mit einer neuen Leichtigkeit und einem Leben mit mehr Fantasie und Neugier einher geht. Sexuelle Neugier kann sicherlich in jene Richtung führen, aber sie ist all zu oft nur wenig mehr als ein verzweifelter Versuch, den tiefer gehenden Veränderungen im Selbst aus dem Weg zu gehen. All diese Versuche, ob erfolgreich oder nicht, zeigen den Wunsch nach Erschaffung eines neuen Lebensraumes, der weniger auf Anpassung und Erfolg ausgerichtet ist, sondern sich mehr an der potenziell heilenden Welt von Spiel, Traum und Fantasie orientiert. Die Heilung beginnt, wenn der Mensch lernt, seinen neuen Wünschen Aufmerksamkeit zu schenken und sie sich nicht mehr aus dem Kopf zu schlagen.

Zeit und Biographie

Der neue psychologische Raum kann parallel mit der Entwicklung einer neuen Beziehung zu Zeit und Biographie wachsen. Mit der größten Flexibilität zur Rückkehr zu den eigenen Wurzeln werden die misslungenen Momente und die verpassten Gelegenheiten ebenso wie die vielen Wahlmöglichkeiten, die ein Individuum geschaffen hat, noch einmal aus neuer Warte betrachtet. Aber Biographie hört dann auf, ein Container für fixierte Trauer, rigide festgehaltene Objektbeziehungen und Identitätszustände zu sein. Aus der Perspektive der Gegenwart kann die Biographie von einem historischen Bericht zu einer Manifestation in der Gegenwart werden. Die Vergangenheit ist vor allem insofern interessant wie sie sich in der Erfahrung des Augenblicks darstellt oder durch die Art und Weise wie sie ihre Verknüpfung mit der aktuellen Wahrnehmung und Erfahrung behindert. Mit diesem Fokus kann die Person auch ihre Wahrnehmung der Vergangenheit verändern. Zeit wird nicht starr konserviert und muss nicht wie in einem Museum aufbewahrt werden. Die Person hört auf, der Kurator von Familie, Nation und Kultur zu sein und diese zu behandeln, als stünde die Zeit schon seit langem still. Statt dessen erlebt die Person die Vergangenheit in der Gegenwart lebendig und die Gegenwart beeinflusst die Sicht der Vergangenheit. Was den Genesungsprozess betrifft, können wir diese neue Zeitperspektive gar nicht hoch genug schätzen. Biographie, Identität und Selbst werden als in einem ständigen Formungsprozess befindlich gesehen, und deshalb wird deutlich, dass man potenziell an jedem beliebigen Punkt seiner eigenen psychologischen Evolution den Fängen der Vergangenheit entkommen kann. Loewald (1980) ist der Autor, dessen psychoanalytische Sicht der Dinge dem, was hier beschrieben wurde, am nächsten kommt. Er hat sich mit diesen Fragen im Zusammenhang mit seinen Vorstellungen von Übertragung auseinander gesetzt. In der Psychoanalyse beobachtete er, dass die Beziehung zum Analytiker im Hier und Jetzt die Art und Weise, wie die Eltern erlebt werden, genauso mitgestaltet wie die Elternimagos die Form der Übertragung mitgestalten. Diese immerwährende Dialektik, die auch außerhalb der Therapie in allen intimen Beziehungen lebendig ist, wird normalerweise durch die neue Art und Weise, wie Vergangenheit und Gegenwart als nebeneinander existierend wahrgenommen werden kann, gewaltig erleichtert.

Mit diesem Wechsel von Vergangenheit zu Gegenwart und von Gegenwart zu Vergangenheit können viele Dinge, die der inneren Freiheit so sehr im Weg zu stehen schienen, beiseite geräumt werden. Die Person weiß ganz sicher, dass sie verletzt und enttäuscht wurde, wenn sie argumentiert: »Mir wurde klar, dass mein Leben aus vielen verpassten Gelegenheiten bestand, aber die entscheidenden Momente liegen nicht nur in der Vergangenheit, sie sind auch in Gegenwart und Zukunft existent. Jetzt in diesem Moment wird meine Biographie geschrieben und ich bin an dem Skript beteiligt.« In einer Art dialektischer Überraschung wird es, je weniger die Person auf ihre Vergangenheit konzentriert ist, um so eher möglich, nostalgisches Bedauern oder wütende Feindschaft zu überwinden. Die Kausalmodelle, die davon ausgehen, dass Kindheitserfahrungen das Erwachsenenalter geformt haben, die auf früheren Entwicklungspositionen so häufig sind, tragen gerade zu diesem Gefühl des Festgefahrenseins bei, das die Person so verzweifelt loswerden möchte.

Die neue Sichtweise, dass die Vergangenheit sich aus der Sicht der aktuellen Erfahrungen und Konstruktionen kontinuierlich verändert, kann sehr befreiend sein. Die »Konversations-«, »Kurator-« oder »Kausalmodelle« generieren eine sehr viel größere Erwartungshaltung, die die Person ganz leicht in eine Falle lockt und bei all ihren Versuchen, das Selbst zu befreien, ein starkes Gefühl von Disloyalität erzeugt. Jetzt braucht die Beziehung zwischen Vergangenheit und Gegenwart keine solchen starken Kontraste mehr. Der Container der Vergangenheit, in dem wichtige Beziehungen aufbewahrt wurden, muss nicht »über Bord geworfen werden«. Als Folge davon muss sich das Selbst wegen seiner Arbeit an der Vergangenheit auch nicht mehr so schuldig fühlen. Die Kontinuität bleibt erhalten, weil Bedeutungen und Affekte sich grundlegend verlagern.

Das Wegschieben der starren Zeitbarrieren und die damit verbundene Möglichkeit, sich mit größerer Leichtigkeit zwischen unterschiedlichen »biographischen Zeitzonen« hin und her zu bewegen, führen jedoch nicht zum Ende der gespaltenen Natur des Selbst. Viele Widersprüche bleiben bestehen, aber die neue Perspektive hilft dabei, die verschiedenen Aspekte der eigenen Persönlichkeit als weniger getrennt voneinander zu sehen und hilft uns, die verschiedenen Sphären des Selbst mit größerer Leichtigkeit zu durchschreiten.

Ein neuer innerer Kompass

Ein weiterer Beitrag zur Genesung besteht in der größeren Signifikanz, die den Erfahrungen des »wahren Selbst« jetzt zugeschrieben wird. Solange die Person ein strenges Regiment führen musste um die Organisation des Selbst aufrechtzuerhalten, lebte sie oft gegen ihre innere Natur. Weiter oben wurde Winnicotts (1958) scharfsinnige Beobachtung diskutiert, dass das falsche Selbst angepasst, vergeistigt und von seinem Körper dissoziiert ist. Menschen, die sich mit diesen Problemen, ohne sich zu schonen, auseinander setzen, erleben intensives Leid, das aus diesem Fehlen einer Grund-Vitalität und Authentizität entsteht.

Wenn die Unterscheidung zwischen »wahrem Selbst« und »falschem Selbst« in die Mitte des Schauplatzes rückt, entwickelt sich ein »innerer Kompass«, der auf dem Weg zur Gesundheit die Richtung angibt.

Dieser Kompass ist sehr wichtig, denn auf dem Weg zur Genesung geht es durch Labyrinthe, Umwege und über falsche Zugänge zu den eigenen Erfahrungen und oft gilt es, aus Sackgassen wieder herauszufinden. Diese kontinuierlichen Irrungen erfordern nicht nur Geduld und Ambiguitätstoleranz, sondern auch eine Matrix, an der sich der Suchende intuitiv orientieren und einschätzen kann, ob er sich in der »richtigen« Richtung bewegt. Das Problem an diesem Punkt von Entwicklung ist, dass bisher zu viel von dieser Richtungssuche an mächtige Beziehungen, Ideologien und Institutionen delegiert worden war. Jetzt werden diese externalen Quellen durch eine rein persönliche Suche im Gleichgewicht gehalten, die sich den Konventionen, früheren Erwartungen und rein rationalen Selbst-Einschätzungen oft widersetzt.[7] Dieser Fokus auf die eigene »wahre, innere Natur« kann als gefährlich erlebt werden, denn er kann mit vielen Traditionen, die für die eigene Definition so wichtig waren, brechen: in diesem Prozess, in dem alte Vulnerabilitäten überwunden werden, ist das Gefühl, dem eigenen Selbst treu zu sein – nicht in einem rigiden und totalitären Sinn, sondern im Sinne des Ernstnehmens der eigenen Erfahrung – sowohl Genesungsprozess als auch Ergebnis dieses Prozesses.

Jeder Prozess sich *entwickelnder* Resilienz beinhaltet die Suche nach einer Richtung. Wie können wir sonst wissen, ob wir tatsächlich Fortschritte machen und nicht stagnieren oder uns selbst täuschen, wenn wir denken, dass wir ›besser‹ werden? Der neue Kompass, der uns hilft, eine Richtung einzuschlagen und wieder zu finden, ist nicht leicht zu definieren. Die Richtungssuche wird dadurch erschwert, dass die Natur des wahren Selbst eben darin besteht, dass es Sicherheit, Einheit und Konsistenz meidet. So wird Offenheit für neue Erfahrungen, für Widerspruch und inneren Konflikt so wichtig, dass Richtung sich nicht aus einem vorgeschriebenen Satz von Regeln ableiten lässt. Statt dessen gründet das wahre Selbst auf »Authentizität«, auf einer nicht endenden Suche nach Ehrlichkeit, danach, sich echt zu fühlen, und Treue gegenüber den grundlegenden Annahmen und Idealen, die man hat.

---

[7] Erikson (1968) interpretierte diese einzigartige Suche danach, wer man ist in dieser Welt, als Teil der Identitätsbildung der späten Adoleszenz. Vergleichbar beobachteten Kohlberg und Gilligan (1971) in der Adoleszenz eine postkonventionale moralische Krise. Aber nach vielen Aspekten dieser Form von Identität wird nur im Erwachsenenalter gestrebt, sie erfordern komplexe entwicklungspsychologische Fähigkeiten.

Gefühle und Trauer

Dieser innere Kompass akzeptiert Gefühle als essenziellen Indikator von Echtheit. Gefühle sind ein wichtiges Instrument, um Echtheit und Authentizität zu messen und um zwischen Einsichten und Rationalisierungen zu unterscheiden. Wir wissen viel zu wenig über die emotionale Entwicklung auf diesem komplexen Entwicklungsniveau, um mit auf Empirie gründender Sicherheit sagen zu können, ob jetzt vollkommen neue Arten von Gefühlen vorhanden sind. Wir könnten zum Beispiel spekulieren, dass eine neue Fröhlichkeit entsteht, wenn universale Gerechtigkeit und menschliche Verbundenheit unzertrennlich werden, ein Zustand, dem Beethoven in der »Hymne an die Freude« am Ende seiner neunten Symphonie eine so schöne Stimme verliehen hat. Aber bis wir in diesem Bereich über mehr Wissen verfügen, ist es besser, sich auf das Gleichgewicht zwischen Emotion und Kognition zu konzentrieren, das jetzt eine auffallend neue Form annimmt.

Auf den frühen Entwicklungspositionen werden Gefühle im Vergleich zu den eher vorhersagbaren und kontrollierbaren Gedanken oft als unordentlich, unvorhersagbar und minderwertig angesehen. Aus diesem Grund müssen Emotionen oft beiseite geschoben, unterdrückt oder als »weibliche Psychologie« projiziert werden. Aber diese frühe Art des Umgangs mit Gefühlen ist ein größeres Problem für die Genesung. Wissen, das Emotionen ausschließt, trägt in der Regel nicht zur Heilung bei, auch wenn es mit Erinnerungen verknüpft ist. Die meisten Therapeuten haben Erfahrungen mit Patienten, die mit ziemlich guten Vorstellungen über Ursachen und Entwicklung ihrer Probleme in die Therapie kommen, aber wenig darüber wissen, wie sie gesunder werden können.[8]

Genesung ist eng verknüpft mit Trauer, eine Einsicht, die wir Freud und allen Generationen von Psychoanalytikern nach ihm verdanken. Verlust und die Unfähigkeit, angemessen zu trauern, ist einer der Kernaspekte bei den meisten Formen von Psychopathologie, nicht nur bei Depressionen. Und so sind es oft die Patienten mit dem größten Wissen, die die größten Probleme damit haben, in diese Welt des Trauerns einzutreten – einer der Gründe, warum die Behandlung psychischer Krankheiten so kompliziert sein kann. In der Psychotherapie besteht das Ringen gewöhnlich darin, einen Weg zu finden, um die Mauer von Abwehr, die gegen diese Gefühle von Hilflosigkeit und Vulnerabilität, Depression und Eingeständnis von Verlust aufgebaut wurde, zu durchbrechen. Dieser Prozess ist auch für Personen, die auf diesem Entwicklungsniveau leben, immer noch äußerst schwierig. Verlust ist oft äußerst schmerzhaft, egal auf welchem Reifeniveau. Aber jetzt wird es möglich, sich mit einer natürlichen Bewegung von Gefühlen, Fantasien und unbewusstem Leben zu verbünden. Die gegenseitige Durchdringung von Denken und Fühlen, das Hin und Her zwischen Erfahrung und Reflexion schafft einen fruchtbaren Boden, auf dem Verzweiflung und entsetzliches Leid toleriert werden

---

8 Dies ist auch der Grund, warum Selbstanalysen oft nicht genügend Veränderungen hervorrufen.

können, woraus dann Trauer entsteht. In dieser Hinsicht können die Veränderungen in der epistemologischen Haltung, in der Art wie die Person über sich selbst und die Welt nachdenkt, einen entscheidenden Einfluss auf die seelische Gesundheit ausüben.

Intimität und Einsamkeit

Intrapsychische Prozesse, erlebte Reflexion und eine sich verändernde innere Welt standen in diesem Beitrag im Mittelpunkt der Betrachtungen. Es gibt gute Gründe für diesen Fokus, denn je näher der Mensch dem tieferen Sinn kommt, um so konzentrierter und konsistenter wird gewöhnlich die Sicht der eigenen inneren Welt. Trotzdem bleiben Beziehungen unerhört wichtig und neue intime Beziehungen werden möglich. Das Selbst, fest in seiner Einzigartigkeit begründet, kann tiefere Formen von Intersubjektivität und Dialog entwickeln. Weniger mit Problemen von Identität und Grenzen beschäftigt, kann die Person mehr von ihrem inneren Wesen mit anderen teilen. Die Angst, dass das Selbst von anderen überrannt werden kann, sich unterordnen oder dominieren muss, hat nachgelassen, statt dessen besteht jetzt der Wunsch, in einen bedeutungsvollen Dialog einzutreten. Gestärkt durch größere Fähigkeiten zu Rollenübernahme und Empathie, kann die Person stärker in die innere Realität einer anderen eintreten. Dies war vorher auch möglich, aber jetzt ist dies erheblich weniger mit der Angst verbunden, dass das Eintreten in die Welt eines anderen zum Verlust des eigenen Selbst führen könnte.

Gleichermaßen sorgt man sich weniger darum, dass diese Interaktionen in Widerspruch zu der Art und Weise stehen könnten, wie man sein Selbst organisiert. Unterschiede in Glauben, Ideologie und kulturellem Erbe werden gewöhnlich als Bereicherung für das eigene Selbst betrachtet. Dies könnte ein Grund dafür sein, warum spirituelle Denker, die zu großer Reife gelangt sind, oft den Kontakt zu wesensverwandten Personen in anderen Religionen suchen, so wie der einflussreiche Katholik Merton zu einem buddhistischen Lama fuhr oder Buber einen kontinuierlichen Dialog mit christlichen Theologen pflegte. Diese Menschen, die oft von den orthodoxen Strebungen in ihren eigenen Traditionen isoliert sind, suchen intellektuelle Intimität und gemeinsame übergreifende Prinzipien. So fühlt sich die Person weniger durch die Mannigfaltigkeit bedroht. Zumindest in der Theorie gibt es gute Gründe dafür, dass Intimität auf egalitären Prinzipien, freiem Willen und Unterstützung beruht.

Welches sind die Implikationen dieser neuen Art von Intimität für die Genesung? Schwerwiegende psychologische Probleme entstehen oft durch problematische Beziehungen zu nahe stehenden Personen. Das Kind hat noch nicht die Möglichkeit, ein destruktives Umfeld zu verlassen, und kann sich auch nicht wirklich entscheiden, wen in der Familie es lieben will. Diese Erfahrungen und Personen werden internalisiert und zu Bausteinen des inneren Selbst gemacht. Darüber hinaus werden Andere nicht nur zu Vorbildern der internalen Welt, sondern es werden typische Interaktionsmuster generalisiert. Die Familientherapie und systemische Therapien haben gezeigt, wie stabil und starr diese Muster werden können, besonders in dysfunktionalen Familien, Ehen und Gruppen. Gesundung erfordert das Eingehen neuer Beziehungen, in denen alte Erfahrungen und Muster wieder hochkommen und zu Bestandteilen der neuen Interaktionen werden lassen. Die Übertragung in der Psychotherapie gründet auf dieser Vorstellung: dass durch die neue Intimität zwischen Therapeut und Patient ein Umfeld geschaffen wird, in dem alte Muster wieder aufleben und transformiert werden können.

Aber diese Übertragungsprozesse entwickeln sich nicht nur in der Therapie, dort werden sie nur zum expliziten Hilfsmittel. Das neue Streben nach tieferen Beziehungen, in denen Gefühle und Gedanken, Fantasie und Realität kontinuierlich miteinander verflochten sind, verbessert die Chancen, vergangene Beziehungen neu zu betrachten und die eigene innere Objektwelt neu zu strukturieren. Auf den vorhergehenden Entwicklungspositionen ist zu viel von diesem Prozess sich entwickelnder Resilienz auf das Innere des Selbst beschränkt geblieben. Jetzt gibt es mehr Möglichkeiten, Kontakt zu anderen zu suchen und mit ihnen zusammen über die eigene Vergangenheit nachzudenken. In dieser Hinsicht wird jede Beziehung irgendwie auch zu einer Therapie unter Gleichberechtigten, was oft nicht einmal bemerkt oder anerkannt wird, weil die Person viel weniger damit beschäftigt ist zwischen ihrem privaten und ihrem öffentlichen Selbst zu unterscheiden. Dies führt wiederum zu einer erhöhten Bereitschaft, vorher zurückgehaltene Anteile des Selbst mit anderen zu teilen und in diesem Prozess erforscht die Person »internales fremdes Territorium« und experimentiert mit freieren Beziehungsmustern. Zwei gleichzeitig ablaufende und einander konträre Prozesse treten mit großer Regelmäßigkeit auf. Die eigentliche Natur des Selbst wird dialogisch und dies führt zu einer Abnahme von Isolation und Einsamkeit. Zur gleichen Zeit kann sich die Person der Nuancen ihrer einzigartigen inneren Welt so deutlich bewusst werden, dass dies von einem neuen Gefühl von Einsamkeit begleitet sein kann, einem Gefühl, das nur wenig andere Personen in dieser Tiefe nachvollziehen können. Wie man diesen Konflikt zwischen Kommunikationsbereitschaft und einer gewissen Zurückgezogenheit des Selbst dann bearbeitet, hängt sehr von individuellen Unterschieden, spezifischen biographischen Erfahrungen, etc. ab. Die Spannung wird immer da sein – sie löst sich auf den oberen Rängen von Entwicklung nicht auf. Worauf man hoffen kann, ist eine größere Akzeptanz für diese Grundspannung in der menschlichen Existenz, und das ist per se schon ein Eingeständnis mit heilender Wirkung und eine tragfähige Basis für Beziehungen.

Beschäftigung mit dem eigenen Selbst und verantwortliche Bindung an die Welt

Das größer werdende Interesse an der Welt ist verknüpft mit einer von der Person erlebten persönlichen Verantwortung, sich einzubringen. Besonders schmerzlich erlebte Erfahrungen führen oft dazu, dass die Person sich darum bemüht, Gruppen zu mobilisieren, um andere vor einem ähnlichen Schicksal zu bewahren. Diese Art von Engagement kann natürlich in allen Entwicklungsphasen vorkommen, aber jetzt tritt sie fast normativ auf. Das hohe Maß an Perspektivenübernahme nicht nur im Hinblick auf Individuen, sondern auch was die Welt universaler Rechte und Verantwortlichkeiten angeht, verstärkt die Motivation zu sozialen Handlungen, insbesondere zugunsten der Schutzlosen. Häufige Schauplätze für den sozialen Einsatz sind da, wo es um Hunger, Unterdrückung, Umwelt, Kinder und Minderheiten geht.

Die Stärke dieser Verpflichtungen, die oft dazu führt, dass man die Führung in Gruppen übernimmt, leitet sich aus wenigen Quellen ab. Vorbei sind die Zeiten, in denen man sich mit Institutionen identifizierte, bei denen man sicher sein konnte, dass sie gegen ungerechte und willkürliche Handlungen immun sind. Zu stark sind die Erinnerungen an jene Momente in der Geschichte, in denen Institutionen zu Machtinstrumenten wurden, um Rechte zu verweigern und um zu unterdrücken. Man fühlt sich stärker persönlich zum Handeln aufgerufen und versteckt sich nicht mehr hinter dem Glauben, ›der Staat oder andere Institutionen werden sich der drängenden Probleme unserer Zeit schon annehmen‹. Dieser Glaube an den individuellen Beitrag zum sozialen Fortschritt und zum Schutz der Welt kann zu einer sehr individualistischen Perspektive führen und zu einer Ablehnung jeglichen institutionalen Lebens aus einer postkonventionellen Perspektive. Aber häufiger werden Institutionen als wichtige Vehikel für soziale Veränderung gesehen.

Der Hang zur Teilnahme an großen Bewegungen oder zur Mitarbeit bei den großen Problemen kann eine heilende Wirkung haben. Durch das »Engagement für die Welt« finden einige tiefe Überzeugungen des Selbst ihren Ausdruck. In der Regel ist es nicht schwer, eine direkte Verbindung zu sehr basalen Erfahrungen zu finden, die weiterhin ihren Ausdruck finden und korrigiert werden, nicht nur für das Selbst, sondern für eine größere Gruppe von Nutznießern. Dieses Engagement bringt die Person dann dazu, die Beschäftigung mit dem eigenen Inneren in ein sich Einbringen in die Welt zu transformieren. Und noch wichtiger, das, was passiv erlebt worden war, wird jetzt aktiv, und das, was die Person sich isoliert und abgetrennt fühlen ließ, hat jetzt die Kraft geschaffen, die die Person mit anderen verbindet. Sicherlich besteht auch die Gefahr, dass die Person jetzt nur in der Welt lebt und so jede starke Beziehung zum Selbst vermeidet. Aber der typischere Verlauf ist der, dass es zu einer sich vertiefenden Bindung an eine Öffentlichkeit kommt, während das Selbst gleichzeitig auch internaler und privater wird. Was am stärksten auffällt, sind die Zugänglichkeit des privaten und des öffentlichen Selbst und die Bereitschaft, diese beiden Bereiche zu verschmelzen, wenn es darum geht, sich in soziale Belange verpflichtend einzubinden.

Schlussbemerkungen

In diesem Beitrag wurde zunächst aufgezeigt, dass hohe Formen von Bewusstheit ihre eigenen Risiken und Vulnerabilitäten mit sich bringen. Er endet mit recht hoffnungsvollen Bemerkungen zur Resilienz. Der pessimistische Leser, der primär auf die sich wiederholende Natur der menschlichen Biographie fixiert ist, wird die während des ganzen Lebens verbleibenden Fallgruben, andauernde Einsamkeit, Entfremdung und Selbst-Ablehnung unterstreichen wollen. Man kann sehr viele Beweise für diese fortdauernde Dysfunktion und Verzweiflung zusammentragen. Beeindruckend erscheinen jedoch gleichermaßen Potenziale für Transformation, die während der ganzen Entwicklung, auch im Alter auf sehr komplexen Niveaus, gegeben sind. Jetzt hat sich die Balance in positiver Richtung verschoben, weg von Rigidität, Wiederholung und Verzweiflung hin zu größerer Flexibilität, tieferer Einsicht und kreativer Erforschung der Gegenwart. Diese neue Balance kann sicherlich nicht mit dem Zustand eines Lebens im Gleichgewicht gleichgesetzt werden, denn kognitive Desorganisationen, emotionales Ungleichgewicht und widersprüchliche Handlungen sind immer noch Teil des psychologischen Lebens. Und man kann auch nicht davon sprechen, dass notwendigerweise Erfüllung in Arbeit und Liebe gefunden werden kann. Aber der Mensch kann sich dafür entscheiden, sich neuen Zielen verpflichtend zu widmen, was eine Brücke schlägt zwischen seelischer Gesundheit und Entwicklung: die Person wird eine grundlegende Wachstumsorientierung des Lebens entwickeln, in der die Vergangenheit weder unbedingt fortbestehen muss noch als die einzige formative Periode gesehen wird. Diese Entwicklungsperspektive schafft mehr Freiheit, um neuen Erfahrungen in Liebe und Arbeit nachzuspüren. Sie schafft auch einen Kontext, in dem exploriert und experimentiert werden kann, und in dem dann auch neue Perspektiven eingenommen werden können, die die Möglichkeit schaffen, frühere Vulnerabilitäten in den Brennpunkt zu rücken und damit auch Wege, sie zu überwinden oder zumindest mit ihnen zu leben. Die Erweiterung des Entwicklungshorizonts ermutigt das Selbst dazu, tiefere Formen von Intimität und größere Autonomie zu suchen. Es ist dieser kontinuierliche Zyklus, der als Entwicklung bezeichnet werden soll, und nicht die schrittweise Progression von Stufe zu Stufe. Es ist genau dieser Mut zu Entwicklung, Vitalität und Flexibilität, der als seelische Gesundheit bezeichnet werden sollte. Und es sind diese Prozesse, die wir in zukünftiger klinisch-entwicklungspsychologischer Forschung in den Vordergrund stellen müssen.

Literatur

Baltes, P. B./Smith, J.: (1990) Wisdom-related knowledge: Age/cohort differences in response to life-planning problems. Developmental Psychology 26 (3): 494–504.

Basseches, M.: (1984) Dialectical thinking and adult development. Norwood, NJ: Ablex.

Broughton, J.: (1978) The development of concepts of self, mind, reality, and knowledge. New directions in child development: Social cognition. San Francisco: Jossey-Bass.

Commons, M.L./Richards, F.A./Armon, C.: (1984) Beyond formal operations. Late adolescent and adult cognitive development. New York: Praeger.

Csikszentmihalyi, I.S.: (1990) Das Flow Erlebnis. Jenseits von Angst, Langeweile und Tun. Stuttgart: Klett-Cotta.

Döbert, R./Nunner-Winkler, G.: (1994) Commonsense understandings about suicide as a resource for coping with suicidal impulses. In: Noam, G./Borst, S. (Hrsg.): Children, youth, and suicide: New directions in child development. San Francisco: Jossey-Bass, 64: 23–38.

Edelstein, W./Noam, G.G.: (1982) Regulatory structures of the self and post-formal operations in adulthood. Human Development 25: 407–422.

Fischer, K.W./Ayoub, C.: (1994) Affective splitting and dissociation in normal and maltreated children: Developmental pathways for self in relationships. In: Cicchetti, D./Toth, S.L. (Hrsg.): Rochester symposium on developmental psychopathology: Disorders and dysfunctions of the self. New York: University of Rochester Press, 1–73.

Fowler, J.W.: (1981) Stages of faith: The psychology of human development and the quest for meaning. New York: Harper & Row.

Frankl, V.E.: (1985) Man's search for meaning. New York: Washington Square Press.

Fromm, E.: (1976) To have or to be. New York: Harper & Row. Dt.: Haben oder Sein. München: dtv, 1989.

Jung, C.G.: (1966) The spirit in man, art, and literature (R. F. C. Hull, Trans.). Princeton, NJ: Princeton University Press.

Jung, C.G.: (1984) Grundlagen zur Praxis. In: Barz, H.: Grundwerk. Olten: Walter, Bd.1.

Kagan, J.: (1989) Unstable ideas: Temperament, cognition, and self. Cambridge, MA: Harvard University Press.

King, P./Kitchner, K./Wood, P./Davidson, M.: (1989) Relations across developmental domains: A longitudinal study of intellectual, moral, and ego development. In: Commons, M./Sinnot, J./Richards, F./Armon, C. (Hrsg.): Adult development. New York: Praeger, 57–72.

Kohlberg, L.: (1984) Essays on moral development. The psychology of moral development. San Francisco: Harper & Row, Vol. 2.

Kohlberg, L./Gilligan, C.: (1971) Adolescent as philosopher: The discovery of the self in a post-conventional world. Daedalus 100: 1051–1086.

Klein, M.: (1930) Die Bedeutung der Symbolbildung für die Ich-Entwicklung. London: Hograth Press.

Kohut, H.: (1977) The restoration of the self. New York: International Universities Press.

Labouvie-Vief, G./Hakim-Larson, J./Hobart, C.J. : (1987) Age, ego-level and the life span-development of coping defense processes. Psychology and Aging 2 (3): 286–293.

Loevinger, J.: (1976) Ego development. San Francisco: Jossey-Bass.

Loewald, H.W.: (1980) Papers on psychoanalysis. New Haven, Ct : Yale University Press.

Maslow, A.H.: (1976) Religions, values, and peak experiences. New York: Penguin.

Maslow , A.H.: (1982) Toward a psychology of being. New York: Van Nostrand Reinhold.

May, R.: (1949) The springs of creative living. New York: Abingdon Coxesburg Press.

Osherson, S.: (1980) Holding on or letting go: men and career change at midlife. New York: The Free Press.

Pascual-Leone, J.: (1989) Developmental levels of processing in metaphor interpretation. Journal of Experimental Child Psychology 48 (1): 1–31.

Noam, G.G.: (1988a) A constructivist approach to developmental psychopathology. In: Nannis, E./Cowan, P. (Hrsg.): Developmental psychopathology and its treatment. San Francisco: Jossey-Bass, 91–122.

Noam, G.G.: (1988b) The self, adult development, and the theory of biography and transformation. In: Lapsley, D./Power, F.C. (Hrsg.): Self, ego, and identity-integrative approaches. New York: Springer Verlag.

Noam, G.G.: (1990) Beyond Freud and Piaget: Biographical worlds – interpersonal self. In Wren, T.E. (Hrsg.): The moral domain. Cambridge, MA: MIT Press, 360–399.

Noam, G.G.: (1992) Development as the aim of clinical intervention. Development and Psychopathology 4: 679–696.

Noam, G.G.: (1993) »Normative vulnerabilities« of self and their transformations in moral actions. In: Noam, G. G./Wren, T.E. (Hrsg.): The moral self. Cambridge: MIT Press, 209–238.

Noam, G.G.: (1996) High risk children and youth: Transforming our understanding of human development. Human Development 39: 1–17.

Noam, G.G./Borst, S. (Hrsg.): (1994a) Children, youth, and suicide: developmental perspectives. San Francisco: Jossey-Bass.

Noam, G.G./Borst, S.: (1994b) Developing meaning, losing meaning: Understanding suicidal behavior in the young. In: New directions for child development. San Francisco: Jossey-Bass, vol. 64.

Noam, G.G./Fischer, K.W.: (1996) Development and vulnerability in close relationships. New Jersey: Lawrence Erlbaum.

Noam, G.G./Recklitis, C./Paget, K.: (1991) Pathways of ego development: Contributions to maladaptation and adjustment. Development and Psychopathology 3: 311–321.

Perry, W. S.: (1970) Forms of intellectual and ethical development in the college years. New York: Holt Rinehart.

Reich, W.: (1972) Character analysis (V. R. Carfagno, Trans.). New York: Farrar, Straus & Giroux.

Shapiro, D.: (1965) Neurotic styles. New York: Basic Books.

Sternberg, R. (Hrsg.): (1988) The nature of creativity: Contemporary psychological perspectives. New York: Cambridge University Press.

Vaillant, G.E.: (1977) Adaptation to life. Boston: Little Brown.

Winnicott, D.W.: (1958) Collected papers, through paediatrics to psycho-analysis. London: Tavistock.

Winnicott; D.W.: (1974) Reifungsprozesse und fördernde Umwelt. München: Kindler.

Winnicott, D.W.: (1965) The maturational processes and the facilitating enviroment: studies in the theory of emotional development. New York: International Universities Press.

Nutzen und Vorteile einer Hierarchie von Abwehrmechanismen

George E. Vaillant

Wenn das Studium des Ich und seiner Abwehrmechanismen (Freud, 1894; Freud, A., 1936) aus dem Bereich psychoanalytischer Glaubenssätze in den Bereich der wissenschaftlichen Forschung verlagert werden soll, müssen drei Fragen mit ja zu beantworten sein. Die erste Frage, die eine Antwort verlangt, ist: Kann eine Hierarchie von Abwehrmechanismen reliabel identifiziert werden und ist es möglich, sich hier auf eine gemeinsame Sprache zu einigen? Die zweite Frage ist: Wenn Abwehrmechanismen reliabel identifiziert werden können, haben sie prädiktive Validität? Und die dritte Frage lautet: Kann nachgewiesen werden, dass der Reifegrad von Abwehrmechanismen unabhängig von Umwelteinflüssen und mehr als nur ein weiteres Artefakt sozialer Schichtzugehörigkeit ist?

Um diese drei Fragen zu beantworten, wurde hier das »Teleskop« einer Längsschnittstudie gewählt. Üblicherweise versuchen die Sozialwissenschaften im Allgemeinen und die Psychoanalyse im Besonderen menschliches Verhalten unter immer größerer Auflösung zu untersuchen. Für das Verständnis von Abwehrmechanismen und Persönlichkeitsentwicklung hat sich eine große Auflösung jedoch als genauso wenig lohnend erwiesen wie das Benutzen eines Vergrößerungsglases bei der Einschätzung eines Bildes von Monet. Um Abwehrmechanismen – und Landschaften – beleuchten zu können, muss der Untersuchungsgegenstand unseres Interesses aus der Ferne betrachtet werden. Um die drei oben gestellten Fragen beantworten zu können, wurden drei prospektive Studien über menschliche Lebensläufe, die über einen Zeitraum von 50 bis 70 Jahren hinweg durchgeführt wurden, in einer Studie zusammengefasst: der Studie zur Entwicklung im Erwachsenenalter.

Die Studie zur Entwicklung im Erwachsenenalter

Die Studie zur Persönlichkeitsentwicklung im Erwachsenenalter wurde 1938 von den Health Services der Harvard Universität begonnen in dem Bemühen, Lebensläufe gesunder Menschen zu untersuchen. Die Studie wurde schließlich erweitert, so dass sie drei Kohorten von Individuen umfasste: die Probanden der Harvard Stichprobe (College Sample), die um 1920 geboren waren, eine zweite Harvard

Gruppe, die Innenstadt Stichprobe (Core City Sample), deren Probanden um 1930 geboren wurden und eine Stanford Stichprobe (Terman Women Sample), deren Probandinnen um 1910 geboren waren.

1. *Die College Stichprobe:* Die College-Stichprobe (häufig auch als Grant-Studie bezeichnet) wurde 1938 von Clark Heath und Arlie Bock begonnen, weil »große Beträge bewilligt worden sind und Projekte durchgeführt wurden zum Studium von Kranken und geistig oder physisch Behinderten ... Nur wenige haben es für sachdienlich gehalten die Menschen systematisch zu untersuchen, die gesund sind und denen es gut geht« (Heath, 1945, S.4).

Während des Auswahlprozesses wurden etwa 40% jedes Jahrgangs nach unsystematischer, intuitiver Einschätzung ausgeschlossen, weil fraglich war, ob sie die akademischen Voraussetzungen für das Erreichen des College Abschlusses erfüllen würden. Im Anschluss daran wurden die übrig bleibenden 60% jedes Jahrgangs überprüft und die Hälfte davon aufgrund von Anzeichen für physische oder psychische Auffälligkeiten ausgeschlossen. Die Dekane der Universität wählten dann aus der verbleibenden Gruppe wiederum die Personen aus (ein Drittel), bei denen sie von einem zukünftigen physischen und psychischen Wohlbefinden ausgingen.

Über eine Zeitspanne von vier Jahren hinweg, 1939–1942, wurden 268 Studenten aus dem zweiten Semester für die Studie ausgewählt. 12 dieser Studenten fielen noch während ihres Studiums aus der Studie heraus und seitdem haben sich acht weitere Männer zurückgezogen. Der Rest der Männer hat seit einem halben Jahrhundert weiterhin mit bemerkenswerter Loyalität teilgenommen (Vaillant, 1977). Etwa alle zwei Jahre bekamen sie Fragebögen zugesandt, alle fünf Jahre wurden körperliche Untersuchungen vorgenommen und etwa alle fünfzehn Jahre wurden Interviews durchgeführt. Vom sozioökonomischen Gesichtspunkt her wurde die College Stichprobe aus einer privilegierten Gruppe gezogen, wenn auch nicht ausschließlich. Während ein Drittel der Väter dieser Männer in einem gewissen Umfang eine Berufsausbildung hatte, hatte etwa die Hälfte der Eltern dieser Männer nie einen Collageabschluss gemacht. Fast die Hälfte der Männer war vor dem College einige Zeit auf Privatschulen gewesen, aber während ihrer Studienzeit hatte fast die Hälfte der Männer ein Stipendium und/oder musste während des Semesters arbeiten, um die Studiengebühren zu verdienen.

Im Alter von 47 Jahren entsprach das Einkommen der Probanden der College Stichprobe umgerechnet nach dem Stand von 1998, etwa DM 160.000. Sie waren außerdem häufiger Sympathisanten der Demokratischen als der Republikanischen Partei und 91% waren für eine Reduzierung des amerikanischen Engagements in Vietnam. Allgemeiner ausgedrückt: Sie hatten das Einkommen und den Sozialstatus von Firmenmanagern, und gleichzeitig fuhren sie zerbeulte Autos und teilten die Hobbies, die politischen Ansichten und den Lebensstil von Universitätsprofessoren.

Sinnstrukturen und Transformation

2. *Die Core City-(Innenstadt) Stichprobe:* Die 456 Männer der nach dem Forscher benannten Glueck-Studie repräsentierten eine gänzlich andere Kohorte. Sie waren in der Unterstufe des Gymnasiums ausgewählt worden als Kontrollgruppe für eine von Sheldon und Eleanor Glueck (1950) durchgeführte prospektive Studie, die in einem wegweisenden Buch mit dem Titel »Unraveling Juvenile Delinquency[1]« veröffentlicht wurde. Somit kamen 95 % der Innenstadt-Stichprobe aus den 60 % der Bostoner Volkszählungsgebiete mit den höchsten Raten für jugendliche Delinquenz. Genau wie die Männer der College-Stichprobe wurden die Männer aus der Innenstadt zunächst von einem multidisziplinären Team von Ärzten, Psychologen, Psychiatern, Sozialforschern und Anthropologen untersucht. Die Teilnehmer der Innenstadt-Stichprobe wurden im Alter von 14, 25, 32 und 47 Jahren interviewt (Glueck & Glueck, 1968; Vaillant, 1995). Über die ersten 35 Jahre der Studie hinweg, konnte der Schwund an Probanden durch Abbruch der Teilnahme bei 5 % gehalten werden und nur 4 (1 %) der Probanden gingen vollkommen verloren.

Der durchschnittliche Intelligenzquotient der Jungen lag bei 95, und 61 % ihrer Eltern waren im Ausland geboren. Während ihrer Kindheit lebte die Hälfte der Innenstadt Männer in Slumgebieten und waren somit einem erhöhten Gesundheitsrisiko ausgesetzt. Die Hälfte kam aus Familien, die Kontakt zu fünf oder mehr Sozialeinrichtungen gehabt hatten. Mehr als zwei Drittel ihrer Familien hatte außerdem Sozialfürsorge erhalten. Obwohl nur 10 % ihrer Eltern der Mittelschicht angehörten (Sozialschicht II und III; Hollingshead & Redlich, 1958), erfüllten 51 % der Probanden der Stichprobe im Alter von 47 Jahren die Kriterien für Zugehörigkeit zu dieser Schicht. Im Alter von 47 Jahren war das Einkommen der Männer dieser Stichprobe nach dem Stand von 1998 einem Einkommen von etwa DM 50.000 vergleichbar.

3. *Die Terman-Frauen-Stichprobe:* Diese Stichprobe stellt das dritte kontrastierende Set von Daten in der Studie zur Entwicklung im Erwachsenenalter. Die 90 Probandinnen der Terman-Frauen-Stichprobe sind eine repräsentative Teilstichprobe der 672 Frauen aus der sogenannten Terman-Studie. Es handelte sich dabei um begabte Schülerinnen von öffentlichen kalifornischen Schulen (Terman, 1925; Terman & Oden, 1955).

Die hohe Intelligenz der Terman-Frauen – mit einem mittleren I.Q. von 151 – behinderte sie psychologisch nicht. Ihre mentale Gesundheit war eher besser als die ihrer Klassenkameradinnen. In ihren Persönlichkeitseigenschaften zeigten sie signifikant mehr Humor, gesunden Menschenverstand, Ausdauer, Führungseigenschaften und sogar Popularität. Bis zum Alter von 78 Jahren war die Mortalitätsrate der Terman-Frauen nur halb so hoch wie sie normalerweise für weiße amerikanische Frauen ihrer Geburtskohorte zu erwarten gewesen wäre.

Die Untersucher haben die Terman-Frauen in Abständen von fünf Jahren mit Fragebögen begleitet und 1940 und 1950 persönliche Interviews durchgeführt.

---

1 Etwa: auf den Spuren der Jugendkriminalität

1987 wählte der Autor in Zusammenarbeit mit Caroline Vaillant aus der ursprünglichen Stichprobe von 672 Frauen eine repräsentative Teilstichprobe von 90 Frauen aus. 29 Frauen waren gestorben und 21 der überlebenden Frauen konnten aufgrund schlechter Gesundheit oder fehlender Kooperationsbereitschaft nicht befragt werden. Die verbleibenden 40 Frauen wurden erneut interviewt (Vaillant, 1993).

Einzeln betrachtet kann keine der drei Stichproben als repräsentativ für die Allgemeinbevölkerung gelten; aber die drei Stichproben haben den Vorzug, dass sie nach sozialen Gesichtspunkten in hohem Maße unterschiedlich voneinander sind und die Probanden in historische Kohorten hineingeboren wurden, die bis zu zwanzig Jahre auseinanderliegen. Aber innerhalb der Stichproben gab es beträchtliche Homogenität. Somit können die Ähnlichkeiten zwischen den Gruppen und die Unterschiede innerhalb der Gruppen auf andere Stichproben weißer amerikanischer Probanden verallgemeinert werden.

Erste Frage: Können Abwehrmechanismen reliabel identifiziert und analysiert werden?

Eine klar definierte Hierarchie von Abwehrmechanismen des Ich ermöglicht einerseits, Anpassungsleistungen an Stress zu verstehen, und liefert darüber hinaus ein Instrument, mit Hilfe dessen vieles von dem verständlich wird, was am menschlichen Verhalten irrational erscheint (vgl. Tabelle 1, S. 72). Ein solches Verständnis, das genau genommen eine Erklärung für unverständliches Verhalten gibt, könnte Menschlichkeit in die Strafgerichtsbarkeit bringen, größeres Verständnis für Gruppenverhalten und neue Einsichten in die Geheimnisse der Neurose liefern. Die Berücksichtigung von Abwehrmechanismen zwingt uns, unsere Aufmerksamkeit auf widerstreitende Emotionen zu richten und erinnert die moderne Psychiatrie daran, dass das Gehirn kein Chemorezeptor ist. Es steht zu hoffen, dass auf diese Weise das Studium von Abwehrmechanismen sogar die Disziplin der kognitiven Psychologie menschlicher werden lässt und sie erinnert daran, dass das Gehirn auch ein limbisches System hat. In Anerkennung der Vorteile einer solchen Hierarchie für Diagnosestellungen, wurde das DSM-IV der Amerikanischen Psychiatrischen Gesellschaft um eine zusätzliche Achse von Abwehrmechanismen erweitert (APA, 1994).

Zunächst sollen verschiedene Wege aufgezeigt werden, über die unser Verstand bewusste Repräsentanzen desselben Konflikts verändern kann.

Abbildung 1 zeigt die Ursachen für menschliche Konflikte. Alle Menschen leben in einem mentalen Universum, in dem Konflikte durch die in unterschiedliche Richtungen zerrenden vier Leitsterne bestimmt werden: das Gewissen, die Wünsche, die wichtigen Bezugspersonen und die Realität. Unkompensiert verursacht eine plötzliche Veränderung in einem der vier Leitsterne der Abbildung Angst und/oder Depression. Um Zeit zu gewinnen – bis eine mentale Akkommodation stattfinden kann – muss die innere und/oder äußere Realität verleugnet, ver-

Tabelle 1: Eine Hierarchie von Abwehrmechanismen (nach DSM-IV, APA, 1994)

1. **Niveau mit Abwehr-Dysregulation.** Dieses Niveau ist charakterisiert durch ein Versagen der Abwehrregulation, die der Eindämmung von Reaktionen auf Belastungsfaktoren dient, was zu einem ausgesprochenen Bruch mit der Realität führt.	Beispiele: • Wahnhafte Projektion • Psychotische Leugnung • Psychotische Verzerrung
2. **Handlungsniveau.** Dieses Niveau ist charakterisiert durch Abwehr-Funktionen, die mit inneren oder äußeren Belastungsfaktoren mittels Handeln oder Rückzug umgehen.	Beispiele: • Ausagieren • Apathischer Rückzug • Passive Aggression
3. **Niveau mit schwerer Vorstellungsverzerrung.** Dieses Niveau ist durch grobe Verzerrung oder Fehlattribution des Selbstbildes oder des Bildes von anderen charakterisiert.	Beispiele: • Autistische Fantasie • Projektive Identifikation • Spaltung des Selbstbildes und des Bildes von anderen
4. **Verleugnungsniveau.** Dieses Niveau ist dadurch charakterisiert, dass unangenehme oder unannehmbare Belastungsfaktoren, Impulse, Vorstellungen, Affekte oder Verantwortung außerhalb des Bewusstseins gehalten werden. Sie können mit oder ohne Fehlattribution auf äußere Ursachen einhergehen.	Beispiele: • Projektion • Rationalisierung • Verleugnung
5. **Niveau mit leichter Vorstellungsverzerrung.** Dieses Niveau ist durch Verzerrungen des Selbstbildes, des Körperbildes oder anderer Vorstellungen, die zur Selbstwertregulierung verwendet werden können, charakterisiert.	Beispiele: • Entwertung • Idealisierung • Omnipotenz
6. **Niveau mit psychischen Hemmungen (Kompromissbildungen).** Die Abwehr-Funktionen auf diesem Niveau grenzen potenziell bedrohliche Gedanken, Gefühle, Erinnerungen, Wünsche oder Ängste aus dem Bewusstsein aus.	Beispiele: • Verschiebung • Dissoziation • Intellektualisierung • Affektisolation • Reaktionsbildung • Verdrängung • Ungeschehen machen
7. **Hochadaptives Niveau.** Dieses Abwehr-Niveau führt zu optimaler Adaptation im Umgang mit Belastungsfaktoren. Diese Abwehrmechanismen maximieren gewöhnlich die Befriedigung und erlauben den bewussten Umgang mit Gefühlen, Gedanken und ihren Konsequenzen. Sie fördern außerdem ein optimales Gleichgewicht zwischen widerstreitenden Beweggründen.	Beispiele: • Antizipation • Affiliation • Altruismus • Humor • Selbstbehauptung • Selbstbeobachtung • Sublimation • Unterdrückung

Nutzen und Vorteile einer Hierarchie von Abwehrmechanismen

Abbildung 1: Vier Leitsterne für menschliche Konflikte

Gewissen (gesellschaftl. Tabus und Gebote, Über-Ich)		**Andere Personen** (ohne die der Mensch genauso wenig leben kann wie mit ihnen)
	Ich (verleugnet, verzerrt, verdrängt innere und/oder äußere Realität)	
Wünsche (Instinkte, Es, »Triebe«, Leidenschaft, Emotionen, Affekte)		**Realität** (plötzlich verändert)

drängt oder verzerrt werden. Das Prinzip der Homöostase ermöglicht auf der körperlichen Ebene in gleicher Weise auf Veränderungen zu reagieren.

Die linke Seite von Abbildung 1 entspricht Freuds sogenanntem Struktur-Modell: einem dreiteiligen Modell von Über-Ich, Ich und Es. Mit dem Begriff *Wünsche* in der Abbildung sind Emotionen angesprochen, wie Triebe, Wünsche, Hunger, Kummer, Lust, Wut, usw. Die Psychoanalytiker nennen diesen Leitstern das »Es«, die Kirche nennt ihn »Sünde«, kognitive Psychologen bezeichnen ihn als »hot cognition[2]« und Neuroanatomen verweisen auf die hypothalamischen und limbischen Hirnregionen. Kummer, Ärger und Abhängigkeit (von anderen Personen) werden genauso sichtbar zu Quellen von Konflikt wie Sexualität.

Mit dem Begriff *Gewissen* – dem Über-Ich der Psychoanalyse – sollen nicht die elterlichen Ermahnungen angesprochen sein, die bereits vor dem fünften Lebensjahr verinnerlicht wurden. Die Gebote des Gewissens hören während des ganzen Lebens nicht auf sich zu entwickeln. Mit Gewissen ist die Gesamtheit der Identifizierungen mit der Gesellschaft und mit individuell einzigartigen Ich-Idealen gemeint.

Sobald die Psychoanalyse sich für soziale Interaktionen zu interessieren begann und nunmehr ihre Patienten auch innerhalb der Beziehungsmatrix untersuchte und nicht mehr nur in der Isolation des Behandlungszimmers, wurde die Bedeutung von Objektbeziehungen erkennbar. Solche dyadischen Spannungen sind in jeder Hinsicht genauso wichtig wie Konflikte zwischen dem Es und dem Über-Ich. Folglich bilden *Andere Personen* den dritten Leitstern. Internale Repräsentanzen von wichtigen Bezugspersonen hören nicht auf im Inneren des Menschen eine Rolle zu spielen und Konflikte zu verursachen, noch Jahrzehnte, nach einem realen Zusammenleben.

---

2 Etwa: »hitziges Denken«

Sinnstrukturen und Transformation

Unter dem Begriff *Realität*, dem vierten Leitstern, sind die Aspekte der äußeren Umgebung subsumiert, die sich oft schneller verändern können als eine Anpassung an die neuen Gegebenheiten gelingen kann. Selbst gute Nachrichten – wie die über die Verleihung des Diploms der juristischen Fakultät oder den Hauptgewinn im Lotto – können, je plötzlicher die Veränderung eintritt, um so konsequenter dazu führen, dass Abwehrmechanismen eingesetzt werden, und zwar genau so schnell wie eine Flut kommt oder die Diagnose Leukämie einen Menschen treffen kann.

Um intrapsychische Konflikte abzumildern, ist es die Aufgabe der Abwehrmechanismen, die psychische Homöostase durch »Ignorieren« oder »Verzerren« eines dieser vier Leitsterne wiederherzustellen. Zum einen können Abwehrmechanismen die für einen Konflikt ursächlichen Leitsterne verändern, indem sie Wünsche, andere Personen, die Realität oder das Gewissen, oder irgendeine beliebige Kombination dieser vier, verleugnen oder verzerren. Zum anderen können Abwehrmechanismen, wie in Freuds topographischem Modell, dadurch wirksam werden, dass sie den Ausdruck von Konflikt verändern, indem sie die Bewusstheit von Subjekt oder Objekt, Vorstellung oder Affekt oder jeder beliebigen Kombination davon verändern.

Tabelle 2 veranschaulicht eine Vielzahl der unterschiedlichen Arten und Weisen, auf die ein Individuum das konflikträchtige Bewusstsein darüber, seinen Vater zu hassen, ausdrücken könnte. Folgender fiktiver Fall soll als Beispiel herangezogen werden: Ein Mailänder Geschäftsmann sieht sich plötzlich entehrt und bedroht durch seinen 65-jährigen Geschäftspartner und Vater, dem er nie zuvor bewusst misstraut hatte. Der Vater hat die Kunden seines Sohnes betrogen. Der junge Geschäftsmann ist dadurch mit einer neuen Realität konfrontiert, einer Tatsache, die sich ihm unvorbereitet eröffnete. Er stellt fest, dass er weder mit seinem Vater leben, noch seine Beziehung zu ihm als Sohn beenden kann. Seine Erziehung sagt ihm, dass er nicht aufhören sollte, seinen Vater zu ehren; aber er fühlt »ich hasse meinen Vater« (was sich in chemischen Prozessen im limbischen System und der Amygdala manifestiert). Die aktuellen Konflikte des Sohnes mit seinem Ärger, seiner Trauer und seiner Abhängigkeit sind für ihn genauso schmerzlich, wie es Konflikte aufgrund verbotener »Freudscher« sexueller Wünsche in einem Ödipuskonflikt hätten sein können. Der Sohn muss entweder beides, sowohl die Vorstellung wie auch das Gefühl, dass er seinen Vater hasst, bewusst erleben, was große Angst, Depression und psychologischen Stress auslöst, oder er muss auf irgendeine Weise seine innere und/oder äußere Realität ändern. Tabelle 2 veranschaulicht die verschiedenen Arten und Weisen, auf die der junge Geschäftsmann die konflikträchtige Feststellung »ich hasse meinen Vater« kognitiv durch das Ich modifizieren kann, um Angst, Schuldgefühl und Depression zu mindern.

In Tabelle 2 wird Projektion als unreif (maladaptiv) und Altruismus als reif (adaptiv) bezeichnet. Im Allgemeinen führt der Gebrauch von reifen Abwehrmechanismen dazu, dass andere Personen besänftigt werden, während der Gebrauch unreifer Abwehrmechanismen auf Beobachter in der Regel den gleichen Effekt hat wie den, den ein rotes Tuch auf einen Stier ausübt.

Nutzen und Vorteile einer Hierarchie von Abwehrmechanismen

Tabelle 2: Unterschiedliche Arten, die bewusste Repräsentanz eines Konfliktes verändern

Abwehr	Bewusste Repräsentanz von Vorstellung, Gefühl oder Verhalten	ICD-9 Diagnose*
Keine Abwehr	Ich hasse (!) meinen Vater	309.9 Anpassungsreaktion NNB
Niveau I: Psychotische Abwehr		
Verleugnung	Ich wurde ohne Vater geboren	298.8 Psychogene Psychose NNB
Niveau II: Unreife Abwehrmechanismen		
Projektion	Mein Vater hasst (!) mich	301.0 Paranoide Persönlichkeitsstörung
Passive Aggression	Ich hasse (!) mich (Suizidversuch)	300.4 Neurotischer depressiver Zustand
Ausagieren	Ohne nachzudenken, habe ich 12 Polizisten geschlagen	301.7 Antisoziale Persönlichkeit
Fantasie	Ich tagträume davon, Riesen zu töten	301.2 Schizoide Persönlichkeitsstörung
Niveau III: Neurotische (intermediäre) Abwehrmechanismen		
Dissoziation	Ich erzähle meinem Vater Witze	300.1 Dissoziativer Zustand
Verschiebung	Ich hasse (!) den Hund meines Vaters	300.2 Phobie
Isolierung (oder Intellektualisierung)	Ich missbillige die Geschäftspraktiken meines Vaters	300.3 Zwangsstörung
Verdrängung	Ich weiß nicht, warum ich mich so enorm beunruhigt fühle	300.0 Angstzustand
Niveau IV: Reife Abwehrmechanismen		
Unterdrückung	Ich bin böse mit Vater, aber ich werde es ihm nicht sagen	
Sublimierung	Ich schlage Vater beim Ping-Pong	
Altruismus	Ich tröste andere, die den Vater hassen	

* Bei Diagnosestellung wird vorausgesetzt, dass die bewusste Repräsentanz des Konfliktes ins pathologische Extrem geführt wurde und alle weiteren Kriterien für die Diagnose erfüllt sind.
Nachdruck mit Erlaubnis des Harvard Guide to Psychiatry.

Tabelle 2 macht auch deutlich, dass es sich bei dem, was die ICD-9 als spezifische *Störung* bezeichnet, in Wirklichkeit darum handeln kann, dass ein Individuum versucht, mit einer *unspezifischen Störung* seines Wohlbefindens fertig zu werden[3]. Phobien, Gedankenzwänge, sogar einige Psychosen sind oft eher mit einem Husten oder einem Fieber vergleichbar als mit Diabetes oder einem Krebsleiden. Nicht jeder, der durch Abwehrmechanismen zu Selbsttäuschungen gelangt, erscheint den anderen als krank. Das Ergebnis reifer Abwehr ist oft mit der Auster vergleichbar, die die Reizung, die durch ein Sandkorn hervorgerufen wird, dadurch »verleugnet«, dass sie daraus eine Perle entstehen lässt. Verleugnungen und Selbsttäuschungen, zu denen es kommt, wenn reife Abwehrmechanismen benutzt werden, führten jedoch zu keiner Diagnosestellung. Das DSM-IV unterteilt die Abwehrmechanismen in sieben Stufen, die auf der relativen Anpassungsleistung der Mechanismen beruhen, im Vergleich zu den vier Stufen, die in Tabelle 2 dargestellt sind.

Wenn es auch schwer ist, Abwehrmechanismen in Begriffen zu definieren, die eindeutig voneinander abgegrenzt sind, bietet Tabelle 3 doch ein denkbares Modell dafür. All zu oft fassen Freudianer vielerlei Arten von Abwehrverhalten unter Sammelbegriffen wie »Verdrängung« und »Verleugnung« zusammen. Zu oft werfen Kleinianer verschiedene Arten von Abwehrverhalten unter Begriffen wie »Spaltung«, »Entwertung« und »Idealisierung« in einen Topf. Beide Ansätze verschleiern die große Bandbreite von Arten und Weisen, auf die das Ich innere und äußere Realität verzerrt, verleugnet und neu arrangiert. Ein solcher Mangel an Definitionen ist ungefähr genauso, wie wenn man eine Speisekarte bekommt, bei der bei jedem Gericht als Beschreibung nur »Nudeln« steht.

So wie ein Prisma Licht in unterscheidbare Farben bricht, so versucht Tabelle 3 Unterdrückung von Verdrängung und Verleugnung zu unterscheiden. Die Tabelle berücksichtigt sowohl Freuds topographisches Modell als auch sein Strukturmodell. Die Tabelle zeigt einerseits welche der vier Leitsterne für Konflikte jeweils durch welchen Abwehrmechanismus am meisten verzerrt werden und andererseits die verschiedenen Arten und Weisen, mit Hilfe derer das Ich die relative Bewusstheit des Subjekts von Selbst, Objekt, Vorstellung und Affekt verändert.

Es ist zu beachten, dass in vielerlei Hinsicht die drei Abwehrstufen – Altruismus (reif), Reaktionsbildung (neurotisch, intermediär) und Projektion (unreif) einander ähnlich sind. Zum Beispiel erkennen alle Formen von Abwehr die Urheberschaft des Subjekts für Wünsche nicht an und überbetonen die Rolle des Gewissens. Außerdem entwickelt sich Projektion oft weiter zu Reaktionsbildung und Reaktionsbildung entwickelt sich weiter zu Altruismus. Wenn sich jedoch die Abwehrformen so ähnlich sind, welches sind dann die entscheidenden Unterschiede, die die Art der Anpassungsleistung beeinflussen? Ebenso wichtig ist die Frage, wie die Abwehrmechanismen, die eine andere Person benutzt, zu erkennen

---

3 Im Englischen ein Wortspiel mit den Begriffen »disease« (= Krankheit) und dis-ease (= sich unwohl fühlen, angespannt sein).

Tabelle 3: Differenzielle Identifizierung von Abwehrmechanismen

Abwehrstil/ Abwehrniveau	Ursachen für Konflikte					Impulsausdruck		
	Affekte/Instinkt Wünsche	Gewissen/ Kultur	Beziehungen/ Andere Personen	Realität	Selbst/Subjekt	Vorstellung	Affekt
I. Psychotisch							
wahnhafte Projektion	externalisiert	überbewertet	verzerrt	verzerrt	wird Objekt	übertrieben stark	verstärkt
Verleugnung	ignoriert	ignoriert/geleugnet	verleugnet	ignoriert	omnipotent	ignoriert	ignoriert
Verzerrung	verstärkt		verzerrt	verzerrt	omnipotent	verändert	verändert
II. Unreif							
Projektion	abgelehnt	überbewertet	verzerrt	überbewertet	wird zum Objekt	---	---
Fantasie	---	ignoriert	nach innen genommen	---	omnipotent	---	vermindert
Hypochondrie	verzerrt	---	entwertet	verzerrter Schmerz		verändert	Ärger wird Schmerz
Passive Aggression	gegen sich selbst gerichtet	verstärkt/überbewertet	überbewertet	---	---	---	verändert
Ausagieren	verstärkt	ignoriert	verändert	---	omnipotent	ignoriert	ignoriert
Dissoziation	verändert	verändert	übertrieben stark	---	---	---	verändert
III. Neurotisch (intermediär)							
Verschiebung	---	---	verändert	minimiert	---	---	---
Isolierung/ Rationalisierung	minimiert	überbewertet	distanziert	---	---	---	ignoriert
Verdrängung	maskiert	---	---	minimiert	---	ignoriert	---
Reaktionsbildung	ignoriert	überbewertet	---	---	---	ins Gegenteil verkehrt	ins Gegenteil verkehrt
IV. Reif							
Altruismus	minimiert	überbewertet	---	---	---	---	---
Sublimierung	maskiert	---	---	---	---	---	minimiert
Unterdrückung	minimiert	minimiert	minimiert	minimiert	---	---	---
Antizipation	---	---	---	---	---	minimiert	minimiert
Humor	---	---	---	---	---	verstärkt	verändert

sind, ohne dass der Beobachter selbst Gefahr läuft, Abwehrmechanismen zu benutzen und so seinerseits falsche Werturteile abgibt.

Eine solche Unterscheidung zwischen reifen (adaptiven Coping) und unreifen (maladaptiven, pathologischen) Abwehrmechanismen soll an einem Beispiel illustriert werden. Es geht um die Biographien von zwei leidenschaftlichen europäischen Asketen, die sich selbst aufopferten, und deren persönliche Selbstsysteme doch aus der Sicht der Mehrheit aller Menschen eine Selbsttäuschung enthalten: Mutter Teresa und Adolf Hitler. Reaktionsbildung, die vorsätzliche Vermeidung von sinnlicher Befriedigung, war sowohl präsent im Leben von Hitler wie auch von Mutter Teresa. Mutter Teresa lebte im Zölibat und in Armut. Hitler war lange unverheiratet, immer Vegetarier, und er kleidete sich so einfach wie alle Diktatoren seit Menschengedenken. Mutter Teresa wurde mit dem Gold des Nobelpreises belohnt, weil sie sich für die Armen Kalkuttas aufopferte. Ihr fester Glaube zu wissen, was andere Menschen brauchen, war zutreffend und empathisch und kann im Rückblick als Altruismus bezeichnet werden. Im Gegensatz dazu wurden Hitlers Anstrengungen, sich selbst zum »Wohle« des deutschen Volkes aufzuopfern, mit seinem schmachvollen Selbstmord in den Trümmern Berlins »belohnt« – einer Stadt, die durch seine Starre und die unempathische Projektion seiner eigenen Bedürfnisse auf das deutsche Volk zerstört worden war.

Die Schwierigkeit ist natürlich, dass solch ein Vergleich nur im Nachhinein möglich ist. Genauso wie beim Erkennen historischer Wahrheiten ist auch bei der Beurteilung der relativen Anpassungsleistung von Abwehrmechanismen ein langer Beobachtungszeitraum erforderlich.

Tabelle 3 soll die unterschiedlichen adaptiven Selbsttäuschungen der beiden Individuen analysieren. Sicherlich benutzten beide, Mutter Teresa und Hitler, Reaktionsbildung. Beide fanden eine Quelle der Lust eher in der Askese als im Reichtum: Solch ein Verhalten ist im Einklang mit der Tatsache, dass Reaktionsbildung die Wünsche zulässt; aber ihr Wert wird ins Gegenteil verkehrt. Schwarz wird weiß. Sowohl bei Altruismus wie bei Reaktionsbildung wird jedoch das Selbst nicht mit dem Objekt verwechselt und Bedürfnisse werden nicht verzerrt. Dies gilt aber eher für Mutter Teresa als für Hitler.

Sowohl bei der Reaktionsbildung wie bei der Projektion – aber nicht bei Altruismus – glaubt sich der Mensch durch seine geheimen Wünsche von außen gefährdet, die in Wirklichkeit im Innersten verborgen sind. Derjenige, der sich der Projektion bedient – wie Hitler – behauptet, dass seine eigenen Triebwünsche nicht ihm selbst entstammen, sondern dem Objekt. In Juden und Kommunisten nahm Hitler seine eigenen uneingestandenen Wünsche wahr. Der Altruist dagegen sieht alle Schuld nur bei sich selbst. Mit Hilfe dieser Unterscheidungsmerkmale hätten sich wohl der deutsche Volkswirtschaftler und der hinduistische Psychologe darauf einigen können, wer der bessere zukünftige Kandidat für den Nobelpreis hätte sein können und wessen Selbsttäuschungen letztendlich die adaptivsten sein würden.

Wenn die Hypothese aufgestellt wird, dass einige Abwehrmechanismen reifer – »gesünder« – sind als andere, können diese Abwehrmechanismen dann reliabel identifiziert werden? Zur Erörterung dieser Frage sollen die Daten der Männer der Innenstadt-Stichprobe herangezogen werden. Da die verfügbaren Informationen am wenigsten umfangreich waren, können die Methoden, die ihre Abwehrmechanismen reliabel identifizieren, leichter auf andere Stichproben verallgemeinert werden. Die Methoden zur Identifizierung von Abwehrmechanismen waren jedoch für alle drei Stichproben im Wesentlichen die gleichen.

Zunächst wurden operationale Definitionen der Abwehrmechanismen (Vaillant, 1992) erstellt und unabhängige Rater ausgebildet. Diese hatten die Aufgabe, die definierten Abwehrmechanismen in Interview-Protokollen, welche schon von vielen anderen Ratern nach anderen Kriterien ausgewertet worden waren, zu lokalisieren. Als nächstes bekamen sie eine 20 bis 30 Seiten lange Zusammenfassung eines zweistündigen halbstrukturierten Interviews mit den Probanden, die im Alter von 47 bzw. im Falle der Terman-Frauen im Alter von 78 Jahren, durchgeführt worden waren. Die Rater waren »blind« sowohl was die Berichte über die Kindheit der Männer der Innenstadt-Studie betraf, wie auch bezüglich vorheriger Auswertungen und Ergebnisbewertungen des Erwachsenenalter-Interviews.

Die Rater wurden gebeten, für jedes Interview-Protokoll alle darin erwähnten Beispiele für jede einzelne der 18 Arten von Abwehrmechanismen festzuhalten. Die drei »psychotischen« oder Stufe I Abwehrmechanismen in Tabelle 3 wurden so selten genannt, dass sie irrelevant waren. Die Rater richteten ihre Aufmerksamkeit sowohl auf geschilderte Verhaltensweisen und Anpassungsstile bei Schwierigkeiten in der Vergangenheit als auch auf Auffälligkeiten während der Interviewinteraktionen.

Sobald die individuellen Abwehrstile identifiziert waren, wurde ein systematisches Verfahren angewandt, um klinische Intuition in Computersprache umzusetzen – d.h. um Metaphern in Zahlen zu überführen. Das Ergebnis dieser Vorgehensweise war, dass jedes Individuum der College-, Innenstadt- und Terman-Stichprobe bezüglich des Reifegrads seiner Abwehrmechanismen mit Werten zwischen 1 (reifste Abwehr) und 9 (unreifste Abwehr) bewertet wurde (Vaillant, 1993). Von zwei unabhängigen Ratern bewertet, unterschieden sich diese 9-Punkte-Ratings nur bei 23 von 307 Probanden der Innenstadt-Stichprobe um mehr als zwei Punkte (Vaillant et al., 1988). Die beiden Ratings unterschieden sich bei nur sieben der 37 Terman-Frauen, um mehr als einen Punkt. Kurz gesagt, unabhängige Rater erzielten gleich bleibenden Konsens darüber, ob der vorherrschende Abwehrstil eines Individuums reif (adaptiv) oder unreif (maladaptiv) war.

Zweite Frage: Sind Abwehrmechanismen valide?

Nachdem gezeigt werden konnte, dass der Reifegrad von Abwehrmechanismen reliabel bewertet werden kann, bezieht sich die nächste Frage auf die Validität. Sagt das Reifeniveau der Abwehr eines Menschen mehr über sein Leben aus als seine Handschrift oder sein Sternzeichen? Tabelle 4 veranschaulicht, dass Reife von Abwehr signifikant assoziiert ist mit mentaler Gesundheit (gemessen über die Skala zur globalen Erfassung des Funktionsniveaus GAF, Achse V des DSM-IV) und mit der Fähigkeit zu arbeiten, zu lieben und glücklich zu sein. Es wurden vergleichbare Variablen für die drei sehr unterschiedlichen Stichproben herangezogen, die Korrelationen blieben gleichermaßen stark. So konnte geschlossen werden, dass die positiven Korrelationen zwischen Reifegrad von Abwehr und mentaler Gesundheit unabhängig waren von sozialer Schicht, Ausbildung und Geschlecht.

Tabelle 4: Beziehungen zwischen Reifeniveau von Abwehr und Funktionsniveau

	TERMAN Frauen N = 37	COLLEGE Männer N = 186	CORE CITY Männer N = 307
Lebenszufriedenheit mit 60–65 J.	.44	.35	n. v.
Psychosoziale Reife	.48	.44	.66
Mentale Gesundheit (GAF)*	.64	.57	.77
Beruflicher Erfolg (mit 47)	.53	.34	.45
Stabilität der Ehe (mit 47)	.31	.37	.33
Berufliche Zufriedenheit (mit 47)	.51	.42	.39
Prozent der Lebenszeit mit Arbeitsverhältnis	.37	n. v.	.39

n.v.: Variable für diese Stichprobe nicht verfügbar.
Alle Korrelationen sind signifikant bei P <.001, mit Ausnahme der drei niedrigsten Korrelationen für die Terman-Frauen
* Global Assessment of Functioning (Globale Einschätzung des Funktionsniveaus)

Man könnte jedoch argumentieren, dass Erfolg im Leben des Betreffenden erlaubt, reife Abwehrmechanismen zu gebrauchen. Deshalb ist es noch wichtiger zu demonstrieren, dass der Reifegrad des Abwehrstils vielmehr prädiktive Validität hat und nicht nur die Augenschein-Validität, die die meisten der Korrelationen in Tabelle 4 nahe legen. Prädiktive Validität wurde auf nachstehende Weise gemessen: Zunächst wurde für das Alter von 60 bis 65 die globale psychosoziale Anpassung für die College-Stichprobe wie folgt erfasst: nachdem die im Alter zwischen 50 und 65 Jahren in zweijährigem Abstand gemachten Interviews durchgearbeitet wurden, bewerteten (bzgl. der Vorvergangenheit der Probanden »blinde«) Rater den beruflichen, den sozialen Erfolg und die Zufriedenheit jedes einzelnen Mannes und hielten die Häufigkeit der Inanspruchnahme psychiatrischer Dienste fest. Im Alter von 20 bis 47 Jahren gemessene reife Abwehrstile sagten für die College-Männer mit r = .42 (p< .001) für das Alter von 65 Jahren ein für ihre Mitmenschen annehmbares Leben voraus (Vaillant & Vaillant, 1980). Nur ein Mann, bei dem im Alter unter 47 Jahren der Gebrauch unreifer Abwehrmechanismen festgestellt worden war, kam im Alter von 65 relativ gut zurecht. Einem anderen Mann, der in der Zeitspanne zwischen 20 und 47 Jahren reife Abwehrmechanismen benutzt hatte, ging es im Alter von 65 Jahren relativ schlecht (vgl. Tabelle 5).

Tabelle 5: Beziehung zwischen Reifeniveau des Abwehrstils und Anpassungsleistung im späteren mittleren Lebensalter der Probanden der COLLEGE-Stichbprobe (15 Jahre später erhoben)

Abwehrstil (im Alter von 20 bis 47 Jahren)

Psychosoziale Anpassung mit 65 J.	Reifste Anpassungsleistung N = 37	Unreifste Anpassungsleistung N = 31
Oberstes Quartil	19	1
Mittlere Hälfte	17	13
Unterstes Quartil	1	17

r = .42 (Pearsonscher Korrelationskoeffizient); p < .0001

Dritte Frage: Ist der Reifegrad des Abwehrstils unabhängig von Kultur, Geschlecht, Ausbildung und sozialer Stellung?

Es ist eine der Hauptaufgaben der Psychologie mentale Gesundheit von soziokulturell bedingten Leistungen oder Verhaltensweisen zu unterscheiden. Zum Beispiel erzielten die schlecht ausgebildeten Männer der Innenstadt-Stichprobe im Satzergänzungstest von Loevinger (1976) Werte, die eine ganze Stufe niedriger lagen, als die der sprachlich gewandten College-Männer (Vaillant & McCullough, 1987). Es gibt jedoch keine Beweise dafür, dass sprachliche Gewandtheit reife Ich-Entwicklung spiegelt.

Es muss eingeräumt werden, dass es bei der College-Stichprobe – ursprünglich ausgewählt wegen ihrer mentalen Gesundheit – etwas besser aussah (nur 11 % benutzten überwiegend unreife Abwehrmechanismen); und bei den Innenstadt-Männern – absichtlich ausgewählt wegen der Vergleichbarkeit ihrer sozialen Benachteiligung mit der von Delinquenten – ergaben sich etwas schlechtere Ergebnisse (25 % benutzten überwiegend unreife Abwehrmechanismen). Aber wenn man die sehr großen Unterschiede in Intelligenz, Sozialstatus und Ausbildung zwischen den beiden Stichproben in Betracht zieht, werden diese Unterschiede im Reifegrad der Abwehrstile belanglos und sind leicht erklärbar durch den ursprünglichen signifikanten Selektionsbias. Ein weniger verzerrtes Bild vom Effekt des vorherrschenden Abwehrstiles bekommt man durch Vergleich innerhalb der Gruppen – indem man die Mitglieder jeder einzelnen Gruppe miteinander vergleicht (vgl. Tabelle 6). So kann man den anfänglichen Selektionsbias umgehen. Tabelle 6 untersucht die Effekte von sozialer Schicht, Intelligenzquotient und Ausbildung auf Unterschiede im Reifeniveau der Abwehr innerhalb der Gruppen. Die Beziehungen sind nicht signifikant.

Tabelle 6: Beziehungen zwischen Reifeniveau der Abwehr und biopsychosozialem Verhalten

	Terman-Frauen (n = 37)	College-Männer (n = 186)	Core City-Männer (n = 277[a])
Schichtzugehörigkeit der Eltern	-.07	.04	-.02
IQ	.18	-.05	.10
Ausbildung (in Jahren)	.09	n. v.	.17
Enge Beziehung zum Vater	.24	.23*	.01
Gute Umfeldbedingungen in der Kindheit	.39*	.36*	.10
Enge Beziehung zur Mutter	.22	.18*	.04

n.v.: Variable nicht verfügbar
* $p < .01$
[a] 30 Männer mit IQ <80 ausgeschlossen

Viele Menschen denken, dass Frauen andere Abwehrstile benutzen als Männer, und dass reiche Leute anders auf Stress reagieren als arme, aber solches Wissen basiert auf Intuition und nicht auf konkreten Daten. Gab es wirklich einige individuelle Abwehrstile, die von den Terman-Frauen stärker bevorzugt wurden als von den College-Männern? In Tabelle 7 wurde eine Rangreihe bezüglich der Häufigkeit erstellt, mit der die einzelnen Abwehrmechanismen als vorherrschender Anpassungsstil von den Mitgliedern der drei Kohorten benutzt wurden. Es zeigte sich, dass die Unterschiede in der Wahl der Abwehrmechanismen überraschend gering waren. Relevante Unterschiede in der Rangordnung sind in der Tabelle unterstrichen, um es dem Leser leichter zu machen, dem Text zu folgen, aber unterstrichene Werte sind nicht gleichzusetzen mit signifikanten Werten. Alle Abwehrmechanismen, die von mehr als 10 % der Probanden in irgendeiner Kohorte als Hauptabwehrmechanismus benutzt wurden, sind aufgeführt. Die Tabelle lässt annehmen, dass, relativ gesehen, mehr Männer der Innenstadt-Stichprobe Verschiebung und Projektion als Hauptabwehrmechanismen benutzten, wohingegen Sublimierung häufiger bei den beiden Gruppen mit besserer Ausbildung vorkam. Aber Verschiebung geht über in Sublimierung. Aus diesem Grund kann die Wahrnehmung einer weniger gefälligen, weniger »reifen« Impulskontrolle durch den Rater entweder real sein oder aber ein Artefakt, das auf die schlechtere Ausbildung des Probanden und einen Bias des Raters zurückzuführen ist. Von größerem Interesse ist vielleicht, dass die beiden Abwehrmechanismen, von denen manchmal angenommen wird, dass sie bei Frauen häufiger sind, etwas häufiger bei den College-Männern vorkamen.

Wenn Geschlecht und Schichtzugehörigkeit bei der Ausbildung des Reifegrades von Abwehr nicht von Bedeutung sind, wie ist es mit dem Einfluss von Kultur? Aufgrund der subtilen Nuancen bei Spracheigentümlichkeiten und den Schwierigkeiten beim genauen Zuordnen (matching) von Stichproben, ist es sehr schwierig, gültige Schlussfolgerungen zu ziehen, was Unterschiede in Abwehrstilen in verschiedenen Ländern angeht. Glücklicherweise bot die Innenstadt-Stichprobe eine Möglichkeit, diese Schwierigkeit zu umgehen. 61 Prozent der Innenstadt Männer hatten Eltern, die in einem anderen Land geboren worden waren, trotzdem hatten alle Probanden Schulen in Boston besucht, sprachen fließend Englisch und waren auf die gleiche Art und Weise ausgewählt und untersucht worden. Damit war es möglich, Volkszugehörigkeit und Kultur zu variieren bei Konstanthaltung anderer demographischer und sprachlicher Variablen.

Tabelle 7: Relative Häufigkeit, mit der spezifische Abwhrmechanismen als Hauptabwehrmechanismus benutzt werden

	CORE CITY Männer N = 203		TERMAN Frauen N = 40		COLLEGE Stichprobe N = 188	
	Rangordnung	Prozent	Rangordnung	Prozent	Rangordnung	Prozent
Isolierung	1	52	2	38	1	46
Verschiebung	2	47	6	13	4	18
Unterdrückung	3	34	1	43	1	46
Verdrängung	4	16	11	5	5	17
Dissoziation	5	15	6	13	6	13
Altruismus	6	12	3	33	6	13
Reaktionsbildung	7	10	5	20	9	11
Passive Aggression	8	10	8	10	3	23
Projektion	9	9	14	3	13	2
Sublimierung	10	7	4	30	6	13

Tabelle 8: Einfluss von Ethnizität auf den Gebrauch ausgewählter Abwehrmechanismen bei den CORE CITY Männern (prozentualer Anteil der als Hauptabwehrstil benutzten Mechanismen)

	Abstammung ITALIEN N=74	Abstammung WASP* N=100
Reife Abwehrmechanismen		
Unterdrückung	25%	30%
Altruismus	10%	12%
Sublimierung	6%	6%
Antizipation	4%	5%
Humor	6%	11%
Intermediäre Abwehrmechanismen		
Reaktionsbildung	8%	14%
Isolierung	50%	45%
Verdrängung	16%	20%
Verschiebung	37%	50%
Unreife Abwehrmechanismen		
Dissoziation	16%	39%
Projektion	12%	12%
Passive Aggression	19%	18%
Fantasie	3%	4%
Ausagieren	4%	5%

* WASP = white Anglo-Saxon Protestants (weiße angelsächsische Protestanten)

In einigen Aspekten des Erwachsenenlebens hatten ethnische Unterschiede bei den Eltern der Innenstadt-Männer schwerwiegende Effekte. Zum Beispiel hatten Männer englischer oder irischer Abstammung fünf mal höhere Werte für Alkoholkonsum als Männer italienischer Abstammung (Vaillant, 1995). Tabelle 8 stellt die Abwehrstile von 74 Männern, deren Eltern in Italien geboren waren, den 100 Innenstadt-Männern gegenüber, deren Eltern englischer Abstammung waren. Die Ähnlichkeiten waren bemerkenswert. Genau wie beim Geschlecht, sind die Unterschiede in Abwehrstilen, die wir intuitiv auf kulturelle Einflüsse zurückführen, mehr scheinbar als real vorhanden. Es ist unstritten, dass die Frage der ethnischen Unterschiede in Abwehrstilen zusätzliche Forschungsarbeit erfordert. Trotzdem haben verbesserte Methoden im Bereich der Persönlichkeitsforschung Kulturanthropologen zu ähnlichen Schlussfolgerungen kommen lassen wie die, die sich aus Tabelle 8 ableiten; mit angemessener Kontrolle von Beobachterbias und Unempfindlichkeiten des Tests für kulturelle Unterschiede scheinen Persönlichkeitsunterschiede relativ unabhängig zu sein von der Volkszugehörigkeit (Levine, 1973; Kleinmann, 1986).

Um die Ergebnisse dieses Beitrags zusammenzufassen: Das Niveau von Abwehrmechanismen kann reliabel beurteilt werden. Der Reifegrad von Abwehrmechanismen liefert uns eine valide Messeinheit für mentale Gesundheit. Die Reife von Abwehrmechanismen scheint unabhängig zu sein von sozialer Schichtzugehörigkeit. Kurz gesagt, Abwehrmechanismen sind nicht nur eine weitere These in der Religion des Psychoanalytikers. Das Studium von Abwehrmechanismen des Ichs ist ein vielversprechendes Feld in der klinischen Entwicklungspsychologie.

Literatur

DSM-IV, Diagnostic and Statistical Manual of Mental Disorders, 4th Edition: (1994). Washington, DC: American Psychiatric Association. Dt: Diagnostisches und statistisches Manual psychischer Störungen: (1996).

Freud, A.: (1936) The Ego and the Mechanisms of Defense. London: Hogarth. Dt: Das Ich und die Abwehrmechanismen (1964).

Freud, S.: (1894) The neuro-psychoses of defense. In: The Standard Edition of the Complete Psychological Works of Sigmund Freud. London: Hogarth Press (1964) 3: 45–61. Dt: Die Abwehrneuropsychosen. G.W.1.

Glueck, S./Glueck, E.: (1950) Unraveling Juvenile Delinquency. New York: Commonwealth Foundation.

Glueck, S./Glueck, E.: (1968) Delinquents and Non-Delinquents in Perspective. Cambridge, MA: Harvard University Press.

Hartmann, H.: (1958) Ego Psychology and the Problem of Adaptation. New York: International Universities Press, Vol. 43.

Heath, C.: (1945) What People Are. Cambridge, MA: Harvard University Press, Vol. 4.

Hollingshead, A.B./Redlich, F.C.: (1958) Social Class and Mental Illness. New York: John Wiley & Sons,.

Kleinman, A.: (1986) Social Origins of Distress and Disease. New Haven: Yale University Press.

Levine, R.A.: (1973) Culture, Behavior and Personality. Chicago: Aldine Publishing Company.

Loevinger, J.: (1976) Ego Development. San Francisco: Jossey-Bass.

Terman, L.M.: (1925) Mental and Physical Traits of a Thousand Gifted Children. In: Genetic Studies of Genius. Stanford: Stanford University Press, Vol. 1.

Terman, M.D./Oden, M.H.: (1959) The Gifted Group at Midlife. In: Genetic Studies of Genius. Stanford: Stanford University Press, Vol. 5.

Vaillant, G.E.: (1971) Theoretical Hierarchy of Adaptive Ego Mechanisms. Archives of General Psychiatry 24: 107–118.

Vaillant, G.E.: (1977) Adaptation to Life. Boston, MA: Little Brown. Dt.: Werdegänge. Hamburg: Rowholt, 1980.

Vaillant, G.E.: (1992) Ego Mechanisms of Defense. Washington: American Psychiatric Press.
Vaillant, G.E.: (1993) Wisdom of the ego. Cambridge, MA: Harvard University Press.
Vaillant, G.E.: (1995) Natural History of Alcoholism Revisited. Cambridge, MA: Harvard University Press.
Vaillant, G.E./Bond, M./Vaillant C.O.: (1986) An Empirically Validated Hierarchy of Defense Mechanisms. Archives of General Psychiatry 43: 786–794.
Vaillant, G.E./McCullough, L.: (1987) »A Comparison of the Washington University Sentence Completion Test (SCT) with Other Measures of Adult Ego Development.« American Journal of Psychiatry 144: 1189–1194.
Vaillant, G.E./Vaillant C.O.: (1990) Natural History of Male Psychological Health, XII: A Forty-Five Year Study of Successful Aging at Age 65. American Journal of Psychiatry 147: 31–37.

Die dynamische Entwicklung sozio-emotionaler Rollen und ihre Verzerrungen in Familien: Der Ödipuskonflikt

Kurt W. Fischer und Malcolm W. Watson

Kinder leben in Familien, wachsen in Familien heran und sind von Geburt an Teil der sozio-emotionalen Beziehungen und Rollen, die das Familienleben organisieren. Wenn sie sich inmitten dieses Netzwerks von Rollen-Beziehungen entwickeln, durchlaufen sie eine Sequenz von Fähigkeitsniveaus, auf denen sie auf jeweils unterschiedliche Weise Teil dieser Beziehungen sind, diese verstehen und emotional darauf reagieren, wozu auch das Definieren ihrer eigenen Rollen gehört. Die Analyse dieser sich entwickelnden Fähigkeiten Familienbeziehungen zu verstehen, erhellt nicht nur, zu welchen Verhaltensweisen diese Kinder fähig sind, sondern auch, wie sie Interaktionen und Emotionen in ihren Familien mitgestalten und verzerren. Die Neuorganisation ihrer Fähigkeiten auf jedem neuen Entwicklungsniveau führt nicht nur zu charakteristischen Formen von Verständnis, sondern auch zu charakteristischen Fehlern und Verzerrungen. Für die klinische Arbeit mit Kindern und Familien ist die Bewertung dieser Fehler und Verzerrungen genauso wichtig wie die Einschätzung der positiven Aspekte der sich entwickelnden Fähigkeiten der Kinder (Fischer, Hand, Watson, Van Parys & Tucker, 1984; Harter, 1986; Noam, 1998; Wolff, 1967).

Die vielleicht am besten bekannte Entwicklungsverzerrung in den sozio-emotionalen Beziehungen der frühen Kindheit ist das, was Sigmund Freud (1909/1955; 1933/1965) als den Ödipuskonflikt beschrieben hat. »Mami, ich will Dich heiraten« ist eine dringende Bitte, die üblicherweise von Jungen im Vorschulalter an ihre Mütter oder an andere weibliche Bezugspersonen gerichtet wird. Mädchen äußern ähnliche Wünsche: »Papi, küss mich hundert mal öfter als Du die Mami küsst.« Freud zufolge möchten kleine Kinder üblicherweise ihren gleichgeschlechtlichen Elternteil in der Zuneigung ihres gegengeschlechtlichen Elternteils ersetzen, was sich in diesen Sätzen widerspiegelt. Derartige Wünsche von Kindern lösen in der Familie einen emotionalen Konflikt aus, der dem vom Mord des König Ödipus an seinem Vater und der Heirat mit seiner Mutter in Sophokles' Drama »Ödipus Rex« vergleichbar ist. Der Ödipuskonflikt ist ein Herzstück der psychoanalytischen Theorie und Praxis, aber es gibt erstaunlich wenig Forschung zur Natur des Konflikts und seiner Entstehung. Einige wenige Anthropologen haben Beobachtungen zum Ödipuskonflikt und damit verwandten Problemen in anderen Kulturen beschrieben (zum Beispiel Edmunds & Dundes, 1995; Levi-Strauss, 1969/1965; Spiro, 1993), aber es gibt kaum entwicklungspsychologische oder klinische Forschung, die geprüft hat, wie sich der Ödipuskonflikt entwickelt, wie er Familienkonflikte beeinflusst oder welche Bedeutung ihm in einer Psychotherapie zukommt (Watson & Getz, 1991).

In diesem Kapitel wird der Ödipuskonflikt unter dem Blickwinkel der dynamischen Entwicklung von Fähigkeiten betrachtet. Zudem werden Forschungsarbeiten vorgestellt, die die Entwicklung des Ödipuskonflikts sowie die damit zusammenhängenden Konflikte und Verzerrungen beschreiben. Das *Modell der dynamischen Entwicklung von Fähigkeiten* spezifiziert, wie Kognitionen, Emotionen und soziale Interaktionen bei Kindern zusammenwirken und nicht als separate, voneinander getrennte Schubladen zu betrachten sind. Entstehung und Niedergang ödipaler Aktivitäten begründen sich nicht auf Kastrationsangst und ähnlichen gewalttätigen Fantasien, die Freud kleinen Kindern zuschrieb, sondern darauf, dass sie schrittweise ein Verständnis für Familienrollen entwickeln. Die ödipalen Verhaltensweisen, die Freud bei kleinen Kindern beobachtete, entwickeln sich aus den sich langsam aufbauenden sozio-emotionalen Fähigkeiten zu Beziehungen in der Familie, die beides, Verständnis und Verzerrung, mit sich bringen. Diese Umstrukturierung des Ödipuskonflikts erklärt, wie ödipale Verzerrungen ganz natürlich aus den sich entwickelnden Fähigkeiten zu Familienbeziehungen entstehen, und sich auch ganz natürlich wieder auflösen, wenn diese Fähigkeiten sich weiter entwickeln und damit einhergehende Veränderungen in Moral und Identität bewirken. Darüber hinaus erklärt sie Variationen des Ödipuskonflikts und damit verwandten emotionalen Konflikten über Familien und Kulturen hinweg.

Der Ödipuskonflikt ist nur einer von einer Reihe emotionaler Konflikte, die durch die sich entwickelnden Fähigkeiten der Kinder zu sozio-emotionalen Beziehungen entstehen. Jeder einzelne dieser Konflikte leitet sich aus den Vorurteilen und Verzerrungen ab, die für ein bestimmtes Niveau der Fähigkeitsentwicklung im Zusammenhang mit besonderen familiären und kulturellen Kontexten charakteristisch sind. Jede »Verzerrung« führt zu einer Überzeichnung der real vorhandenen Merkmale der sozio-emotionalen Beziehungen in einer Familie. Das *Modell der dynamischen Entwicklung* von Fähigkeiten liefert uns ein breites Spektrum an Hilfsmitteln zur Einschätzung der Entwicklung von Verständnisniveaus und von Verzerrungen wie auch zur Planung von Interventionen und rückt den Ödipuskonflikt und andere emotionale Konflikte damit unabänderlich aus dem Reich des Mythos in das Reich wissenschaftlicher und klinischer Praxis.

Familienbeziehungen und Freuds ödipales Szenario

Kinder werden in ein komplexes Netzwerk von sozialen Beziehungen hineingeboren, mit dem sie umgehen lernen müssen und das sie verstehen lernen müssen (Bronfenbrenner, 1993; Noam & Fischer, 1996). In seiner Analyse des Ödipuskonflikts vernachlässigte Freud (1909/1955; 1933/1965) eigenartigerweise die sich entwickelnden Fähigkeiten des Kindes, mit diesem Netzwerk von Beziehungen umgehen zu können, und übersah so die Hauptursache für die Entwicklung und Auflösung des ödipalen Verhaltens, das er richtig beschrieben hat (Fischer & Watson, 1981; Westen, 1989). Weil Freud von der europäischen Kernfamilie mit Mutter, Vater und Kindern ausging, zeigt Abbildung 1 das Netzwerk von Familienbeziehungen in dieser Kernfamilie. Selbstverständlich gehen wichtige Familienbeziehungen weit über dieses Diagramm hinaus und schließen Großeltern, Paten, Halbgeschwister, Cousins und Cousinen und so weiter ein.

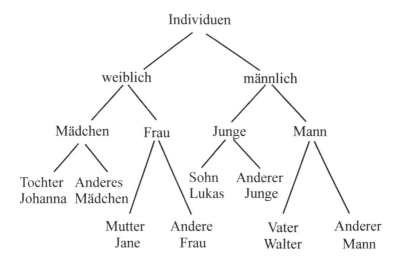

Abbildung 1: Hierarchie sozialer Rollen in einer Kernfamilie

Trotzdem vermittelt Abbildung 1 ein klares Bild von den Herausforderungen, mit denen Kinder konfrontiert sind, wenn sie nur diese Kernbeziehungen überschauen lernen müssen. Um ihre eigenen Rollen und die ihrer Eltern zu verstehen, müssen die Kinder Johanna und Lukas die Gegensätze weiblich versus männlich, Kind versus Erwachsener und Familienmitglied versus andere Person verstehen können. Allein mit diesen drei Dimensionen von Rollenbeziehungen ergibt sich eine anspruchsvolle Komplexität; aber für ein vollständiges Verständnis von Familienrollen reichen diese Dimensionen bei weitem nicht aus. Eine weitere Unterscheidung ist für den Ödipuskonflikt ebenso zentral: Elternteil versus Ehegatte. Eine Mutter ist gewöhnlich auch Ehefrau, aber die Rollen sind trotz der aus der Sicht eines Kindes weit reichenden Überlappungen voneinander verschieden. Ein Vater ist gewöhnlich ein Ehemann mit ähnlichen Unterschieden und Überschneidungen in seiner Rolle. Die Mutter eines Jungen ist sein Elternteil und kann nicht seine Ehefrau sein. Der Vater eines Mädchens ist ihr Elternteil und kann nicht ihr Ehemann sein. Kinder müssen diesen Unterschied verstehen, um die Natur der Vater-Mann und Mutter-Frau Konstellation in der Familie begreifen zu können, und um zu sehen, wie sie selbst in dieses Bild passen. Die Unterscheidung ist nicht nur für den Ödipuskonflikt zentral, sondern auch für andere Familienangelegenheiten wie zum Beispiel eine Scheidung, wobei Kinder ihre Eltern behalten können, obwohl diese Eltern ihre Ehegatten verlieren (Watson & Fischer, 1993).

Auch Freud erkannte die Komplexität der Rollen z. T. an, auch die sozio-emotionalen Verzerrungen, die daraus bei kleinen Kindern entstehen. Er beschrieb ein Szenario, in dem sozio-emotionale Verzerrungen sich nicht nur entwickeln und letztendlich auflösen, sondern in dem sie bei der Entwicklung der Kinder zu reifen, verantwortungsbewussten Erwachsenen auch eine zentrale Rolle spielen. Hier die Quintessenz der Freudschen Ödipusgeschichte:

Mit vier oder fünf Jahren wird ein Junge höchst eifersüchtig auf die Beziehung, die sein Vater zu seiner Mutter hat, und er möchte all ihre Zuneigung für sich allein haben. Er ist eifersüchtig und grollt seinem Vater, und er denkt darüber nach, wie er ihn loswerden oder verletzen könnte. Gleichzeitig, so Freud, liebt der Junge seinen Vater und bekommt Angst bei dem Gedanken, dass sein Vater sterben oder ihn verlassen könnte. Er hat auch Angst, dass sein Vater von seinen aggressiven Gedanken weiß. Der Vater erscheint so unendlich groß und gefährlich, und der Junge entwickelt große Angst davor, wie dieser mächtige Mann ihn bestrafen könnte.

Mädchen zeigen ein ähnliches Verhaltensmuster, das Freud den Elektrakonflikt nannte. Ein Mädchen wird eifersüchtig auf seine Mutter und feindselig ihr gegenüber, sie möchte die Zuneigung des Vaters für sich allein. Zur gleichen Zeit liebt das Mädchen seine Mutter und hat Angst, sie zu verlieren oder von ihr für ihre feindseligen Gedanken bestraft zu werden. Zur Kastrationsangst und Identifizierung bei Mädchen stellte Freud verschiedene Behauptungen auf, die sehr problematisch sind. Für die vorliegende Arbeit können diese problematischen Behauptungen aus der Elektrageschichte vernachlässigt werden, was dann grundsätzlich zu einem vergleichbaren Szenario bei Mädchen und Jungen führt.

Selbstverständlich schafft all diese Eifersucht und Feindseligkeit emotionale Probleme in der Familie. Freud sagt, dass Kinder ihre Probleme lösen, weil sie Angst haben vor dem Schaden, den sie als Folge ihrer Eifersucht und Feindseligkeit nehmen könnten. Sie verzichten auf ihre inzestuösen Wünsche, geben die eheähnliche Beziehung mit dem gegengeschlechtlichen Elternteil auf und identifizieren sich mit dem gleichgeschlechtlichen Elternteil. Diese Identifizierung wird zum Fundament für die weitere sozio-emotionale Entwicklung, in deren Verlauf das Kind eine Kopie des gleichgeschlechtlichen Elternteils verinnerlicht und auf diese Weise ein Gewissen, Selbstideale und eine Geschlechtsidentität ausbildet.

In Freuds Szenario spielen die Fähigkeiten von Kindern zu Rollenbeziehungen in der Familie keine bzw. nur eine untergeordnete Rolle. Weiterhin gibt es ein größeres Problem hinsichtlich der Argumente bezüglich der Auflösung des Ödipuskonflikts. Geben Kinder den Konflikt hauptsächlich deshalb auf, weil sie Angst vor Bestrafung haben, oder weil sie nach und nach mehr über Rollenbeziehungen in der Familie verstehen? Sind so wichtige Entwicklungsschritte wie der Erwerb von Geschlechtsidentität, Gewissen und Selbst-Idealen wirklich abhängig von dem Auftreten und der Auflösung des Ödipuskonflikts? Damit stellt sich die Frage, ob es Kindern, die etwas anderes als den Freudschen Standard-Ödipuskonflikt erleben, gelingt, eine normale Moral und Identität zu entwickeln?

In anderen Kulturen haben Familien oft grundlegend andere Strukturen als die prototypische westliche Kernfamilie. Häufig werden Kinder in einem erweiterten Familienverband von vielen Verwandten erzogen oder in anderen Formen der Kernfamilie, die sich auf eine Großmutter oder einen Onkel mütterlicherseits konzentrieren (Barnett, Manly & Cicchetti, 1993; Benedict, 1934; Eggan, 1943; Parsons, 1969). Familien in Teilen Indiens haben gewöhnlich Großmütter, die ihre Enkel aufziehen. Selbst in europäischen und asiatischen Familien gibt es Variationen, die die ödipale Situation verändern: ein Kind, das in eine Familie mit vielen älteren Geschwistern hineingeboren wird, wird oft mehr von Schwestern und Brüdern erzogen als von den Eltern. Reiche Familien haben häufig eine Kinderfrau oder ein Aupairmädchen, das die Hauptverantwortung für die Erziehung der Kinder hat. In diesen und ähnlichen Situationen scheinen Kinder ihre Zuneigung und ihr sexuelles Verhalten auf die ihnen am nächsten stehenden Bezugspersonen des anderen Geschlechts zu richten. Trotzdem zeigen die Befunde, dass Menschen, die in solch unterschiedlichen Familienkonstellationen aufwachsen, dennoch ein Gewissen, Selbst-Ideale und eine angemessene Geschlechtsidentität entwickeln.

Das *Modell der dynamischen Entwicklung von Fähigkeiten* der sich entwickelnden Stufen sozio-emotionaler Beziehungen in den Familien löst diese verschiedenen Probleme auf direkte Weise und sagt bei unterschiedlichen Konstellationen von Familienrollen Variationen in den Entwicklungsverläufen voraus. Es ist »das sich entwickelnde Verständnis (der Kinder) für die sozialen Beziehungen in (ihren Familien), das den Ödipuskonflikt zunächst entstehen lässt und ihn dann auflöst« (Fischer & Watson, 1981, S. 81).

Entwicklungsstufen und Verständnis für Rollen-Beziehungen in Familien: Fähigkeiten und Verzerrungen

Da Kinder aktiv an den sozialen Beziehungen in ihrem familiären Netzwerk teilnehmen und ihre Rollen-Beziehungen konstruieren, ergeben sich wichtige emotionale Implikationen. In Abhängigkeit vom Entwicklungsniveau des Kindes, spielt die je aktuelle Bedeutungsgebung die entscheidende Rolle. Während der Kindheit konstruieren sie systematisch eine Abfolge von drei Niveaus sozio-emotionaler Rollen-Beziehungen, und auf jedem Niveau kommt es zu neuen Formen von Verständnis und zu neuen Verzerrungen. Diese Repräsentationsniveaus (im folgenden als »Rp« bezeichnet) sind eine Untergruppe einer Abfolge von dreizehn Fähigkeitsniveaus, die sich von Reflexen zu Handlungen, zu Repräsentanzen und schließlich zu Abstraktionen und allgemeinen Prinzipien in Adoleszenz und Erwachsenenalter entwickeln. Jedes Niveau wird durch ein Cluster von Unregelmäßigkeiten (plötzliche Sprünge, Abfälle und Neuorganisationen) in Wachstumsfunktionen deutlich (Fischer, 1980; Fischer & Rose, 1994). Die Fähigkeiten verbinden Handlungen, Gedanken und Gefühle eng miteinander, so dass die sich verändernden Niveaus nicht durch kühles, logisches, analytisches Denken entstehen, sondern durch »heißes Denken[1]«, das auf den Aktivitäten des Kindes in seiner eigenen Welt gründet (Barrett & Campos, 1987; Fischer, Shaver & Carnochan, 1990; Wolff, 1967). Ein generelles Entwicklungsprinzip ist, dass Veränderungen von emotionalen Vorurteilen durchgehend im Zusammenhang mit neu entstehenden Fähigkeitsniveaus auftreten, aber die Forschung hat gerade erst damit begonnen, diese zu beschreiben und zu katalogisieren (Fischer et al., 1990).

Entstehung und Auflösung des Ödipuskonflikts ergeben sich aus den sich entwickelnden Fähigkeiten der Kinder zu sozio-emotionalen Rollen-Beziehungen in der Familie. Zweijährige konstruieren einfache Repräsentanzen einzelner Objekte auf Niveau Rp1 für soziale Kategorien, die die Bühne für den Ödipuskonflikt bereiten, auch wenn die Kinder diesen noch nicht in voller Ausprägung zeigen. Im Alter von vier Jahren wachsen Kinder über einzelne Kategorien hinaus und bilden repräsentationale Vorstellungen für soziale Rollen auf Niveau Rp2. Sie konstruieren echte soziale Beziehungen wie Mann-Frau und erkennen so, dass sie einer speziellen ehelichen Beziehung mit einem gegengeschlechtlichen Partner entsprechen. Sie glauben fälschlicherweise, dass sie ihren Vater oder ihre Mutter in dieser Beziehung ersetzen können. Schließlich können Kinder den Ödipuskonflikt auflösen, wenn sie repräsentationale Systeme für Rollenüberschneidungen auf Niveau Rp3 konstruieren, die etwas von der in Abbildung 1 gezeigten Komplexität von Rollenbeziehungen in Familien einfangen, und dadurch die Verwirrungen, die den Ödipuskonflikt hervorbringen, entwirren.

Einzelne behaviorale Kategorien (Niveau Rp1): Bühne frei für den Ödipuskonflikt!

Handlungsfantasien und Akteure bevölkern den Kopf. Freud stellte diese Behauptung auf, und sie wird durch die Forschung mit Kindern stark gestützt, obwohl die Natur der Akteure anders ist als in Freuds Vorstellung. Ab dem Alter von 18 Monaten an konstruieren Kinder einzelne Repräsentanzen (Niveau Rp1) von Personen, Tieren und physischen Objekten als aktiv Handelnde (Urheber von Handlungen), und diese Akteure leben tatsächlich in den Köpfen der Kinder und bringen sie dazu, über Dinge und Ereignisse nachzudenken, die sie in der realen Welt zu diesem Zeitpunkt nicht erleben. Anfänglich verkörpert ein Akteur eine einzelne Handlung oder ein einzelnes Merkmal, und mit der Zeit erweitern die

---

1 Im Orignial »hot cognition«

Kinder diese zu einer ganzen Gruppierung von Handlungen und Merkmalen (Watson, 1984; Watson & Fischer, 1977; Wolff, 1982, Noam, 1999). Im Alter von drei Jahren und später ist der Kopf eines Kindes voll mit vielen verschiedenen Akteuren, von denen jeder durch typische Handlungen, Merkmale und Emotionen charakterisiert ist. Zu den gemeinhin repräsentierten Kategorien gehören ICH_{KIND}, DU_{MUTTER}, ICH_{NETT}, $DU_{BÖSE}$, und im Symbolspiel oder in der Symbolsprache eine ganze Schar von weiteren Akteuren wie zum Beispiel $ES_{MONSTER}$, ICH_{VATER} und DU_{TOT}.[2]

Mit Kategorien wie $ES_{MONSTER}$, $DU_{BÖSE}$, $VATER_{ÄRGERLICH}$ und DU_{TOT} machen Kinder sich selber Angst und denken häufig an Monster und andere furchterregende Dinge. Sie gehen über die Monster aus Büchern, Geschichten und Fernsehen hinaus und erfinden sich selbst neue und bessere Monster, wie zum Beispiel grimmige Dinosaurier im Garten oder abscheuliche Monster im Dunkeln. Fundamentale Komponenten dieser Akteure sind somit emotionale Reaktionen, und die Emotionen können in Begriffen von Verhaltensskripten beschrieben werden, die Antezedentien, Reaktionen und Kontrollprozesse spezifizieren (Frijda, 1986; Lazarus, 1991; Shaver, Schwartz, Kirson & O'Connor, 1987). Im Allgemeinen folgen Emotionen prototypischen Verhaltensskripten, die in den fundamentalen Kategorien über Kulturen hinweg ähnlich sind (Eibl-Eibesfeldt, 1989; Ekman, Friesen, O'Sullivan, Chan, Diacoyanni-Tarlatis, Heider et al., 1987; Wallbott & Scherer, 1995), in wichtigen Aspekten aber auch mit Kultur und Familie variieren (Fischer et al., 1990). Tabelle 1 a und 1 b zeigen prototypische Skripten für zwei der wichtigsten Grundemotionen im Ödipuskonflikt: Liebe und Ärger. Diese emotionale Komponente von Akteuren ist wichtig für die Bereitung der Bühne für den Ödipuskonflikt.

Tabelle 1a: Prototypisches Skript für Liebe und Bindung bei Kindern

Antezedentien:
Attraktivität der anderen Person, Befriedigung der eigenen Bedürfnisse, gute Kommunikation, Sharing
- Das Kind erlebt die Person als anziehend und attraktiv.
- Das Kind glaubt, dass die Person viele ihrer Bedürfnisse befriedigen kann.
- Die beiden kommunizieren gut miteinander, verbringen viel Zeit miteinander und machen viele gemeinsame Erfahrungen.

Reaktionen:
Suche nach Nähe, sich froh und sicher fühlen, über die andere Person nachdenken
- Das Kind sucht die Nähe der Person, besonders wenn es verzweifelt und unsicher ist.

---

2 Fähigkeiten zur Abbildung einzelner Repräsentanzen sind auf der unteren Ebene zu finden, der Akteur auf der oberen Ebene. Eine umfassende Erklärung der Notation findet sich in verschiedenen Quellen (Fischer, 1980; Fischer & Bidell, 1998; Fischer & Farrar, 1987).

- Mit der Person lächelt und lacht das Kind, bringt positive Gefühle und Liebe zum Ausdruck.
- In Gegenwart der Person ist das Kind »sicher« und erforscht sein Umfeld, wenn dieses nicht bedrohlich wirkt.

Selbst-Kontrolle: kein wichtiges Thema
- Bei Erwachsenen kann Liebe, wenn sie unangemessen erscheint, verdrängt werden, aber diese Art von Verdrängung entwickelt sich im Laufe der Kindheit erst langsam.

(Nach Fischer und Bidell (1998) und Bowlby (1969))

Tabelle 1b: Prototypisches Skript für Ärger bei Kindern

Antezedentien:
Unrechtmäßige Trennung, Verletzung oder Schaden, Störung zielgerichteten Handelns
- Irgend etwas oder irgend jemand hindert oder stört die Freiheit des Kindes, sich zu bewegen oder seine Ziele zu verfolgen, verursacht ihm Unbehagen; irgend etwas oder irgend jemand verletzt die Wünsche oder Erwartungen des Kindes oder tut ihm weh oder verletzt es.
- Das Kind nimmt diese Einmischung als unrechtmäßig wahr, als etwas, das nicht geschehen sollte.

Reaktionen: Starker Protest, Widerstand
- Das Kind wird tatkräftig und organisiert sein Verhalten, um gegen die Behinderung, den Schmerz oder die Verletzung zu protestieren, oder sich zu widersetzen.
- Das Kind sieht ärgerlich aus und hört sich auch so an (z.B. rotes Gesicht, zusammengezogene Brauen, Stimme erhoben und schrill), es kann sich winden, sich abwenden, Widerstand leisten oder zuschlagen.
- Das Kind konzentriert sich auf die Ärger auslösende Situation und will sich nicht leicht beruhigen oder ablenken lassen, so lange die Störung, der Schmerz oder die Verletzung andauern.

Selbstkontrolle: Hemmung
- Das Kind kann versuchen, seinen Ärger zu unterdrücken, oder die Situation, die den Ärger ausgelöst hat, zu verleugnen oder aus der Welt zu schaffen.

(Nach Fischer, Shaver und Carmochan (1990) und Campos et al. (1983))

Sehr früh im Vorschulalter zeigen Kinder typischerweise defensive Verzerrungen, die auf ihrem sich entwickelnden (Miss-)Verständnis für soziale Rollen in ihrer Familie und ihrer sozialen Gruppe basieren, und die in verschiedenen Kontexten durch die Repräsentanzen, die sie von sich selbst haben, deutlich werden. Im Alter von 18 bis 24 Monaten zeigen Kinder schon Geschicklichkeit im Ausagieren der behavioralen Kategorie »Baby« im Symbolspiel, ICH_{BABY}, sogar bevor sie die Kategorie von Mutter, ICH_{MUTTER} erwerben (Pipp, Fischer & Jennings, 1987). Aber ein Jahr später scheint es, als ob viele Kinder die Kategorie Baby wieder verlieren, zum gleichen Zeitpunkt, zu dem sie viele andere einfache Rollen konstruiert haben, darunter auch Mutter, Kind, nett, böse, Doktor und Patient (Fischer

& Ayoub, 1994; Watson, 1984). Ihre emotionale Reaktion (»ich bin kein Baby«) gerät in Widerstreit mit ihrem Gebrauch der Kategorie Baby.

Emotionale Verzerrungen von Selbst-Repräsentanzen werden auch sichtbar, wenn Kinder schon früh andere wichtige soziale Kategorien, wie Rasse und Alter, anwenden. Viele drei Jahre alte afro-amerikanische Kinder, vor allem Jungen, klassifizieren sich falsch als weiß, ICH_{WEISS}, obwohl sie andere Menschen richtig als schwarz oder weiß einordnen, $DU_{SCHWARZ}$ oder DU_{WEISS}. Diese Verzerrung rührt allem Anschein nach von der in Amerika gesellschaftlich vorgegebenen Auffassung »weiß besser als schwarz« her, wobei sich Kinder ganz natürlich in die gute Kategorie einordnen (Clark & Clark, 1939; Clark & Clark, 1958; Fischer, Rotenberg, Bullock & Raya, 1993b; Spencer, Brookins & Allen, 1985). Ebenfalls im Alter von drei Jahren ordnen sich Jungen falsch als groß ein, ICH_{GROSS}, während sie andere Kinder gleichen Alters als klein, DU_{KLEIN} (Edwards, 1984) einordnen. Sie rechnen sich zu den älteren, größeren Kindern und zeigen so ihren Wunsch, erwachsen zu sein.

Diese Verzerrungen vermischen sich mit dem entstehenden Ödipuskonflikt und spiegeln die bei Kindern üblicherweise vorhandenen Wünsche, sich in positiven Begriffen zu sehen, und die Rollen von Erwachsenen oder älteren Kindern zu übernehmen. In der Tat spiegeln frühe emotionale Verzerrungen von Selbst-Repräsentanzen einen grundsätzlich positiven Bias, der ein frühes Beispiel für einen fundamentalen Attributionsfehler ist, der sich wie ein roter Faden durch menschliche Aktivitäten hindurch zieht (Feather, 1969; Greenwald, 1980; Harter, 1999; Tesser & Martin, 1996). Der positive Bias ist besonders stark bei kleinen Kindern, die sich auffällig oft als gut und mächtig (in Kontrolle) darzustellen versuchen.

Der positive Bias bei der Selbst-Repräsentanz ist so normativ, dass er als ein Zeichen guter mentaler Gesundheit gelten kann (Seligman, 1975). Selbst in östlichen Kulturen, wie China und Korea, in denen der Fokus auf das Selbst unterdrückt wird, zeigen Kinder, Jugendliche und Erwachsene in Situationen, die eine ehrliche Selbstbeschreibung erlauben, in der Selbst-Repräsentanz einen klaren positiven Bias (Fischer, Wang, Kennedy & Cheng, 1998). Nur in Fällen von schwerer Kindesmisshandlung konnte gezeigt werden, dass sich der normale positive Bias umkehrt. So schreiben zum Beispiel Mädchen, die mit schwerwiegendem, wiederholtem sexuellem Missbrauch aufgewachsen sind, in der Adoleszenz ihren negativen Eigenschaften eine zentrale Bedeutung zu und betrachten ihre positiven Eigenschaften als unerheblich (Fischer, Ayoub, Noam, Singh, Maraganore & Raya, 1997; Westen, 1994).

Neben Furchtsamkeit und einem positiven Bias fördern die frühen Repräsentanzen von Kindern auch den persönlichen Egozentrismus, wozu auch der Glaube gehört, dass Eltern die Gedanken und Gefühle ihrer Kinder kennen, als ob sie deren Gedanken lesen könnten. Die Repräsentanzen auf dieser Ebene erlauben ihnen über die Handlungen ihrer Eltern nachzudenken, aber um die Gründe für die Handlungen eines Elternteils zu verstehen, muss ein Kind die Repräsentanz dieser Handlung mit einer Repräsentanz der Ursache dafür in Verbindung bringen. Solche Verknüpfungen von Repräsentanzen müssen auf die Entwicklung des nächsten Fähigkeitsniveaus warten, und dazu gehören auch die Anfänge dessen, was zumeist als die »theory of mind[3]« eines Kindes im Alter von etwa vier Jahren bezeichnet wird (Fischer et al., 1984; Leslie, 1987; Perner, 1992).

Der dreijährige Steven, der Sohn eines der Autoren, machte dieses Phänomen anschaulich. Auf einer Party saß er ruhig bei seinem Vater in einer Gruppe von Erwachsenen, die sich unterhielten. Aus keinem erkennbaren Anlass sagte sein Vater plötzlich zu ihm: »Steven, musst Du mal auf die Toilette?« Sein Vater hatte die Situation richtig erkannt: Steven musste in der Tat zur Toilette gehen, aber die anderen Erwachsenen waren erstaunt über die Äußerung des Vaters, da sie keinen Grund für die Wahrnehmung des Vaters gesehen hatten. Sie wunderten sich darüber, was für Hinweise der Vater in Stevens Verhalten gesehen oder gehört hatte und versuchten so, ihre Repräsentanz von der Frage des Vaters mit ihrer Repräsentanz von Stevens Verhalten zu verknüpfen.

Steven, andererseits, zeigte sich überhaupt nicht überrascht, sondern gab einfach zu, dass er zur Toilette gehen müsse. Er war daran gewöhnt, dass sein Vater wusste, was er fühlte oder dachte, dass er ihn fragte, ob er etwas tun wollte, woran er gerade dachte, oder ihn vor einem geplanten Handlungsablauf warnte. Meistens hatte sein Vater Recht. In der Situation auf der Party hätten die Erwachsenen Stevens Bedürfnis, zur Toilette zu gehen erkannt, wenn sie bemerkt hätten, wie er sich wand und zappelte und an seiner Hose zupfte. Steven war jedoch nicht fähig, seine Repräsentanzen von diesen beiden Ereignissen zu verknüpfen, und deshalb schien es für ihn so, als ob seine Eltern einfach Bescheid wussten. Da er noch nicht in der Lage war, zu berücksichtigen, dass sein eigenes Verhalten die Grundlage für ihr Wissen war, nahm er, ohne es zu wissen, an, dass sie seine Gedanken und Gefühle kennen. Diese Annahme spielt eine wichtige Rolle bei der Entstehung des Ödipuskonflikts.

Wenn so viele Komponenten des Ödipuskonflikts bereits im Alter von drei Jahren präsent sind – warum zeigen Kinder den Konflikt dann noch nicht in seiner vollen Ausprägung? Die Antwort liegt in ihrem begrenzten Verständnis für soziale Rollenbeziehungen, das die Verknüpfung der einzelnen Kategorien miteinander erfordert, wie Mutter und Kind, Ehemann und Ehefrau, Junge und erwachsener Mann. Jungen verstehen noch nicht, dass sie zu Männern heranwachsen werden, weil sie eine Abbildung der Entwicklung vom Jungen zum Mann noch nicht herstellen können (Fischer et al., 1993b; Kohlberg, 1966). Mädchen wissen noch nicht, dass sie heranwachsen und Frauen sein werden. Alle Rollen sind durch ihre Beziehungen untereinander definiert und Zwei- bis Dreijährige stellen noch keine Beziehungen zwischen einfachen Repräsentanzen her. Genauso verstehen sie noch nicht, wie Ehemann und Ehefrau zueinander in Beziehung stehen, oder Mädchen und Junge, oder Frau und Mann. Das vollständige Verständnis für eine dieser Kategorien als Rolle kann nur entstehen, wenn sie mit der anderen Kategorie in einem Beziehungszusammenhang verknüpft wird.

---

3 Epistemische Struktur eines Kindes

Mit Hilfe der Fähigkeit zu sozialen Kategorien können Kinder Bezeichnungen für Rollen oft korrekt gebrauchen, und jemanden ein »Mädchen«, einen »Jungen«, eine »Mami«, oder einen »Vater« nennen. Soziale Kategorien bilden das Bindeglied zwischen einem Wort und einem Satz mit definierenden Verhaltensweisen und Merkmalen. Jungen haben kurze Haare und tragen Hosen. Mamis haben Kinder und tragen Schmuck und Kleider (verblüffenderweise verzerren Kinder die Kategorien oft in Richtung der sozialen Konventionen wie die eben genannten, auch wenn diese Definitionen nicht gut auf ihre eigenen Familienmitglieder passen). Was Kinder unterlassen, ist die Verknüpfung der einzelnen Kategorien miteinander – Mutter in Beziehung zum Kind, Vater in Beziehung zur Mutter und so weiter.

Wenn Kinder soziale Kategorien konstruieren, wird damit die Bühne bereitet für die Entstehung des Ödipuskonflikts wie dies in Tabelle 2 zusammengefasst ist. Die Kinder bilden Repräsentanzen von Personen, Tieren und vielen anderen Dingen als aktive Akteure und Urheber von Handlungen, die voneinander unabhängig und oft voller emotionaler Implikationen sind, wie Angst, Liebe und Ärger. Sie verstehen, dass ihre Eltern unabhängig von ihnen selbst handeln, und nehmen daher an, dass die Eltern wissen, was ihre Kinder fühlen und denken. Sie verzerren ihre eigenen Selbst-Repräsentanzen und sehen sich selbst als gut und mächtig, selbst wenn die Realität diesen Beschreibungen nicht entspricht. Sie benutzen Worte für Familien-Kategorien wie »Junge« und »Mami«, aber sie können die Beziehungen zwischen den Rollen noch nicht miteinander verknüpfen. Diese Merkmale früher Formen des sozio-emotionalen Verständnisses und der Beteiligung an sozio-emotionalen Beziehungen werden über die Vorschuljahre hinweg in gewissem Maße ausgebaut und bereiten die Bühne für die Ödipus- und Elektrakonflikte.

Tabelle 2: Entwicklung des Ödipuskonflikts

Bühne frei für den Ödipuskonflikt
Einzelne Repräsentanzen (Niveau Rp1): Behaviorale Kategorien
- Kinder verstehen nur behaviorale Kategorien wie Baby, Mutter, Vater, Junge und Mädchen, keine Beziehungen zwischen Geschlechts- und Altersrollen.
- Kinder machen sich mit ihren eigenen Gedanken Angst.
- Kinder stellen sich selbst als gut und mächtig (in Kontrolle) dar.
- Kinder nehmen an, dass ihre Eltern ihre Gedanken lesen können.

Entstehung des Ödipuskonflikts
Repräsentationale Vorstellungen (Niveau Rp2): Soziale Rollen
- Kinder verstehen Geschlechts- oder Altersrollen, aber wenn sie gleichzeitig mit Geschlecht und Alter umgehen müssen, vermischen sie die Rollen und glauben z.B., dass Jungen die Rolle des Vaters als Ehemann oder Mädchen die Rolle der Mutter als Ehefrau übernehmen können.
- Kinder verstehen konkrete Aspekte der Ansichten ihrer Eltern, aber ihr Verständnis ist noch so begrenzt, dass sie immer noch annehmen, dass ihre Eltern viele ihrer Gedan-

ken lesen können. Sie haben Angst, dass ihre Eltern um ihre feindseligen Fantasien wissen.
- Kinder können auch andere einzelne Implikationen einer Fantasie verstehen, dass z.B. das Loswerden des Vaters bedeuten würde, dass der Junge die Mutter für sich allein hat.

Auflösung des Ödipuskonflikts
Repräsentationale Systeme (Niveau Rp3): Überschneidungen sozialer Rollen.
- Kinder verstehen die komplexen Zusammenhänge zwischen Geschlechts- und Altersrollen in der Familie, wie in Abbildung 1 dargestellt.
- Kinder verstehen die Ansichten ihrer Eltern in einigen Einzelheiten (wenn auch nur konkret) und erkennen deshalb, dass ihre Eltern ihre Gedanken nicht lesen können.
- Kinder vergleichen sich selbst im Hinblick auf komplexe und subtile Merkmale mit anderen und können sich deshalb mit anderen identifizieren, vor allem mit ihren Eltern und anderen Familienmitgliedern.
- Kinder verstehen moralische Regeln und andere soziale Normen und entwickeln so ein Gewissen und Ideale.

Die Verwirrung der Kinder im Hinblick auf familiäre sozio-emotionale Beziehungen kann während des Übergangs zu Rollen-Beziehungen besonders deutlich werden, wenn ihnen die Verbindungen zwischen sozialen Kategorien bewusst werden, und sie sich bemühen, diese zu verstehen. Wir haben viele dreieinhalb und vier Jahre alte Kinder gehört, die unmögliche Behauptungen darüber aufstellten, wie sie heranwachsen würden: Lukas bestand mit dreieinhalb nicht nur vehement darauf, dass er ein Junge sei, sondern auch darauf, dass er, wenn er groß wäre, eine Mami sein würde. Johanna sann im selben Alter über ihren Wunsch nach, einmal ein Papi zu sein (Fischer et al., 1993b; Kohlberg, 1966).

Soziale Rollen (Niveau Rp2): Die Entstehung des Ödipuskonflikts

Die sozialen Rollen des Ödipuskonflikts – Frau-Mann, Mutter-Vater, Ehefrau-Ehemann – erfordern repräsentationale Vorstellungen, die eine Kategorie mit der anderen verknüpfen. Jede Rolle wird durch ihre Beziehung zu ihrer komplementären Rolle definiert, wie Ehefrau zu Ehemann (Watson & Fischer, 1980). Im Alter von vier oder fünf Jahren sind Kinder in der Lage, mentale Repräsentanzen zueinander in Beziehung zu setzen, und sie haben ein besseres Verständnis für wichtige Aspekte des Familienlebens entwickelt. Sie wissen, dass ein Ehemann mit einer Ehefrau verheiratet ist und eine Ehefrau mit einem Ehemann.

Wenn Kinder anfangen, die besondere Liebesbeziehung zu verstehen, die durch die Rollen Ehemann und Ehefrau definiert ist, wollen viele von ihnen natürlich in die Beziehung mit ihrem gegengeschlechtlichen Elternteil eintreten. Als Johanna im Alter von 4 Jahren anfing, die Rollen ihrer Eltern zu verstehen, $JANE_{MUTTER}$ ——— $WALTER_{VATER}$, wollte sie die Rolle ihrer Mutter Jane übernehmen, damit sie die besondere Liebesbeziehung zu ihrem Vater Walter haben konnte: $JOHANNA_{MUTTER}$———$WALTER_{VATER}$[4]. Dieser Wunsch brachte sie dazu, Dinge zu sagen wie »Papi, küss mich hundert mal öfter als Mami«. In einer Studie mit weißen Kindern der amerikanischen Mittelklasse aus Familien, in denen beide Eltern zu Hause leben, fanden Watson und Getz (1991), dass solche Bekundungen ödipaler Zuneigung im Alter von 4 Jahren einen deutlichen Höhepunkt erreichen, besonders bei Mädchen (siehe Abbildung 2).

Gleichermaßen konstruieren Kinder Vorstellungen von altersbedingten Veränderungen. Mädchen wachsen heran, um Frauen-Mütter zu sein, und Jungen wachsen heran, um Männer-Väter zu sein, also wird Johanna heranwachsen, um eine Mutter zu sein, $JOHANNA_{MÄDCHEN}$ ——— $JOHANNA_{MUTTER}$ und Lukas, um ein Vater zu sein, $LUKAS_{JUNGE}$ ——— $LUKAS_{VATER}$. Das Verständnis für diese durch Alter bedingten Veränderungen hilft dabei, Geschlechtsrollen zu definieren, und fördert auch eine neue Art von Identifizierung mit dem gleichgeschlecht-

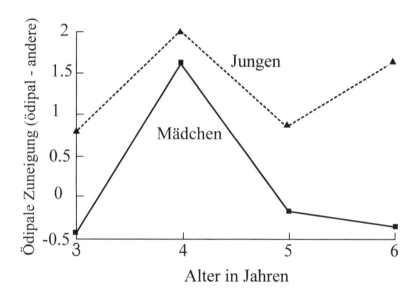

Abbildung 2: Entwicklung ödipaler Zuneigung bei Drei- bis Sechsjährigen.
Eltern berichten über mehrer Wochen hinweg täglich über die Aktivitäten ihrer Kinder (Watson & Getz, 1991). Die Messwerte zeigen das Vorherrschen ödipaler Zuneigung zum gleichgeschlechtlichen Elternteil (Unterschied zwischen ödipaler und anderer Formen von Zuneigung).

---

4 Zu den Fähigkeiten für repräsentationale Abbildungen auf Niveau Rp2 gehören Worte für Repräsentanzen wie bei dem einfachen Niveau Rp1 sowie eine gerade Linie, die eine Abbildung als Verbindung von Repräsentanzen darstellt. Eine umfassende Erklärung für die Notation findet sich in verschiedenen Quellen (Fischer, 1980; Fischer & Bidell, 1998; Fischer & Farrar, 1987).

lichen Elternteil (eine Richtung, die in gewisser Weise dem Ödipuskonflikt konträr läuft, und letztendlich seine Auflösung unterstützt) (Fischer, Knight & Parys, 1993a). Lukas kann versuchen, das zu tun, was sein Vater tut, und Johanna das, was ihre Mutter tut. In der ödipalen Triade der Kernfamilie können sie für ihren gleichgeschlechtlichen Elternteil einspringen. Dies ist die Zündung, die die Ödipus- und Elektrakonflikte auslöst.

In der Realität kann Lukas seinen Vater jedoch nicht ersetzen, und Johanna nicht ihre Mutter. Dieses Verständnis vermischt oder kondensiert die Rollen von Eltern und Ehegatten und behandelt die Mutterrolle, als würde sie die Rolle der Gattin mit beinhalten und die Vaterrolle die des Ehemannes. Ein umfassendes Verständnis für soziale Rollen würde nicht zu der Schlussfolgerung führen, dass Kinder den Platz ihrer Eltern einnehmen können als Vater-Ehemann-Mann oder Frau-Mutter-Ehefrau. Die Schwierigkeit, die die Kinder damit haben, mit mehr als einer Beziehung gleichzeitig umzugehen, lässt sie glauben, dass sie wirklich groß werden und Mami oder Papi heiraten können, wie im folgenden Dialog mit dem vierjährigen Lukas deutlich wird:

Lukas: Mami, ich werde dich heiraten.
Mutter: Aber Lukas, Du kannst mich nicht heiraten. Du bist nicht alt genug.
Lukas: Dann warte ich, bis ich groß bin, wie Papi.
Mutter: Aber wenn Du groß bist, bin ich so alt wie Oma.
Lukas: Wirklich?
Mutter: Ja, Du wirst ein junger Mann sein und ich eine alte Frau.
Lukas: Gut, dann warte ich, bis ich so alt bin wie Opa. Dann heirate ich Dich.

Lukas ist verwirrt über die komplexen Sachverhalte altersabhängiger Veränderungen, und er nimmt an, dass seine Mutter nicht älter werden wird, wenn er heranwächst. In der Tat sagte er einmal, dass seine Großmutter jünger sei als seine Mutter, was vermutlich auf die Tatsache zurückzuführen war, dass sie viel kleiner war als die Mutter.

Die Unzulänglichkeiten der Repräsentationen schaffen ein weites Feld von Verwirrungen, die die emotionalen Probleme des Ödipuskonflikts durchziehen. Der Umgang mit den komplexen Zusammenhängen von Beziehungen zwischen sozialen Rollen erfordert die gleichzeitige Berücksichtigung multipler Beziehungen, aber vier Jahre alte Kinder können nur mit einer Dimension auf einmal umgehen (Fischer & Rose, 1994; Marcus & Overton, 1978). Sie vermischen oder verdichten zwei oder drei Rollen zu einer Rolle, so wie Mädchen-Ehefrau-Mutter und Junge-Ehemann-Vater. Sie können zum Beispiel Kind versus Eltern oder männlich versus weiblich gegenüberstellen, aber sie können nicht beide Gegensätze gleichzeitig in der gleichen Fähigkeit verbunden sehen. Beim Ödipuskonflikt konzentrieren Kinder sich auf die Dimension Geschlecht, und sie können nicht gleichzeitig mit der Dimension Alter umgehen. Indem er nach Geschlecht kategorisiert, ordnet Lukas sich und seinen Vater in eine Kategorie ein, Mann-Ehemann-Vater, und seine Schwester Johanna und seine Mutter in die andere, Frau-Ehefrau-Mutter. Weil er das Alter ignoriert, kann er die Stelle seines Vaters einnehmen (und Johanna kann ebenso ihre Mutter ersetzen). So führen Rollenvermischung und Ignorieren von Altersunterschieden zu den gleichen Schlussfolgerungen: »Alle Wege scheinen zum Ödipuskonflikt zu führen« (Fischer & Watson, 1981, S. 85).

Eine andere Unzulänglichkeit der Repräsentationen bezieht sich auf das Verständnis für Bedingtheiten bei sozialen Handlungen, die eine weitere der ödipalen Verwirrungen schaffen. Kinder können die Repräsentanzen dessen, was sie tun, und was ihre Eltern tun, zueinander in Beziehung setzen, aber sie übersehen die Feinheiten sozialer Bedingtheiten. Im Alter von fünf Jahren versuchte Christopher, seinen Vater zu beeinflussen: »Papi, ich hab Dich lieb. Kann ich ein Sandwich mit Erdnussbutter und Marmelade haben?« Er stellte die Liebe zu seinem Vater als Mittel zum Zweck, etwas zu essen zu bekommen dar, ohne zu merken, wie durchsichtig seine trickreichen Absichten waren. Gleichermaßen kann ein Kind die Vorstellung entwickeln, den gleichgeschlechtlichen Elternteil abzuschieben, um eine exklusive Beziehung mit dem gegengeschlechtlichen Elternteil zu erlangen. Als Folge davon können sie darüber fantasieren, wie sie Vater oder Mutter loswerden können. Watson & Getz (1991) fanden, dass 4 Jahre alte Kinder tatsächlich viele Handlungen und Äußerungen zeigten, die auf Aggression gegen den gleichgeschlechtlichen Elternteil oder dessen Eliminierung abzielten. Auf einem Abendspaziergang mit seinen Eltern sagte der vierjährige Lukas zu seinem

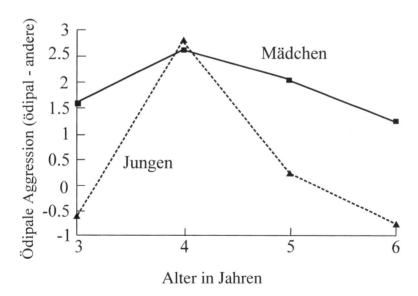

Abbildung 3: Entwicklung ödipaler Aggression bei Drei- bis Sechsjährigen.
Eltern berichten über mehrere Wochen hinweg täglich über die Aktivitäten ihrer Kinder (Watson & Getz, 1991). Die Messwerte zeigen das Vorherrschen ödipaler Aggression gegenüber dem gleichgeschlechtlichen Eternteil (Unterschied zwischen ödipaler und anderer Formen von Zuneigung).

Sinnstrukturen und Transformation

Vater: »Papi, Du gehst auf dem Weg da drüben lang und Mami und ich gehen diesen hinunter«. Es gab auch sehr viel aggressivere Handlungen als diese wie z.B. Schlagen des gleichgeschlechtlichen Elternteils oder gegen diesen gerichtete böse Äußerungen. Abbildung 3 zeigt anhand der Studie von Watson & Getz (1991) die Entwicklung von solchen aggressiven Handlungen, die ähnlich wie die ödipale Zuneigung im Alter von vier Jahren einen Höhepunkt erreichen.

Wenn Kinder sich vorstellen können, wie sie ein Elternteil loswerden, ergeben sich schnell andere schreckliche Folgen. Erstens, wenn ein Kind sich ein Elternteil vom Hals schafft, dann ist dieser Elternteil nicht mehr da, um sich um ihn oder sie zu kümmern. Was würde ein Junge ohne einen Vater tun, oder ein Mädchen ohne eine Mutter? Die Fantasie, sich eines Elternteils zu entledigen, wird schnell tief beängstigend. Zweitens, die Fähigkeit der Kinder zur Abbildung von Repräsentanzen erlaubt ihnen, Repräsentanzen von den Handlungen ihrer Eltern mit solchen von ihrem eigenen Denken zu verknüpfen. Im Alter von vier Jahren ging Steven über die bloße Annahme hinaus, dass sein Vater wusste, was er dachte, als er auf die Toilette musste, und war überzeugt, dass sein Vater seine Gedanken lesen könne. Mit dieser neuen Fähigkeit kommt eine neue Angst: Was ist, wenn ein Vater oder eine Mutter die feindseligen Gedanken des Kindes kennt?

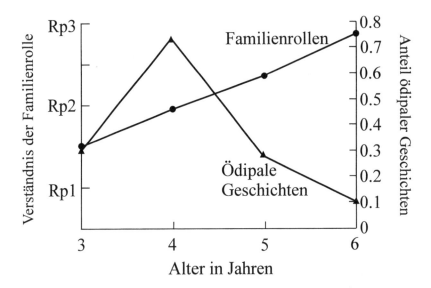

Abbildung 4: Entwicklung von Familienrollen und ödipalen Geschichten
In einer strukturierten Interview- und Spielsitzung erzählten Kinder Symbolgeschichten über Familienrollen und in einem davon getrennten Teil der Sitzung beantworteten sie konkrete Fragen zu Familienrollen (Watson & Getz, 1991). Ödipale Geschichten erreichten ihren Höhepunkt, wenn die Fähigkeiten der Kinder nicht über einfache Abbildungen von Rollen hinausgingen.

In ihrer Studie über den Ödipuskonflikt bewerteten Watson & Getz (1991) nicht nur Zuneigung und Aggression, sondern auch die »als-ob Geschichten« der Kinder über Familien und ihr Verständnis für soziale Rollen in der Familie mit einem standardisierten Bewertungsinterview für Vorschulkinder (Watson, 1984). Das Verständnis verbesserte sich allmählich mit zunehmendem Alter, wie in Abbildung 4 dargestellt; dagegen erreichten die ödipalen Geschichten mit 4 Jahren einen deutlichen Höhepunkt, der noch dramatischer war als bezüglich der ödipalen Zuneigung und Aggression.

Zusammengefasst erklären die Merkmale der Denkprozesse vier und fünfjähriger Kinder verschiedene Aspekte der Ödipus- und Elektrakonflikte. Weil sie eine Repräsentanz mit einer anderen verknüpfen können, können sie den folgenden Gedankengang konstruieren: Sie stellen sich vor, dass sie ihren gleichgeschlechtlichen Elternteil loswerden, um ihren gegengeschlechtlichen Elternteil ganz für sich zu haben – ein Gedanke, den sie sehr schön finden. Von diesem Gedanken ausgehend gelangen sie jedoch weiter zu der Vorstellung, dass das Loswerden dieses Elternteils bedeutet, dass sie auch die Liebe und Fürsorge dieses Elternteils nicht mehr länger haben werden – ein Gedanke, der ihnen Angst macht. Sie haben Angst und glauben, dass ihre Eltern ihre Gedanken lesen können und machen sich Sorgen, dass sie für ihre feindseligen Fantasien bestraft werden könnten. Dies ist der Kern des Ödipuskonflikts.

Überschneidungen sozialer Rollen (Niveau Rp3): Die Auflösung des Ödipuskonflikts

Auf die gleiche Art und Weise, wie es durch die Entwicklung der Repräsentanzen von sozialen Rollen zur Entstehung des Ödipuskonflikts kommt, bewirkt die Entwicklung des Verständnisses für soziale Rollenüberschneidungen seine Auflösung. Ein umfassendes Verständnis von Familienrollen erfordert die gleichzeitige Koordination mehrerer Rollen jeder Person in repräsentationalen Systemen auf Niveau Rp3. Wenn Kinder die Rollen koordinieren, können sie die Unmöglichkeit der Annahme erkennen, sie selbst könnten sich die elterliche Rolle anmaßen (ihr eigener Vater oder ihre eigene Mutter werden), und sie können auch andere Grenzen sehen, wie die, dass sie zu jung sind, um ihre Eltern zu heiraten, und dass man andere Familienmitglieder nicht heiraten darf. Dieses entstehende vollständigere Verständnis für Rollenbeziehungen in der Familie bringt Kinder meistens dazu, dass sie ihren Wunsch, den Platz ihres gleichgeschlechtlichen Elternteils einzunehmen, aufgeben, es sei denn, es gibt innerhalb der Familie Verwirrungen, was einzelne Rollen betrifft. Exemplarisch sei in diesem Zusammenhang die Möglichkeit des Inzests genannt (Fischer & Ayoub, 1994; Fischer & Watson, 1981). Kinder begreifen die Überschneidungen zwischen den Rollen von Eltern und Ehegatten in ihren Familien:

Sinnstrukturen und Transformation

```
EHEFRAU    EHEMANN
JANE ←——→ LUKAS
MUTTER     SOHN ⁵.
```

Der Fortschritt in der Komplexität von Rollenvorstellungen, der das Begreifen von Überschneidungen von Rollen einschließt, führt zu Veränderungen auf allen Strängen emotionaler Verwirrung und emotionalen Aufruhrs, die beim Auftauchen des Ödipuskonflikts beteiligt waren. Kinder können jetzt Alters- und Geschlechtsrollen integrieren, anstatt sie zu trennen:

```
FRAU       JUNGE
JANE ←——→ LUKAS
MUTTER     SOHN.
```

Diese Integration bedeutet, dass Lukas und sein Vater oder Johanna und ihre Mutter eindeutig nicht der gleichen Kategorie angehören. Lukas ist ein männliches Kind, während sein Vater ein männlicher Elternteil ist. Seine Mutter ist der weibliche Elternteil. Es ist jetzt eindeutig, dass Lukas nicht den Platz seines Vaters einnehmen kann, und Johanna nicht den ihrer Mutter.

Das Verständnis für altersabhängige Veränderungen erreichen Kinder durch einen ähnlichen Prozess und mit ähnlichen Konsequenzen für die sozio-emotionalen Rollen in der Familie. Heranwachsen bedeutet nicht einfach nur, erwachsen zu werden, sondern ist ein mehr gradueller, differenzierter Prozess, der Säuglingsalter, Kleinkindalter, Kindheit, Adoleszenz, junges Erwachsenenalter, mittleres Alter etc. umfasst. So wie Lukas älter wird, wird dies auch seine Mutter (und sein Vater). Personen, die einander heiraten, sollten ungefähr gleichen Alters sein. Zudem sind Mutter und Vater schon verheiratet, und Lukas und Johanna können nicht einfach warten, bis sie zu Erwachsenen herangewachsen sind, um dann den Platz ihres gleichgeschlechtlichen Elternteils einnehmen zu können.

In dem Maße, wie die Kinder eine gewisse Kompetenz dabei entwickeln, sich in die Schuhe eines anderen zu stellen und komplexe soziale Bedingtheiten zu verstehen, geht auch der Egozentrismus der Kinder zurück. Zum Beispiel kann ein Junge sich vorstellen, dass seine Mutter sehr traurig wäre, wenn sein Vater aus der Familie verschwinden würde. Weil seine Liebe zu seiner Mutter der Hauptgrund für den Konflikt ist, erlaubt ihm der Verlust des Egozentrismus, ihren Standpunkt zu sehen, und an ihre Gefühle zu denken. Mit dem Ende des Egozentrismus können Kinder auch verstehen, dass Eltern nicht wirklich ihre Gedanken

---

5 Fähigkeiten für repräsentationale Systeme auf Niveau Rp3 sind durch einen zweiköpfigen Pfeil angezeigt, der Beziehungen zwischen Komponenten von Repräsentanzen markiert und auch zwei Untergruppen (kleinere Buchstaben) für jede Hauptrepräsentanz. Eine vollständige Erklärung der Notierung findet sich in verschiedenen Quellen (Fischer, 1980; Fischer & Bidell, 1998; Fischer & Farrer, 1987).

lesen können. In der Tat können die Kinder mit ihrem verfeinerten Verständnis dafür, warum ihre Eltern wissen, was sie denken und fühlen, auch versuchen, Dinge zu verbergen, Informationen vor Familienmitgliedern und Freunden zu verheimlichen. Wenn Kinder Alter und Geschlechtsrollen koordinieren können, durch Alter bedingte Veränderungen verstehen und die Perspektiven anderer anerkennen, dann lösen sie normalerweise auch die Ödipus- und Elektrakonflikte auf, wie in Tabelle 1 (s. Seite 93/94) zusammengefasst. Mit der Auflösung des Konflikts kann ein noch bestehender Wunsch nach der Zuneigung des gegengeschlechtlichen Elternteils tatsächlich einfacher werden, weil das Kind die Zuneigung des Elternteils haben kann. Gleichzeitig können beide Elternteile weiterhin ihre besondere Beziehung zueinander haben.

Die Studie von Watson & Getz (1991) stützt diese allgemeine Erklärung für Entstehung und Auflösung des Ödipuskonflikts in starkem Maße. Kinder zeigten Anfänge des Ödipuskonflikts, wenn sie soziale Rollenbeziehungen (Niveau Rp2) der Familie – wie Ehemann und Ehefrau – konstruiert hatten. Die Entstehung wurde in einer Woge ödipaler Geschichten im Symbolspiel und einer plötzlichen Zunahme ödipaler Themen von Zuneigung und Aggression in alltäglichen Aktivitäten deutlich. Hinsichtlich der Auflösung des Konflikts stützten die Ergebnisse allgemein die Erklärung in Begriffen eines Verständnisses für Rollenüberschneidungen, aber sie sprachen auch für eine wichtige Überarbeitung. Das plötzliche Zurückgehen ödipaler Geschichten und Themen wartete nicht, bis eine vollständige Integration der Überschneidungen von Familienrollen stattgefunden hatte, sondern begann mit dem normalen Übergangsschritt, einem sogenannten »shift of focus« zwischen Rollenbeziehungen. In diesen Überlappungen koordinierten Kinder die Rollen von Eltern und Ehegatten zum Beispiel noch nicht hundertprozentig, aber sie waren in der Lage, geschickt von einer Rollenbeziehung zur anderen zu wechseln

$$[JANE_{MUTTER} \text{\textemdash\textemdash} WALTER_{VATER}] > [JANE_{EHEFRAU} \text{\textemdash\textemdash} WALTER_{EHEMANN}].$$

Solche Verschiebungen im Fokus treten in der Übergangsphase von einem Fähigkeitsniveau zum nächsten nahezu immer auf (Fischer & Bidell, 1998). Noch bleibt unklar, wie viele Komponenten der Auflösung des Ödipuskonflikts sich aus dieser frühen Form des Verständnisses für Überschneidungen von zwei verschiedenen Rollenbeziehungen ergeben und wie viele auf eine vollständigere Integration warten müssen. Für eine detailliertere Beschreibung des Entwicklungsverlaufs des Ödipuskonflikts sind weitere Forschungsarbeiten nötig.

Entwicklungsspanne: Variationen zwischen optimalen und funktionalen Niveaus

Verständnis und Handeln eines Kindes bleiben auf den einzelnen Entwicklungsniveaus nicht stabil. Erwachsene, die mit Kindern arbeiten und ihre Fähigkeiten bewerten, können dies bestätigen. Kinder variieren in ihren Fähigkeiten ständig zwischen mehreren Niveaus hin und her, sogar in eng begrenzten Bereichen, wie in »als-ob Geschichten« über Familienrollen (Fischer et al., 1993b; Watson & Fischer, 1980; Noam & Röper, 1999). Die Entwicklungsspanne eines Kindes enthält eine systematische Ordnung, wobei die höchsten Niveaus als Funktion kontextueller Unterstützung (Vertrautheit, positive Befindlichkeit in der Situation, klare Definition der Aufgabe und explizite Vorbereitung auf Fähigkeiten hoher Niveaus) variieren. Kinder demonstrieren ein optimales Fähigkeitsniveau, wenn sie in Situationen mit viel Unterstützung operieren, und ein niedrigeres Funktionsniveau, wenn sie spontan und ohne starke Unterstützung handeln. Diese beiden Niveaus sind Obergrenzen für die Komplexität der Fähigkeiten, die ein Kind bewältigen kann, wenngleich bei vielen Aktivitäten Fähigkeiten gefordert sind, die auf Niveaus unterhalb der Obergrenze ihres Fähigkeitsniveaus liegen. Die Grenze für optimale Niveaus ist jedoch viel höher als für funktionale Niveaus. Die Entwicklung des Verständnisses für Familienrollen, wie sie in Abbildung 4 dargestellt ist, basiert auf einer Beurteilung in einer Situation mit sehr viel Unterstützung und spiegelt so das optimale Niveau.

Mit dem Begriff Entwicklungsspanne wird verdeutlicht, dass Kinder, selbst wenn sie mit sehr viel Unterstützung in der Lage sind, komplexe Beziehungen von Familienrollen zu verstehen, sie ohne diese Unterstützung oft auf niedrigere Funktionsniveaus zurückfallen. Folglich empfinden Kinder, die in einem Moment über die Verzerrungen und Verwirrungen des Ödipuskonflikts und über andere emotionale Verwirrungen in der Familie hinaus sind, diese im nächsten Moment erneut, wenn sie auf ein funktionales Niveau zurückfallen. Es gibt keine einfache Entwicklungsleiter, die Kinder emporklettern, und dann eine Sprosse erreichen, auf der sie stehen bleiben. Vielmehr bewegen sie sich innerhalb ihres Niveaus in Abhängigkeit von Variationen in kontextueller Unterstützung sowie in Abhängigkeit von dem emotionalen Zustand, von Ermüdung und in Abhängigkeit von anderen Faktoren hinauf und hinunter.

Diese Variationen zeigen alle Kinder, auch die aus gut funktionierenden Familien. In einem Moment zeigt ein sechs Jahre alter Junge, dass er darüber hinaus ist, seine Mutter heiraten zu wollen, und ist bei der Erwähnung dieser unreifen Vorstellung sogar ein bisschen verlegen. Ein wenig später, wenn er in seinem Verständnis nicht unterstützt wird, oder wenn er müde ist, fällt er zurück auf seinen ödipalen Wunsch, möchte seine Mutter nur für sich allein haben und fragt sogar, ob er sie heiraten kann. In dysfunktionalen Familien sind die Variationen im Entwicklungsbereich sogar noch dramatischer, weil in diesen Familien die für hohe Niveaus nötigen Fähigkeiten für sozio-emotionale Rollen nicht unterstützt werden. Eltern, die ihre Kinder sexuell missbrauchen, sind ein Extremfall, insofern, als sie Familienrollen spielen, die die Rollen von Eltern und Ehegatten vermischen, indem sie mit ihrem Kind sexuelle Beziehungen haben. Selbst weniger gravierende Familienprobleme, wie eine Scheidung der Eltern, können dazu führen, dass Kinder, was Familienrollen angeht, auf niedrigeren Niveaus bleiben, weil sie wenig Unterstützung bekommen, wenn es darum geht, zwischen ehelichen und elterlichen Rollen zu unterscheiden (Watson & Fischer, 1993). Bei einer Scheidung bleibt ein Elternteil für das Kind Mutter bzw. Vater, auch wenn die eheliche Beziehung zu Ende ist, aber einige Familien halten die getrennten Rollen nicht aufrecht, sondern vermischen sie in ihren Handlungen – das heißt, sie lassen sich von dem Kind genauso scheiden wie von dem Ehegatten. Es kommt häufig vor, dass ein Junge in einer Scheidungsfamilie über Jahre hinweg in dem Glauben lebt, er habe den Ödipuskonflikt gewonnen, seinen Vater ausgestoßen und seine Mutter erfolgreich für sich beansprucht (Wallerstein, Corbin & Lewis, 1988).

Die Entwicklungsspanne eines Kindes ist für die Interpretation einer breiten Palette sozio-emotionaler Verzerrungen wichtig, nicht nur für die, in denen es um Familienbeziehungen geht. Susan Harter (1982) beschreibt einen Fall, in dem die sechsjährige Kay in Zusammenhang mit der Schule, an der sie emotional verwirrende Probleme hatte, weit unter ihrem optimalen Niveau agierte. Kay war in einigen Schulfächern, wie Mathematik, schlecht, und sie war depressiv und verzweifelt. Aus all diesen Problemen zog sie den Schluss, dass sie »ganz dumm« sei, KAY_{DUMM}, anstatt die Komplexität ihrer Fähigkeiten und Talente anzuerkennen. Sie war zu Fähigkeiten auf sehr viel höheren Niveaus, die über einfache Repräsentanzen hinaus gingen, fähig, aber sie nutzte ihre höherrangigen Fähigkeiten in diesem emotional beladenen Bereich, in dem sie keine Unterstützung erfuhr, nicht. In der Spieltherapie mit Harter konstruierte sie ein sehr viel komplexeres Verständnis und erkannte zunächst einmal, dass sie in einigen Bereichen gut und in anderen schlecht war, KAY_{DUMM} ——— KAY_{KLUG}. Im Laufe der Zeit brachte sie all ihre Fähigkeiten auf ihr optimales Niveau und verstand, dass sie in einigen Bereichen gut war und in anderen weniger gut:

$$\begin{array}{cc} KLUG & ZEICHNEN \\ KAY \longleftrightarrow & KAY \\ DUMM & MATHEMATIK. \end{array}$$

Bei vielen emotionalen Problemen, wozu auch das Lernen und der Ödipuskonflikt gehören, greifen Kinder auf Fähigkeiten zurück, die weit unter ihrem optimalen Niveau liegen. Um ihre Fähigkeiten ausnutzen zu können, müssen Erwachsene ihnen helfen, ihre Fähigkeiten auf ihrem optimalen Niveau zu konstruieren.

Über Freuds ödipales Skript hinaus: Gewissen und Identifizierung, Kultur und andere emotionale Konflikte in der Familie

Wenn wir davon ausgehen, dass der Ödipuskonflikt bei einigen Kindern in der revidierten Form, die wir hier beschrieben haben, existiert, bleiben dennoch Fragen offen hinsichtlich seiner Konsequenzen für andere Aspekte von Entwicklung und seiner vermeintlichen Universalität. Die dynamische Fähigkeitsanalyse liefert auf beide Fragen klare Antworten. Viele der Konsequenzen, die Freud der Auflösung des Ödipuskonflikts zuschrieb, sind jedoch überwiegend unabhängige Entwicklungsleistungen. Dennoch, der Ödipuskonflikt ist allgemein, wenn nicht universal, und hat wichtige Implikationen für sozio-emotionale Beziehungen in der Familie. Gleichzeitig ist der Ödipuskonflikt keineswegs einzigartig, wie Freud ihn interpretierte, sondern ist statt dessen ein Konflikt aus einer breiten Palette emotionaler Konflikte und Dramen in der Familie, die durch die Entwicklung neuer Kompetenzen und Verwirrungen auf jedem spezifischen Entwicklungsniveau neu entstehen.

Gewissen, Selbst-Ideale und Geschlechtsidentifikation

Freud argumentierte (1909/1955; 1933/1965), dass die Auflösung des Ödipuskonflikts eine Reihe entscheidender Konsequenzen hat für die Entwicklung zivilisierten Verhaltens. Kinder geben ihre inzestuösen Wünsche auf, weil sie Angst haben, dass der gleichgeschlechtliche Elternteil ihnen Schaden zufügen wird, und die daraus resultierende Auflösung des Konflikts legt den Grundstein für menschliche Moral und Identität. Mit der Auflösung identifizieren Kinder sich mit dem gleichgeschlechtlichen Elternteil, bilden ein Über-Ich aus (eine internalisierte Kopie des gleichgeschlechtlichen Elternteils), das ihnen ein Gewissen gibt, einen Satz von Ich-Idealen und eine Geschlechtsrollenidentität. Freuds Argumentation hat sich als nicht zwingend erwiesen, denn sie lässt Gewissen, Ideale und Identität bemerkenswert zerbrechlich erscheinen, was gegen die Beweislage spricht. Es gibt viele Kinder auf der ganzen Welt, die den Ödipuskonflikt nicht zu erleben scheinen, zumindest nicht in der von Freud beschriebenen Form, und doch entwickeln die meisten von ihnen ein Gewissen, Ideale und eine Identität.

Diese Ergebnisse leiten sich nicht aus der Auflösung des Ödipuskonflikts ab, sondern aus parallel ablaufenden Entwicklungen, die auf den gleichen Fähigkeitsniveaus basieren, die die Entwicklung und Auflösung des Ödipuskonflikts bewirken. Die Entwicklung repräsentationaler Systeme (Niveau Rp3) ermöglicht nicht nur die Auflösung des Ödipuskonflikts durch die Konstruktion sozio-emotionaler Rollenbeziehungen, sondern auch die Bildung eines moralischen Gewissens sowie von Idealen und Identifizierungsprozessen mit wichtigen anderen Personen, zu denen auch der gleichgeschlechtliche Elternteil gehört. Die Auflösung des Ödipuskonflikts ist keine Voraussetzung, sondern ein davon unabhängiges Ergebnis, welches durch einen ganz gewöhnlichen Entwicklungsprozess möglich wird.

Die Entwicklung von Moral (Gewissen und Ideale) erfordert das Verständnis für ein System von Regeln darüber, wie man handeln sollte. Die ersten groben Regelsysteme entwickeln sich mit repräsentationalen Vorstellungen auf Niveau Rp2, zum Beispiel, wenn die vierjährige Josie entscheidet, dass Mädchen lange Haare haben und Kleider tragen, während Jungen kurze Haare haben und Hosen tragen. Sie bestand darauf, Kleider zu tragen, obwohl ihre Mutter öfter Hosen als Kleider trug, und obwohl Kleider beim Klettern und Hüpfen auf dem Spielplatz

Die dynamische Entwicklung sozio-emotionaler Rollen

manchmal lästig waren. Im allgemeinen sind die ersten Regeln von Kindern eng und rigide, denn um robustere, flexiblere Regeln haben zu können, ist es erforderlich, multiple Kategorien in einem System zu verknüpfen – und zu sehen, wie miteinander verknüpfte Kategorien in Begriffen von Regeln in einem repräsentationalen System zusammenpassen.

Um eine moralische Regel oder ein Ideal anzuwenden, müssen Kinder ihre eigenen Handlungen mit der Regel oder dem Ideal vergleichen und dann versuchen, ihr Verhalten danach auszurichten. Repräsentationale Vorstellungen sind eine einfache Version dieses Vergleichs, zum Beispiel wenn der vierjährige Lukas anbietet, seine Kekse zu teilen, weil gute Menschen dies tun. GUT_{TEILEN} ——— $LUKAS_{TEILEN}$. Repräsentationale Systeme auf Niveau Rp3 erlauben jedoch sehr viel stärkere Vergleiche, weil sie multiple, gleichzeitig ablaufende Komponenten möglich machen, wie wenn Lukas in Erwägung zieht gleichzeitig zu teilen und seinem Lehrer zu gehorchen:

$$\begin{array}{cc} GEHORCHEN & GEHORCHEN \\ GUT \longleftrightarrow & LUKAS \\ TEILEN & TEILEN. \end{array}$$

Auf ähnliche Weise bemühte sich der siebenjährige Joshua, seinen gleichaltrigen Kameraden zu zeigen, wie klug er war, indem er bei der gleichen Fähigkeit klug und dumm in Gegensatz zueinander setzte, und so sein Verhalten sehr sorgfältig regulierte:

$$\begin{array}{cc} KLUG & GUT\ LESEN \\ JOSHUA \longleftrightarrow & JOSHUA \\ DUMM & SCHLECHT\ LESEN. \end{array}$$

Alternativ könnte er mit einem geringfügig anderen System zwei Arten klugen Handelns koordinieren, wie z.B. gut lesen und reif klingende Worte gebrauchen. Diese neue Moral und der Idealismus der Kinder können für Eltern oft anstrengende Zeiten mit sich bringen, wie im Beispiel mit der achtjährigen Midge, die mit ihrer Mutter und ihrem kleinen Bruder, der in einem Einkaufswagen saß, in den Supermarkt gegangen war. Midge bemerkte ein Schild »Lassen sie Ihr Baby nicht unbeaufsichtigt«. Das nächste Mal, als ihre Mutter den Wagen stehen ließ, um einen Artikel aus einem Regal zu holen, sagte Midge mit tiefer moralischer Inbrunst »Mutter, hier steht: Lassen Sie Ihr Baby nicht unbeaufsichtigt!«.

Eine völlige Identifizierung der Art, wie Freud sie beschrieben hat, bewegt sich innerhalb repräsentationaler Systeme. Um sich mit jemandem zu identifizieren, müssen Kinder in der Lage sein, zu berücksichtigen, wie die andere Person in unterschiedlichen Situationen handelt, sie müssen berücksichtigen, wie sie selber handeln und die Handlungen der anderen Person mit ihren eigenen vergleichen. Ferner müssen sie ihre Handlungen dann so anpassen, dass sie denen der anderen Person gleichen (Kagan, 1958). Die gleichzeitige Berücksichtigung der eigenen und der anderen Person – sich zwischen Repräsentanzen hin und her bewegen – ist nur mit den Fähigkeiten zu repräsentationalen Systemen möglich. Die Komponenten können spezifische Merkmale enthalten, wie den Stil von Hemden und Frisur, oder allgemeine soziale Rollen. Zum Beispiel, wenn Johanna sich im Alter von acht Jahren bemüht, ihrer Mutter ähnlich zu sein, und sich dabei darauf konzentriert, Bilder zu malen und sich wie eine gute Fürsorgeperson zu verhalten:

KÜNSTLER MALEN
JANE ⟷ *JOHANNA*
MUTTER FÜRSORGEPERSON.

Die hier vorgestellte Analyse des Ödipuskonflikts unterscheidet sich in entscheidenden Punkten von der Analyse Freuds. Die Auflösung des Konflikts ergibt sich nicht aus Kastrationsangst oder Angst vor anderem physischen Schaden, sondern daraus, dass Kinder neue Fähigkeiten aufbauen, die sich mit den sozialen Beziehungen in ihren Familien beschäftigen. Gewissen, Selbstideale und Identifizierung sind nicht alle vom Ödipuskonflikt abhängig, sondern leiten sich aus den Konstruktionen von repräsentationalen Systemen ab, die Kinder für sich selbst über Regeln, Ideale und andere Personen erstellen.

Variationen über Familien und Kulturen hinweg

Die Verwirrungen und die mit Ödipus- und Elektrakonflikt verbundene Aufruhr kommen in Kulturen und Familien vor, in denen Kinder von Mutter und Vater gemeinsam erzogen werden. In Kulturen mit anderen Familienstrukturen treten diese Konflikte nicht auf (Mead, 1963). Der Ödipuskonflikt ist nicht universal, sondern hängt von einer besonderen Konstellation von Familie und Kultur ab, von einer Konstellation, die in vielen Gesellschaften üblich ist. Wo diese Konstellation nicht gegeben ist, treten andere Konflikte auf. Was tatsächlich universal ist, ist eine Entwicklungssequenz im Verständnis für sozio-emotionale Rollen in der Familie, wobei die Spezifität der Rollen stark variiert, und die emotionalen Verwirrungen und Konflikte bestimmt, die die Kinder entwickeln werden. Kinder, die in unterschiedlichen Arten von Familien aufwachsen, verstehen die Beziehungen zwischen sozialen Kategorien (einzelne Repräsentanzen einzelner Objekte) zunächst nicht. Auf dem nächsten Niveau verstehen sie einfache soziale Beziehungen, aber sie sind verwirrt, wenn es um komplexere Beziehungen geht, und diese Verwirrung hat wichtige emotionale Implikationen. Auf dem dritten Niveau (repräsentationale Systeme) verschwinden viele der Verwirrungen. Die Kinder gelangen auch zu einem Verständnis für konkrete soziale Regeln und Ideale (aber sie können auch neue Verwirrungen entwickeln, die auf ihrem neuen Fähigkeitsniveau gründen).

Die Hauptbestimmungsstücke der spezifischen Formen, die Verwirrung und Emotion mit dem Auftauchen von sozialen Beziehungen annehmen, liegen im sozialen Umfeld der Kinder – in den sozialen Arrangements, in denen sie aufwachsen. Wenn Kinder zum Beispiel in einer erweiterten Familie mit Großeltern, Tanten und Onkeln aufwachsen, die an ihrer Erziehung beteiligt sind, dann werden sich ihre Rollen und Emotionen von denen von Kindern, die in einer Kernfamilie aufwachsen, unterscheiden. Wenn Kinder im Wesentlichen von ihrer Schwester oder Großmutter oder einer Kinderfrau aufgezogen werden, werden sich ihre Rollen und Emotionen auf andere Weise unterscheiden, was damit anfängt, dass Jungen diese andere Bezugsperson heiraten wollen und nicht ihre Mutter. In unterschiedlichen Familienkonstellationen entwickeln Kinder unterschiedliche emotionale Bindungen, lernen unterschiedliche sozio-emotionale Beziehungen und entwickeln unterschiedliche emotionale Verwirrungen und Konflikte. Einige wenige solcher Variationen sind von Anthropologen beschrieben worden (Edmunds & Dundes, 1995; Levi-Strauss, 1969/1965; Spiro, 1993), wenn auch nicht im Detail. Einige der Forscher, die aktuell an diesem Thema arbeiten, haben damit angefangen, auch in Familien mit Missbrauch die Verläufe nachzuzeichnen, die die sozio-emotionale Entwicklung nimmt, und die zu ganz anderen Mustern von Emotionen und Verwirrungen führen (Fischer & Ayoub, 1994; Fischer et al., 1997, Harter, 1999; Westen, 1994). Was die vielen anderen Typen von Familien angeht sind jedoch die Arten von Familienkonflikten, die in ihnen entstehen, noch zu beschreiben.

Nach der dynamischen Fähigkeitsanalyse verfolgen Kinder selbst in traditionellen Kernfamilien stark unterschiedliche Entwicklungspfade, was die sozio-emotionalen Rollen in ihrer Familie anbelangt. In einigen Fällen, in denen ein Mädchen eine besonders enge Beziehung zu ihrer Mutter entwickelt, wird sie mehr Verwirrung und Eifersucht mit Bezug auf die Person ihrer Mutter erleben als auf die ihres Vater, wenn sie die Liebe der Mutter ganz für sich will. Der Wunsch nach der Liebe ihrer Mutter wird sie in erhebliche Verwirrung stürzen, wobei die Rolle, die der Vater dabei spielt, auch von Belang ist. In anderen Fällen hat ein Junge möglicherweise keine starken ödipalen Gefühle für seine Mutter, oder ein Mädchen identifiziert sich mehr mit ihrem Vater als mit ihrer Mutter. In wieder anderen Fällen kann die Beziehung eines Mädchens zu ihrer Großmutter und zu ihrem Bruder wichtiger sein als die zu ihren Eltern. Die meisten dieser Kinder werden trotzdem normale soziale Beziehungen entwickeln, vernünftige Ideale, ein gesundes Gewissen und eine angemessene Geschlechtsidentität. Aber gleichzeitig ist es für ein Verständnis dieser Personen als sich entwickelnde Individuen notwendig, dass sowohl Forscher wie auch Kliniker die Besonderheiten dieser Entwicklungspfade hin zu sozio-emotionalen Beziehungen erhellen.

Konflikte auf anderen Niveaus

Abgesehen vom Ödipuskonflikt treten auf anderen Entwicklungsniveaus andere Arten emotionaler Verwirrung und andere Konflikte auf. Wir vermuten, dass jedes Niveau seine charakteristischen Verwirrungen und daraus resultierende emotionale Konsequenzen mit sich bringt. So erreichen zum Beispiel im Kleinkindalter die Fremdenangst und die Angst vor einer Trennung von der Hauptbezugsperson im Alter von 7 bis 12 Monaten einen Höhepunkt. Dies fällt mit dem Auftauchen von Beziehungen zwischen sensomotorischen Handlungen (Ainsworth, Blehar, Waters & Wall, 1978; Fischer et al., 1990; Kagan, 1984) zusammen. Mit der Entstehung der ersten Repräsentanzen im Alter von etwa zwei Jahren wird bei vielen Kindern eine starke Zunahme an offenbar selbst erzeugten Ängsten vor Monstern und schlechten Menschen deutlich (Heinstein, 1969).

Verwirrungen und Konflikte entwickeln sich genauso auch in der späteren Kindheit und in der Adoleszenz. Im Alter von ungefähr 10 bis 15 Jahren entwickeln junge Menschen aus Kulturen, die ihre Kinder multiplen Ansichten und Wertvorstellungen aussetzen, oft eine intensive Unsicherheit über das, was Wissen ist, und wie man überhaupt irgend etwas wissen kann – ein emotionsbeladener Relativismus, der sich über die höheren Schuljahre bis ins Hochschulalter hinziehen kann (King & Kitchener, 1994; Perry, 1970). Diese Unsicherheit scheint mit dem Auftauchen des Niveaus der einfachen Abstraktionen zu entstehen, auf dem Vergleiche zwischen verschiedenen Aspekten einer Wissensfrage möglich werden, und damit die Abstraktion von Ungewissheiten (Kitchener & Fischer, 1990). Bei vielen amerikanischen Jugendlichen entsteht im Alter von 13 bis 16 Jahren mit dem Auftauchen abstrakter Vorstellungen, die sich auf allgemeine Persönlichkeitsmerkmale wie gesellig, introvertiert, liberal und konservativ beziehen, Verzweiflung über die Widersprüche, die sie in sich selbst wahrnehmen (Harter & Monsour, 1992). Im Alter von etwa 20 Jahren, im Zusammenhang mit der Entwicklung abstrakter Systeme, die multiple Aspekte von Persönlichkeit und Beziehungen verknüpfen, können viele koreanische junge Erwachsene in große Not geraten über die Widersprüche zwischen dem, was sie in der Öffentlichkeit darstellen und wie sie sich privat verhalten, wenn sie mit ihren engsten Freunden und Familienmitgliedern zusammen sind.

Wie diese anderen emotionalen Konflikte entwickelt sich auch der Ödipuskonflikt, und er scheint normal zu sein – zumindest bei kleinen Kindern aus Kernfamilien. Er ist eine natürliche Folge der sich entwickelnden Teilnahme der Kinder an den sozialen Rollenbeziehungen in ihren Familien, und seine Auflösung ist gleichermaßen eine natürliche Folge der weiteren Entwicklungen im Zusammenhang mit der Teilnahme der Kinder an Rollenbeziehungen. Er ist jedoch nur eine aus einer ganzen Palette von emotionalen Verwirrungen, die mit fortschreitender Entwicklung ganz natürlich entstehen, wobei auf jedem neuen Niveau nicht nur neues Wissen und Verständnis möglich wird, sondern auch neue Verwirrung und Aufruhr entstehen.

Schlussfolgerung: Emotionale Konflikte in der Entwicklung sozio-emotionaler Beziehungen

Die Analyse des Ödipuskomplexes aus der Perspektive des *Modells der dynamischen Entwicklung von Fähigkeiten* eröffnet einen allgemeinen Ansatz für die Analyse der sozio-emotionalen Entwicklung von Kindern. Der Ödipuskonflikt entsteht aufgrund der Verwirrungen, die sich ergeben, wenn Kinder Fähigkeiten für sozio-emotionale Rollenbeziehungen in traditionellen Kernfamilien entwickeln. Was an der sozio-emotionalen Entwicklung universal ist, ist die allgemeine Abfolge von einzelnen sozialen Kategorien, gefolgt von sozialen Rollenbeziehungen, weiter gefolgt von sozialen Rollenüberschneidungen. Spezifische Familien und Kulturen bestimmen den Inhalt der Kategorien und Rollen, die Kinder konstruieren. Der spezifische Verlauf, den die Entwicklung jedes einzelnen Kindes nimmt, ergibt sich aus den Aktivitäten des Kindes in dem sozialen Umfeld, in dem es aufwächst. Für jede Art von Entwicklungsverlauf entwickeln Kinder spontane Verwirrungen und Konflikte, die durch besondere Entwicklungsniveaus in Verbindung mit spezifischen Beziehungsmustern in Familien erzeugt werden. Dies ist der Kern des Ödipuskonflikts – ein Muster von emotionalen Verwirrungen, die durch ein Zusammenspiel von Entwicklungsniveau und sozialem Umfeld erzeugt werden. Er ist eines der vielen emotionalen Konflikte, die Menschen erleben, wenn sie in Beziehungen mit anderen leben und heranwachsen.

Literatur

Ainsworth, M.D./Blehar, M./Waters, E./Wall, S.: (1978) Patterns of attachment: A psychological study of the strange situation. Hillsdale, NJ: Erlbaum.

Barnett, D./Manly, J.T./Cicchetti, D.: (1993) Defining child maltreatment: The interface between policy and research. In: Cicchetti, D./Toth, S. L. (Hrsg.): Child abuse, child development, and social policy . Norwood, N.J.: Ablex, 7–74.

Barrett, K.C./Campos, J.J.: (1987) Perspectives on emotional development II: A functionalist approach to emotions. In: Osofsky, J. (Hrsg.): Handbook of infant development. New York: Wiley, 2nd ed., 555–578.

Benedict, R.: (1934) Patterns of culture. Boston: Houghton Mifflin.

Bowlby, J.: (1969) Attachment and loss. Vol. 1: Attachment. New York: Basic Books.

Bronfenbrenner, U.: (1993) The ecology of cognitive development: Research models and fugitive findings. In: Wozniak, R. H./Fischer, K. W. (Hrsg.): Development in context: Acting and thinking in specific environments. Hillsdale, NJ: Erlbaum, 3–44.

Campos, J.J./Barrett, K.C./Lamb, M.E./Goldsmith, H.H./Sternberg, C.: (1983) Socioemotional development. In: Haith, M.M./Campos, J.J. (Hrsg.)/P.H. Mussen (Hrsg. der Gesamtreihe): Handbook of child psychology: Vol. 2. Infancy and developmental psychobiology. New York: Wiley, 4th ed., 783–915.

Clark, K. B./Clark, M.K.: (1939) The development of consciousness of self and the emergence of racial identification in Negro preschool children. Journal of Social Psychology 10: 591–599.

Clark, K. B./Clark, M.K.: (1958) Racial identification and preference in Negro children. In: Maccoby, E.E./Newcomb, T.M./Hartley, E.L. (Hrsg.): Readings in social psychology. New York: Holt, 3rd ed., 602–611.

Edmunds, L./Dundes, A. (Hrsg.): (1995) Oedipus: A folklore casebook. Madison: University of Wisconsin Press.

Edwards, C.P.: (1984) The age group labels and categories of preschool children. Child Development 55: 440–452.

Eggan, D.: (1943) The general problem of Hopi adjustment. American Anthropologist 45: 357–373.

Eibl-Eibesfeldt, I.: (1989) Human ethology. New York: Aldine de Gruyter.

Ekman, P./Friesen, W.V./O'Sullivan, M./Chan, A./Diacoyanni-Tarlatis, I./Heider, K./Krause, R./LeCompte, W.A./Pitcairn, T./Ricci-Bitti, P.E./Scherer, K./Tomita, M./Tzavaras, A.: (1987) Universals and cultural differences in the judgments of facial expressions of emotion. Journal of Personality and Social Psychology 53: 712–717.

Feather, N.T.: (1969) Attribution of responsibility and valence of success and failure in relation to initial confidence and task performance. Journal of Personality and Social Psychology 13: 129–144.

Fischer, K.W.: (1980) A theory of cognitive development: The control and construction of hierarchies of skills. Psychological Review 87: 477–531.

Fischer, K.W./Ayoub, C.: (1994) Affective splitting and dissociation in normal and maltreated children: Developmental pathways for self in relationships. In: Cicchetti, D./Toth, S.L. (Hrsg.): Rochester Symposium on Developmental Psychopathology: Vol. 5. Disorders and dysfunctions of the self. Rochester, NY: Rochester University Press, 149–222.

Fischer, K.W./Ayoub, C.C./Noam, G.G./Singh, I./Maraganore, A./Raya, P.: (1997) Psychopathology as adaptive development along distinctive pathways. Development and Psychopathology 9: 751–781.

Fischer, K.W./Bidell, T.R.: (1998) Dynamic development of psychological structures in action and thought. In: Lerner, R.M. (Hrsg.)/Damon, W. (Hrsg. der Gesamtreihe): Handbook of child psychology: Vol. 1. Theoretical models of human development. New York: Wiley, 5th ed., 467–561.

Fischer, K.W./Farrar, M.J.: (1987) Generalizations about generalization: How a theory of skill development explains both generality and specificity. Special Issue: The neo-Piagetian theories of cognitive development: Toward an integration. International Journal of Psychology 22(5–6): 643–677.

Fischer, K.W./Hand, H.H./Watson, M.W./Van Parys, M./Tucker, J.: (1984) Putting the child into socialization: The development of social categories in preschool children. In: Katz, L. (Hrsg.): Current topics in early childhood education. Norwood NJ: Ablex 5: 27–72.

Fischer, K.W./Knight, C.C./Van Parys, M.: (1993a). Analyzing diversity in developmental pathways: Methods and concepts. In: Edelstein, W./Case, R. (Hrsg.): Constructivist approaches to development. Contributions to Human Development. Basel, Switzerland: S. Karger 23: 33–56.

Fischer, K.W./Rose, S.P.: (1994). Dynamic development of coordination of components in brain and behavior: A framework for theory and research. In: Dawson, G./Fischer, K.W. (Hrsg.): Human behavior and the developing brain. New York: Guilford Press, 3–66.

Fischer, K.W./Rotenberg, E.J./Bullock, D.H./Raya, P.: (1993b). The dynamics of competence: How context contributes directly to skill. In: Wozniak, R. H./Fischer, K. W. (Hrsg.): Development in context: Acting and thinking in specific environments. The Jean Piaget symposium series. Hillsdale, NJ: Erlbaum, 93–117.

Fischer, K.W./Shaver, P.R./Carnochan, P.: (1990) How emotions develop and how they organise development. Cognition & Emotion 4(2): 81–127.
Fischer, K.W./Wang, L./Kennedy, B./Cheng, C.: (1998) Culture and biology in emotional development. In: Sharma, D./Fischer, K. W. (Hrsg.): Socioemotional development across cultures. New Directions for Child Development. San Francisco: Jossey-Bass 81: 21–43.
Fischer, K.W./Watson, M.W.: (1981) Explaining the Oedipus conflict. In: Fischer, K.W. (Hrsg.): Cognitive development. New Directions for Child Development. San Francisco: Jossey-Bass 12: 79–92.
Freud, S.: (1955) Analysis of a phobia in a five-year-old boy (Strachey, J.A., Trans.). In: Strachey, J.A. (Hrsg.): Standard edition of the complete psychological works of Sigmund Freud. London: Hogarth Press 10: 3–152. (Originally published, 1909).
Freud, S.: (1965) New introductory lectures on psychoanalysis (Strachey, J., Trans.). New York: Norton. (Originally published, 1933).
Frijda, N.H.: (1986) The emotions. Cambridge, England: Cambridge University Press.
Greenwald, A.G.: (1980) The totalitarian ego: Fabrication and revision of personal history. American Psychologist 35: 603–618.
Harter, S.: (1982) Cognitive-developmental considerations in the conduct of play therapy. In: Schaefer, C.E./O'Connor, K.H. (Hrsg.): Handbook of play therapy. New York: Wiley, 119–160.
Harter, S.: (1986) Cognitive-developmental processes in the integration of concepts about emotions and the self. Social Cognition 4: 119–151.
Harter, S.: (1999) The construction of self: A developmental perspective. New York: Guilford.
Harter, S./Monsour, A.: (1992) Developmental analysis of conflict caused by opposing attributes in the adolescent self-portrait. Developmental Psychology 28: 251–260.
Heinstein, M.: (1969) Behavior problems of young children in California. Berkeley, CA: Bureau of Maternal and Child Health, Dept. of Public Health, California.
Kagan, J.: (1958) The concept of identification. Psychological Review 65: 296–305.
Kagan, J.: (1984) The nature of the child. New York: Basic Books.
King, P.M./Kitchener, K.S.: (1994) Developing reflective judgment: Understanding and promoting intellectual growth and critical thinking in adolescents and adults. San Francisco: Jossey-Bass.
Kitchener, K.S./Fischer, K.W.: (1990) A skill approach to the development of reflective thinking. In: Kuhn, D. (Hrsg.): Developmental perspectives on teaching and learning thinking skills. Contributions to Human Development. Basel, Switzerland: S. Karger 21(4):48–62.
Kohlberg, L.: (1966) A cognitive developmental analysis of children's sex-role concepts and attitudes. In: Maccoby, E. (Hrsg.): The development of sex differences. Stanford, CA: Stanford University Press.
Lazarus, R.S.: (1991) Emotion and adaptation. New York: Oxford University Press.
Leslie, A.: (1987) Pretense and representation: The origins of »theory of mind«. Psychological Review 94: 412–426.
Levi-Strauss, C.: (1969) The raw and the cooked (Weightman, J. & D., Trans.). New York: Harper & Row.
Marcus, D.E./Overton, W.F.: (1978) The development of cognitive gender constancy and sex role preferences. Child Development 49: 434–444.
Mead, M.: (1963) Sex and temperament in three primitive societies. New York: Morrow.
Noam, G.G.: (1998) Clinical-developmental psychology: Towards developmentally differentiated interventions. In: Sigel, I./Renninger, K.A. (Hrsg.)/Damon, W. (Series Hrsg.):

Handbook of child psychology: Vol. 4. Child psychology in practice. New York: Wiley, (5th ed.,)

Noam, G.G.: (1999) The psychology of belonging: Reformulating adolescent development. In: Esman, A. H./Flaherty, L. T. (Hrsg.): Adolescent psychiatry: Development and clinical studies. Annals of the Am. Soc. for Adolescent Psychiatry 24: 49–68.

Noam, G.G./Fischer, K.W.: (1996) Development and vulnerability in close relationships. Hillsdale, NJ: Erlbaum.

Noam, G.G./Röper, G.: (1999): Auf dem Weg zu entwicklungspsychologisch differenziellen Interventionen. In: Oerter, R./von Hagen, C./Röper, G./Noam, G.G. (Hrsg.): Klinische Entwicklungspsychologie. Weinheim: Psychologie Verlags Union, 478–511.

Parsons, A.: (1969) Belief, magic, and anomie: Essays in psychosocial anthropology. New York: Free Press.

Perner, J.: (1992) Grasping the concept of representation: Its impact on 4–year-olds' theory of mind and beyond. Human Development 35: 146–155.

Perry, W.G., Jr.: (1970) Forms of intellectual and ethical development in the college years. New York: Holt, Rinehart, & Winston.

Pipp, S./Fischer, K.W./Jennings, S.: (1987) Acquisition of self and mother knowledge in infancy. Developmental Psychology 23(1): 86–96.

Seligman, M.E.P.: (1975) Helplessness: On depression, development, and death. San Francisco: W.H. Freeman.

Shaver, P.R./Schwartz, J./Kirson, D./O'Connor, C.: (1987) Emotion knowledge: Further exploration of a prototype approach. Journal of Personality and Social Psychology 52: 1061–1086.

Spencer, M.B./Brookins, G.K./Allen, W.R. (Hrsg.): (1985) Beginnings: The social and affective development of black children. Hillsdale, NJ: Elrbaum.

Spiro, M.E.: (1993) Oedipus in the Trobriands. New Brunswick, NJ: Transaction Publishers.

Tesser, A./Martin, L.: (1996) The psychology of evaluation. In: Higgins, E.T./Kruglanski, A.W. (Hrsg.): Social psychology: Handbook of basic principles. New York: Guilford, 400–432.

Wallbott, H.G./Scherer, K.R.: (1995) Cultural determinants in experiencing shame and guilt. In: Tangney, J.P./Fischer, K.W. (Hrsg.): Self-conscious emotions: The psychology of shame, guilt, embarrassment, and pride. New York: Guilford, 466–488.

Wallerstein, J./Corbin, S.B./Lewis, J.M.: (1988) Children of divorce: A ten-year study. In: Hetherington, E.M./Arasteh, J. (Hrsg.): Impact of divorce, single-parenting, and stepparenting on children. Hillsdale, NJ: Erlbaum, 198–214.

Watson, M.W.: (1984) Development of social role understanding. Developmental Review 4: 192–213.

Watson, M.W./Fischer, K.W.: (1977) A developmental sequence of agent use in late infancy. Child Development 48: 828–835.

Watson, M.W./Fischer, K.W.: (1980) Development of social roles in elicited and spontaneous behavior during the preschool years. Developmental Psychology 16: 484–494.

Watson, M.W./Fischer, K.W.: (1993) Structural changes in children's understanding of family roles and divorce. In: Cocking, R. R./Renninger, K. A. (Hrsg.): The development and meaning of psychological distance. Hillsdale, NJ: Erlbaum, 123–140.

Watson, M.W./Getz, K.: (1991) The relationship between Oedipal behaviors and children's family role concepts. Merrill-Palmer Quarterly 36: 487–505.

Westen, D.: (1989) Are ›primitive‹ object relations really preoedipal? American Journal of Orthopsychiatry 59: 331–345.

Westen, D.: (1994) The impact of sexual abuse on self structure. In: Cicchetti, D./Toth, S.L. (Hrsg.): Rochester Symposium on Development and Psychopathology: Vol. 5. Disorders and dysfunctions of the self. Rochester, NY: University of Rochester, 223–250.

Wolff, P.H.: (1967) Cognitive considerations for a psychoanalytic theory of language acquisition. In: Holt, R.R. (Hrsg.): Motives and thought: Psychoanalytic essays in honor of David Rapaport. Psychological Issues, 5.

Wolf, D.: (1982) Understanding others: A longitudinal case study of the concept of independent agency. In: Forman, G. (Hrsg.), Action and thought: From sensorimotor schemes to symbolic operations. New York: Academic Press.

Spieltherapie:
Ein handlungstheoretischer Ansatz

Rolf Oerter

Spiel ist eine Handlung, an der eine oder mehrere Personen beteiligt sind. Spielhandlungen sind in der Kindheit immer mit Gegenständen verbunden und lassen sich gut beobachten. Daher eignet sich ein handlungstheoretischer Ansatz besonders gut als Grundlage für Diagnose und Intervention durch Spiel. Wir werden zunächst drei wichtige Merkmale des Spiels darstellen und daran gewisse Vorteile von Spielhandlungen gegenüber Ernsthandlungen herausarbeiten. Sodann werden drei Handlungsebenen nach Leontjew eingeführt und auf Spielintervention bezogen. Dies geschieht anhand des gemeinsamen Gegenstandsbezugs, dem eine Schlüsselrolle in Diagnose und Intervention durch Spiel zukommt. Auf dieser Basis werden dann wichtige Aspekte von Diagnose und Intervention dargestellt, wobei das Vorgehen anhand kasuistischer Beispiele erläutert wird. Die Förderungsmöglichkeiten werden im Rahmen des Wygotski-Konzeptes der Zone nächster Entwicklung behandelt. Schließlich erfolgt eine Ausweitung des hier vorgetragenen Ansatzes auf die systemische Perspektive.

Merkmale des Spiels

Wir konzentrieren uns auf drei generelle Merkmale, die mit unterschiedlicher Gewichtung in allen Spielformen und letztlich auch in allen Altersstufen vorkommen. Das erste Merkmal ist der *Selbstzweck* des Spiels. Es wird um seiner selbst willen betrieben und dient nicht einem Zweck außerhalb des Spiels. Anders ausgedrückt, Spielhandlungen bleiben ohne Konsequenzen. Die damit verbundene Motivation ist daher intrinsisch und oft mit dem Flow-Erlebnis verbunden. Kennzeichen des Flow sind beim Spiel vor allem der Verlust des Zeitgefühls, die Versenkung in die Spielhandlung und damit oft eine Verwischung der Grenzen zwischen Selbst und Umwelt, schließlich die Freude über die Meisterung einer Aufgabe (»Schau, was ich kann!«).

Die Vorteile für Förderungs- und Therapiemöglichkeiten liegen auf der Hand. Eine Tätigkeit, die um ihrer selbst willen betrieben wird, erfordert keine willentlichen Impulse, um bei der Sache zu bleiben. Es entsteht, solange die Spielhaltung aufrechterhalten werden kann, keine Langeweile. Das Flow-Erlebnis sorgt für eine besondere emotionale Verfassung, die im Großen und Ganzen eher lustvoll als quälend ist. Bei jüngeren Kindern lässt sich so in Ruhe beobachten und diagnostizieren, aber auch fördern und therapieren. Die Ermüdung ist gering und wird während des Spiels vom Akteur nicht bemerkt. So kommt es, dass die gleiche Handlung einmal unermüdlich ausgeführt werden kann, nämlich im Spiel, und das andere Mal schon nach kurzer Zeit zum Überdruss führt, nämlich bei »Ernstsituationen«, wie in der Arbeit oder im Unterricht.

Damit sind wir bereits beim zweiten Merkmal, der *Wiederholung* und dem *Ritual*. Einzelhandlungen werden im Spiel unzählige Male wiederholt, wobei kaum Ermüdungserscheinungen auftreten. Die Wiederholung dient mehreren Zwecken. Einmal erfährt das Kind durch die Handlung positive Verstärkung und sucht diesen Effekt wieder herbeizuführen. Durch wiederholendes Probieren gelingt eine intendierte Handlung immer besser, so dass Wiederholung zur Optimierung der Handlung beiträgt. Schließlich arbeitet das Kind durch Wiederholung traumatische Erlebnisse auf. Sie werden im Spiel umgestaltet, erhalten z. B. einen guten Ausgang und führen so zum Abbau von Ängsten.

Vielfach haben die Spielhandlungen der Kinder Ritualcharakter, sie werden übertrieben, mit prägnanter Gestalt durchgeführt. Rituale verleihen Sicherheit und vermitteln zugleich eine Überhöhung der Selbsterfahrung. Durch ritualisiertes Handeln erlebt man sich aus dem Alltag hervorgehoben, die Welt verliert an Trivialität, das Geschehen wird überhöht.

Wiederum zeigt sich der Gewinn im Spiel auch bei diesem Merkmal unmittelbar. Da Wiederholung keine oder kaum Ermüdung mit sich bringt, kann im wahrsten Sinn des Wortes durch Übung »spielend« gelernt werden. Defizite, die im Alltag für das Kind sehr belastend sein können, werden relativ mühelos beseitigt. Rituale helfen dem Kind, seine Machtlosigkeit und den starken Sozialisationsdruck zumindest illusionär zu überwinden.

Dies führt uns zum dritten Merkmal, der *Realitätstransformation*. Im Spiel schafft sich das Kind einen anderen Realitätsrahmen, in dem es folgenlos agieren kann, seine Wünsche illusionär (dafür aber sofort) befriedigt und die Realität zu seinen Gunsten verändert. Der Kunstgriff der Realitätsveränderung schützt das Kind vor einseitigem Sozialisationsdruck, stärkt das Selbst und fördert zudem die Beweglichkeit von Repräsentationsleistungen, die das Denken in Möglichkeiten, Alternativen und damit auch Denken als Planen beinhaltet. Aber es dominiert nicht das rationale Denken, sondern das Wunschdenken. Die persönlichen Bedürfnisse und Anliegen und somit die Gestaltung der Welt nach eigenem »Bild und Gleichnis« bestimmen das Spiel.

Die Realitätstransformation macht das Spiel eigentlich erst zum idealen Medium für Intervention und Therapie. Im Spiel kann sich das Kind direkt und ohne soziale Barrieren ausdrücken. Das bedeutet, dass Wünsche, Ziele, Aggressionen und Tabus hier legitim ausgelebt werden können. Die unterschiedlichsten Spielansätze haben sich vor allem auf diesen Aspekt konzentriert (vgl. Sammelband von O'Conner & Braverman, 1997, in dem 13 Therapien am gleichen Fall durchgespielt werden). Andererseits dient die Realitätstransformation nicht nur egozentrischen Zwecken, sondern auch gemeinsamen Anliegen. Im Rollenspiel beispielsweise finden sich Kinder zu einem gemeinsamen Spielthema zusammen, die Rollen bzw. individuellen Wünsche müssen aufeinander abgestimmt werden. Solche sozialen Fertigkeiten sind aufgrund der Realitätstransformation leichter möglich, da die Handlungen fiktiven Charakter haben und folgenlos bleiben.

Drei Ebenen der Spielhandlung

Leontjew (1977) führt den Tätigkeitsbegriff der russischen Schule (Wygotski, 1987; Luria, 1976) weiter und unterscheidet drei Ebenen der Handlung. Die unterste Ebene bilden die *Operationen*. Dies sind automatisierte Handlungen, die z.T. sehr rasch ablaufen, nicht mehr bewusst sind sowie wenig Speicherplatz im Arbeitsgedächtnis und wenig psychische Energie brauchen. Operationen sind nötig, um überhaupt Handlungen durchzuführen. Zu ihnen gehören Greifen, Gehen, Laufen, Sprechen, aber auch Lesen und Schreiben.

Die nächste Ebene bilden die *Handlungen*. Sie laufen bewusst ab und sind zielgerichtet. Während Operationen Mittel für Handlungen darstellen, gehört zu den Handlungen selbst konstitutiv das Ziel. Handlungen sind hierarchisch geordnet. Einfache Handlungen, wie »die Puppe kämmen«, fügen sich in übergeordnete Handlungen, wie »die Puppe pflegen«, ein. Diese wiederum können in gemeinsames Handeln, wie ein Rollenspiel mit der Puppe, eingebettet sein. Spielhandlungen lassen sich sowohl nach Themen (Pflegen, Familie, Autofahren, Superman etc.) als auch nach der Spielform (Als-ob-Spiel, Rollenspiel, Konstruktionsspiel, Regelspiel) klassifizieren. Eine Systematisierung von solchen Handlungen ist für Interventionsaspekte wichtig, da sich altersspezifische Defizite ausmachen lassen, die im Spiel behoben werden können.

Die oberste Ebene ist die *Tätigkeitsebene*. Sie stellt den Rahmen für Handlungen dar und gibt das Motiv und den Sinn für die Handlungen ab. Die Tätigkeitsebene ist nicht oder nur teilweise bewusst. Da sie aus den gesamten bisherigen Lebenserfahrungen entspringt, kann sie niemals simultan repräsentiert werden, weil unser Arbeitsspeicher dafür zu klein ist. Im Spiel bildet die Tätigkeitsebene zunächst die jeweilige Thematik ab, die das Kind beschäftigt, z.B. Geschwisterrivalität, Erwachsen-werden-wollen, Auseinandersetzung mit Krankheit, Strafe, Unfall etc. Daneben gibt es noch eine allgemeine Auseinandersetzung des Selbst mit der Umwelt, die sich vor allem im Umgang mit Gestaltungsmaterialien zeigt, wie mit Wasser, Plastilin und Bausteinen. Beispiele für die Tätigkeitsebene im Spiel sind die Bearbeitung der Ablösung (relative Selbständigkeit) mit etwa zwei Jahren, die Wiederholung eines traumatischen Erlebnisses (z.B. sich verlaufen), Konflikte zwischen den Eltern und Schulprobleme.

Die bisherigen Spieltherapien setzen fast ausnahmslos auf der Tätigkeitsebene an, weil sie vor allem bei psychischen Störungen angewandt werden, die mit solchen Thematiken, vor allem mit der Bearbeitung traumatischer Erlebnisse zu tun haben. Obwohl diese Sicht etwas einseitig ist, da die übrigen Ebenen nicht beachtet werden, ist die Tätigkeit als Thematik des Spiels doch von besonderer Bedeutung, weshalb eine vorläufige Systematisierung versucht werden soll.

Tätigkeit kann generell als die typische Form der Auseinandersetzung zwischen Umwelt und einem Organismus verstanden werden, der Selbstbewusstsein und die Fähigkeit besitzt, die Umwelt und sich selbst ein zweites Mal, unabhängig von der aktuellen Wahrnehmung zu repräsentieren. Diese Fähigkeit führt zu einem besonderen Verhältnis zwischen Selbst und Umwelt, das durch die beiden Begriffspaare Aneignung – Vergegenständlichung und Subjektivierung – Objektivierung gekennzeichnet werden kann. Das erste Begriffspaar beschreibt in quasiräumlichen Termini die Auseinandersetzung mit der Umwelt. Bei der *Vergegenständlichung* wirkt der Akteur in die Umwelt hinein, verändert sie durch die Benutzung von Gegenständen oder durch die Herstellung neuer Gegenstände. Im Spiel zeigt sich Vergegenständlichung als Konstruieren (Bauen, Gestalten, Zeichnen, Improvisieren, Bewegungserfindung), durch handlungsmäßige Darstellung eines Spielthemas, durch Erzählen oder Erfinden von Geschichten und schließlich durch Handeln in Regelspielen. Bei der Vergegenständlichung sind grob- und feinmotorische Leistungen, die Sprache und das Singen beteiligt. Aber immer spielen auch kognitive Leistungen, wie Denken und Planen eine wichtige Rolle.

Die *Aneignung* ist die gegenläufige Bewegung, sie nimmt Umweltereignisse auf, indem sie in das bisherige Wissen eingeordnet werden oder indem das, was man an Bewegungen und Fertigkeiten beobachtet hat, durch Nachahmung und Übung gelernt wird. Bei der Aneignung sind also Prozesse der Wahrnehmung, der Nachahmung, der Übung und Wiederholung sowie des Gedächtnisses und der kognitiven Strukturierung beteiligt.

Eine typische Form des Zusammenspiels von Vergegenständlichung und Aneignung zeigt sich im folgenden Ablauf: Das Kind beobachtet ein Ereignis in einer bestimmten Situation und spielt das Ereignis nach, so etwa den Zirkusbesuch, den Besuch des Tiergartens oder die Beobachtung eines Verkehrsunfalls. Bezeichnenderweise wird aber die Szene nicht genau nachgespielt, sondern entsprechend der jeweiligen Thematik auf der Tätigkeitsebene umgeformt. Beim Zirkusspiel ist das Kind selbst der Akrobat, beim Verkehrsunfall der Polizist oder Arzt usw. Auch der Ausgang des Geschehens wird oft verändert.

Subjektivierung und Objektivierung beziehen sich auf die Erkenntnishaltung des Akteurs. Bei der *Subjektivierung* wird das Handlungsgeschehen den subjektiven Bedürfnissen und Wissensstrukturen angepasst. Bei der *Objektivierung* richtet sich der Akteur nach den physikalischen und sozialen Gegebenheiten. Tabelle 1 veranschaulicht das Zusammenwirken der vier Handlungskomponenten an Beispielen aus dem Spiel. Subjektivierende Aneignung haben wir beim Anhören von Geschichten und Anschauen von Fernsehfilmen vor uns, denn dabei geht es schwerpunktmäßig um das Ansprechen der eigenen Bedürfnisse und Wünsche. Subjektivierende Vergegenständlichung zeigt sich im Als-ob-Spiel, da das Kind Szenarien aus der Umwelt übernimmt, sie aber gemäß der eigenen Bedürfnislage gestaltet.

Sinnstrukturen und Transformation

Tabelle 1: Das Zusammenwirken von vier Handlungskomponenten im Spiel

	Subjektivierung	Objektivierung
Aneignung	Geschichten anhören; eine Fernsehsendung ansehen	Buch anschauen und Bilder benennen
Vergegenständlichung	Als-ob-Spiel; Rollenspiel (je nach Genauigkeit der Imitation auch objektivierend)	Puzzle zusammenlegen; ein Gebäude mit Bausteinen errichten

Objektivierende Aneignung zeigt sich beim Buchanschauen, wenn das Kind Bilder und Szenen benennt und beschreibt. Handlungen, wie das Zusammenlegen eines Puzzles oder das Errichten eines Bauwerkes mit Bauklötzen sind Beispiele für objektivierende Vergegenständlichung, denn nur wenn objektiv-physikalische bzw. geometrische Sachverhalte berücksichtigt werden, kann das Vorhaben gelingen. Das Rollenspiel ist je nach Realitätsnähe eher objektivierend oder eher subjektivierend.

Die vier Grundkomponenten von Handlung bilden den allgemeinen Rahmen menschlicher Tätigkeit. Sie gewährleisten emotionale Sicherheit, das Bewusstsein von Kontrolle und ein Realitätsverständnis, das auf dem jeweils erreichten Niveau angemessen zu handeln erlaubt. Damit dienen auch im Spiel die genannten Handlungskomponenten der mentalen Hygiene und gewährleisten eine gedeihliche Entwicklung.

Infolge der wachsenden Lebenserfahrung, der anstehenden Entwicklungsaufgaben und der aktuellen Bedürfnisse entwickeln sich aus dem allgemeinen Person-Umwelt-Verhältnis Thematiken, die zur Bearbeitung anstehen. Solche Thematiken lassen sich in längerfristige bzw. langfristige und kurzfristige Thematiken aufgliedern. Eine Möglichkeit der Systematisierung langfristiger Thematiken ist die Orientierung an Entwicklungsaufgaben. Sie stellen sich als kulturell normierte Ziele zu bestimmten Zeitpunkten ein und können im Spiel vorweggenommen und bearbeitet werden. In diesem Falle kann man von Entwicklungsthematiken sprechen. Sie reichen von dem allgemeinen Entwicklungsziel des Erwachsenwerdens bis zur Auseinandersetzung mit aktuell anstehenden Entwicklungsaufgaben, wie der Sauberkeitserziehung, dem Kindergartenbesuch und dem Schuleintritt. Eine zweite Gruppe von Thematiken hat mit der Entwicklung und Ausformung des Selbst zu tun, ohne dass dabei die Kultur konkrete Aufgaben vorschreiben würde. Solche Thematiken sind Bindung und Bezogenheit sowie Autonomie und Kontrolle. Beide allgemein anthropologischen Anliegen verschränken sich dann mit kulturellen Normen. Kinder spielen diese Thematiken in vielfältiger Weise aus. Im Folgenden seien einige Beispiele zur Verdeutlichung angeführt.

Kinder zeigen im Spiel oft Allmachtsfantasien, so wenn sie z.B. Tiere oder menschliche Figuren fliegen lassen (Überwindung der Schwerkraft), zaubern, den

Superman oder Pippi Langstrumpf spielen, oder wenn sie Spielfiguren töten und wieder auferstehen lassen. Autonomie, Macht und Kontrolle ist ein Themenbereich, der mit zunehmendem Alter gleich bedeutsam bleibt, im Spiel aber inhaltlich modifiziert wird. Gewöhnlich nehmen nach unseren Beobachtungen Allmachtsphantasien ab und weichen konkreteren und realistischeren Bemühungen um Macht und Kontrolle, so etwa als Sieg im Regelspiel, als Machtfigur im Rollenspiel und als Fertigstellung eines Bauwerkes oder eines Bildes im Konstruktionsspiel.

Beziehungsthematiken drücken sich besonders in zwei Feldern aus, der Geschwisterrivalität und den Beziehungen zu den Eltern. Als Beispiel für die Bearbeitung der Geschwisterrivalität sei ein Junge angeführt, der beim Spiel mit einem Eisenbahnzug nur männliche Figuren mitfahren lässt und bei der Auswahl von Puppen aus dem Szeno-Test alle weiblichen Puppen auf den Boden wirft, wobei er ruft »die brauch' ich nicht!« Der Junge, der sich durch die Steuerungsversuche und das Herumkommandieren der älteren Schwester drangsaliert fühlt, versucht dieses Geschwisterverhältnis zu bewältigen und verallgemeinert seine Ablehnung auf alle weiblichen Personen. Ein zweites Beispiel bezieht sich auf die Verarbeitung des Verlustes des Vaters, der die Familie verlassen hat. Ein viereinhalbjähriges Mädchen verliebt sich in einen griechischen Jungen aus dem Kindergarten und lässt ihn im Spiel als fiktive Person erscheinen. Er liegt bei ihr im Bett, wird später gefangen genommen und wieder aus dem Gefängnis befreit. Schließlich stirbt er und erwacht wieder zum Leben. Thematisiert wird in dieser illusionären Beziehung vor allem die Kontrolle über den Partner. Das Mädchen, dessen Spiel wir über ein Jahr lang beobachtet haben, erfährt an sich selbst die Unsicherheit von Beziehungen. Der geliebte Vater verschwindet aus ihrem Gesichtskreis. Die Mutter geht neue, aber nicht dauerhafte Beziehungen ein und ist auch nicht immer verfügbar. Die Bewältigung dieser Situation geschieht illusionär durch ein Maximum an Kontrolle. Der geliebte Partner steht jederzeit zur Verfügung. Zudem drückt das Kind die extremste Form der Kontrolle über den Partner aus, es ist Herrin über Leben und Tod (Näheres s. Oerter, 1999, S. 242).

Der gemeinsame Gegenstandsbezug: Das Kernstück der Interaktion

Arten von Gegenständen im Spiel

Wenn man das Spiel handlungstheoretisch erklärt und zudem empirisch untersuchen will, dann benötigt man eine weitere Konkretisierung. Menschliches Handeln bezieht sich immer auf Gegenstände. Solche Gegenstände lassen sich mit Popper (1973) in drei Klassen einteilen: materielle Objekte, Gegenstände des Wissens und psychologische Gegenstände (Begriffe für psychische Zustände und Prozesse). Für das Spiel des Kindes sind zunächst materielle Objekte wichtig. Zu ihnen gehören Personen und Sachen. Letztere stehen in unserer Kultur als Spielzeug zur Verfügung, wobei zwischen Replika (Nachbildungen, wie Puppen, Autos und Häuser), vieldeutigem Spielmaterial (Bauklötze) und Werkzeugen (wozu auch Sportgeräte gehören) unterschieden werden kann.

Eine weitere Gruppe von Gegenständen bilden die Spielthemen, die Sujets, die den Spielrahmen darstellen. Sprachlich äußern sie sich in der Wendung »jetzt spielen wir...«. Sujets müssen im Rollenspiel oder in anderen Formen des Sozialspiels vereinbart werden, weshalb sie hier auch explizit werden. Im Solitärspiel erschließt sich die Thematik als Spielgegenstand entweder aus dem Handlungszusammenhang oder aus den Kommentaren des Kindes. Das Sujet als Spielgegenstand ordnet und gruppiert die Einzelhandlung, bestimmt aber auch den merkwürdigen Gebrauch von materiellen Gegenständen bei Spielhandlungen. Dieser besteht in der Umdeutung des Gegenstandes bzw. der auf den Gegenstand bezogenen Handlung. Sobald das Kind in der Lage ist, Vorstellungen über Gegenstände und Handlungen zu entwickeln, »missbraucht« es diese Vorstellungen, indem es reale Handlungen und Objekte umdeutet und sie so zu seiner Spielrealität macht. Auf diese Weise erreicht das Kind zweierlei. Symbolische oder Als-ob-Handlungen dienen der Befriedigung eigener Wünsche, die außerhalb des Spiels nicht erfüllt werden können. Diese Handlungen sind überdies leicht realisierbar, weil sie nur rudimentär oder nur ungefähr die Realhandlung wiedergeben. Der Unterschied zwischen echtem Autofahren und symbolischem Autofahren beim Schieben eines Spielautos ist gewaltig, ebenso der Unterschied zwischen akrobatischen Leistungen im Zirkus und Als-ob-Zirkusspiel. Symbolhandlungen haben daher auch eine Schlüsselfunktion bei der Intervention und Therapie, wie noch zu zeigen sein wird.

Der gemeinsame Gegenstandsbezug

Sowohl für Intervention als auch für alle Formen sozialer Interaktion im Spiel interessiert nun nicht nur der Gegenstandsbezug schlechthin, sondern mehr noch, wie sich zwei oder mehr Personen auf den Gegenstand richten und ihn so zu einem gemeinsamen Gegenstand machen. Theoretisch betrachtet ist jede reife soziale Interaktion ein gemeinsamer Gegenstandsbezug. Wenn zwei Personen in Kontakt treten, dann interagieren oder kommunizieren sie über einen gemeinsamen Gegenstand. Kooperatives Handeln beispielsweise bedeutet, dass zwei oder mehr Partner etwas Gemeinsames (gleiche oder komplementäre Aktionen) am Gegenstand ausführen. Kompetitives Handeln bedeutet Kampf um den gemeinsamen Gegenstand. Kommunikation beinhaltet immer Kommunikation über etwas, und Schwierigkeiten bei der Kommunikation bedeuten, dass man sich über den Gegenstand nicht einig ist bzw. über unterschiedliche Gegenstände redet.

Im Spiel richtet sich der gemeinsame Gegenstandsbezug zunächst auf materielle Objekte (menschliche Partner, Spielsachen, Gebrauchsgegenstände). Diese

Objekte erhalten im Spiel oft eine andere Bedeutung als in der sozialen und physikalischen Realität. Weiterhin ist der gemeinsame Gegenstand aber auch das Spielthema, das die Spielteilnehmer zusammenführt. Innerhalb des Spielthemas tragen Rollen und Rollenhandlungen zum gelingenden Gegenstandsbezug bei. Zur Regulierung eines koordinierten Handlungsablaufes tragen Regeln bei, die entweder implizit als Skripts oder explizit als vereinbarte Regeln (Regelspiel) oder teilweise implizit und explizit als Rollenvorschriften realisiert werden.

Der gemeinsame Gegenstandsbezug wird in der Spielintervention zur Via Regia, denn er stellt erst den Kontakt zwischen Kind und Therapeut her. An seiner Qualität lassen sich sodann Störungen und Defizite sowie deren Ursachen diagnostizieren.

Valenzen des Gegenstandes

Für den gemeinsamen Gegenstandsbezug ist eine Unterscheidung bedeutsam, die mit der Valenz des Gegenstandes zu tun hat. Das Subjekt kann sich sehr eng an einen Gegenstand binden. Dieser ist dann ausschließlich für das Subjekt und für sein Handeln da. Der Gegenstand besitzt subjektive Valenz. In der Neo-Psychoanalyse sind Objekte mit *subjektiver Valenz* ausschließlich Personen, vor allem die Mutter (Mahler et al., 1980; Kernberg, 1981; Winnicott, 1973). Für das Kind besitzen aber auch andere Objekte subjektive Valenz: ein begehrtes Spielzeug, ein Fundstück auf dem Spaziergang etc. Ein besonderer Gegenstand mit subjektiver Valenz ist das Übergangsobjekt (Winnicott, 1973). Es ersetzt die Bezugsperson während Phasen der Trennung, insbesondere in der Schlafphase nachts. Das Übergangsobjekt kann nicht durch einen anderen Gegenstand ersetzt werden, was den Charakter der subjektiven Valenz besonders gut kennzeichnet. Solange ein Objekt (Person oder Sache) subjektive Valenz besitzt, kann das Subjekt nicht über dieses Objekt mit anderen in Kontakt treten. Das zeigt sich z. B. an den Konflikten zwischen Kindern, die beide den gleichen Gegenstand für sich allein haben wollen. Bei der sozialen Interaktion muss das Kind dem Gegenstand eine andere Valenz zuweisen. Sie beinhaltet, dass das Objekt für mehrere oder alle Personen wertvoll ist. Die Bedeutung des Gegenstandes ist dann auf die Funktionen bezogen, die für alle gleich sind. Dies ist der Fall beim Gebrauchswert eines Gegenstandes, der von der Kultur bestimmt ist. Ein Gebrauchswert kann aber auch ad hoc vereinbart werden. So mögen Kinder den Tisch zu einem Haus erklären und darunter kriechen, um dort zu »wohnen«. Die gemeinsame Valenz eines Gegenstandes bezeichnen wir als *objektive Valenz,* da sie außerhalb des individuellen Gegenstandsbezuges und meist über den aktuellen Zeitpunkt hinaus Gültigkeit besitzt. Ein Aspekt von Spielentwicklung besteht im Aufbau objektiver Valenz von Gegenständen. Sie beinhaltet einerseits Wissen darüber, wie man gemeinsame Bezüge zum Gegenstand herstellen kann, andererseits auch die Fähigkeit der emotionalen Kontrolle über das Bedürfnis, nicht allein über den Gegenstand verfügen zu wollen.

Sinnstrukturen und Transformation

Der übergeordnete Gegenstand als gemeinsamer Bezug

Die Einführung der drei Ebenen von Handlung verweist noch auf einen besonderen Typus des Gegenstandes, der auf der Tätigkeitsebene anzusiedeln ist. Hier sind, wie bereits ausgeführt, allgemeine oder spezifische Lebensthematiken (Entwicklungs-, Beziehungs- und generell Daseinsthematiken) am Werk. Solche Thematiken und Inhalte können als übergeordnete Gegenstände und die Beziehungen zu ihnen als übergeordneter Gegenstandsbezug bezeichnet werden. Bei der Therapie kommt es sehr darauf an, auch einen gemeinsamen übergeordneten Gegenstandsbezug herzustellen. Wie dies Kindern gelingt, soll an einem Beispiel erläutert werden.

Ein neunjähriges und ein fünfjähriges Mädchen spielen zusammen ein Verkaufsspiel mit Kaufladen, Kasse, Waren und Einkaufskorb. Das Spiel wird öfter mit wechselnden Rollen wiederholt. Die beiden spielen auch die Rollen von Lehrerin und Schülerin. Aus dem Spielverhalten lässt sich als gemeinsamer übergeordneter Gegenstandsbezug ein komplementäres Verhältnis folgern. Das ältere Mädchen hat Spaß daran, das jüngere zu lehren, es möchte, dass das Mädchen so wird wie sie selbst. Das jüngere Mädchen zeigt sich eifrig, zu lernen und so zu werden wie das ältere Mädchen. Projektion und Identifikation bilden hier den gemeinsamen, komplementären übergeordneten Gegenstandsbezug. Vielfach besteht die gemeinsame Thematik darin, die Besonderheit der Interaktion im Spiel aufrechtzuerhalten. Nicht selten ergänzen sich Thematiken beim gemeinsamen Spielhandeln. So kann die Machtthematik bei einem Kind mit der Retter-Thematik bei einem andern und mit der eines dritten Kindes, Normen als Bösewicht wenigstens illusionär zu brechen, konvergieren.

Die Zone nächster Entwicklung (ZNE)

Am Ende der Einführung in die Begrifflichkeit und Struktur des Spiels aus handlungstheoretischer Sicht erhebt sich nun die Frage, wie Intervention konkretisiert werden kann. Im Gegensatz zur Mehrzahl spieltherapeutischer Ansätze (s. O'Conner & Braverman, 1997) wird hier die Möglichkeit inhaltlich zielgerichteter Intervention eröffnet. Dies geschieht mit Hilfe des Konzeptes der Zone nächster Entwicklung (Wygotski, 1987). Mit ihr ist die Entwicklungsregion gemeint, die sich das Kind mit sozialer Hilfe als nächstes erobert. Sie ist die Zone oberhalb des jetzigen Entwicklungsniveaus. Wygotski beschreibt sie als die Leistungsregion, die das Kind mit Hilfe kompetenter Partner bewältigt, dazu aber allein noch nicht in der Lage ist. Das Spiel wird von Wygotski ausdrücklich als Zone nächster Entwicklung genannt: Im Spiel zieht sich das Kind am eigenen Schopfe höher. Damit wird dem Spiel für förderliche Entwicklung eine besonders wichtige Rolle zugeschrieben.

Intervention muss sich in jedem Falle bemühen, auf der Zone nächster Entwicklung zu operieren. Diese kann freilich inhaltlich recht unterschiedlich aussehen. Zielt man die Tätigkeitsebene an, so kann beispielsweise eine anstehende Entwicklungsaufgabe (Sauberkeitserziehung, Kindergarteneintritt, Schuleintritt) die ZNE darstellen. In jedem Falle geht es um die Bearbeitung einer Thematik. Sie wird oft vom Kind allein vorgenommen. Alles, was man in diesem Falle braucht, ist ein Freiraum für Spielaktivitäten, die eine solche Bearbeitung ermöglichen. Auf der Handlungsebene geht es um die Verbesserung des aktuellen Handlungskönnens, etwa um das Zusammenfügen mehrerer Handlungen oder um die Hierarchisierung von Handlungen nach Plänen. Auf der Ebene der Operationen können fehlende Fertigkeiten (Skills) aufgebaut werden, mit deren Hilfe dann das Handlungsniveau verbessert werden kann.

In einem Sektor scheint die ZNE nicht zu gelten: bei der absichtlichen Regression im Spiel. Hier wird ja nicht eine höhere Ebene angezielt, sondern auf einem niedrigeren Entwicklungsniveau gespielt. Nun muss man sich aber den Zweck der Regression vor Augen halten. Er liegt einerseits in der Bearbeitung nicht bewältigter Aufgaben früherer Entwicklungsniveaus, andererseits in der Gewinnung von Sicherheit und Wohlbefinden durch Rückkehr in eine vertraute Entwicklungsphase. Ziel ist nicht, auf dieser früheren Ebene zu bleiben, sondern durch die Regression frühere Defizite zu beseitigen oder Kraft für anstehende Aufgaben zu schöpfen. Die Regression ist somit ein Mittel für den Aufbau der ZNE. Sofern die Defizite tatsächlich auf einer früheren Ebene liegen, bildet diese selbst die Zone nächster Entwicklung.

Schritte der Handlungsdiagnose und -intervention

Nun sind wir in der Lage, das Vorgehen bei der Spieldiagnose und -intervention aus handlungstheoretischer Sicht zu entwerfen. Alle Beobachtung und Interaktion setzt auf der Ebene der Handlung ein, da nur diese bewusst ist und alle zielgerichtete Aktivität auf dieser Ebene stattfindet. Auch lässt sich nur hier der gemeinsame Gegenstandsbezug herstellen. Alles, was Partner des Kindes unternehmen, geschieht in Form von Handlungen, die auf Gegenstände bezogen sind. Von dieser Ebene aus erfolgen nun Diagnose und Intervention entweder horizontal oder vertikal. Richtet sich das Interesse auf die Handlungen des Kindes selbst und die Qualität des gemeinsamen Bezugs, handelt es sich um horizontale Diagnose und Intervention. Vertikale Diagnose und Intervention richten sich »nach oben«, wenn sie an der Tätigkeit, d.h. an den Thematiken des Kindes und ihrer Verarbeitung interessiert sind. Sie richten sich »nach unten«, wenn es um die Qualität und Defizite der Operationen geht. Bei der Diagnose wird aus dem gemeinsamen Gegenstandsbezug die Problematik erschlossen. Dabei ist die Diagnose relativ leicht auf der Handlungsebene möglich, weil sie der unmittelbaren Beobachtung zugänglich ist. Dennoch ist es auch hier erforderlich, Handlungseinheiten und -typen zu bestimmen. Die beiden anderen Ebenen müssen gefolgert werden und sind nicht direkt zugänglich. Daher kann es sich bei diagnostischen Schlussfolgerungen nur um Hypothesen handeln, die erst durch andere Informationen, wie Auskunft der Eltern, Tests, ärztliche Gutachten, vor allem durch den weiteren Spielverlauf bestätigt werden müssen.

Die Intervention bzw. Therapie setzt ebenfalls beim gemeinsamen Gegenstandsbezug an, nutzt ihn nun aber auf der Zone nächster Entwicklung, die je nach Handlungsebene zu bestimmen ist. Diagnose und Intervention befinden sich in ständiger Wechselwirkung. Die Eingangsdiagnose ändert sich mit fortschreitender Intervention und letztere muss an den jeweils aktuellen Zustand angepasst werden.

Diagnose als Analyse des Gegenstandsbezugs

Die Diagnose im Spiel erfolgt, wie bereits dargelegt, am besten in Form der Analyse des gemeinsamen Gegenstandsbezugs (GG). Dieses Vorgehen wählen wir, weil der GG als Einziges offen zu Tage liegt und beschrieben werden kann. Bei Meinungsverschiedenheiten ergibt sich die Möglichkeit, immer wieder zum Ausgangspunkt und zum Ablauf des gemeinsamen Handelns zurückzukehren. Die heute verfügbare Technik der Dokumentation durch Video-Aufzeichnung ermöglicht die Herstellung einer optimalen Objektivität.

Im Folgenden wird die Analyse des GG unter drei Aspekten vorgenommen: (a) der Gegenstandsbezug ist unvollständig oder holistisch, (b) der gemeinsame GG ist nicht aufeinander abgestimmt und (c) der GG wird von den Partnern unterschiedlich definiert. Diese Einteilung ist zunächst rein pragmatisch, es sind durchaus auch andere Aspekte denkbar.

Der Gegenstandsbezug ist unvollständig oder holistisch

Richtet man das Augenmerk zunächst auf die Spielhandlungen des Kindes selbst, so zeigt sich, ob eine Handlung abgeschlossen wird oder nicht. Das Kind fasst ein Spielzeug an und legt es wieder beiseite, es beginnt eine Handlung, ohne sie zu vollenden oder es fehlt ihm die Technik des Umgangs mit dem Gegenstand.

Beginnen wir mit dem Verhalten eines Kindes, das im Umgang mit Spielmaterialien nicht bei der Sache bleibt. Die unmittelbare Störung wäre mit einem Aufmerksamkeitsdefizit verbunden. Ein solches Verhalten finden wir bekanntlich bei hyperaktiven Kindern. Normal entwickelte Kinder können nach unseren Beobachtungen schon mit einenhalb bis zwei Jahren länger bei einem Gegenstand (oder einer Gegenstandsklasse) verweilen (bis zu 45 Minuten!). Im nächsten Schritt gilt es, Ursachen für das auffällige Verhalten zu finden. Hypothetisch kommen in Frage: ein neurologisches Defizit, eine erlernte Gewohnheit, traumatische Erlebnisse, chronisch gestörte Interaktion zwischen Bezugspersonen und Kind. Oft gehen solche Bedingungen Hand in Hand und sind nicht unabhängig voneinander. Dennoch haben sie völlig unterschiedliche Handlungskonsequenzen zur Folge. Ein eher neurologisches Defizit muss auf der Ebene der Operationen angegangen werden. Dies beinhaltet massive Übung einfacher Handlungen durch spielerische Wiederholung. Dieses Vorgehen empfiehlt sich z.B. bei Down-Syndrom-Kindern, die oft nicht die Energie aufbringen, eine Handlung zu Ende zu führen (Rauh, 1992).

Handelt es sich eher um eine Flüchtigkeit, die durch die ständige Ablenkung auf neue Reize durch die Bezugsperson bedingt ist, so wird man auf der Handlungsebene intervenieren. Die Diagnose gewinnt man durch die Beobachtung der Bezugsperson-Kind-Interaktion im Spiel. Die Art des Eingreifens, Unterbrechens, Ablenkens durch die Bezugsperson liefert Hinweise auf das Verhalten des Kindes.

Schließlich können Auffälligkeiten beim Gegenstandsbezug auch von der Tätigkeitsebene her reguliert werden. Dies sei an einem Beispiel erläutert. Eine Mutter spielt mit ihrem dreijährigen Sohn Flugreise. Beide sitzen am Boden und »fliegen« durch die Luft, wobei sie die Landschaft und Vögel zu beiden Seiten beobachten. Das Kind besteht darauf, zwischen den Beinen der Mutter zu sitzen und interpretiert die Mutter zugleich als Flugzeug und als Passagier. Die Mutter sieht sich selbst nur als Passagier im Flugzeug. Hier ist beim GG die Mutter für das Kind zugleich Subjekt und Objekt. Der üblich Bezug

$$S \rightarrow O \leftarrow S$$

hat sich in den Bezug

$$S \rightarrow (O, S)$$

verwandelt, ein holistischer Gegenstandsbezug. Daraus kann man zunächst schließen, dass das Kind sich in einer für diese Altersstufe ungewöhnlichen symbiotischen Beziehung befindet. Die besonderen Lebensumstände der Mutter (Trennung vom Ehemann) und weitere Informationen über das Bindungsverhalten des Kindes konnten diese Vermutung bestätigen. Auf der Tätigkeitsebene angesiedelt sind in jedem Falle ungewöhnliche Umgangsformen mit dem Gegenstand. Wenn ein Kind Spielsachen überhaupt nicht anrührt oder nichts mit ihnen anzufangen weiß, deutet dies immer auch auf mehr oder minder schwere Beeinträchtigungen auf der Ebene des übergeordneten Gegenstandsbezugs (der Tätigkeitsebene) hin. Ebenso gibt es regelhaft eine Beziehung zur oberen Ebene bei ausschließlich aggressivem Umgang mit Spielmaterial. Durch diese Sichtweise vermeidet man übrigens die Zuweisung eines stabilen Persönlichkeitsmerkmals der Aggressivität, das sozusagen auch unabhängig von der Außenwelt existiert.

Der gemeinsame Gegenstandsbezug (GG) ist nicht aufeinander abgestimmt

Nach der Analyse des eher solitären Gegenstandsbezuges beim Kind geht es nun darum, den GG selbst zu analysieren. Betrachten wir zunächst den Fall, dass der GG der Partner nicht aufeinander abgestimmt ist. Zwei Partner zeigen unterschiedliche Handlungsbezüge zum gemeinsamen Gegenstand, wenn sie ihre Rollen im Spiel nicht aufeinander abstimmen, wenn sie den in der Situation angemessenen Umgang mit dem Gegenstand gar nicht kennen, wenn sie sich sprachlich nicht über die Koordination im Spiel verständigen können oder wollen, und wenn sie verschiedene nicht aufeinander abstimmbare Thematiken hinter der Spielhandlung realisieren wollen.

Fehlende Abstimmung hat also ihre Ursachen wiederum auf den drei Handlungsebenen. Beginnen wir mit der Ebene der Operation. Erfordert eine Spielhandlung, wie etwa das Rollenspiel, sprachliches Aushandeln, so muss das Kind über die Fähigkeit der Meta-Kommunikation verfügen, d. h. bestimmte linguistische Kompetenzen, wie das Sprechen über eine Situation (und nicht nur *in* einer Situation) und die Fähigkeit des Wechsels zwischen Rolle und spielender Person, besitzen.

Auf der Ebene des bewussten zielgerichteten Handelns können die Spielabsichten verschieden sein. Ein Beispiel: Ein sechsjähriges Mädchen und ihr vierjähriger Bruder spielen mit den Polstern, die einem Gast nachts zuvor als Schlafgelegenheit dienten. Die Polster, die sonst nicht zur Verfügung stehen, haben hohen Aufforderungscharakter. Das Mädchen versucht, mit ihnen ein Haus zu bauen, während der Junge mit ihnen turnen will und in das »Bauwerk« der Schwester hineinspringt, was natürlich zu heftigen Konflikten führt. Hier sorgt die aktuelle unterschiedliche Bedürfnislage für den Mangel an Abstimmung. Oft aber sorgt die fehlende Kompetenz der Spielpartner für mangelnde Abstimmung. Beobachtet man Kinder längere Zeit im gemeinsamen Spiel, so lässt sich gut diagnostizieren, ob ein solcher Kompetenzmangel vorliegt.

Fehlende Abstimmung beim GG geht auch auf Missverständnisse auf Seiten des Erwachsenen (der Mutter, der Therapeutin) zurück, vor allem wenn das Kind seine Absichten nicht oder noch nicht mitteilen kann. Ein Beispiel: eine Mutter spielt mit ihrem einenhalbjährigen Kind mit Plastikwürfeln. Die Mutter baut mit den Würfeln, während das Kind die Würfel öffnen und etwas hineinlegen möchte. Es dauert geraume Zeit, bis die Mutter den Wunsch des Kindes versteht und darauf eingeht. Im Therapieverhältnis geht es immer zunächst darum, das eigene Handeln auf das des Kindes abzustimmen, was immer bedeutet, auf seinen aktuellen Gegenstandsbezug einzugehen. Das Kind führt sozusagen den Spielpartner.

Auch – und bei psychischen Störungen vor allem – auf der Tätigkeitsebene kann es zum Misslingen des GG kommen. Das Kind kann von einer Thematik so besetzt sein, dass entweder gar kein GG hergestellt werden kann oder eine Veränderung des Gegenstandsbezugs nicht möglich ist. Wenn Kinder verschiedenen Alters ein Familienspiel beginnen, so wird das jüngste Kind gewöhnlich auch zum Kind der Als-ob-Familie. Seine Thematik ist aber die des Erwachsenwerdens, weshalb es die Rolle nicht übernehmen will. Ein stark verängstigtes und traumatisiertes Kind wird zunächst unfähig sein, überhaupt einen GG aufzunehmen. In diesem Falle liegt die Ursache allemal auf der Tätigkeitsebene. Man wird hier versuchen, das Kind durch ein entsprechendes Angebot zum Umgang mit Gegenständen zu bringen und es erst einige Zeit ohne direkten Bezug spielen lassen.

Der gemeinsame Gegenstand wird unterschiedlich definiert

Im sozialen Alltag rühren Kommunikationsprobleme im Regelfall daher, dass man zwar vermeint, über den gleichen Gegenstand zu sprechen, ihn aber unterschiedlich definiert. Dies gilt auch für den GG im Spiel, was wiederum anhand der drei Handlungsebenen erläutert werden soll.

Unser Beispiel mit der Mutter und dem eineinhalbjährigen Kind zeigt zugleich eine unterschiedliche Definition des Gegenstandes. Er wird von der Mutter als Bauklotz definiert, vom Kind jedoch als Behälter. Häufige Missverständnisse gibt es beim Rollenspiel, da die beteiligten Partner unterschiedliche Vorstellungen über eine bestimmte Rolle haben können. In einem Frisörspiel definiert der jüngere Bruder seine Rolle als Frisör besonders durch den Umgang mit echtem Wasser, das er seiner Schwester auf die Haare schüttet, um sie »zu waschen«. Seine Schwester, die mit dieser Prozedur nicht einverstanden ist, definiert die Rolle eher durch die Handlung des Frisierens.

Natürlich weisen solche Unterschiede auf den übergeordneten Gegenstandsbezug oder die Tätigkeit hin. Der Bruder will etwas tun, was außerhalb des Rollenspiels nicht erlaubt ist und zugleich der Schwester eins auswischen. Ein anderes Beispiel für unterschiedliche Gegenstandsdefinitionen zeigt sich in einem »Höhlespiel«. Zwei Mädchen bauen eine Höhle, indem sie einen Tisch mit herunterhängenden Decken in einen Raum verwandeln, in dem man sich verkriechen kann. Bis dahin handelt es sich um einen gemeinsamen Gegenstand. Die Mädchen weisen aber ihrer Höhle verschiedene Bedeutung zu. Das eine Mädchen will die Höhle als gemütliches Heim einrichten, während das andere Mädchen die Höhle eher als Zufluchtsstätte für Tier und Mensch ansieht und auch Spieltiere mit in die Höhle nimmt, woraufhin es Konflikte gibt.

Auf der Ebene der Operation sind Meinungsverschiedenheiten über den gemeinsamen Gegenstand durch unterschiedliches Wissen bedingt, das bei den Spielpartnern schon früher erworben wurde und nun abgerufen werden kann. So besitzen Kinder unterschiedliches Wissen über Rollen, die Funktion von symbolisierten Objekten (Autos, Raketen, Arztutensilien etc.) und über die Breite dessen, was man alles mit bestimmten Objekten tun kann.

Obwohl wir diese Beispiele aus der Interaktion zwischen Kindern gewählt haben, liegt auf der Hand, dass es Störungen beim GG auch und erst recht zwischen Therapeutin und Kind gibt. Erwachsene müssen sich erst in die Welt von Kindern versetzen, was eben am besten gelingt, wenn ein GG hergestellt werden kann. Die Analyse des GG erlaubt daher nicht nur, Hypothesen über mögliche Ursachen von Störungen aufzustellen, sondern auch die Beurteilung der Beziehungsqualität von Therapeutin und Kind. Der GG wäre eine neutrale Möglichkeit der Operationalisierung vom Beziehungsqualität.

Intervention auf der Zone nächster Entwicklung (ZNE)

Das Vorgehen bei der Intervention basiert ebenfalls auf dem GG. Er stellt die Methode dar, mit der man beim Kind interveniert oder therapiert. Herstellung, Konsolidierung, Veränderung und weiterer Ausbau sind Möglichkeiten, mit dem GG auf der Zone nächster Entwicklung zu arbeiten.

Sonderfall Autismus

Vielleicht wird dieses Vorgehen bei kindlichem Autismus am deutlichsten. Die direkte Kommunikation ist bekanntlich erschwert, wenn nicht unmöglich. Dennoch zeigt es sich, dass man mit einem autistischen Kind über einen gemeinsamen Gegenstand in Kommunikation treten kann. Natürlich kommt es dabei auf den Schweregrad der Störung an, wie weit Herstellung und Weiterentwicklung des GG gelingen können.

Hierzu ein Beispiel. In einer Therapie mit einem leichteren Fall autistischer Beeinträchtigung nahm der Therapeut über einen Stoffhasen, den Bunny, Kontakt mit dem Kind auf. Es konnte sich ihm zuwenden, mit ihm sprechen und Tätigkeiten durchführen. Allmählich begann eine gemeinsame Kommunikation über das Objekt. Tätigkeiten am Objekt und Aktivitäten des Objektes selbst wurden besprochen. Später begann das Kind, den Bunny sprechen zu lassen, und in einem weiteren Schritt unterhielt sich das Kind über Bunny mit dem Therapeuten. Schließlich brachte es das Kind fertig, sich direkt mit dem Therapeuten zu unterhalten.

Generell gelingt es auch in schweren Fällen, über Musik mit autistischen Kindern in (vorsprachliche) Kommunikation zu treten. Sie reagieren auf Melodie und vor allem Rhythmus, wiederholen oder antworten auf das Angebot der Musiktherapeutin, die ihrerseits wieder auf die Produktionen des Kindes reagiert. Eine genaue Analyse der Interaktion bei musiktherapeutischen Sitzungen findet sich bei Plahl (1999). Belege für den GG beim Rhythmus konnte vor allem Schuhmacher (1994) sammeln.

Interventionsschritte auf der ZNE

Das spieltherapeutische Vorgehen lässt sich in Handlungsschritte aufgliedern, die im folgenden analytisch getrennt werden, in der Praxis aber ineinander übergehen bzw. wechselseitig integriert sind.

Etablierung eines Spielrahmens. Zunächst gilt es, mit dem Kind in die illusionäre Spielwelt einzutreten, d.h. einen Spielrahmen zu etablieren, innerhalb dessen Kind und Therapeutin agieren. Alle drei eingangs genannten Merkmale des Spiels können dann genutzt werden. Zunächst kann das Kind wegen des illusionären Charakters seines Tuns Aktionen ausführen, zu denen es sonst nicht in der Lage wäre. Es kann Menschen oder Tiere strafen, ja sogar töten, ohne mit Konsequenzen rechnen zu müssen. Sein Spiel hat keine nachteiligen Folgen. Da das Spiel intrinsisch motivierend ist, gibt es keine langweiligen oder anstrengenden Tätigkeiten. Solange der Spielrahmen aufrecht erhalten werden kann, sind Übung und Training ohne spürbare Belastung möglich. Dies führt uns zum Vorteil des dritten Spielmerkmals, Wiederholung und Ritual. Durch häufige Wiederholungen ergeben sich von selbst Trainingseffekte. Dient die Wiederholung der Bearbeitung traumatischer Erlebnisse, so ermöglicht sie dem Kind, nicht bewusste Bewältigung eines kritischen Lebensereignisses.

Hierzu ein Beispiel. Ein fünfjähriger Junge unternimmt mit seiner kleineren Schwester im Spiel eine Campingreise, wobei Reiseutensilien einschließlich Campingtisch und -stühlen ins Auto eingepackt werden. Unterwegs machen die Kinder Rast und bauen die Campingmöbel auf. Da werden sie überfallen und ausgeraubt. Ein Polizist verfolgt den Räuber und fängt ihn. Der Junge singt: »Juhu, der Räuber ist gefangen!« Die Mutter berichtet, dass der Überfall tatsächlich auf einer Campingreise stattgefunden habe, der Räuber aber nicht erwischt worden sei. Der Junge spiele die Szene immer wieder nach und gebe ihr einen guten Ausgang.

Ritualisierungen im Spiel wirken Ängsten entgegen, stabilisieren und vermitteln Sicherheit. Dies zeigt sich natürlich auch negativ bei stereotypen Handlungen des Kindes oder bei typischen Zeremonien, die das Kind durchführt. So schafft ein zweieinhalbjähriger Junge jeden Tag alle erreichbaren Legosteine herbei und gruppiert sie um das Töpfchen, bevor er sein Geschäft verrichtet.

Für die Therapie kommt es also darauf an, einen Spielrahmen herzustellen. Nicht immer, wenn es heißt »wir spielen«, ist diese Bedingung erfüllt. In manchen Fällen ist nicht explizit vom Spiel die Rede, dennoch wird die Interaktion vom Kind als Spiel interpretiert. Die Sozialspiele der frühen Kindheit (Guck, guck!), motorisch-rhythmische Interaktionen, wie das abwechselnde Aufeinanderlegen der Hände, und Geschichtenerzählen sind nach unserer Definition typische Spielhandlungen, ohne dass explizit von Spiel gesprochen wird. In der Mehrzahl der Fälle hilft allerdings die meta-sprachliche Kommunikation bei der Etablierung des Spielrahmens.

Diagnose des Entwicklungsstandes. Innerhalb des Spiels lässt sich, wie bereits ausgeführt, der Entwicklungsstand diagnostizieren. Dabei geht es immer um Bereiche, nämlich zum einen um Inhaltsbereiche (Leistungsbereiche, Handlungsdefizite) und zum anderen um die drei Handlungsebenen, auf denen diagnostiziert werden kann. Unter dem Blickwinkel der ZNE ist es bedeutsam, Entwicklungsniveaus festzustellen, an denen man anknüpfen kann. Im Falle mentaler Retardation helfen beispielsweise nach wie vor die Entwicklungsstufen von Piaget (1966, 1973). Dies gilt besonders für die Stufen der sensumotorischen Intelligenz in den ersten beiden Lebensjahren. Bei Störungen des Selbst (Kegan, 1986; Loevinger, 1976; Noam, 1986) lassen sich ebenfalls Entwicklungsstufen ausmachen. Kegan und seine Mitarbeiter (Lahey et al., 1988) haben übrigens den Gegenstandsbezug zum Mittelpunkt ihres Diagnoseverfahrens des Subjekt-Objekt-Interviews gemacht. In der Spieltherapie geht es um Kinder und daher um frühe Formen der Selbstausprägung, die sich besser aus dem GG im Spiel als aus einem Interview erschließen lassen. Der »Entwicklungsstand« kann aber unabhängig von Stufenkonzepten anhand anstehender Entwicklungsaufgaben und bezogen auf kritische bzw. traumatische Lebensereignisse bestimmt werden. Der therapeutische Erfolg bemisst sich dann an der Auseinandersetzung und Bewältigung der anstehenden Thematik.

Konzeption der Aufgabe in der ZNE. Nun können Ziele festgelegt werden, die man auf der Zone nächster Entwicklung bearbeiten kann. Diese Sichtweise unterscheidet sich insofern von den meisten spieltherapeutischen Ansätzen, als dort nicht klare Zielvorstellungen herrschen und man sich auf die heilenden Kräfte des Spiels allein verlässt. Die Festlegung des Zieles richtet sich unter der Perspektive der ZNE danach, was das Kind mit Hilfe der Therapeutin erreichen kann und welches Aufgabenniveau gemeinsam gelöst wird. Hier ist auch der systematische Ort für Regression. Zeigt sich nämlich, dass ein Kind dem für seine Altersstufe zu erwartenden Handlungsniveau nicht entspricht, so gilt es, auf ein früheres Entwicklungsniveau zurückzukehren. In den meisten Spieltherapien geht es dabei um die Rückkehr auf eine frühere Stufe des Selbst oder des Ich (im Sinne der Psychoanalyse). Regression gilt aber generell für alle Aufgabenbereiche, also auch für Leistungsdefizite im sozialen oder kognitiven Bereich. Oft sorgen solche Teildefizite für Störungen, die relativ leicht zu beheben sind und gar nicht an der Gesamtpersönlichkeit ansetzen müssen. Förderung auf der ZNE heißt in diesem Falle, auf dem niedrigeren Niveau beginnen, aber sich dann von dort nach oben bewegen. Die Regression ist also unter dieser Perspektive nicht Selbstzweck und »heilt« auch nicht.

Über den GG lässt sich eine Klassifizierung von Aufgaben vornehmen, sofern man die drei Handlungsebenen mit einbezieht. Beispiele des GG auf den drei Ebenen wurden schon genannt. Generell handelt es sich auf der Tätigkeitsebene (Ebene des übergeordneten Gegenstandsbezuges) um die erfolgreiche Bewältigung einer allgemeinen oder speziellen Thematik. Je weiter die unbewältigte Thematik zurückliegt, desto länger wird man zu ihrer Bearbeitung brauchen und desto mehr Teilschritte werden nötig sein. Auf der Handlungsebene geht es um die erfolgreiche Durchführung einer Handlung mit Gegenstandsbezug unter Berücksichtigung der Phasen der Planung, der Durchführung, des Abschlusses und der Bewertung. Auf der Ebene der Operationen handelt es sich um Fertigkeiten, die bislang nicht erworben wurden, aber zum Repertoire des Kindes in einer bestimmten Altersstufe gehören. Man denke an Defizite bei Legasthenikern, an Aufmerksamkeitsdefizite, an fehlende Rechenfertigkeiten und dergleichen. Basaler anzusetzen wäre bei Sprachstörungen. Vielfach erweisen sich Zielsetzungen der Automatisierung bei retardierten Kindern als besonders wichtig, da sie über weniger Routinen verfügen. Zudem ist ihr Arbeitsgedächtnis von seiner Kapazität her beeinträchtigt, sodass manche Prozesse, die bei normal entwickelten Kindern im Arbeitsspeicher stattfinden, auf die Ebene automatisierter Prozesse gebracht werden müssen.

Gemeinsames Lösen von Aufgaben. Bezüglich der Planung und Bewertung des Fortschrittes ergibt sich gewöhnlich eine Abfolge in drei Phasen. Zunächst wird die angestrebte Aufgabe nicht bewältigt, sodann gelingt sie als GG, d. h. sie wird mit Hilfe des Partners gelöst, und schließlich kann das Kind die Aufgabe allein bewältigen. Hier gilt es, zwei Aspekte zu berücksichtigen und damit zugleich zwei typische Fehler zu vermeiden. Der erste Fehler besteht in dem permanenten Eingreifen in die Spielhandlungen des Kindes. Alle spieltherapeutischen Ansätze heben das indirekte, non-direktive Vorgehen hervor, gerade weil Spiel sich nicht von außen bestimmen lässt. Das bedeutet aber nicht, das non-direktive Moment ad absurdum zu führen und überhaupt nicht einzugreifen. Ein erstes Eingreifen ergibt sich schon durch die Bereitstellung des Spielangebotes. Je nach dem Verhalten des Kindes lässt sich dieses ändern und seinen Bedürfnissen anpassen. Andere Formen des »Eingreifens« sind Fragen, begleitende Kommentare, Anregung, Mitmachen und Lehren. Sie richten sich nach der Spielsituation und nach der aktuellen Bedürfnislage des Kindes. Es ist falsch zu behaupten, dass man überhaupt nicht direkt ins Spiel eingreifen darf.

Der zweite Fehler, den unser Ansatz nahe legt, wäre eine Systematisierung der Schritte und ihre Festlegung in eine starre didaktische Abfolge. Dies würde den Spielcharakter relativ rasch zerstören. Einerseits muss man den jeweiligen diagnostischen Stand des Kindes und die möglichen Ziele (Aufgabenstellungen) repräsentiert haben, andererseits sollte man die Gelegenheiten abwarten, bei denen sich diagnostische Hinweise ergeben und therapeutisches Handeln möglich ist. Auch die Art des Spiels bestimmt das therapeutische Handeln mit. Beim solitären Als-ob-Spiel eignet sich eine zurückhaltende Form des Fragens oder des handlungsbegleitenden Kommentars, denn dies ist die »natürliche« Interaktionsform, wie wir sie im Alltag zwischen Bezugsperson und Kind vorfinden. Beim Rollenspiel sind dagegen gemeinsame Festlegungen erforderlich. Selbst wenn die Therapeutin nur zum Schein Rollenfestlegungen trifft, in Wahrheit aber auf die Vorschläge des Kindes eingeht, so nimmt das Kind die gemeinsame Einigung auf den Gegenstand (das Spielthema) wahr. Beim Regelspiel schließlich halten sich die Partner an die Regeln. Das Kind hat nicht den Eindruck, von der Therapeutin dirigiert zu werden und lässt sich oft widerspruchslos auf die Bearbeitung von Aufgaben ein, die es sonst ablehnen würde.

Hierzu ein Beispiel. Wildegger-Lack (1987) benutzte Gesellschaftsspiele zum Training sprachbehinderter Kinder. Während die Versuche mit Rollenspielen fehlschlugen, weil sich die Kinder vor sprachlichen Äußerungen drückten, lösten sie bereitwillig Aufgaben im Regelspiel, wenn sie durch Würfeln auf einen Platz gerieten, der solche Aufgaben zum Weiterrücken verlangte. Dieses erstaunliche Phänomen hängt mit dem Spielrahmen zusammen, dessen Regeln gewissermaßen absolut gelten und befolgt werden müssen.

Die große Flexibilität im Spiel, das Springen von einer Handlung zu einer ganz anderen, erfordert von der Therapeutin eine permanente Anpassung an die jeweilige Situation, ohne dass sie aber die Ziele und Aufgabenstellungen aus dem Auge verlieren darf.

Verfügbare Kompetenzen bei der Spieltherapie

Eine weit verbreitete Ansicht bei der Spieltherapie bezieht sich auf die Unentbehrlichkeit des Therapeuten. Spielbeobachtungen zeigen jedoch, dass Kinder ohne fremde Hilfe die »heilenden Kräfte« im Spiel nutzen. Zulliger, der diesen Ausdruck in seinem gleichnamigen Buch verwendet, zeigt an einer Fülle von Beispielen die therapeutische Wirkung des Spiels, ohne dass Erwachsene beteiligt wären (Zulliger, 1970). Die eigentlich spieltherapeutische Kompetenz liegt beim Kind selbst. Dies ist auch der Grund, weshalb die non-direktive Methode so stark propagiert wird. Man muss sich allerdings vor Augen führen, dass Spiel im natürlichen Kontext in Interaktion mit Partnern stattfindet. Zulligers Beobachtungen und unsere eigenen Aufnahmen mit Kindern belegen die wechselseitige Förderung auf der ZNE. Im Solitärspiel werden latent Interaktionen aufgearbeitet, denn das Kind hat ja fiktive Partner, mit denen es agiert. Die entwicklungsfördernde Funktion des Spiels hat Wygotski in den Rahmen seines Konzeptes der Zone nächster Entwicklung gestellt. »Das Spiel enthält in einer komprimierten Form, ähnlich dem Brennpunkt eines Vergrößerungsglases, alle Entwicklungstendenzen; im Spiel versucht das Kind gewissermaßen einen Sprung über das Niveau seines gewöhnlichen Verhaltens zu machen« (Wygotski, 1987, S. 46). Für Wygotski ist also das Spiel ein Medium, in dem die ZNE auch ohne unmittelbaren Bezug zu einem sozialen Partner aufgebaut wird. Man darf diese Sichtweise aber nicht verallgemeinern, da das Kind oft auf niedrigem Niveau spielt. Dennoch bleibt als wichtige Aussage bestehen, dass das Kind selbst die entscheidenden Kompetenzen für die Erreichung von gestellten Therapiezielen besitzt.

Neben und vor der Therapeutin gibt es zwei Gruppen von Partnern, die Spielintervention und -therapie begünstigen. Es sind dies die Kinder gleichen Alters bzw. mit einem Altersvorsprung und die Eltern oder andere Erwachsenenpersonen aus dem Umfeld des Kindes. Kinder als Partner haben eine Reihe von Vorzügen: sie sind gleichberechtigt, haben ähnliche Anliegen und können wegen der gleichen Entwicklungslage auch bessere Lehrer sein. Sie fördern, wie die Spielforschung zeigt, ihre Geschwister stärker bezüglich des Einbeziehens in Rollenspiele und bewirken ein früheres Auftreten des Verständnisses vom falschen Glauben (Griffin, 1984; Perner et al., 1994). Zudem besitzen Interaktionen zwischen ungefähr Gleichaltrigen größere ökologische Validität. Letzteres gilt auch für Eltern und andere Bezugspersonen als Interaktionspartner im Spiel. Eltern besitzen eine naive Didaktik (Papoušek & Papoušek, 1987), die unter anderem auch eine optimale Förderung auf der Zone nächster Entwicklung gewährleistet. Immer dann allerdings, wenn Eltern, aus welchen Gründen auch immer, diese natürliche Geschicklichkeit verloren haben, bedarf es einer interventiven Unterstützung. Als Regel gilt, dass man Spieltherapie und -intervention nach Möglichkeit außerhalb des Therapeutenzimmers im natürlichen Umfeld betreiben sollte.

Wann aber sollte der Therapeut tätig werden? Allgemein immer dann, wenn der GG im natürlichen Umfeld nicht mehr herstellbar ist. Eltern kommen ja erst dann zum Therapeuten, wenn sie sich keinen Rat mehr wissen, d.h. wenn ihr Kind so auffällig geworden ist, dass den Eltern zusätzliche Hilfe geboten scheint. Aber auch hier gilt die Regel: Hilfe zur Selbsthilfe. Spieltherapie kann dabei im Kontext familientherapeutischer Maßnahmen einen wichtigen Baustein darstellen. Wenn Eltern (wieder) lernen, mit ihrem Kind zu spielen und sie dann selbst eine Art Therapie durchführen können, ist dies viel besser als die von ihnen getrennte Spieltherapie durch den Fachmann/die Fachfrau.

Bei schwereren Beeinträchtigungen allerdings ist die Herauslösung des Kindes aus dem Familienverband auch ökologisch eine Notwendigkeit. Denn erst in einem anderen Setting mit einem neuen Interaktionsfeld kann das Kind seine Probleme ausdrücken. Sobald aber diagnostisch und interventiv Fortschritte erzielt worden sind, sollten andere Spielpartner miteinbezogen werden.

Schlussbemerkung

Unsere Überlegungen, die sich aus einem handlungstheoretischen Rahmen herleiten, führen zu Umakzentuierungen in der Spieltherapie. Die Therapeutin als kompetente Partnerin sollte, wann immer möglich, durch Gleichaltrige und Eltern bzw. andere Erwachsene im Umfeld des Kindes ersetzt werden. Erst wenn Intervention im natürlich Umfeld versagt oder nicht möglich ist, sollte Therapie räumlich und personell getrennt von den natürlichen Interaktionspartnern erfolgen.

Spieltherapie und -intervention kann als Baustein und als Prinzip genutzt werden. Als Baustein fügt sie sich in andere Maßnahmen stützend ein, z.B. in die Familientherapie, in Maßnahmen zur Beseitigung von Schulproblemen oder bei der Bewältigung von kritischen Lebenssituationen, wie eine Operation und Krankenhausaufenthalt. Als Prinzip dient Spiel der allgemeinen mentalen Hygiene. Kinder, die Gelegenheit zum Spiel haben, können ihre Schwierigkeiten oft allein oder in der normalen Spielaktivität mit andern meistern. Hier geht es darum, Kindern, die unter besonders ungünstigen Bedingungen leben, Spielhandlungen regelmäßig zu ermöglichen.

Schließlich erweist sich das Fiktionsspiel als therapeutisch besonders wirksam, da es Alternativen angesichts einer ausweglosen Situation zu entwickeln erlaubt, Wünsche und Bedürfnisse unmittelbar, wenn auch illusionär befriedigt und tabuisierte Handlungen risikofrei ermöglicht.

Spiel kann allerdings auch Realitätsflucht bedeuten, vor allen Dingen dann, wenn der Wechsel vom Spiel in die soziale Realität nicht mehr gelingt und wenn die Unterscheidung von Spiel und Ernst nicht klar getroffen werden kann. Daher ist eine wichtige Aufgabe des Therapeuten bzw. der kompetenten Spielpartner, den Wechsel zwischen den Realitäten zu üben oder zumindest sicher zu stellen. Dies ist, angesichts des hohen Fernsehkonsums und der wachsenden Beliebtheit von Computerspielen, wichtiger als jemals zuvor.

Literatur

Griffin, H.: (1984) The coordination of meaning in the creation of a shared make-believe reality. In: Bretherton, I. (Hrsg.): Symbolic play. London: Academic Press, 73–100.
Kegan, R.: (1986) Die Entwicklungsstufen des Selbst. München: Kindt.
Kernberg, O.F.: (1981) Objektbeziehungen und Praxis der Psychoanalyse. Stuttgart: Klett-Cotta.
Lahey, L./Souvaine, E./Kegan, R. et al.: (1988) A Guide to the Subject-Object-Interview. Cambridge, MA: Harvard Graduate School of Education: Laboratory of Human Development.
Leontjew, A.N.: (1977) Tätigkeit, Bewusstsein, Persönlichkeit. Stuttgart: Klett-Cotta.
Loevinger, J.: (1976) Ego development: Conceptions and theories. San Francisco: Jossey-Bass.
Luria, A.R. : (1976) Cognitive development. Its cultural and social foundations. Cambridge, MA: Harvard University Press.
Mahler, M./Pine, F./Bergman, A.: (1980) Die psychische Geburt des Menschen. Frankfurt/Main: Fischer.
Noam, G.G.: (1986) Stufe, Phase und Stil: Die Entwicklungsdynamik des Selbst. In: Oser, F./Fatke, R./Höffe, O. (Hrsg.): Transformation und Entwicklung. Frankfurt/Main: Suhrkamp, 151–191.
O'Connor, K.J./Braverman, L.M. (Hrsg.): (1997) Play therapy. Theory and practice. A comparative presentation. New York: John Wiley and Sons, Inc.
Oerter, R.: (1999) Psychologie des Spiels. Weinheim: Psychologie Verlags Union.
Papoušek, H./Papoušek, M.: (1987) Intuitive parenting: A dialectic counterpart to the infant's integrative competence. In: Osofsky, J. D. (Hrsg.): Handbook of infant development. New York: Wiley, 669–720.
Perner, J./Ruffman, T./Leekman, S.: (1994) Theory of mind is contagious: You catch it from your sibs. Child Development 65: 1228–1238.
Piaget, J.: (1966) Psychologie der Intelligenz. Zürich: Rascher.
Piaget, J.: (1975) Das Erwachen der Intelligenz beim Kinde. Stuttgart: Klett (Original erschienen 1936: La naissance de l'intelligence chez l'enfant).
Plahl, Ch.: (2000) Entwicklung fördern durch Musik. Evaluation musiktherapeuthischer Behandlung. Münster: Waxmann.
Popper, K.R.: (1973) Objektive Erkenntnis. Ein evolutionärer Entwurf. Hamburg: Hoffmann & Campe.
Rauh, H.: (1992) Entwicklungsverläufe bei Kleinkindern mit Down-Syndrom. In: Dudenhausen, J.W. (Hrsg.): Down-Syndrom: Früherkennung und therapeutische Hilfen. Frankfurt/Main: Umwelt & Medizin Verlagsgesellschaft, 93–108.
Schumacher, K.: (1994) Musiktherapie mit autistischen Kindern. Musik-, Bewegungs- und Sprachspiele zur Integration gestörter Sinneswahrnehmung. Stuttgart: Gustav Fischer.

Wildegger-Lack: (1991) Therapieimmanent umstrukturierte Gesellschaftsspiele als eine Möglichkeit der Sprachtherapie bei Schülern ab dem dritten Schuljahr. Schriftsprachtherapie. Germering: Wildegger.

Winnicott, D.W.: (1973) Vom Spiel zur Kreativität. Stuttgart: Klett.

Wygotski, L.S.: (1987) Ausgewählte Schriften. Arbeiten zur psychischen Entwicklung der Persönlichkeit. Band 2. Berlin: Volk und Wissen.

Zulliger, H.: (1970) Heilende Kräfte im kindlichen Spiel. Frankfurt/Main: Fischer.

Protektive Faktoren und Resilenz

Bindungsqualität und Bindungsrepräsentation über den Lebenslauf

Klaus E. Grossmann und Karin E. Grossmann

Im folgenden Beitrag betrachten wir Entwicklung und Risiko im Rahmen der Bindungstheorie. Das Verständnis der Entwicklung über den Lebenslauf hat innerhalb einer Generation, etwa seit Beginn der Siebzigerjahre, außerordentlich zugenommen. Die wichtigsten Beiträge dazu haben Untersuchungen geleistet, die sich der Vielfalt von Wechselbeziehungen zwischen Individuen und ihren jeweiligen Lebensbedingungen in verschiedenen Phasen ihrer Entwicklung gewidmet haben. Ein klassisches Beispiel dafür ist die epidemiologische Längsschnittuntersuchung eines ganzen Geburtenjahrgangs bis ins 40. Lebensjahr von Werner & Smith (1982; 1992) auf der Insel Kauai. Ihr bisheriges Fazit ist, dass perinatale und familiäre Risikofaktoren durch bestimmte Schutzfaktoren deutlich abgemildert, vielleicht sogar kompensiert werden können. Schützende Faktoren lagen vor allem in einer umgänglichen kindlichen Persönlichkeit und psychologischen wie sozialen Voraussetzungen für eine liebevolle persönliche Betreuung besonders des Kleinkindes. Ein weiteres Beispiel sind die vielfältigen und einflussreichen epidemiologischen und längsschnittlichen Untersuchungen Michael Rutters (zusammenfassend: Rutter & Rutter, 1993). Noch immer bemerkenswert ist seine Untersuchung über den Einfluss »guter« und »schlechter« Schulen auf Schulleistung, Anwesenheit, weiterführenden Schulbesuch und sogar Delinquenz einige Jahre nach der Schulentlassung (Rutter, Maughan, Mortimer & Ouston, 1980).

Ein weiterer Einfluss auf das Denken hinsichtlich Entwicklung und Risiko ist eng verbunden mit dem Namen Urie Bronfenbrenner (Bronfenbrenner & Morris, 1998), der die adaptiven Leistungen an die jeweiligen kulturellen Gegebenheiten in den Vordergrund stellt. Seine kontextuellen Einbettungen individueller Lebensläufe in Mikro-, Meso- und Makrosysteme sind zu einem verbindlichen Paradigma in der modernen Entwicklungspsychologie geworden.

Glen Elder (1998) hat durch langjährige Reanalysen reicher qualitativer Daten aus zwei Längsschnittuntersuchungen der Dreißigerjahre, die durch das epochale Ereignis der Weltwirtschaftskrise geprägt waren, unser Verständnis über das Einflussgefüge auf die individuelle Entwicklung erweitert. In Elders Sicht sind Entwicklung und Risiko eines Individuums in seinen Auseinandersetzungen mit sozialen Veränderungen von vier wesentlichen Prozessen beeinflusst:

1. der Kontrolle über das eigene Leben,
2. den situativen Anforderungen,
3. der Akzentuierung besonderer Persönlichkeitseigenschaften unter außergewöhnlich harten Lebensbedingungen und
4. der Tatsache, dass die Auswirkungen besonderer historischer Ereignisse (wie z. B. die Wirtschaftsdepression der Dreißigerjahre oder Krieg) davon abhängen, in welcher Phase der Entwicklung sich ein Individuum befindet.

Schließlich spielen auch die Bindungen und wechselseitigen Beziehungen in der Familie bei den psychologischen Anpassungsleistungen eine entscheidende Rolle (Elder & Caspi, 1990).

Gegenüber den genannten sozialen, kulturellen und epochalen Orientierungen konzentriert sich die Bindungstheorie vor allem auf das Verständnis für Entwicklung und Risiko aus der Sicht des Individuums. Auf welcher persönlich erworbenen Grundlage verarbeitet der Einzelne Entwicklungsaufgaben, Herausforderungen und risikoreiche Ereignisse in seinem Leben? Die Bindungstheorie betrachtet individuelle Entwicklungswege und kommt damit dem Denken des entwicklungspsychologisch orientierten Klinikers entgegen, was sich aus der Entstehungsgeschichte der Bindungstheorie ergibt. John Bowlby konzipierte die Bindungstheorie als Psychotherapeut auf zunächst psychoanalytischem Hintergrund. Er versuchte, die lange Tradition spekulativer Konzepte und Schulen durch empirische Grundlagenforschung abzulösen. Einen methodischen Zugang fand er in der Verhaltensbiologie und der Kontrolltheorie der fünziger Jahre (Bowlby, 1969). Die Disposition des Kindes, Bindungen an bestimmte Personen zu knüpfen, ist durch die Evolution des Menschen gegeben, sie ist in Bowlbys Worten »evolutionär stabil«. Die individuellen Bindungserfahrungen hingegen variieren und führen zu unterschiedlichen Organisationen von Gefühlen, Wahrnehmungen, Interpretationen und Verhalten (Sroufe & Waters, 1977), die die Erwartungen an zwischenmenschliche Beziehungen regeln. In Bowlbys Terminologie wird diese innere psychische Organisation Internales Arbeitsmodell (Internal Working Model, IWM) genannt.

Im folgenden Kapitel soll dazu ein bindungsspezifisches Modell sprachlicher Repräsentation vorgestellt werden, das sich am psycholinguistischen Konzept von Katherine Nelson (1996, 1997, 1999) über die Rolle der Sprache in der kognitiven Entwicklung, besonders der Entwicklung des autobiographischen Selbst orientiert. Hinsichtlich der kindlichen Entwicklung ergeben sich dabei drei Schwerpunkte:

1. die frühkindliche Bindung,
2. die Rolle der Exploration bei der Bindung und
3. die Entwicklung sprachlicher Repräsentation von Bindung und Exploration.

Das Konzept von Risiko spielt dabei eine wichtige Rolle, vor allem bei Erfahrungen, die die Persönlichkeitsentwicklung beeinträchtigen und zu einem unsicheren Internalen Arbeitsmodell führen (die aber später über den Weg der sprachlichen

Repräsentation korrigiert werden können). Bindung, Exploration und sprachliche Repräsentation werden also im Hinblick auf Kohärenz von Fühlen, Handeln und Sprechen in »zielkorrigierten Partnerschaften« betrachtet. Bei der Darstellung einzelner Ergebnisse aus unseren Längsschnittuntersuchungen und einzelnen ergänzenden Studien steht die Entwicklung des handelnden Individuums im Mittelpunkt, das eine »internale Organisation von sich und anderen« (Bowlby, 1973) aufbaut.

Frühkindliche Bindung und Bindungsqualität

Die evolutionsbiologischen Wurzeln des menschlichen Bindungssystems sind von Bowlby ausführlich beschrieben worden (Bowlby, 1973, 1980, 1983). Die phylogenetisch ultimate Funktion von Bindung ist Schutz der Jungen. Der menschliche Säugling ist mit Fähigkeiten, d.h. einem expressiven Signalsystem und einer großen Lernbereitschaft ausgestattet, die es der Mutter oder anderen fürsorgenden Personen ermöglicht, die Bedürfnisse des Säuglings zu erkennen und zu befriedigen.

Nach Ainsworth weisen etliche Untersuchungen nach, dass die Qualität mütterlichen Reagierens auf die kindlichen Signale, vor allem nach Nähe (»tender loving care«) die Entwicklung unterschiedlicher Bindungsqualitäten beeinflusst (Ainsworth, 1973; Grossmann, Grossmann, Spangler, Suess & Unzner, 1985; Isabella & Belsky, 1991). Die empirische Bindungsforschung begann mit der systematischen Beobachtung von Säuglingen im Zusammenspiel mit ihrer Mutter als Bindungsperson. Sie wurden in schriftlichen, das Geschehen beschreibenden Protokollen festgehalten. In ethologischer Tradition wurden die funktionalen Konsequenzen des Ausdrucksverhaltens der Säuglinge im Verhalten der sie betreuenden Mütter beobachtet und jeweils durch verhaltensbeschreibende Skalen systematisch erfasst. Auf dieser beobachteten empirischen Grundlage entstanden induktiv die Konzepte »mütterliche Feinfühligkeit gegenüber den Signalen des Säuglings«, »mütterliche Kooperation versus Beeinträchtigung« und »mütterliche Akzeptanz versus Zurückweisung ihres Kindes« (Ainsworth, Blehar, Waters & Wall, 1978). Maßgebende Elemente mütterlicher Feinfühligkeit sind ihre Bereitschaft, die Äußerungen des Kindes wahrzunehmen, sie richtig zu interpretieren und sie angemessen und prompt zu beantworten. Kennzeichen fehlender Kooperation sind eingreifendes, das Kind bevormundendes Verhalten, das einen mangelnden Respekt für das Kind als Persönlichkeit mit eigenen Wünschen, Gefühlen und Absichten erkennen lässt. Das Konzept der Annahme vs. Zurückweisung basiert auf der mütterlichen Akzeptanz der individuellen Eigenarten des Kindes, seien sie Aussehen, Geschlecht, Temperament oder gar Behinderung.

Als wichtigste Elemente beim Bindungsaufbau des Säuglings erwiesen sich individuelle Unterschiede in mütterlicher Feinfühligkeit gegenüber den Signalen des Babys, in der mütterlichen Verfügbarkeit für das Baby, und in mütterlicher Kooperation im Gegensatz zu Beeinträchtigungen der kleinkindlichen Intentionen. Die individuellen Unterschiede bei den Müttern zeigten sich in der emotionalen Befindlichkeit der Säuglinge. Mit ihren Reaktionen auf das kindliche Ausdrucksverhalten reguliert die Mutter als »externer Organisator« die Befindlichkeit des Kindes. Sie vermittelt ihm durch ihre Reaktionen ein Gefühl von mehr oder weniger großer Kompetenz in dem Maße, in dem das Kind die Zuwendung und Fürsorge der Mutter zuverlässig vorhersagen kann und auch bekommt. Das Kind lernt auf diese Weise schon früh, ob seine auf die Bindungsperson gerichteten Signale Leid beenden und Bedürfnisse erfüllen können, und ob es geschützt und sicher seine Umwelt erforschen kann.

Ein zentraler Teil der Feinfühligkeit und Kooperationsbereitschaft der Bindungsperson ist ihre Fähigkeit, sich in die Lage des Kindes zu versetzen und dies bei ihrem Handeln in partnerschaftlicher aber auch verantwortlicher Weise zu berücksichtigen. Die britische Forscherin Elizabeth Meins (1997, 1999; Meins, Fernyhough, Russel & Clark-Carter, 1998) hat die sprachlichen Äußerungen von Müttern daraufhin analysiert, ob sie eine solche Orientierung erkennen lassen. Eine kind-orientierte Sicht zeigt sich als Tendenz der Mutter, ihren Säugling und später ihr Kleinkind als fühlendes, denkendes und mit Absichten und Wünschen ausgestattetes Wesen zu behandeln und entsprechend mit ihm zu reden (Meins benennt diese Orientierung »Mind-Mindedness«).

Die postulierten Auswirkungen mütterlicher Feinfühligkeit, Kooperation und Annahme des Säuglings im ersten Lebensjahr auf die psychische Sicherheit des Kindes wurden im Alter von 12 Monaten in der sogenannten Fremden Situation geprüft (Ainsworth, Blehar, Waters & Wall, 1978; Grossmann, Becker-Stoll, Grossmann, Kindler, Schieche, Spangler, Wensauer, Zimmermann, 1997). Die Fremde Situation (FS) ist ein standardisiertes Minidrama zur Erfassung des Bindungsverhaltensmusters eines Kleinkindes. Sie wird in einem mit Spielzeug attraktiv ausgestatteten, aber für das ca. 12 Monate alte Kind und seine Bindungsperson fremden Raum durchgeführt. Durch die Fremdheit und zusätzliche, kurzfristige Trennungen wird das Bindungssystem, d.h. sein Streben nach Schutz durch Nähe, aktiviert. Es wird beobachtet und geprüft, wie stark sein Bindungssystem aktiviert ist und auf welche Weise das Kind bei der Bindungsperson Beruhigung sucht. Dies wird verglichen mit dem Verhalten des Kindes gegenüber einer freundlichen, trainierten Spielpartnerin in der Rolle der »Fremden«. Eine sichere Bindung (in der Literatur »B« genannt) hat folgende Merkmale: Die Kinder zeigen offen ihren Kummer über die Trennung. Sie suchen Nähe bei der Wiedervereinigung, beruhigen sich schnell und nehmen das unterbrochene Erkunden wieder auf. Kinder, die kein Trennungsleid erkennen lassen, die sich gegenüber der zurückkehrenden Bindungsperson »vermeidend« verhalten und sich statt dessen dem Spielzeug zuwenden, werden als unsicher-vermeidend (»A«) klassifiziert. Ihre Herzschlagfrequenz steigt allerdings wie bei den sicher gebundenen Kindern an, wenn ihre Mütter den Raum verlassen, d.h. sie sind durch die Trennung ebenfalls beunruhigt. Ein weiteres Zeichen dafür, dass die Trennung belastend wirkt, ist der stressindizierende Kortisolspiegel: Nach der Fremden Situation steigt er bei

Kindern in »A«-Beziehungen an, bei Kindern in »B«-Beziehungen nicht (Spangler & Grossmann, 1993). Ein drittes Bindungsmuster ist die unsicher-ambivalente Verhaltensstrategie »C«. Solche Kinder suchen zwar Nähe, weisen sie aber gleichzeitig zurück. Sie finden so kaum Beruhigung durch den Kontakt mit der Bindungsperson.

Die Bindungsmuster charakterisieren kleinkindliche Verhaltensstrategien im Umgang mit Trennungsstress und Fremdheit bzw. Belastung. Die Grundorientierung der sicheren Strategie ist es, bei der Bindungsperson Entspannung zu finden, um dann wieder spielen zu können. Bei der vermeidenden Strategie verbirgt das Kind seine Belastung (entsprechend seiner Erfahrung mit derselben Bindungsperson zu Hause) und hat dadurch keinen Weg, aktiv bei ihr Entlastung zu suchen. Kinder mit einer ambivalenten Bindungsstrategie scheinen beständig in der Angst zu leben, die Bindungsperson zu verlieren; sie haben dadurch eine sehr niedrige Schwelle, bei der Bindungsverhalten ausgelöst wird, d. h. sie übertreiben es.

Die Beobachtung und Klassifizierung von hunderten von Kleinkindern in der Fremden Situation ergab, dass bei allen drei Bindungsstrategien Störungen auftreten können: Einige Kinder zeigen subtile Störungen in den klassischen Bindungsmustern, gelegentlich aber auch klinische Anzeichen extremer Belastung. Dieses wird mit dem Begriff Desorganisation des Bindungsverhaltens charakterisiert und in der Literatur mit »D« gekennzeichnet (Main & Solomon, 1986; 1990). Desorganisation ist ebenfalls korreliert mit Indikatoren von physiologischem Stress (Spangler & Grossmann, 1993).

Nur in sicheren Bindungsbeziehungen fungiert die Bindungsperson also in vollem Umfang für ihr Kind als »Sichere Basis«, deren Nähe das Kind aufsucht, wenn sein Bindungssystem erregt ist, und von der aus es explorativ und spielerisch erkundet, wenn die psychische Sicherheit wieder hergestellt und das Bindungssystem beruhigt ist.

Ethologische Bindungsforschung, besonders die Beobachtung von Kindern in ihren Familien, leidet stark unter dem damit verbundenen enormen Zeitaufwand, der für noch nicht etablierte Wissenschaftler u.U. karrierefeindlich und riskant ist. Nicht zuletzt deshalb wurde wohl die ursprünglich nur zur Validierung von Verhaltensbeobachtungen erfundene Fremde Situation zur Standardmethode, um Bindungsqualitäten zu erfassen. Die drei bedauerlichsten Konsequenzen waren 1. die in der Bindungsforschung sehr hohe Bewertung der Erfahrungen im Säuglingsalter gegenüber späteren Erfahrungen, 2. die Vernachlässigung von Bindungssicherheit im Dienste spielerischen Explorierens zur allmählichen Ausweitung der vertrauten Umwelt und 3. die Beschränkung auf die Typologie der drei Bindungsklassen aus der Fremden Situation, die auf alle späteren Altersstufen übertragen wurde, ohne ihre Bedeutung durch unabhängige ethologisch orientierte Verhaltensbeobachtungen jeweils neu zu überprüfen. Trotz aller Bedenken wurde mit der FS eine Methode bereitgestellt, die die ersten Validierungen für die Bindungssicherheit des Kindes im Hinblick auf beobachtete Einflüsse mütterlichen Verhaltens erbrachte. Die etwas vernachlässigte Rolle der Exploration für die Bindungssicherheit besonders im sprachlichen Alter scheint uns dagegen nicht gerechtfertigt. Wir wenden uns deshalb zunächst der Exploration zu, und danach der Sprache.

Bindung und Exploration

Das Bindungssystem wird in der Bindungstheorie als eigenständiges System betrachtet, mit dem »set-goal« Sicherheit und Schutz (Bowlby, 1969; Main, 1999). Ohne Exploration und spielerisches Erkunden könnte sich das Individuum aber nicht seine Umwelt vertraut machen, um in ihr existieren zu können. Aus diesen evolutionsbiologischen Überlegungen werden das Explorationssystem und das Bindungssystem als integrale und komplementäre Systeme betrachtet, weil beide zusammen, Bindung und Exploration, in einem weiteren verhaltensbiologischen und ontogenetischen Rahmen für die Anpassung an die Lebensgegebenheiten zusammenspielen.

Auf die spezifisch menschliche Ausstattung für Exploration und Kommunikation hatte der Schweizer Zoologe Adolf Portmann (1956) wiederholt hingewiesen. Er hatte beobachtet, dass menschliche Kinder in einem physiologisch weniger reifen Zustand geboren werden als subhumane Primaten-Kinder. Tatsächlich ist das Ausmaß der Markscheidenreifung (Myelinisation) des zentralen Nervensystems bei menschlichen Säuglingen etwa erst mit 18 Monaten dem Zustand vergleichbar, mit dem subhumane Primaten-Kinder auf die Welt kommen. Erst dann beginnt die Entwicklung der menschlichen Sprache und Erkenntnis (Kognition) im eigentlichen Sinne. Es ist wahrscheinlich, dass die relative Unreife des menschlichen Säuglings zum Zeitpunkt der Geburt die Folge eines evolutionären Kompromisses zwischen dem schnellen Hirnwachstum des Föten und der durch den aufrechten Gang bedingten Enge des Geburtskanals ist. Dies erklärt auch die besondere Bedeutung der Bindung, die menschliche Säuglinge gegenüber den sie betreuenden Erwachsenen außerhalb des Mutterleibes in ihrer sozialen Welt entwickeln. Die individuelle Bindung entsteht nicht aufgrund schablonenhafter Instinkte, sondern als reiche persönliche Erfahrung (Portmann, S. 74 f.). Dabei spielen unzählige einzelne Erlebnisse auf der Ereignisebene eine Rolle, die in dem Konzept der mütterlichen Feinfühligkeit von Ainsworth (1973) und in dem Konzept der »Sozialisation als Produkt wechselseitiger Beantwortung von Signalen« (Ainsworth, Bell & Stayton, 1974) Eingang gefunden haben. Bindungsqualitäten und die sich allmählich daraus entwickelnden explorativen Qualitäten fallen in die Zeit des von Portmann (1956, S. 68–80) so genannten »extra-uterinen Frühjahrs«. Das extra-uterine Frühjahr bereitet Sprache, Kommunikation und einsichtsvolles Handeln im Rahmen von Bindungsbeziehungen vor. Dafür ist das Kind evolutionsbiologisch ausgestattet und es verwirklicht diese genotypische Disposition phänotypisch im Rahmen eines »Affectional Systems« (Harlow, 1961; 1971) mit intuitiv handelnden Eltern (Papoušek & Papoušek, 1987) im Rahmen individueller Bindungsbeziehungen (Bowlby, 1987).

Jenseits der Gewährung von Schutz und Sicherheit ist eine sichere Bindung aber auch dazu geeignet, das Kind an den verschiedenen Aktivitäten der Mutter teilhaben zu lassen und diese zu lernen. Sie werden ebenfalls für sein Überleben wichtig sein (Bowlby, 1982, S. 225). Der Nutzen einer Erweiterung des engen Konzepts von Bindung auf Kommunikation und mentales Erkunden zeigt sich besonders in Situationen, die Neuorientierung und Anpassung verlangen (Bowlby, 1988c). Im Rahmen seiner vergleichenden Forschungen über das Bindungssystem von Rhesus-Affen zeigte Harry Harlow (1958) die empirischen Grundlagen für unser Verständnis der Balance zwischen Bindung und Exploration mit filmischen Mitteln auf.

In Gegenwart einer Mutter-Attrappe, die für ein in sozialer Isolation aufgezogenes Rhesus-Kind die einzige Sicherheitsbasis im Sinne von Bindung darstellte, sprang das Rhesus-Kind selbst über angstauslösende Gegenstände hinweg, wenn dies der einzige Weg war, um zur Mutter-Attrappe zu gelangen. Das Kind lief also nie weg vor angstauslösenden Reizen, sondern unter allen Umständen hin zur Mutter, selbst dann, wenn diese nur eine tote Attrappe war. Dies ist eine völlig neue evolutionäre Qualität im Dienste höher entwickelter Organismen mit erheblicher elterlicher Investition in jedes einzelne Kind (Grossmann, 1996). Sobald das Rhesus-Kind seine sichere Basis erreicht hat, beginnt es, nach einer gewissen Phase der Beruhigung, vorsichtig die angstauslösenden Gegenstände oder Ereignisse zu erkunden. Während des sehr vorsichtigen Erkundens entfernt sich das Äffchen zunächst stets nur kurz und nicht weit. Die Distanzen werden allmählich größer, die Zeitintervalle länger, bis schließlich der neue Reiz seine angstauslösende Qualität verliert und zum »vertrauten« Gegenstand wird. Diese Form der Angstreduktion und die bei tatsächlichen Primaten-Müttern (im Gegensatz zu leblosen Attrappen) beobachtbaren Fähigkeiten das Verhalten des Kindes angemessen zu steuern, ist inzwischen zu einem höchst interessanten Aspekt psychobiologischer Forschung geworden (Hofer, 1994; Panksepp, 1993; Krämer, 1992; Spangler & Grossmann, K., 1999; siehe auch Abschnitt II, Biological perspectives, in Cassidy & Shaver, 1999).

Während des Explorierens entstehen oft Konflikte zwischen Ängstlichkeit und Faszination (Bronson, 1972). Verhaltensbiologen betonen den außerordentlich offenen Geist und die Neugier des Menschen (Lorenz, 1973). Curiositas, das lateinische Wort für Neugier, beinhaltet tatsächlich drei Aspekte. Der erste ist »in einem guten Sinne, der Wunsch oder die Neigung, über alles zu lernen, insbesondere was neu ist oder fremd«. Die zweite Bedeutung meint »ein Gefühl des Interesses, das dazu führt, sich mit dem Neuen zu befassen«. Die dritte bezieht sich auf »Sorgfalt und Aufmerksamkeit gegenüber Detail, Genauigkeit und Exaktheit« (Oxford-Dictionary, 2. Auflage).

In allen drei Bereichen können negative Gefühle auftreten. Der Umgang mit negativen Gefühlen beim Explorieren ist wiederum zentral für die Bindungsqualität im weiteren Sinne. Deshalb spielt die Organisation der Gefühle beim konfliktreichen Explorieren eine gleichermaßen wichtige Rolle wie die Organisation der Gefühle und des Verhaltens bei Trennungsstress. Wir gehen mit Verhaltensbiologen wie Lorenz (1978) davon aus, dass Begeisterung beim Explorieren auch von der psychischen Sicherheit abhängt, die aus der Bindungsbeziehung stammt. Flexible, zielkorrigierte Verhaltensstrategien haben ihre Wurzeln in beiden aufeinander bezogenen Systemen: Im engeren Bindungssystem, begünstigt durch Bindungssicherheit, und im weiteren explorativen System, begünstigt durch explorative Sicherheit. Sie stellen die Organisation der Gefühle dar, aus denen heraus sich Motive und Erkenntnisse ausbilden.

Zielkorrigierte Partnerschaft auf der Grundlage sprachlichen Diskurses

Mit ca. drei Jahren beginnt beim Kind die Entwicklung einer »zielkorrigierten Partnerschaft«, die bis in das späte Jugendalter dauert. Zielkorrigiert heißt, dass die frühkindliche Phase einer direkten Orientierung auf die Bindungsperson – das evolutionsbiologisch gesetzte Ziel des Kindes – allmählich abgelöst wird durch Beachtung der jeweiligen Interessen und Motive des Bindungspartners (Bowlby, 1969). Mit wachsendem Sprachverständnis und beginnender Fähigkeit sozialer Perspektivenübernahme lernt das Kind, wie man die Ziele anderer durch Argumente verändern kann. Im Dienste seines Bindungs- oder Explorationssystems kann das Kind von nun an durch Worte und nicht nur durch Gestik die Mutter überreden, seinen Wünschen nach Nähe und Fürsorge bzw. Unterstützung beim Erkunden entgegenzukommen. Das partnerschaftliche Handeln – d. h. das Handeln, das die Wünsche und Absichten des Partners in die eigene Planung einbezieht – erwächst aus zwei früheren Verhaltenstendenzen der Bindungspartner: der Empathie des Kindes, die sich bereits im ersten Lebensjahr emotional zeigt (Main & Weston, 1981; Fremmer-Bombik & Grossmann, 1991) und die allmählich zur emotionalen Grundlage sozialer Kognition wird (Bischof-Köhler, 1991), und der mütterlichen Feinfühligkeit und ihrer Tendenz, das Kind als eine eigenständige Persönlichkeit (»Mind-Mindedness« von Elizabeth Meins) zu behandeln. Die Bindungsforschung geht davon aus, dass zielkorrigiert-partnerschaftliches Handeln im Rahmen unterschiedlicher Bindungsbeziehungen unterschiedlich ausgebildet und relevant wird, obwohl die grundlegende Fähigkeit dazu gegen Ende der Vorschulzeit bei allen Kindern entwicklungsmäßig gegeben ist (siehe die Forschung zur »Theory of Mind«, z. B. Astington, Harris & Olson, 1988; Wellmann, 1990).

Der sprachliche Diskurs ist die Grundlage dafür, dass diese spezifisch menschliche Erkenntnisform tatsächlich in das Sozialverhalten Eingang findet. Im sprachlichen Diskurs können auch die kindlichen Erfahrungen in Bindungsbeziehungen und die damit verbundenen Gefühle im Zusammenhang mit dem wirklich Erlebten artikuliert werden, sodass das Kind nicht nur die Ereignisse fühlt, sondern sie allmählich auch sprachlich repräsentieren kann. Im Zusammenhang mit einer Bindungsbeziehung ist der sprachliche Diskurs »Fortsetzung mütterlicher Feinfühligkeit mit anderen Mitteln«.

Die Psycholinguistin Katherine Nelson (Nelson, 1996; 1997; 1999) beruft sich für ihre Argumentation auf die Theorie des »Hybriden Gehirns« von Donald (1991). Das hybride Gehirn besteht aus den verschiedenen Gedächtnisrepräsentationen des reifen Geistes (Nelson). Sie sagt, sprachliche Diskurse seien nötig, um Ereignisse und mimetische Erinnerungen aus Nachahmung und integrierendem Zusammenspiel, die in älteren Hirnregionen lokalisiert sind, in einen bedeutungsvollen, bewussten und kommunikablen sprachlichen Zusammenhang zu bringen. Erst wenn das Kind Geschichten darüber hört, wie der Ausdruck seiner Gefühle von anderen im Zusammenhang mit seinen Erfahrungen sprachlich gefasst wird, ist die Möglichkeit gegeben, Repräsentationen aufzubauen und zu verändern (Grossmann, 1999a; Harris, 1999; Nelson, 1999). Wurden bedeutsame Gefühle nicht kognitiv integriert, dann ist nach Auffassung Bowlbys die sich entwickelnde Person der Möglichkeit beraubt, sich mit gegenwärtigen Situationen realistisch und adaptiv auseinander zu setzen. Ärger wird u.U. gegenüber unangemessenen Zielen geäußert, Angst wird in unangemessenen Situationen auftreten und feindseliges Verhalten wird von falschen Quellen erwartet (Bowlby, 1988, S. 117). Das bewusste Selbst ist in dieser Sicht repräsentiert durch die Qualität des sprachlichen Diskurses.

Die psycholinguistischen Ansätze von Nelson im Hinblick auf die Entwicklung eines autobiographischen Selbst (Nelson, 1997; 1999) passen nicht nur gut zu bindungstheoretischen Überlegungen und Konzepten, sondern auch in entsprechende Überlegungen aktueller Traumaforschung (Van der Kolk, 1998). Offensichtlich ist die mentale Präsenz besonders herausfordernder und emotional tangierender individueller Lebensumstände abhängig von der Qualität, mit der sie zum Gegenstand sprachlicher Diskurse mit feinfühligen und perzeptiven Mitmenschen gemacht wurde. Auf der sprachlichen Ebene wiederholen sich somit die Kriterien, die Ainsworth für die mütterliche Feinfühligkeit gegenüber den Kommunikationen des Säuglings aufgestellt hat: Der Gesprächspartner muss verfügbar sein, die Signale des Partners wahrnehmen, er muss den Ausdruck der Empfindungen richtig interpretieren, und er muss angemessen und prompt darauf antworten. Eine Kohärenz zwischen den psychischen Vorgängen und realen Gegebenheiten eines Hybriden Gehirns (Donald, 1991) kann offensichtlich nur auf diese Weise während der langen individuellen Entwicklung des Menschen bis zur Reife entstehen und nicht etwa durch direkten intrazerebralen Informationsaustausch zwischen limbischen und kortikalen Regionen ohne sprachlichen Diskurs.

Zusammenfassend für die Entwicklung zielkorrigierter Partnerschaft auf der Grundlage sprachlichen Diskurses sei Folgendes festgehalten: Mit drei Jahren beginnt die Entwicklung einer »zielkorrigierten Partnerschaft«, die bis ins späte Jugendalter dauert. Erlebnisse und die – für die Bindungsforschung so wichtigen – Bindungserfahrungen werden im Diskurs qualitativ unterschiedlich sprachlich bewusst gemacht und integriert. Die Diskurse führen, je nach Kohärenz mit erfahrenen Gefühlen und Ereignissen, zu sicheren oder unsicheren Bindungsrepräsentationen.

Vom Bindungsverhalten zum Internalen Arbeitsmodell und zur sprachlichen Bindungsrepräsentation

John Bowlbys theoretische Vorstellung über ein »Internales Arbeitsmodell (IWM) von sich und Anderen« gründete sich ursprünglich auf Ideen über Schemata hinter Verhaltensstrategien und Operationen wie sie Jean Piaget entwickelt hatte. In der Mitte dieses Jahrhunderts war Piaget zusammen mit Bowlby Mitglied einer Arbeitsgruppe der WHO gewesen (Tanner & Inhelder, 1963). Grundannahme für das IWM ist die Entwicklung innerer Organisation von Gefühlen im Zusammenhang mit dem Bindungs- und Explorationssystem. Bowlby wählte den Begriff Arbeitsmodell, weil sich das Modell von sich und anderen durch beständig neuartige Erfahrungen ändern kann, der Veränderungsprozess allerdings mit zunehmendem Alter und Menge der Erfahrung schwerer wird. Die beiden Hauptaspekte des IWM bestehen darin, dass Eltern sowohl die Bindungswünsche des Kindes als auch seine Wünsche zum Explorieren respektieren. Zentral sind außerdem zum einen das Ausmaß, in dem die Eltern dem Kind als Sicherheitsbasis dienen und es ermutigen, von dieser Basis aus zu erkunden, zum anderen ihre Unterstützung bei der allmählichen Ausweitung seiner Beziehungen mit anderen Kindern und anderen Erwachsenen (Bowlby, 1987, S. 58). Nach Bowlby (1979) konstruiert sich ein Kind, dessen Eltern verfügbar und unterstützend sind, ein Arbeitsmodell von sich selbst als tüchtig (»able to cope«), aber auch wert, unterstützt zu werden (»worthy of help«), und von den Eltern als zugänglich und hilfsbereit.

Nach Auffassung der Bindungstheorie ist die Integration der kindlichen Welt der Gefühle in ein Internales Arbeitsmodell ein sehr sensibler Prozess. Die kindlichen Gefühle sind vorherrschend, bevor sich die kognitiven Funktionen entwickeln, also während der sogenannten frühkindlichen Amnesie, der Zeit, an die sich das Kind später bewusst nicht erinnern kann. Zeitlebens entstehen aber die intensivsten Gefühle und wesentlichsten Elemente des Internalen Arbeitsmodells im Zusammenhang mit Bindungserfahrungen, und zwar vor allem bei Trennung und Verlust. Es mag hilfreich sein, dabei an Robert Sternbergs neue Definition von Intelligenz als Entwicklung »internaler Kohärenz und externaler Korrespondenz« zum Zwecke psychologischer Adaption (Sternberg, 1997) zu erinnern, obwohl dabei die Gefühle keine Rolle spielen. Jede Diskrepanz zwischen tatsächlicher Erfahrung und deren eigener Bewertung einerseits und diskursiver Verzerrung ihres Bedeutungszusammenhangs durch die Bindungsperson andererseits ist geeignet, den Aufbau kohärenter internaler Repräsentationen tatsächlicher Erfahrungen zu verhindern. Solch diskursive Verzerrungen sind Schweigen, Lügen, Verunglimpfung, Lächerlichmachen, Verleugnung, falsche Darstellungen, Drohungen usw. Nach Bowlby (1988b) können auf mindestens dreierlei Weise bewusste Erinnerungen an szenische Erfahrungen und Erlebnisse ausgeschaltet werden, obwohl sie nachweislich trotzdem außerordentlich wirksam Gedanken, Gefühle und Verhalten beeinflussen können. Dies sind einmal Ereignisse, von denen nach Meinung der Eltern die Kinder nichts wissen sollen; dann Ereignisse, bei denen die Eltern ihre Kinder auf eine Weise behandelt haben, welche die Kinder zu unerträglich finden, um darüber nachzudenken; und schließlich solche Verhaltensweisen, die Kinder getan oder gedacht haben und über die sie große Schuld- oder Schamgefühle entwickeln. Bowlby meint, dass Eltern ihre Kinder manchmal geradezu dazu zwingen, Beobachtungen aus ihrem Bewusstsein zu tilgen, die für die Eltern selbst unerträglich sind – z. B. beim mutwilligen Verlassen der Familie, aber auch bei Tod, vor allem bei Selbstmord, oder auch, ein zentrales Thema der Psychoanalyse (vielleicht früher eher als heute), bei sexuellen Aktivitäten der Eltern. Als Folge stellt sich chronisches Misstrauen gegenüber anderen ein, Hemmung der Neugier, Misstrauen gegenüber den eigenen Sinneseindrücken und eine Neigung, alles für unwirklich zu halten (Bowlby, 1988b, S. 103). Es handelt sich also bei einer wirklichkeitsnahen »Bewusstbarmachung« weniger darum, das Gedächtnis wieder aufzufrischen, als um die Möglichkeit, über etwas zu sprechen, worüber man schon immer etwas »geahnt« hat.

Die Gefühle und Erlebnisse bleiben bei sprachlichen Verzerrungen ohne Verbindung zu der Wirklichkeit, die sie bewirkt haben. Die realen Ereignisse werden nicht mit den dazugehörenden Gefühlen verbunden und bleiben so sich selbst und anderen gegenüber nicht darstellbar. Der fehlende oder falsche Diskurs über das kindliche Erleben ist nach Bowlbys Meinung auch Ursache dafür, dass wichtige Informationen und Gefühle vom Bewusstsein ausgeschlossen bleiben (Bowlby, 1988b, S. 107). Gefühle und Erlebnisse haben dann keine narrative Entsprechung, weil sie nie im sprachlichen Diskurs mit äußeren Gegebenheiten in Verbindung gebracht wurden. Es besteht somit keine internale Kohärenz der Gefühle und externale Korrespondenz der mit ihnen verbundenen Ereignisse. Diese Gefühle bleiben somit primär vom Bewusstsein ausgeschaltet und werden nicht unbedingt, wie oft behauptet, nachträglich abgespalten oder unterdrückt.

Der entscheidende Impuls für den Schritt vom kindlichen Bindungsverhalten zur empirischen Erfassung des Internalen Arbeitsmodells durch das Konzept der Bindungsrepräsentation im Erwachsenenalter kam von Main, Kaplan & Cassidy (1985). In einer Längsschnittuntersuchung konnten sie zeigen, dass sich die frühkindliche Bindungsqualität – erfasst mit 12 Monaten in der Fremden Situation – bei den meisten Kindern mit sechs Jahren in ihrem Kommunikationsstil wieder finden ließ. Die mit einem Jahr sicher gebundenen Kinder, diejenigen, die eine ausgewogene Balance zwischen Bindungs- und Explorationsverhalten gezeigt hatten, artikulierten mit sechs Jahren flüssig und kohärent. Die meisten der früher als vermeidend gebunden klassifizierten Kinder waren nach einer nun einstündigen Trennung von der Mutter eher einsilbig, nicht an einem Dialog mit ihr interessiert und wenig auskunftsbereit. Eine frühe ambivalente Bindungsstrategie zeigte sich nun in sprunghaften, übertriebenen und altersunangemessenen Dialogen (Main & Cassidy, 1988). Diese Zusammenhänge wurden von uns bestätigt (Wartner, Grossmann, Fremmer-Bombik & Suess, 1994).

In diesen wie auch anderen Untersuchungen wurden die Mütter in einem klinischen Interview, dem Adult Attachment Interview (George, Kaplan & Main, 1985) über ihre eigenen bindungsbezogenen Kindheitserinnerungen befragt. Die meisten Mütter der »sicheren« Kinder hatten einen kohärenten und nachvollziehbaren Antwort- und Berichtstil, die meisten Mütter der »vermeidenden« Kinder vermieden ihrerseits die Auseinandersetzung mit dem Thema Bindung oder beschrieben eine idealisierend schöne aber pauschale Bindungsgeschichte, und viele Mütter der »ambivalenten« Kinder waren noch immer verstrickt und verärgert über ihre eigenen Bindungsbeziehungen zu ihren Eltern früher und heute. Die Charakteristika des Diskurses der Mütter im Adult Attachment Interview wurden entsprechend der kindlichen Bindungsqualitäten in drei große Klassen von Bindungsrepräsentationen eingeteilt: 1. die sichere, autonome und flexible Repräsentation, 2. die distanzierte, Bindungen in ihrer Bedeutung abwertende Repräsentation und 3. die verstrickte, wenig objektive Repräsentation. Jede Repräsentation kann, vergleichbar mit den Bindungsstrategien der Einjährigen, in ihrer Organisation gestört sein durch unverarbeitete Bindungstraumata, was sich im Diskurs feststellen lässt und gesondert vermerkt wird (Hesse, 1999; Main & Goldwyn, im Druck).

Das wesentliche Merkmal für eine sichere Bindungsrepräsentation ist die Kohärenz, nebst einer Vielzahl von Skalen, die bei der Auswertung des AAI zugrunde gelegt werden. »Kohärenz« ist bei Main ein formales, inhaltsfreies Kriterium, das dem sprachlichen Kriterien Qualität, Quantität, Art und Weise und Relevanz des Sprachphilosophen H. P. Grice (1975) ähnelt. Die Kohärenz sicherer Bindungsrepräsentationen reflektiert den verbal (bewusst) frei zugänglichen Umgang mit eigenen Gefühlen, Erinnerungen, Motiven und Absichten, sowie dem auch diskursiv erfahrenen Wissen über andere (»Mind-Mindedness«). Inkohärente sprachliche Repräsentationen dagegen reflektieren Defizite im Zugang zu Gefühlen und Erinnerungen, in der zeitlichen Zuordnung, und in der »metakognitiven« Selbstkontrolle (Hesse, 1999; Main, 1991).

Main et al. (1985) wiesen auch als erste nach, dass die Bindungsrepräsentation der Mütter (und der Väter, wenn auch etwas schwächer) statistisch bedeutsam zusammenhing mit der Organisation des Bindungsverhaltens ihrer Kinder im ersten und zweiten Lebensjahr, also fünf Jahre zuvor. In unserer eigenen norddeutschen Längsschnittuntersuchung konnten wir mit einer eigenen Auswertemethode (Fremmer-Bombik, Rudolph, Veit, Schwarz & Schwarzmeier, 1989) erstmalig auch einen statistisch bedeutsamen Zusammenhang herstellen mit der von uns sechs Jahre zuvor beobachteten mütterlichen Feinfühligkeit gegenüber den Kommunikationen des Kindes im ersten Lebensjahr (Grossmann, K., Fremmer-Bombik, Rudolph & Grossmann, K.E., 1988). In der gleichen Zeit gelang es Miriam und Howard Steele, die Qualität der Bindungsorganisation einjähriger Kinder vorherzusagen, auf der Grundlage der sprachlichen Bindungsrepräsentation von Müttern und Vätern in Bindungsinterviews, die vor der Geburt des Kindes geführt wurden (Fonagy, Steele & Steele, 1991). Eine von Van Ijzendoorn (1995) durchgeführte Metaanalyse dieser und zahlreicher nachfolgender Untersuchungen bestätigt den erstaunlichen Zusammenhang zwischen Qualität der *sprachlichen* Organisation über Bindungserinnerungen bei Eltern und der Qualität der *Verhaltens*organisation des Bindungsverhaltens bei ihren Kleinkindern.

Aus diesen Zusammenhängen war geschlussfolgert worden, dass es eine deutliche Kontinuität auch im individuellen Lebenslauf der Kinder von der frühkindlichen Bindungsorganisation zur mentalen sprachlichen Organisation im Erwachsenenalter geben müsse. Jedoch ist dies bis jetzt empirisch etwas unsicher, denn einige Längsschnittstudien finden Kontinuität, andere, wie z. B. unsere beiden bis 16 Jahre dagegen nicht (Grossmann, Grossmann & Zimmermann, 1999). Mit 22 Jahren dagegen finden sich in unserer norddeutschen Längsschnittuntersuchung bedeutsame Zusammenhänge mit der Art und Weise der sprachlichen Repräsentation der partnerschaftlichen Beziehung (Grossmann, Grossmann, Winter & Zimmermann, im Druck).

Neue Internale Arbeitsmodelle und Veränderungsprozesse

Theoretisch befasste sich Bowlby mit Kontinuität und Diskontinuität bei der Entwicklung internaler Arbeitsmodelle. Er spricht entwicklungsbezogen sogar von zwei aufeinander folgenden Modellen. Das erste bezeichnet er als unbewusst, recht primitiv, das eine Person während der ersten frühen Jahre ihres Lebens entwickelt, und das vor allem unter starken emotionalen Belastungen wieder einflussreich wird. Es ist später dem Bewusstsein nicht zugänglich, wie alles, was in die Zeit frühkindlicher Amnesie fällt. Später erst entwickelt sich ein zweites Modell, das gleichzeitig mit dem frühen Modell arbeitet, das von diesem aber auch sehr unterschiedlich sein kann. Das spätere Modell betrachtet Bowlby als das kultiviertere (»more sophisticated«), weil es sich auf neue, weiter erkundende und auch auf Erfahrungen anderer stützt, und weil dem Individuum dieses Modell sehr viel bewusster ist. Dabei betont Bowlby, dass seine Auffassung von zwei Modellen des Selbst nur eine Vorstellung sei, um Freuds Hypothese eines dynamischen Unbewussten in die Bindungstheorie zu integrieren (Bowlby, 1973, S. 205). Das kultiviertere, spätere IWM reguliert aktuelle Anpassungen an neue Herausforderungen, während das alte, frühe IWM die gegenwärtigen und zukünftigen Realitäten »nicht sehen kann«. Unter klinischem Aspekt ist es wichtig zu fragen, wann und in welchem Ausmaß das alte Modell das neue Modell daran hindert, mit belastenden Herausforderungen vor allem im zwischenmenschlichen Bereich adaptiv umzugehen.

Neue herausfordernde Situationen, besonders (aber nicht nur) in zwischenmenschlichen Beziehungen erfordern flexible oder neue Internale Arbeitsmodelle durch »mentales« explorieren, bewerten, planen und handeln. Nach Überzeugung mancher Bindungstheoretiker ermöglichen sichere IWM dies eher als unsichere, da sie die Gegebenheiten flexibel analysieren, sie auch partnerschaftlich deuten und relativ objektiv darüber reflektieren können. Je nachdem in welchem Ausmaß dies geschieht, kann man erwarten, dass unsichere frühkindliche Bindungserfahrungen in sichere Bindungsrepräsentationen im reifen Erwachsenenalter integriert werden. Es konnte auch empirisch nachgewiesen werden, wie sich frühkindlich sichere Bindungsmuster durch spätere belastende Umstände zu unsicheren Bindungsrepräsentationen entwickelten (Zimmermann, 1996). Es war ja die erklärte Absicht Bowlbys, mit der Bindungstheorie ein Instrument zu schaffen, mit dessen Hilfe die Therapeuten im Leben ihrer Patienten Veränderungen (nämlich sicherer mit Herausforderungen umzugehen) gezielt herbeiführen können. Dieses Instrument beginnt bei Klinikern zu greifen (z. B. Brisch, 1999; Rehberger, 1999).

Die Bedeutung sowohl von Bindungsverhalten als auch von Exploration, physisch und mental, für gegenwärtige adaptive Leistungen sind sehr klar in den fünf therapeutischen Aufgaben formuliert (Bowlby, 1988c, S. 188 f.), die zu erfüllen sind, wenn ein belasteter Patient eine Veränderung seiner Situation oder Befindlichkeit anstrebt:

1. Dem Patienten als sichere Basis zu dienen, von der aus er die verschiedenen unglücklichen und schmerzlichen Aspekte seines Lebens mental erkunden kann,
2. Beistand und Unterstützung bei seinen Explorationen von Beziehungen mit signifikanten Personen in seinem gegenwärtigen Leben zu gewähren,
3. die Prüfung der Beziehung zwischen Therapeut und Patient im Hinblick auf bisherige Bindungsbeziehungen, z. B. wie eine Bindungsperson sich möglicherweise fühlt und sich gegenüber dem Patienten so verhält, wie es ihm seine Internalen Arbeitsmodelle von den Eltern und von sich selbst diktieren,
4. Betrachtungen darüber anzustellen, ob gegenwärtige Wahrnehmungen und Erwartungen, Gefühle und Handlungen beeinflusst sein könnten von bislang unvorstellbaren und undenkbaren Ereignissen, Situationen oder dadurch, dass Eltern wiederholt in der Vergangenheit Dinge gesagt haben, die dazu beigetragen haben könnten,
5. zu erkennen, dass seine Vorstellungen (Modelle) über sich und andere – zu oft in der Literatur als Fantasien fehlgedeutet – wohl für die Gegenwart und Zukunft unangemessen sind und vielleicht sogar nie gerechtfertigt waren.

Die genaue Betrachtung der frühen und späteren Internalen Arbeitsmodelle hat das Ziel, den versklavenden Einfluss alter unbewusster Erwartungen zu erkennen. Statt dessen soll der Patient auf neue Weise zu fühlen, zu denken und zu handeln lernen (Bowlby, 1988c, S. 139).

Die zentralen Elemente der fünf therapeutischen Aufgaben, die eigenen Gefühle klar erkennen und benennen zu können, eine angemessene Perspektive zu entwickeln und dabei vertraute Partner einzubeziehen, haben uns angeregt, in bindungsrelevanten Interviews bzw. Diskursen mit Kindern danach zu suchen.

Bindungstheoretisch geleitete Diskursanalysen

Wir verwendeten zwei Ansätze, um die Bedeutung der sprachlichen Klarheit der Motive, einer realistischen Perspektive und der diskursiven Kohärenz für das Leben der Kinder zu prüfen. Im ersten Ansatz haben wir die unterschiedlichen sprachlichen Qualitäten anhand vorliegender Gesprächstranskriptionen von Kindern im Alter von 6, 10, und 16 Jahren längsschnittlich analysiert. Im zweiten Ansatz prüften wir, ob sich sprachliche Beeinträchtigungen durch Bedrohungen der Bindungen des Kindes erfassen lassen, z.B. bei Scheidung der Eltern oder durch Krankenhausaufenthalt des Kindes. Beides ist für das Konzept der Entwicklung neuer Internaler Arbeitsmodelle grundlegend: Einerseits die Stabilität, die ja nach der Bindungstheorie im Verlaufe einer relativ ungestörten Entwicklung immer deutlicher werden soll und andererseits die Veränderung, die einsetzen muss, wenn es um bedrohliche Auseinandersetzungen geht, die Bindungsgefühle und Bindungsrepräsentationen aktivieren, und zu entsprechenden neuen Organisationen von Gefühlen, Verhalten und eben sprachlicher Verarbeitung führen. In den folgenden vier Studien, zwei längsschnittlichen und zwei in bedrohlichen Situationen, wird das verdeutlicht.

Die Analyse der Diskurse, ausgelöst durch die Trennungsgeschichten und Bilder des Trennungs-Angst-Test (SAT: Separation Anxiety Test: Klagsbrun & Bowlby, 1976) der sechsjährigen Kinder unserer norddeutschen Längsschnittuntersuchung durch Birgit Aimer (1998) und Christina Müller (1998) konzentrierte sich auf die sprachliche Klarheit der Gefühle und Motive des Kindes sowie die sprachlich und altersangemessenen Lösungsmöglichkeiten einer solchen Situation, z.B. dass das Kind andere um Hilfe bittet oder sich über den Aufenthalt der Eltern kundig macht (Grossmann, 1997). In der Analyse der Interviews mit den Zehnjährigen wurde außerdem auf das partnerschaftliche Denken des Kindes geachtet. Es fand sich eine hohe Stabilität zwischen 6 und 10 Jahren auf den beiden Maßen »Klarheit der Gefühle« und »Angemessenheit der Perspektive«. Die Maße zeigten jeweils hohe Interkorrelation zu jedem Alterszeitpunkt und zwischen den Alterszeitpunkten. Zwischen der Bindungsqualität des Kindes mit einem Jahr und der klaren sprachlichen Darstellung seiner Gefühle mit 6 und 10 Jahren ergab sich allerdings nur ein tendenzieller Zusammenhang.

Weitere prospektive längsschnittliche Zusammenhänge fanden sich zum Alter von 16 Jahren, vor allem zu den sprachlichen Äußerungen über Trennung, Freunde, elterliche Unterstützung usw. und der Bindungsrepräsentation der Jugendlichen. Kinder, die als Sechsjährige und/oder als Zehnjährige deutlich über ihre negativen Gefühle sprechen konnten, wurden mit 16 Jahren signifikant sicherer in ihrer Bindungsrepräsentation beurteilt. Das gleiche gilt für die Lösungsorientierung der sechs- und/oder zehnjährigen Kinder (Grossmann, K.E. et. al., im Druck) Sogar die Beschreibungen der 16-Jährigen ihrer Freunde und ihrer Wertschätzung von Freundschaften waren differenzierter und partnerschaftlicher, wenn sie als Sechsährige gut in der Lage gewesen waren, ihre Motive deutlich zu äußern und adaptive Lösungsperspektiven zu entwickeln. Da alle Sprachmaße auch mit der Intelligenz des Kindes zusammenhingen (gemessen mit einem Intelligenztest), bleibt allerdings zu prüfen – insbesondere im Hinblick auf die Sternberg'sche Intelligenzdefinition von internaler Kohärenz und externaler Korrespondenz (Sternberg, 1997) – inwieweit manche dieser Prozesse eher intelligenzbedingt sind, oder inwieweit sichere Bindungsrepräsentationen die konsequente Nutzung der Intelligenz begünstigt.

Mit den 16-jährigen Jugendlichen der Längsschnittstichprobe wurden auch Gespräche über hypothetische Szenen und Geschichten zur sozialen Informationsverarbeitung geführt (Zimmermann, 1992; 1999a). Die Szenen, über die mit den Jugendlichen gesprochen wurde, hatten alle soziale Zurückweisungen zum Thema. Nach jeder Geschichte wurde nach den Motiven der Beteiligten gefragt, wie sich der Protagonist fühlt, wie er sich das Verhalten der anderen in den Geschichten erklärt und welche Lösung oder Perspektive er sich vorstellen kann. Zur Auswertung wurden die folgenden Skalen entwickelt: »Flexibilität des Verhaltens«, »Flexibilität der Attribution« und »Klarheit der emotionalen Bewertung« (Himme, 1998). Weitere Diskurselemente wie Inkohärenz, Ausweichen, Vagheit der Aussage, Kontextbezogenheit und eindeutige Benennung der Emotionen trugen zur Bewertung auf den Skalen bei. Besonders die Skalen »Flexibilität des Verhaltens« und »Flexibilität der Attribution« zeigten wesentliche und deutliche längsschnittliche Bezüge zu den Diskurs-Variablen, die im Alter der Kinder von 6 Jahren erhoben worden waren. Zu vorsprachlichen Bindungsvariablen waren dagegen wieder nur schwache Zusammenhänge nachzuweisen.

Die Diskursqualität der 16-Jährigen hing auch mit der berichteten Unterstützung durch die Eltern sechs Jahre zuvor zusammen. Eine unterstützende Repräsentation der Eltern durch die Zehnjährigen sagte größere Klarheit in der Beschreibung der hypothetischen Situation mit 16 Jahren voraus. Allerdings galt dieser Zusammenhang nur dann, wenn die Eltern nicht inzwischen geschieden waren. Jugendliche, die flexibel und einsichtig über die Zurückweisungssituationen sprechen konnten, hatten ein besser entwickeltes Freundschaftskonzept und boten sprachlich kohärentere Konfliktregelungen an. In der Fremdeinschätzung zeigten sich bei den Ich-flexiblen Sechzehnjährigen Zusammenhänge mit ihrer Flexibilität im Diskurs, verbunden mit weniger Hilflosigkeit und Ängstlichkeit. Alle drei Skalen zur Erfassung des sprachlichen Umgangs mit hypothetischen Szenen und Geschichten über Zurückweisung korrelierten ebenfalls signifikant mit der Bindungsrepräsentation der Jugendlichen im Erwachsenen-Bindungsinterview (Zimmermann, 1999a). Jugendliche mit sicheren Bindungsrepräsentationen sind somit in der Lage, mehrere Interpretations- und Handlungsalternativen zu vergleichen und sind sich ihrer emotionalen Bewertung sprachlich bewusster. Dies ist ein entscheidendes Merkmal für Adaptivität.

In den jeweiligen Erfassungsvariablen des Diskurses über die Alterszeitpunkte hinweg ist stets die Einsicht in die eigenen Gefühle und ihre motivierende Kraft enthalten und die Zuversicht, dass andere hilfsbereit und nicht feindselig sein werden, wenn man sie braucht. Dies scheint ein recht stabiles Merkmal im Diskurs eines Kindes zu sein, solange es in relativ risikolosen Verhältnissen aufwächst. Eine Validierung in späterem *wirklichen* Partnerschafts- und Elternverhalten wäre sicherlich der nächste wünschenswerte Forschungsschritt.

Die beiden von uns untersuchten bedrohlichen Situationen sind einmal Scheidung der Eltern und zum anderen Einweisung in eine Kinder- und Jugendpsychiatrische Abteilung eines Krankenhauses. Die Scheidungskinder wurden untersucht von Birgit Böhm (Böhm, 1998; Böhm & Grossmann, K.E., 2000; Böhm, Emslander & Grossmann, K.E., im Druck) Birgit Böhm verwendete ein Alltags- und Belastungsinterview mit 10- bis 13-jährigen Jungen, deren Eltern sich zwei Jahre zuvor hatten scheiden lassen. Die Interviews wurden verglichen mit denen gleichaltriger Söhne nicht geschiedener Eltern. Für die Analyse der Interviews wurden alle Kriterien eines guten Diskurses in Anlehnung an Main & Goldwyn (im Druck) angelegt. Außerdem wurde bewertet, ob und wie die Buben ihre Eltern als unterstützend darstellten, und wie sie sich selbst einschätzten. Auch die Eltern schätzten das Kind ein, so dass ein Vergleich zwischen Eltern- und Selbstbeurteilung vorgenommen werden konnte. In allen genannten Variablen schnitten die Kinder aus Scheidungsfamilien signifikant bis hochsignifikant schlechter ab als die Kinder zusammenlebender Eltern. Es zeigten sich also deutliche Belastungen in der sprachlichen Darstellung, wenn sie über ihr Leben berichteten. Ihr Diskurs mit einer fremden Person war im Gruppenmittel wesentlich eingeschränkter, unflexibler, hilfloser und perspektivenloser als der Diskurs von Söhnen, deren Eltern zusammenlebten. Die erlebte Trennung der Eltern, der wahrscheinlich mehr Streit und weniger Zuwendung zum Kind voraus ging, war eindeutig im Diskurs der Kinder zu erkennen.

Wir interpretieren solche Ereignisse als gravierende Herausforderung zur Schaffung neuer internaler Arbeitsmodelle, was, wie die Arbeiten aus dem Forschungsteam von Allan Sroufe nahe legen, den früher sicher gebundenen Kindern einen gewissen Vorteil einräumen könnte (Sroufe, Egeland & Kreutzer, 1990; Sroufe, Cooper & de Hart, ^{3}1996; vgl. auch Grossmann, Grossmann & Zimmermann, 1999). Die frühkindliche Bindung war jedoch nicht Teil der Studie von Böhm an Scheidungskindern gewesen.

Die zweite Untersuchung zur Beeinträchtigung sprachlicher Kohärenz durch bedrohliche, das Bindungssystem aktivierende Situationen befasste sich mit Diskursen von Kindern innerhalb einer Kinder- und Jugendpsychiatrie-Station. Dabei konnten die sprachlichen Qualitäten mit psychopathologischen, anamnestischen und diagnostischen Befunden verglichen werden (Giegling, 1998). In Anlehnung an den Trennungs-Angsttest SAT wurden von Giegling Trennungsbilder geschaffen, die den Erfahrungen der Kinder im Krankenhaus entsprachen. Über diese Szenen wurde mit den Kindern gesprochen. Die Gespräche wurden wiederum daraufhin analysiert, ob die Kinder sprachlich klar über ihre Gefühle und Motive reden konnten, und ob die Antworten eine angemessene Lösung oder Perspektive erkennen ließen. Auch hier wurden Kriterien wie Kohärenz, Ausführlichkeit, Qualität usw. berücksichtigt. Am bedeutungsvollsten erwies sich die sprachliche Klarheit der Motive. Kinder aus deren Anamnese hervorging, dass sie Gewalt und viel Streit erlebt hatten, deren Eltern getrennt lebten und die häufiger im

Heim gewesen waren, waren signifikant schlechter fähig, ihre Gefühle und Gedanken sprachlich kohärent auszudrücken. Je mehr Heimaufenthalte die Kinder hatten, umso weniger waren sie in der Lage, Perspektiven im Sinne einer Lösung zur Verbesserung ihrer Situation sprachlich darzustellen. Ein qualitativ schlechterer sprachlicher Diskurs im Zusammenhang mit fiktiven Belastungssituationen hing deutlich zusammen mit der Stärke pathologischer Auffälligkeiten der Kinder innerhalb eines kinderpsychiatrischen Krankenhauses und mit der Anzahl und Schwere der erfahrenen Risikofaktoren. So zeigten Kinder mit geringer Fähigkeit zur Motivklärung häufiger Anpassungsstörungen und schwere Verhaltens- und emotionale Störungen sowie kaspernd-albernes, dominantes und gefühlsarmes Verhalten. Bei Kindern mit geringer Fähigkeit sprachlicher Lösungen traten häufiger schwere Verhaltens- und emotionale Störungen auf, sowie erhöhte Impulsivität, Aufmerksamkeitsstörungen, Sprech- und Sprachstörungen sowie Verhalten, das auf funktionelle bzw. somatoforme Störungen schließen lässt. Anamnestisch waren Kinder mit geringer Motivklärung familiär mehr belastet, hatten mehr Gewaltakte und massive Streitigkeiten erfahren und waren häufiger im Heim gewesen. Gute Motivklärung ging mit Suche nach sozialer Unterstützung und Lösungsorientierung bei Belastung einher. Lösungsorientierung zeitigte mehr aktivkonstruktive Selbststeuerung beim Konfliktmanagement (Giegling, Freisleder & Grossmann, in Vorb.).

Schlussfolgerungen

Die zukünftige Bindungsforschung, vielleicht sogar darüber hinaus eine weniger theoriegebundene Entwicklungspsychologie und Entwicklungs-Psychopathologie können nach unserer Überzeugung von einem sprachlichen Ansatz wie dem hier vorgestellten profitieren. Im vorliegenden Zusammenhang blieben z.B. Aspekte der kindlichen Desorganisation und Desorientierung (Main & Solomon, 1990) und ihre Entsprechungen im Adult Attachment Interview im Zusammenhang mit ungelösten traumatischen Erfahrungen (Main & Morgan, 1996) unberücksichtigt. Hier ist für die Zukunft einiges an neuen Erkenntnissen zu erwarten (vgl. Main, 1999). Betrachtet man z.B. unsere Längsschnittuntersuchungen in Bielefeld und Regensburg, so hat allein die Anzahl bindungsrelevanter Belastungen der Eltern (mit dem Erwachsenen-Bindungsinterview erhoben) einen hoch signifikanten Zusammenhang mit Merkmalen von Desorganisation und Desorientierung ihrer Kinder in der Fremden Situation erbracht (Schild, 1998; Grossmann, K.E., 1999b; 2000). Für die Zukunft der Untersuchung von Entwicklungsrisiken wird dies ein besonders wichtiger Bereich sein (Main, 1995; 1996; 1999).

Sichere Bindungsrepräsentationen im Erwachsenen-Bindungsinterview (AAI) hängen eng zusammen mit der Konstruktion kohärenter Lebensgeschichten im Diskurs mit bedeutsamen Erwachsenen, die im Interesse des sich entwickelnden Kindes handeln, die seine Gefühle, Wünsche und Absichten ernst nehmen und unter Berücksichtigung seiner Perspektive in einen sprachlich kohärenten Bedeutungszusammenhang überführen. Die damit verbundene Entwicklung zur reifen Autonomie des Erwachsenen findet nicht nur in der Kleinkindzeit statt, sondern auch in der Jugendzeit bis ins frühe Erwachsenenalter hinein. Die Freiheit der Bewertung neuer Herausforderungen und die Notwendigkeit der Entwicklung neuer internaler Arbeitsmodelle hängen von einer kohärenten Bindungsorganisation und von einer bedeutungsvollen sprachlichen Repräsentation ab, die mit der Wirklichkeit der externalen Korrespondenzen im Einklang steht. Wenn dies nicht gegeben ist, dann verhindern alte unsichere innere Arbeitsmodelle, die blind gegenüber neuen Situationen sind, die notwendige psychologische Resilienz. Peter Zimmermann (1999) hat Daten zusammengetragen, die zeigen, dass auf der Verhaltensebene und auf der Sprachebene relativ unabhängige Kontinuitäten zu finden sind. Fabienne Becker-Stoll (1997) wies nach, dass in einem Streitgespräch 16–Jähriger mit ihren Müttern Kontinuitäten auf der Verhaltensebene aus der frühkindlichen Zeit zu beobachten waren, auf der sprachlichen Ebene dagegen Zusammenhänge mit dem Bindungsinterview, unabhängig von der frühen Bindungsqualität.

Es ist natürlich zu fragen, ob sprachliche Diskurse vorsprachliche Bindungserfahrungen zu kompensieren oder aufzuheben in der Lage sind; ob also bestimmte sprachliche Diskurse – wie in der Therapie – eine schlechte Integration von Wirklichkeit und Gefühlen in eine kohärente Autobiographie überführen können. Was könnte die mentale Exploration, Elaboration und Reflexion behindern? Wann hört aufgrund bestimmter Bindungserfahrungen auch die beste Intention, sich in die Lage des anderen zu versetzen, auf, wirksam zu sein? Auch in der modernen Traumaforschung zeigt sich immer deutlicher, dass die sprachliche Verfügbarkeit traumatischer Erfahrungen posttraumatische Stress-Syndrome und die ihnen zugrunde liegenden hirnphysiologischen Veränderungen zu mildern, vielleicht sogar zu verhindern im Stande ist (z. B. Herman, 1994; Van der Kolk, 1998). Eine besondere Problematik dabei stellt der »Verrat« dar, wenn vertraute Personen das Vertrauen missbrauchen (Freyd, 1996). Nach dem evolutionsbiologischen Modell von Donald (1991) können nämlich neue Internale Arbeitsmodelle nur dann zustande kommen, wenn über sprachliche Diskurse die Möglichkeit der Herstellung internaler Kohärenz und externaler Korrespondenz auch und gerade für die im Bindungsbereich besonders intensiven Gefühle gegeben ist. Wir pflichten Paul Harris (1999) bei, dass in Zukunft viel zu lernen sein wird aus den Analysen der komplexen Zusammenhänge von emotionalen, prozeduralen, kognitiven und sprachlichen Repräsentationen beim Vergleich der verschiedenen theoretischen Ansichten über Internale Arbeitsmodelle, einschließlich dem der Bindungstheorie. Es lohnt sich zu untersuchen, wie kohärente Internale Arbeitsmodelle zustande kommen können – trotz früher Zurückweisung, Ambivalenz oder sogar beängstigenden Bindungserfahrungen; oder was frühe Bindungssicherheit hindert, in neue, adaptive Internale Arbeitsmodelle überführt zu werden (Grossmann, 1998; Grossmann, K.E. & Grossmann, K., im Druck).

Die Psychodynamik von Individuen beruht auf Organisationsstrukturen von Gefühlen, Verhalten und mentalen Arbeitsmodellen. Diese stammen aus verschiedenen Gedächtnissen und hängen auf vielfache aber noch keineswegs immer klare Weise mit unterschiedlichen Qualitäten psychologischer Anpassungsleistung über den Lebenslauf zusammen. Die Hauptaufgabe der Bindungsforschung ist deshalb die Analyse differenzieller Einflüsse auf die Entwicklung unterschiedlicher internaler Arbeitsmodelle zu verschiedenen Zeitpunkten und unter verschiedenen Lebensumständen, auch epochalen (vgl. Elder, 1998). Psychologische Anpassung von Individuen resultiert aus evolutionsbiologisch gewordenen anthropologischen Gegebenheiten: Den unmittelbaren biologisch-anthropologischen Gegebenheiten des Bindungssystems im Kleinkindalter, und den evolutionär gewachsenen kultur-anthropologischen Notwendigkeiten, Einsicht in die Zusammenhänge über sich selbst und andere zu gewinnen, während der langen menschlichen Entwicklungsjahre bis zur Reife (Bruner, 1991). Sichere Internale Arbeitsmodelle sind adaptiver als unsichere, weil sie in der Lage sind, flexibel zu analysieren, Vorstellungen anderer zu berücksichtigen, negative Gefühle in ziel- und lösungsorientierte Planungen zu integrieren und über die Konsequenzen des eigenen Handelns nachzudenken. Nicht immer aber sind die Zeiten günstig für die Entwicklung sicherer Bindungsqualitäten und sicherer internaler Arbeitsmodelle (Grossmann, K.E., 1995). Zielkorrigierte partnerschaftliche sprachliche Diskurse sind geeignet, dies für die Entwicklung von Individuen während der Zeit der Unreife zu leisten und so die frühkindlichen Bindungserfahrungen bewusst und verfügbar zu machen und der Selbstreflexion zuzuführen (Fonagy, Steele, H., Moran, Steele, M. & Higgit, 1991). Auf diese Weise kommt die Fähigkeit zustande, durch Bindungslernen, im Gegensatz zu instrumentellem oder defensivem Lernen, Ziele zu entwickeln, für die es sich anzustrengen lohnt (Minsky, 1987) und die dabei auftretenden Gefühle informativ zu nutzen. Die Ziele (»set-goal«) von Kindern sind anfangs ihre Bindungspersonen. Später kommen die Ziele auch aus den sprachlich gefassten Bedeutungszusammenhängen, die mit bedeutsamen anderen Personen auf der Grundlage einer engen Verbundenheit im sprachlichen Diskurs entwickelt werden. Sie werden Teil des neuen Internalen Arbeitsmodells, das sich über enge Bindungen hinausentwickelt und dabei tief in den Bindungserfahrungen seine Wurzeln hat.

Literatur

Aimer, B.: (1998) Die Entwicklung von adaptiven Perspektiven im sprachlichen Diskurs von 6- und 10-jährigen Kindern. Zusammenhänge von 0–10 Jahren. Diplomarbeit. Universität Regensburg.

Ainsworth, M.D.S.: (1973) The development of infant-mother attachment. In: Caldwell, B.M./Riciutti, H.N. (Hrsg.): Review of child development research. Chicago: University of Chicago Press, Vol. 3: 1–94.

Ainsworth, M.D.S./Bell, S.M./Stayton, D.J.: (1974) Infant-mother attachment and social development: »Socialization« as a product of reciprocal responsiveness to signals. In: Richards, P.M. (Hrsg.): The integration of a child into a social world. Cambridge: Cambridge University Press, 99–135.

Ainsworth, M.D.S./Blehar, M.C./Waters, E./Wall, S.: (1978) Patterns of attachment. A psychological study of the strange situation. Hillsdale, NJ: Lawrence Erlbaum Associates.
Astington, J.W./Harris, P.L./Olson, D.R. (Hrsg.): (1988) Developing theories of mind. Cambridge University Press.
Becker-Stoll, F.: (1997) Interaktionsverhalten zwischen Jugendlichen und Müttern im Kontext längsschnittlicher Bindungsentwicklung. Unveröffentlichte Dissertation. Universität Regensburg.
Bischof-Köhler, D.: (1991) Jenseits des Rubikon. Die Entstehung spezifisch menschlicher Erkenntnisformen und ihre Auswirkung auf das Sozialverhalten. In: Ditfurth, H. v. (Hrsg.): Mannheimer Forum 90/91. München: Piper Verlag, 143–194.
Böhm, B.: (1998) Sprachliche Unterschiede zwischen 10- bis 13-jährigen Jungen aus Scheidungs- und Nichtscheidungsfamilien. Regensburg: Roderer.
Böhm, B./Grossmann, K.E.: (2000) Unterschiede in der sprachlichen Repräsentation von 10- bis 13-jährigen Jungen geschiedener und nicht geschiedener Eltern. Praxis der Kinderpsychologie und Kinderpsychotherapie 49: 16–35.
Böhm, B./Emslander, C./Grossmann, K.E.: (im Druck) Unterschiede in der sprachlichen Repräsentation von 10- bis 13-jährigen Jungen geschiedener und nicht geschiedener Eltern. Praxis der Kinderpsychologie und Kinderpsychotherapie.
Bowlby, J.: (1969) Attachment and loss. Vol. 1: Attachment. London: Hogarth Press and Institute of Psycho-Analysis (deutsch: Bindung. München: Kindler, 1975).
Bowlby, J.: (1973) Attachment and loss. Vol. 2: Separation: Anxiety and anger. New York: Basic Books (deutsch: Trennung. München: Kindler, 1976).
Bowlby, J.: (1979) The making and breaking of affectional bonds. London: Tavistock Publications (deutsch: Das Glück und die Trauer. Stuttgart: Klett-Cotta).
Bowlby, J.: (1980) Attachment and loss. Vol. 3: Loss: Sadness and depression. New York: Basic Books (deutsch: Verlust. Frankfurt: Fischer, 1983).
Bowlby, J.: (1982) Attachment and loss. Vol. 1: Attachment. New York: Basic Books (Orig. 1969).
Bowlby, J.: (1987) Attachment. In: Gregory, R.L. (Hrsg.): The Oxford Companion to the Mind. Oxford: Oxford University Press, 57–58.
Bowlby, J.: (1988) A secure base. Clinical applications of attachment theory. London: Travistock/Routledge.
Bowlby, J.: (1988b) On knowing what you are not supposed to know and feeling what you are not supposed to feel. In: Bowlby, J. (Hrsg.): A secure base. Clinical applications of attachment theory. London. Tavistrock/Routledge, 99–118.
Bowlby, J.: (1988c) Attachment, communication, and the therapeutic process. In: Bowlby, J.: A secure base, 137–157.
Brisch, K.H.: (1999) Bindungsstörungen. Von der Bindungstheorie zur Therapie. Stuttgart: Klett-Cotta.
Bronfenbrenner, U./Morris, P. A.: (1998) The Ecology of Developmental Processes. In: Damon, W. (Hrsg.): Handbook of Child Psychology 1: 993–1028.
Bronson, G.W.: (1972) Infants' reactions to unfamiliar persons and novel objects. Monographs of the Society for Research in Child Development, 37, Serial No. 148.
Bruner, J.S.: (1991) The narrative construction of reality. Critical Inquiry 18: 1–21.
Cassidy, J./Shaver, P.R. (Hrsg.): (1999) Handbook of Attachment: Theory, Research, and Clinical Applications. New York: Guilford Press.
Donald, M.: (1991) Origins of the modern mind: three stages in the evolution of culture and cognition. Cambridge, MA, Harvard University Press.

Elder, G.: (1998) The life course and human development. In: Damon, W. (Hrsg.): Handbook of Child Psychology, Vol. 1, Theoretical Models of Human Development. Lerner, R.M. Vol. Hrsg., 939–991.
Elder, G./Caspi, A.: (1990) Studying lives in a changing society: Sociobiological and personological considerations. In: Rabin, A. I./Zucker, R. A./Frank, S. (Hrsg.): Studying Persons and Lives. New York: Springer, 201–247.
Emslander, Ch.: (1998) Psychologische Unterschiede in der Selbst- und Fremdeinschätzung bei 10- bis 13-jährigen Söhnen von geschiedenen und nicht geschiedenen Eltern. Diplomarbeit. Universität Regensburg.
Fonagy, P./Steele, H./Steele, M.: (1991) Maternal Representations of Attachment during Pregnancy Predict the Organization of Infant-Mother Attachment at One Year of Age. Child Development 62: 891–905.
Fonagy, P./Steele, M./Steele, H./Moran, G.S./Higgitt, A.C.: (1991) The Capacity for Understanding Mental States: The Reflective Self in Parent and Child and its Significance for Security of Attachment. Infant Mental Health Journal 12(3): 201–218.
Fremmer-Bombik, E./Grossmann, K.E.: (1991) Frühe Formen empathischen Verhaltens (Early forms of empathic behavior). Zeitschrift für Entwicklungspsychologie und Pädagogische Psychologie 23: 299–317.
Fremmer-Bombik, E./Rudolph, J./Veit, B./Schwarz, G./Schwarzmeier, I.: (1989) Regensburger Auswertmethode des Adult Attachment Interviews (The Regensburg method of analyzing the Adult Attachment Interview). Unpublished manuscript.
Freyd, J.J. (1996). Betrayal trauma: The logic of forgetting childhood abuse. Cambridge, MA. Havard University Press.
George, C./Kaplan, N./Main, M.: (1985) An adult attachment interview. Unpublished manuscript, University of California at Berkeley, Department of Psychology.
Giegling, I.: (1998) Die Qualität sprachlicher Reaktionen auf fiktive Trennungssituationen bei 8- bis 12-Jährigen einer Kinder- und Jugendpsychiatrie in Abhängigkeit von psychopathologischem Befund, Bindungsqualität sowie Selbst- und Elterneinschätzung. Diplomarbeit. Universität Regensburg.
Giegling, I./Freisleder, F.J./Grossmann, K.E.: (in Vorb.) Die Diagnostik gestörter Bindungsrepräsentationen bei 8- bis 12-jährigen Kindern einer Kinder- und Jugendpsychiatrie eröffnet die Möglichkeit zum gezielten therapeutischen Aufbau positiver Bindungserfahrungen – eine Pilotstudie.
Grice, H. P.: (1975) Logic and conversation. In: Cole, P.H./Moran, J.L. (Hrsg.): Syntax and semantics III: Speech acts. New York. Academic Press, 41–58.
Grossmann, K./Fremmer-Bombik, E./Rudolph, J./Grossmann, K.E.: (1988) Maternal attachment representations as related to patterns of infant-mother attachment and maternal care during the first year. In: Hinde, R.A./Stevenson-Hinde, J. (Hrsg.): Relationships within families. Oxford: Oxford Science Publications, 241–260.
Grossmann, K./Grossmann, K.E./Spangler, G./Suess, G./Unzner, L.: (1985) Maternal sensitivity and newborns' orientation responses as related to quality of attachment in northern Germany. In: Bretherton, I./Waters, E. (Hrsg.): Growing points in attachment theory and research. Monographs of the Society for Research in Child Development 50: 233–256.
Grossmann, K.E.: (1995) The evolution and history of attachment research and theory. In: Goldberg, S./Muir, R./Kerr, J. (Hrsg.): Attachment theory: Social, developmental and clinical perspectives. Hillsdale, NJ: The Analytic Press, 85–102.
Grossmann, K.E.: (1996) Lerndispositionen des Menschen. In: Hoffmann, J./Kintsch, W. (Hrsg.): Lernen. Enzyklopädie der Psychologie (C/II/7). Göttingen: Hogrefe, 131–178.

Grossmann, K.E.: (1997) Bindungserinnerungen und adaptive Perspektiven. In: Lüer, G./Lass, U. (Hrsg.): Erinnern und Behalten. Wege zur Erforschung des menschlichen Gedächtnisses. Göttingen: Vandenhoeck & Ruprecht, 321–337.

Grossmann, K.E.: (1999a) Old and new Internal Working Models of Attachment: The organisation of feelings and language. Attachment and Human Development 1 (3): 253–269.

Grossmann, K.E.: (1999b) Traumatic Experiences and the development of Inner Working Models of Attachment Relationships. The Impact of Collective Education on the Development of Children and Youth. In: Fölling, W./Fölling-Albers M. (Hrsg.): The Transformation of Collective Education in the Kibbutz. The End of Utopia? Frankfurt: Peter Lang, 179–191.

Grossmann, K.E.: (2000) Verstrickung, Vermeidung, Desorganisation: Psychische Inkohärenzen als Folge von Trennung und Verlust. In: Opher-Cohn, L./Pfäfflin, J./Sonntag, B./Klose, B./Pogany-Wnendt, P. (Hrsg.): Das Ende der Sprachlosigkeit? Auswirkungen traumatischer Holocaust-Erfahrungen über mehrere Generationen. Gießen: Psychosozial-Verlag, 85–111.

Grossmann, K.E./Becker-Stoll F./Grossmann, K./Kindler H./Schieche M./Spangler G./Wensauer M./Zimmermann P.: (1997) Die Bindungstheorie: Modell, entwicklungspsychologische Forschung und Ergebnisse. In: Keller, H. (Hrsg.): Handbuch der Kleinkindforschung. Göttingen: Hogrefe, 51–95.

Grossmann, K.E./Grossmann, K.: (1998) Développement de l'attachement et adaptation psychologique du berceau au tombeau. Enfance 3: 44–68.

Grossmann, K.E./Grossmann, K. (2001): Die Bedeutung sprachlicher Diskurse für die Entwicklung internaler Arbeitsmodelle von Bindung. In: Gloger-Tippelt, G. (Hrsg.): Bindung im Erwachsenenalter. Bern: Huber, 75–101.

Grossmann, K.E./Grossmann, K./Zimmermann, P.: (1999) A Wider View of Attachment and Exploration: Stability and Change During the Years of Immaturity. In: Cassidy, J./Shaver, P.R. (Hrsg.): Handbook of Attachment: Theory, Research, and Clinical Applications. New York: Guilford Press, 760–786.

Grossmann, K.E./Grossmann, K./Winter, M./Zimmermann, P.: (im Druck) Attachment Relationships and Appraisal of Partnership: From Early Experience of Sensitive Support to Later Relationship Representation. In: Pulkkinen, L./Caspi, A. (Hrsg.): Personality in the Life Course: Paths to Successful Development (Arbeitstitel). Cambridge: Cambridge University Press.

Harlow, H.: (1958) The nature and development of affection (Film). Göttingen: Institut für den wissenschaftlichen Film, W 1467.

Harlow, H.F.: (1961) The development of affectional patterns in infant monkeys. In: Foss, B. M. (Hrsg.): Determinants of infant behavior. New York: Wiley 1, 75–97.

Harlow, H.F.: (1971) Learning to love. San Francisco: Albion Publishing Co.

Harris, P.: (1999) Individual differences in understanding emotion. The role of attachment status and psychological discourse. Attachment and Human Development 1(3): 307–324.

Herman, J.L.: (1994) Die Narben der Gewalt. München: Kindler.

Hesse, E.: (1999) The Adult Attachment Interview. Historical and Current Perspectives. In: Cassidy, J./Shaver, P.R. (Hrsg.): Handbook of Attachment: Theory, Research, and Clinical Applications. New York: Guilford Press, 395–433.

Himme, H.: (1998) Sprachliche Repräsentation adaptiven Verhaltens – längsschnittliche Zusammenhänge. Diplomarbeit, Universität Regensburg.

Hofer, M.: (1994) Hidden regulators in attachment, separation and loss. In: Fox, N.A.: The development of emotion regulation: Biological and behavioral considerations. Monographs of the Society for Research in Child Development 59: 192–207.

Isabella, R.A./Belsky, J.: (1991) Interactional synchrony and the origins of infant-mother attachment: A replication study. Child Development 62: 373–384.

Klagsbrun, M./Bowlby, J.: (1976) Responses to separation from parents: A clinical test for young children. British Journal of Projective Psychology 21: 7–21.

Kraemer, G.W.: (1992) A psychological theory of attachment. Behavioral and Brain Sciences 15: 493–541.

Lorenz, K.: (1973) Die Rückseite des Spiegels. Versuch einer Naturgeschichte menschlichen Erkennens. München: Piper.

Lorenz, K.: (1978) Vergleichende Verhaltensforschung. Grundlagen der Ethologie. Wien, New York: Springer Verlag.

Main, M.: (1991) Metacognitive knowledge, metacognitive monitoring and singular (coherent) versus multiple (incoherent) model of attachment: Findings and directions for future research. In: Parkes, C.M./Stevenson-Hinde, J./Marris, P. (Hrsg.): Attachment across the life cycle. London/New York: Tavistock/Routledge, 127–159.

Main, M.: (1995) Desorganisation im Bindungsverhalten (Desorganization in attachmentbehavior). In: Spangler, G./Zimmermann, P. (Hrsg.): Die Bindungstheorie. Grundlagen, Forschung und Anwendung. Stuttgart: Klett-Cotta, 120–139.

Main, M.: (1996) Introduction to the special section on attachment and psychopathology. Journal of Consulting and Clinical Psychology. Berkeley: University of California 64(2): 237–243.

Main, M.: (1999) Epilogue. Attachment Theory. Eighteen points with Suggestions for Future Studies. In: Cassidy, J./Shaver, P. R. (Hrsg.): Handbook of Attachment: Theory, Research, and Clinical Applications. New York: Guilford Press, S. 845–887.

Main, M./Weston, D.R.: (1981) The quality of the toddler's relationship to mother and to father: Related to conflict behavior and the readiness to establish new relationships. Child Development 52: 932–940.

Main, M./Solomon, J.: (1986) Discovery of an insecure disorganized/disoriented attachment pattern: Procedures, findings and implications for the classification of behavior. In: Brazelton, T. B./Yogman, M. (Hrsg.): Affective development in infancy. Norwood, NJ: Ablex, 95–124.

Main, M./Morgan, H.: (1996) Disorganization and disorientation in infant Strange Situation behavior: Phenotypic resemblance to dissociative states. In: Michelson, L./Ray, M. (Hrsg.): Handbook of Dissociation: Theoretical, empirical and clinical perspectives. New York: Plenum Publishing, 107–138.

Main, M./Cassidy, J.: (1988) Categories of response to reunion with the parent at age six: Predictable from infant attachment classification and stable over a one-month period. Developmental Psychology 24(3): 415–426.

Main, M./Solomon, J.: (1990) Procedures for identifying infants as disorganized/disoriented during Ainsworth Strange Situation. In: Greenberg, M. T./Cicchetti, D./Cummings, E.M. (Hrsg.): Attachment in the preschool years. Chicago: University of Chicago Press, 121–160.

Main, M./Goldwyn, R.: (im Druck) Interview based adult attachment classifications: Related to infant-mother and infant-father attachment. Developmental Psychology.

Main, M./Kaplan, N./Cassidy, J.: (1985) Security in infancy, childhood, and adulthood: A move to the level of representation. In: Bretherton, I./Waters, E. (Hrsg.): Growing

points in attachment theory and research. Monographs of the Society for Research in Child Development 50: 66–106.
Meins, E.: (1997) Security of attachment and social development of cognition. Hove: Psychology Press.
Meins, E.: (1999) Sensitivity, security, and internal working models: Bridging the transmission gap. Attachment and Human Development 1 (3): 325–342.
Meins, E./Fernyhough, Ch./Russel, J./Clark-Carter, D.: (1998) Security of Attachment as a Predictor of Symbolic and Mentalising Abilities: A Longitudinal Study. Social Development 7(1): 1–24.
Minsky, M.: (1987) The society of mind. London: Heinemann (Pan Books, Picador Edition, 1987).
Müller, Ch.: (1998) Die Entwicklung von adaptiven Perspektiven im sprachlichen Diskurs von sechs- und zehnjährigen Kindern. Zusammenhänge von 6–16 Jahre. Diplomarbeit. Universität Regensburg.
Nelson, K.: (1996) Language in cognitive development. Cambridge: Cambridge, University Press.
Nelson, K.: (1997) Finding One's Self in Time. In: Snodgrass, J.G./Thompson, R.L. (Hrsg.): The Self Across Psychology. New York: The New York Academy of Sciences.
Nelson, K.: (1999) Representations, narrative development, and internal working models. Attachment and Human Development 1(3): 239–251.
Panksepp, J.: (1993) Neurochemical control of moods and emotions: Amino acids to neuropeptides. In: Lewis, M. & Haviland, J.M. (Hrsg.): Handbook of emotions. New York: Guilford, 87–107.
Papoušek, H./ Papoušek, M.: (1987) Intuitive parenting: A dialectic counterpart to the infant´s integrative competence. In: Osofsky, J.D. (Hrsg.): Handbook of infant development. New York: Wiley, 669–720.
Portmann, A.: (1956) Zoologie und das neue Bild des Menschen. Biologische Fragmente zu einer Lehre vom Menschen. Hamburg: Rowohlt.
Rehberger, R.: (1999) Verlassenheitspanik und Trennungsangst. Bindungstheorie und psychoanalytische Praxis bei Angstneurosen (Leben lernen, 128). Stuttgart: Pfeiffer bei Klett-Cotta.
Rutter, M. & Rutter, M. (1993) Developing Minds. New York, Basic Books.
Rutter, M./Maughan, B./Mortimer, P./Ouston, J.: (1980) Fünfzehntausend Stunden. Schulen und ihre Wirkung auf die Kinder. Weinheim: Beltz.
Schild, B.: (1998) Erklären berichtete traumatische Erfahrungen von Müttern desorganisiertes Verhalten bei einjährigen Kindern? Diplomarbeit Universität Regensburg.
Schulze, D.: (1998) Berichte 10- bis 13-jähriger Jungen getrennt und zusammenlebender Eltern über ihr soziales Netz. Diplomarbeit. Universität Regensburg.
Spangler, G./Grossmann, K.E.: (1993) Biobehavioral organization in securely and insecurely attached infants. Child Development 64: 1439–1450.
Spangler, G./Grossmann, K.: (1999). Individual and physiological correlates of attachment disorganization in infancy. In: Solomon, J./George, C. (Hrsg.): Attachment disorganization. Guilford Press.
Sroufe, L.A./Waters, E.: (1977) Attachment as an organizational construct. Child Development 48: 1184–1199.
Sroufe, L.A./Egeland, B./Kreutzer, T.: (1990) The fate of early experience following developmental change: Longitudinal approaches to individual adaptation in childhood. Child Development 61(5): 1363–1373.

Sroufe, L.A./Cooper, R.G./de Hart, G.B.: (1996). Child development. Its nature and course. New York: McGraw-Hill.
Sternberg, R.J.: (1997) The concept of intelligence and its role in lifelong learning and success. American Psychologist 52(10): 1030–1037.
Tanner, J.M./Inhelder, B.: (1963) Discussions on Child Development. A consideration of the biological, and cultural approaches to the understanding of human development and behavior. Proceedings of the Meetings of the World Health Organization Study Group on the Psychobiological Development of the Child. Volumes one to four. London: Tavistock Publications.
van der Kolk, B.A.:(1998) Zur Psychologie und Psychobiologie von Kindheitstraumata. Praxis der Kinderpsychologie und Kinderpsychiatrie 47: 19–35.
van Ijzendoorn, M.: (1995) Adult attachment representations, parental responsiveness, and infant attachment. A meta-analysis on the predictive value of the Adult Attachment Interview. Psychological Bulletin 117: 387–403.
Wartner, U./Grossmann, K./Fremmer-Bombik, E./Suess, G.: (1994) Attachment patterns at age six in South Germany: Predictability from infancy and implications for preschool behavior. Child Development 65: 1014–1027.
Wellmann, H.M.: (1990) The childs theory of mind. Cambridge, MA: MIT Press.
Werner, E.E./Smith, R.S. (1982) Vulnerable but invincible: A longitudinal study of resilient children and youth. New York: McGraw-Hill.
Werner, E.E./Smith, R.S.: (1992) Overcoming the odds: High risk children from birth to adulthood. Ithaca, NY: Cornell University Press.
Zimmermann, P.: (1999a) Emotionsregulation im Jugendalter. In: Friedlmeier, W./Holodynski, M. (Hrsg.): Emotionale Entwicklung. Heidelberg: Spektrum der Wissenschaft, 219–240.
Zimmermann, P.: (1999b) Structure and functions of internal working models of attachment and their role for emotion regulation. Attachment and Human Development, 1 (3): 291–306.

Innere Arbeitsmodelle von Bindungsbeziehungen als Vorläufer von Resilienz

Inge Bretherton

Die Bindungstheorie gesteht zwischenmenschlichen Beziehungen zentrale Bedeutung zu. Beginnend im Säuglingsalter und über die ganze Lebensspanne hinweg steht, laut dieser Theorie, die seelische Gesundheit in einem engen Zusammenhang mit Bindungsbeziehungen, durch die ein Mensch sowohl emotionale Unterstützung als auch Schutz erhält (Bowlby, 1969, 1973, 1980).

»Denn nicht nur kleine Kinder, sondern Menschen aller Altersstufen erweisen sich dann am glücklichsten und im Stande, ihre Talente optimal zu entfalten, wenn sie zuversichtlich und überzeugt sind, dass hinter ihnen eine oder mehrere zuverlässige Personen stehen, die bei auftauchenden Schwierigkeiten zu Hilfe kommen. Die zuverlässige Person stellt eine sichere Basis dar, von der aus das Individuum operieren kann.« (Bowlby, 1976, S. 410)

Nach Bowlby werden menschliche Bindungsbeziehungen durch ein Verhaltens- und Motivationssystem reguliert, das sich in der frühen Kindheit entwickelt und das Menschen mit anderen Primaten teilen. Dieses System informiert sich sozusagen sowohl durch die physische Nähe als auch über die psychologische Verfügbarkeit einer »stärkeren und weiseren« Bindungsperson. Wenn nötig, aktiviert es auch Bindungsverhalten einer Bezugsperson. So lange sich ein gebundener Mensch wohl fühlt, dient die Bindungsperson als sichere Basis, deren unterstützungsbereite Anwesenheit das Erkunden, Spiel und freundliches soziales Verhalten fördert. Aber sobald ein gebundener Mensch, besonders ein kleines Kind, Gefahr wahrnimmt, werden Exploration und Spiel eingestellt und bei der Bindungsperson Beschützung und Beruhigung gesucht.

Ob eine Bindungsperson als effektive sichere Basis dienen kann, hängt allerdings von der Qualität der Interaktionsmuster ab, die sich zwischen den Bindungspartnern entwickelt hat. Nach dem Säuglingsalter werden menschliche Bindungsbeziehungen auch immer mehr von inneren (mentalen) Arbeitsmodellen beeinflusst, die sich ein Kind auf Grund von wiederholten Interaktionen mit der Bindungsperson konstruiert.

Diese Arbeitsmodelle sind funktionierende (arbeitende) Modelle vom Selbst und dem Bindungspartner, die im Laufe der gemeinsamen Erfahrungen entstehen, aber auch fortlaufend weitergebildet werden. Sie dienen zur Regulierung, Interpretation und Vorhersage von bindungsrelevanten Verhaltensweisen, Gefühlen und Gedanken. Wenn diese Arbeitsmodelle entwicklungsgemäß auf dem Laufenden gehalten und gut an Umweltveränderungen angepasst werden, ermöglichen sie, nicht nur über bindungsrelevante Ereignisse in Vergangenheit, Gegenwart und Zukunft nachzudenken, sondern auch mit den Bindungspersonen darüber zu kommunizieren, was die gegenseitige harmonische Regulierung von Bindungs- und Schutzverhalten fördert. Darüber hinaus ist ein Mensch, der sich auf die Unterstützung seiner Bindungsfigur verlassen kann auch besser in der Lage, die Exploration der physischen und sozialen Welt mit voller Aufmerksamkeit zu verfolgen.

In der Annahme, dass die Basis für seelische Gesundheit in dem Zusammenspiel von Bindung und Exploration besteht, unterschied sich Bowlby nicht nur von Freud, sondern auch von anderen psychoanalytischen Theoretikern, wie z.B. Mahler, Pine und Bergman (1975). Im Gegensatz zu ihnen betonte Bowlby, dass Bindungsverhalten bei Erwachsenen unter Stressbedingungen durchaus normal sei, und nicht als infantil, regressiv oder pathologisch angesehen werden sollte. Anfangs riefen seine Ideen bei seinen Kollegen in der Britischen Psychoanalytischen Gesellschaft einen Sturm der Entrüstung hervor, der längst abgeflaut und sich inzwischen sogar in Anerkennung gewandelt hat (Bretherton, 1992; Steele & Steele, 1998).

In diesem Kapitel soll zunächst Bowlbys Neuformulierung von psychoanalytischen Auffassungen über menschliche Bindung dargestellt werden unter Betonung der Rolle der Repräsentation. Berücksichtigung finden ferner auch verwandte theoretische Konzepte aus der Kognitionspsychologie und den sozialkognitiven Entwicklungstheorien, die Bowlbys Theorie ergänzen und veranschaulichen. Der zweite Teil ist der Bindungsforschung gewidmet, wobei in erster Linie Studien hervorgehoben werden sollen, die sich ausdrücklich mit internen Arbeitsmodellen befassen.

Bowlbys Bindungstheorie und der Begriff der internen Arbeitsmodelle

Dass Bowlby die Funktion der Repräsentation in menschlichen Beziehungen stark hervorhob ist nicht besonders überraschend. Als Mitglied der Britischen Psychoanalytischen Gesellschaft war Bowlby natürlich, sowohl mit Freuds Ansichten über die Innenwelt als auch mit Kleins (1932), Winnicotts (1958) und Fairbairns (1952) Vorstellungen über internalisierte Beziehungen vertraut und von ihnen beeinflusst. Im Nachhinein kann man sogar eine verblüffende Ähnlichkeit zwischen Freuds Beschreibung der Innenwelt in dem posthum veröffentlichten Buch »Abriss der Psychoanalyse« (1940) und Bowlbys Ideen bezüglich der »Internalen Arbeitsmodelle« konstatieren. Freud beschrieb zum Beispiel die Einsicht, dass »Zusammenhänge und Abhängigkeiten, die in der Außenwelt vorhanden sind, in der Innenwelt unseres Denkens irgendwie zuverlässig reproduziert und gespiegelt werden können«, und dass »deren Kenntnis uns befähigt, etwas in der Außenwelt zu verstehen, es vorauszusehen und möglicherweise zu verändern.« Des Weiteren schrieb Freud über »die Denktätigkeit, die nach Orientierung in der Gegenwart und Verwertung früherer Erfahrungen durch Probehandlungen den Erfolg der beabsichtigten Unternehmungen zu erraten versucht« (Freud, 1940, S. 129). Freud sprach somit ausdrücklich über die Funktion der Innenwelt, die das Verhalten eines Individuums nicht nur reflektiert, sondern auch leitet. Den Fachausdruck »Internales Arbeitsmodell« übernahm Bowlby allerdings von Kenneth Craik (1943), einem brillanten jungen Vordenker der sogenannten künstlichen Intelligenz, dessen Ideen Bowlby in einem Buch des Biologen J. Z. Young (1974) entdeckte.

Interessanterweise stimmt Craiks Definition der inneren Arbeitsmodelle außerordentlich gut überein mit Freuds Beschreibung der Funktion der Innenwelt, die oben zitiert wurde. Mit Modell ist daher jedes physikalische oder chemische System gemeint, das eine ähnliche Beziehungsstruktur hat, wie die des Prozesses, den es nachahmt.

»Unter Beziehungsstruktur ist nicht irgendeine obskure, nicht physikalische Entität, die dem Modell anhaftet gemeint ..., sondern ein physikalisches Arbeitsmodell, das auf die gleiche Weise funktioniert wie der Prozess, dessen Parallele es darstellt. Wenn ein Organismus ein verkleinertes Modell der äußeren Wirklichkeit und seiner eigenen möglichen Verhaltensweisen innerhalb dieser Wirklichkeit im Kopf trägt, ist er in der Lage, verschiedene Alternativen auszuprobieren und zu entscheiden, welche die beste ist. Er kann deshalb auf künftige Situationen reagieren bevor sie entstehen, und sein Wissen von vergangenen Ereignissen im Umgang mit der Gegenwart und der Zukunft verwenden, und so in einer sehr erweiterten, sicheren und kompetenteren Art und Weise auf Ereignisse reagieren, die auf ihn zukommen« (Craik, 1943, p. 61).

Craik (1943) unterschied sich jedoch von Freud durch die evolutionäre Perspektive, dass Organismen, die fähig sind, komplexe »Internale Arbeitsmodelle« ihrer Umgebung zu konstruieren, auf diese Weise ihre Überlebenschancen beträchtlich verbessern. Bowlby zog Craiks Ideen vom internalen Arbeitsmodell eher statischen Metaphern wie Bild (image) oder Landkarte (map) vor, weil sowohl »Arbeits« wie »Modell« darauf hinweisen, dass ein Individuum seine Repräsentationen sozusagen mental ablaufen lassen kann, um konkrete Vorhersagen und Pläne auszuarbeiten. Dies ist möglich, weil Arbeitsmodelle eine »Beziehungsstruktur« haben, die den erlebten Zusammenhängen in der Umwelt analog sind und sie (obwohl mehr oder weniger vereinfacht) mental nachbilden.

Um in neuen Situationen dienlich sein zu können, müssen Arbeitsmodelle aber auch so konstruiert sein, dass mit ihrer Hilfe neue Modelle von möglichen, noch nie ausgeführten Interaktionen und von neuen Beziehungen gebildet werden können (Bowlby, 1969).

Die Entwicklung der Internalen Arbeitsmodelle von Selbst und Bindungsperson

Bowlbys Auffassung von Repräsentation im Sinne von mentalen Modellen bezog sich nicht nur auf Arbeitsmodelle von Selbst und Bindungsperson, sondern auf alle Vorstellungen, die sich Menschen von ihren Erlebnissen und ihrer Umgebung machen können. Insgesamt wurde der Begriff aber vornehmlich im Zusammenhang mit der Repräsentation von menschlichen Bindungen ausgearbeitet. Bowlby (1969, 1973, 1980) vertrat den Standpunkt, dass sich innere Arbeitsmodelle von Selbst und Pflegeperson aus wiederholten Interaktionsmustern entwickeln. Deshalb müsse man sie sich als komplementär vorstellen und könnte sie zusammengenommen als Repräsentation der wechselseitigen Eltern-Kind-Beziehungen verstehen (vgl. Sroufe & Fleeson, 1986).

Die unterschiedliche Qualität dieser Beziehungen wird in der Bindungstheorie als »sicher« oder »unsicher« bezeichnet. Der Begriff »sicher« bedeutet das Vertrauen eines Individuums auf die Erreichbarkeit und Verfügbarkeit einer spezifischen schützenden, unterstützenden Bindungsperson. Nach Bowlby entwickelt sich auf dieser Basis ein Arbeitsmodell von einem wertvollen und kompetenten Selbst. Wird kindliches Verhalten durch die Eltern oft abgewiesen, lächerlich gemacht oder nicht beachtet, entwickelt sich umgekehrt ein Arbeitsmodell eines inkompetenten Selbst. In diesem Fall wird die Bindung als »unsicher« bezeichnet.

Die embryonalen sensomotorischen Formen der Arbeitsmodelle vom Selbst in Bezug auf Bindungsfigur(en) ermöglichen es, Bowlbys Auffassung gemäß, schon sehr kleinen Kindern, primitive Erwartungen davon zu bilden, was die Pflegepersonen wahrscheinlich als Nächstes tun werden. Dabei verließ sich Bowlby auf die Erkenntnisse von Piaget (1952, 1954), die aber auch von vielen späteren Untersuchungen bestätigt wurden. Kleinkinder lächeln zum Beispiel beim »Guck-Guck-Da-Da-Spiel« schon kurz, bevor sie das Gesicht des Spielpartners wiedersehen (Ratner & Bruner, 1978), und ein acht Monate altes Kind, das im vorherigen Monat Spritzen erhalten hatte, beginnt schon zu schreien, wenn sein Arm für eine weitere Injektion desinfiziert wird (Izard, 1978). In diesem Zusammenhang wäre auch Stern (1985) zu nennen, der sich auf die Ergebnisse von inzwischen sehr zahlreichen Studien über die soziale, kognitive und emotionale Säuglingsentwicklung stützte, um ebenfalls zu betonen, dass Kinder bereits im Säuglingsalter schematische Repräsentationen von wiederholten Interaktionsmustern mit der Mutter konstruieren.

Sterns (1985) ausführliche Abhandlungen über dieses Thema bekräftigen somit die von Bowlby formulierte These, dass Kleinkinder in der zweiten Hälfte des ersten Lebensjahres ihre Interaktionsrepräsentationen bereits für einfache Bindungspläne einsetzen können. Sobald sie begreifen, dass Objekte (einschließlich der Eltern) auch fortbestehen, wenn sie außer Sichtweite sind (Piaget, 1954; Bell, 1970), können sie nun zum Beispiel auch erwägen, wo sie am besten nach der aus dem Zimmer verschwundenen Bindungsperson suchen sollten. Im zweiten und dritten Lebensjahr lernen Kleinkinder in zunehmendem Maße, ihre Bedürfnisse auch sprachlich auszudrücken und längerfristige Voraussagen darüber zu machen, wie die Bindungsperson auf ihren Wunsch nach Beruhigung oder Beschützen eingehen wird. Auch sieht man am dramatischen »als-ob-Spiel« älterer Kinder, dass ihnen Information über Alltagsvorkommnisse bereits in Schema-Form zur Verfügung steht (Bretherton, 1984).

An dieser Stelle erscheint es sinnvoll, das von Schank und Abelson (1977) eingeführte Konzept der Scripts etwas ausführlicher darzustellen. Dieses Konzept, welches Bowlby noch nicht zur Verfügung stand, eignet sich besonders für die weitere Ausarbeitung seiner Ideen bezüglich der inneren Arbeitsmodelle. Nach Schank und Abelson werden wiederholte ähnliche Ereignisse im Gedächtnis als sog. »Scripts« oder Ereignisschemata gespeichert. Ist ein solches Schema gebildet, dann kann es herangezogen werden, um weitere Versionen ähnlicher Ereignisse bereits im Vorschulalter zu interpretieren oder zu antizipieren. Katherine Nelson (Nelson & Gruendel, 1981; Nelson, 1986), die Schank und Abelsons Ideen in die Entwicklungspsychologie einführte, entdeckte, dass bereits dreijährige Kinder einfache Ereignisschemata sprachlich in der richtigen Reihenfolge beschreiben können. Ältere Kinder sind zudem in der Lage, mehr Einzelheiten zu berücksichtigen.

Etwas später erkannte Schank (1982), dass seine ursprüngliche Vorstellung vom Aufbau eines Scripts zu unflexibel war und der Notwendigkeit für eine Vielfalt repräsentationaler Bausteine nicht gerecht wurde. Er ging daher in der Folge davon aus, dass Erlebnisse nicht nur, wie zunächst angenommen, ein einziges komplexes Script bilden, sondern in einer ganzen Reihe, mehr oder weniger erfahrungsnaher und abstrakter, mentaler Schemata ihren Niederschlag finden. Erlebnisse, die im Kurzzeitgedächtnis aktiv sind, werden demzufolge in verschiedene schematisierte Einheiten (d. h. Einheiten mit Beziehungsstruktur) untergliedert, die dann ihrerseits im Langzeitgedächtnis gespeichert werden. Schank hatte dabei sowohl unterschiedliche komplexe summarische Scripts im Auge, als auch Miniscripts oder Schemata (Aktionssequenzen, Rollen, affektive Themen, Kausalbeziehungen), die in vielfältiger und systematischer, wenn auch noch nicht ganz verstandener Form, kreuzverzeichnet werden könnten, um ein organisiertes System zu bilden, das in der Lage ist, neue Repräsentationen zu generieren.

Ein Vorteil des Scriptansatzes besteht darin, dass er uns gestattet, viel präziser über die intuitiv offensichtliche Tatsache nachzudenken, dass Menschen sich an unterschiedliche Facetten einer Erfahrung separat wieder erinnern können; und zwar auf verschiedenen Ebenen der Generalisierung. Das ermöglicht es auch, diese Schemata in unterschiedlicher Weise abzurufen, zu reaktivieren und neu zusammenzusetzen, um mentale Modelle zu schaffen, die hypothetische, gefürchtete, erhoffte, wahrscheinliche oder unwahrscheinliche oder einfach spielerische Ereignisse repräsentieren. In dieser Art von Repräsentationssystem könnte eine Erfahrung mit dem Vater zu einem sehr erfahrungsnahen Schema beitragen, wörtlich ausgedrückt: »Er nimmt mich auf den Arm, wenn ich traurig bin, hält mich auf seinem Schoß, ich kann mich an seine Brust lehnen, er redet mit tröstenden Worten zu mir, und dann fühle ich mich beruhigt.« Die gleiche Erfahrung könnte aber auch als Input für ein allgemeineres Script dienen, das, wörtlich ausgedrückt, so lauten würde: »Wenn ich mich traurig fühle, wird Papa mich beruhigen.« Dieses allgemeine Beruhigungsschema kann in ein noch allgemeineres Schema eingebettet sein, wie zum Beispiel: »Mein Papa ist immer für mich da, wenn ich ihn brauche«, was das allübergreifende Vertrauen in die Verfügbarkeit des Vaters repräsentiert (siehe auch Epstein, 1980). Darüber hinaus können die Vorstellungen über den Vater dann aber auch zum allgemeineren Schema der Vaterrolle, und schließlich sogar zum Schema der menschlichen Natur beitragen.

Die soeben beschriebenen vernetzten Hierarchien von Schemata muss man sich als immer komplizierter werdend vorstellen. Sie ermöglichen es deshalb Kindern, die eine unterstützende Bindungsperson haben, sich aufgrund ihrer Arbeitsmodelle auch dann sicher zu fühlen, wenn diese Person nicht körperlich anwesend ist. Ihre zunehmend komplizierteren Arbeitsmodelle ermöglichen es Vorschulkindern darüber hinaus, in einfachen Situationen zu verstehen, dass die Ziele und Motive der Bindungsperson sich von ihren eigenen unterscheiden können. In Verbindung mit der zunehmenden Sprachfähigkeit führen die neu erworbenen Kompetenzen zu dramatischen Änderungen in der Eltern-Kind-Beziehung, die Bowlby als »zielkorrigierte Partnerschaft« bezeichnete. Um diese Änderung aus der Perspektive des Kindes zu illustrieren, beschreibt Bowlby das Verhalten eines achtjährigen Schülers, der überhört hatte, dass seine Mutter einen Besuch bei Verwandten plante. Er lief sofort ins Nachbarhaus, um die Mutter dort zu suchen und sie dazu zu überreden, ihn doch auf ihre Reise mitzunehmen. Der Junge entwickelte eine Strategie, um den Zugang zur Mutter aufrecht zu erhalten, indem er nicht nur seine eigenen Ziele, sondern auch die der Mutter zur Kenntnis nahm und nicht von ihr verlangte, mit ihm zu Hause zu bleiben. Man vergleiche dies mit einer viel einfacheren Situation während des ersten Lebensjahres, als der gleiche Junge seiner Mutter nachkrabbelte oder schrie, wenn sie das Zimmer verließ. Eine zentrale Voraussetzung für den Aufbau von Sicherheit und altersangemessenem Selbstvertrauen besteht darin, dass sich die komplementären Arbeitsmodelle eines Kindes Schritt für Schritt seinen sich entwickelnden körperlichen, sozialen und kognitiven Kompetenzen anpassen. Dies trifft aber nicht nur auf die Arbeitsmodelle zu, die sich das Kind von Selbst und Bindungsperson konstruiert, sondern auch auf die Arbeitsmodelle, die die Bindungsperson von Selbst und Kind entwickelt. In Situationen, in denen ein einjähriges Kind noch immer Schutz braucht, kann zum Beispiel ein zweijähriges durchaus alles »selber machen« wollen, und zum Teil auch können. Oder ein Kind mag im Säuglingsalter im Dunkeln durchaus furchtlos sein, als Vorschulkind vielleicht aber angesichts fantasierter Gefahren (wie z. B. einem Gespenst unter dem Bett) Beruhigung von der Bindungsperson benötigen. Deshalb warnte Bowlby wiederholt vor dem pathogenen Potenzial, das darin liegt, dass die Arbeitsmodelle des Kindes oder die der Eltern nicht mit der Entwicklung des Kindes Schritt halten.

Genauere Vorstellungen über die Weiterentwicklung der kindlichen Arbeitsmodelle kann man sich aufgrund sozialkognitiver Untersuchungen machen. In diesen Studien wird Kindern oder Jugendlichen die Aufgabe gestellt, sich selbst und andere Menschen zu beschreiben (Bromley & Livesley, 1973). Von jüngeren Kindern hört man daraufhin meist konkrete Feststellungen über Verhalten, Aussehen oder darüber, was ihnen oder dem anderen gehört. Ist die Adoleszenz erreicht, hat sich bei vielen Jugendlichen die Fähigkeit herausgebildet, psychologische Persönlichkeitszüge und zwischenmenschliche Beziehungen in abstrakter und gut organisierter Weise darzustellen (Damon, 1977). Jugendliche können auch eigene widersprüchliche Züge oder die anderer Menschen besser integrieren. Zum Beispiel können sie erklären, weshalb derselbe Mensch manchmal schüchtern, manchmal aber auch sehr offen sein kann. Von Bedeutung ist die Art, wie man die Repräsentationen erfasst. Wenn man Kinder im Alltagsleben beobachtet oder sie während der Interviews mit Bildern oder Spielen mit Familienfiguren unterstützt, lassen sich diese Fähigkeiten schon früher feststellen (Bretherton, 1991; Bretherton & Beeghly, 1982).

Wichtig ist jedoch, dass die sozialkognitiven Studien hinsichtlich der bewusst zugänglichen Erinnerung die Vorstellung stützen, dass Arbeitsmodelle vom Selbst und von anderen im Laufe der Entwicklung sowohl anwachsend hierarchisch als auch netzartig organisiert werden. Bei Jugendlichen sind die Arbeitsmodelle also erheblich vielschichtiger und differenzierter als bei Kleinkindern, da sie im Laufe der Entwicklung zu einem vielfach verbundenen Netzwerk von Schemata auf unterschiedlichen Ebenen der Verallgemeinerung werden, deren organisierte Komplexität wir augenblicklich noch nicht ganz verstehen.

Änderungen der affektiven Qualität von Arbeitsmodellen

Auch wenn Arbeitsmodelle von Selbst und Bindungsperson im Zuge der Entwicklung komplexer werden müssen, kann ihr affektives Grundmuster relativ stabil bleiben. Wenn das Verhalten der Bindungsperson weiterhin entwicklungsgemäß unterstützend ist, bleibt die Bindung höchstwahrscheinlich sicher, doch muss, laut Bowlby, ein gesundes Kleinkind nicht unbedingt zu einem sicher gebundenen Schulkind heranwachsen. Affektive Änderungen in den Arbeitsmodellen können ausgelöst werden, wenn ein zuvor empathischer und unterstützender Elternteil durch Ereignisse wie plötzliche Arbeitslosigkeit, chronische Erkrankung oder Verlust von zuvor verfügbarer sozialer Unterstützung sehr unter Druck steht. Wenn ein solcher Elternteil daraufhin extrem unresponsiv wird oder wiederholt droht, das Kind zu verlassen, vielleicht sogar Selbstmordabsichten äußert, kann das Vertrauen in ihn stark erschüttert werden. Das kann dazu führen, dass das Kind sein bisheriges Arbeitsmodell vom Elternteil als sichere Basis und beschützende Figur und damit auch das Arbeitsmodell vom unterstützten Selbst als nicht mehr gültig ansieht (Bowlby, 1973). Umgekehrtes kann stattfinden, wenn sich die Lebensumstände der Eltern verbessern oder wirksame Unterstützung von anderen erfolgt.

Organisation der Arbeitsmodelle und Abwehrprozesse

Bowlbys psychoanalytischer Hintergrund ist besonders augenfällig, wenn er über Abwehr spricht, jedoch unterscheiden sich seine Ausführungen grundlegend von denjenigen Freuds (Bowlby, 1980). Die Abwehr, wie sie Bowlby verstand, ist nicht unbedingt unbewusst, sondern kann sich über den gesamten Bereich von unwillkürlicher Verdrängung bis zu willkürlicher Unterdrückung oder Vermeidung von Wahrnehmung, Verhaltensweisen oder Gedanken erstrecken. Zudem betonte Bowlby Abwehrprozesse im Kontext von unsicheren, abweisenden Bindungsbeziehungen und nicht als Abwehr von angsterregenden sexuellen oder aggressiven Impulsen.

Abwehr hat das Ziel, Wahrnehmungen, Gefühle und Gedanken auszuschalten, die sonst unerträgliche Ängste und psychisches Leiden hervorrufen würden. Sie dient somit auf kurze Sicht adaptiven und selbstschützenden Funktionen. Wird aber nun aus Abwehrgründen die Aufnahme und Einarbeitung zur Verfügung stehender relevanter Information in die Arbeitsmodelle verhindert, kann das Bindungssystem nicht mehr angemessen aktiviert werden, was zu dessen Fehlregulation oder Deaktivierung (wie zum Beispiel Unterdrückung oder Übertreibung von Bindungsverhalten, Gefühlen und Gedanken) führen kann.

Wegen der Häufigkeit und Intensität, mit der das Bindungsverhalten während der frühen Lebensjahre aktiviert wird, erachtete Bowlby kleine Kinder als besonders anfällig für diesen abwehrenden Ausschluss. Er glaubte, dass zwei Situationen besonders wahrscheinlich zu einer Exklusion aus Abwehrgründen führen: wenn das Bindungsverhalten eines Kindes intensiv erregt, aber nicht beruhigt, sondern vielleicht sogar bestraft oder von den Eltern lächerlich gemacht wird, weil sie es für unberechtigt halten und wenn ein Kind etwas über die Eltern erfahren hat, was es nicht wissen soll, und die Eltern dem Kind verbieten, darüber zu sprechen (Bowlby, 1980).

Die Angst und Verwirrung, die durch diese Widersprüche hervorgerufen werden, kann das Kind umgehen, indem es seine eigene Interpretation des traumatischen Ereignisses aus dem Bewusstsein ausschließt. Dies führt, nach Bowlby, zu zwei miteinander nicht übereinstimmenden Arbeitsmodellen vom Selbst und der Pflegeperson. Das erste, sprachlich von den Eltern übermittelte Modellpaar bleibt dem Bewusstsein leicht zugänglich. Das andere, das auf dem ursprünglichen traumatischen Erlebnis basiert, wird verdrängt, obwohl es weiterhin das Verhalten in oft rätselhafter Weise beeinflusst. Es kommt sozusagen zu einer Spaltung der Arbeitsmodelle.

Bowlby glaubte, dass man dieses Phänomen vielleicht dadurch erklären könnte, dass die beiden Arbeitsmodelle in trennbare Gedächtnissysteme eingebaut werden. In Anlehnung an Tulvings (1972) Arbeit über das semantische und das autobiographische oder episodische Gedächtnis schlug Bowlby die Möglichkeit vor, dass Kinder elterliche Interpretationen von traumatischen Ereignissen im semantischen Gedächtnis, das eigene Erleben aber getrennt im autobiographischen

Innere Arbeitsmodelle von Bindungsbeziehungen als Vorläufer von Resilenz

Gedächtnis speichern. Noch besser passen meiner Ansicht nach Thesen, die auf Schank basieren. Demzufolge könnten Schemata vom Selbst, die dem Bewusstsein leicht zugänglich sind, von widersprechenden Schemata auf niedrigeren Ebenen separat gespeichert werden (zum Beispiel: Ereignisschemata der alltäglichen Zurückweisung durch die Eltern). Durch solche Abgrenzungen innerhalb der Schemata-Netzwerke wird aber die weitere Anpassung der inneren Modelle vom Selbst und der Bindungsfigur problematisch, da neue Informationen nicht mehr optimal verarbeitet werden.

Weiterhin betonte Bowlby, dass abwehrender Ausschluss auch durch Ablenkung vollzogen werden kann. Zum Beispiel lenken Kinder aus Abwehrgründen ihre feindseligen Gefühle manchmal von Bindungspersonen auf andere, für sie weniger bedeutsame Menschen ab, anstatt sie total zu unterdrücken. Oder sie richten die ursprünglich gegen die Bindungsperson empfundenen Gefühle des Zorns auf sich, was Selbstbeschuldigungen zur Folge hat. Ein weiteres Ablenkungsverhalten wäre zwanghafte Fürsorge, durch die ein Individuum die Aufmerksamkeit von den eigenen Bindungsbedürfnissen ablenkt, indem es sehr intensiv für das Wohlergehen einer anderen Person oder eines Personenkreises sorgt. Die so Bedachten können jedoch die übertrieben hilfreichen Angebote durchaus als lästig erleben.

Was die Arbeitsmodelle von sicheren und unsicher gebliebenen Individuen unterscheidet, ist also sowohl ihr Inhalt wie auch ihre innere Organisation und ihre relative Konsistenz innerhalb und über hierarchische Ebenen hinweg. Menschen, deren Arbeitsmodelle nicht adäquat funktionieren, können nach dieser Ansicht die autobiographischen Episoden oder Schemata auf unteren Ebenen nicht dazu benutzen, um die abstrakten Schemata zu unterbauen, weil viele Schemata innerhalb, also über die hierarchischen Ebenen hinweg, separiert sind, so dass die Aktivierung eines Schemas das andere oft nicht mehr berührt.

Die revidierte Scripttheorie, die von Schank vorgeschlagen wurde, führt zu der Annahme, dass eine grundlegende Änderung eines Arbeitsmodells die Umarbeitung mannigfaltiger, damit verbundener Schemata auf vielen Ebenen der Generalisierung und vieler miteinander in Beziehung stehender Bereiche erfordert. Sollte zum Beispiel ein Schema revidiert werden, das allgemeine Qualitäten einer Beziehung repräsentiert (sprachlich ausgedrückt als: »meine Mutter unterstützt mich, wenn ich Angst habe«), dann müssen auch die ihm zugrunde liegenden, weniger allgemeinen Schemata geändert oder neu interpretiert werden. Wenn jedoch das Verhalten eines Elternteils gegenüber dem Kind ein sehr allgemeines Bindungsschema in Frage stellt, z. B.: »Meine Mutter ist für mich da, wenn ich sie brauche«, hat dies sehr wahrscheinlich große Angst zur Folge. Indessen setzt ein Kind dann vielleicht nicht nur die ausschließende Abwehr, wie Bowlby dies meinte, ein, sondern es tendiert neben der Abwehr auch zu Fehlattributionen. Zum Beispiel mag ein extremes Missbrauchsereignis nicht immer als überwältigende Evidenz dafür akzeptiert werden, dass das gegenwärtige Arbeitsmodell vom Selbst und der Pflegeperson grundlegend falsch ist. Vielmehr könnte ein Kind versuchen, das Ereignis defensiv neu zu interpretieren. Die Erfahrungen »Meine Mutter liebt mich« und »Meine Mutter schlägt mich« könnte deshalb zu der defensiven Fehlattribution führen: »Meine Mutter schlägt mich, weil sie mich liebt.«

Im Kontext der Konstruktion defensiver Arbeitsmodelle können realitätsinadäquate Zuschreibungen und angstreduzierende Manipulationen der Information ebenso relevant sein, wie der einfache Ausschluss von Information. Insbesondere dann, wenn man Bowlbys These voraussetzt, dass Abwehrprozesse sich im weiten Bereich zwischen bewusster Unterdrückung und unbewusster Verdrängung bewegen können, sind manche der von Bowlby beschriebenen Phänomene leichter verständlich, wenn man sie als abwehrende Fehlattributionen beschreibt und nicht allein als abwehrende Exklusion und Ablenkung. Selbst das Etikett »Abwehr« ist unpassend, wenn es sich um optimistische Zuschreibungen handelt, die auf Hoffnung gegründet sind. Wie Bandura (1982) feststellte, haben positive Einschätzungen der Selbstwirksamkeit, die nicht strikt realistisch, sondern leichte Überschätzungen des möglichen Erfolges beinhalten, einen positiven Einfluss auf Coping und Selbstregulierung, indem sie einen Einfluss darauf ausüben, wie Personen auf anfängliche Schwierigkeiten reagieren. Die Attributionstheorie beleuchtet daher die Funktion der Repräsentation (der inneren Arbeitsmodelle) als realitätsregulierend und realitätsschaffend und nicht nur als ein realitätsreflektierendes System.

Kommunikationsmuster und intergenerationelle Weitergabe von Bindungsmustern

Nach Bowlbys Ansicht sind sprachliche und nichtsprachliche Interaktions- und Kommunikationsmuster die Prozesse, durch die Kinder und auch Erwachsene innere Arbeitsmodelle von sicheren und unsicheren Bindungen schaffen und aufrechterhalten, und durch die elterliche Arbeitsmodelle an die nächste Generation weitergegeben werden. Durch die Art und Weise, mit der ein Elternteil normalerweise auf ein Kleinkind reagiert, teilt er dem Kind auch mit, dass es der Liebe und Unterstützung würdig ist.

In seinen Abhandlungen über sprachliche Kommunikation betonte Bowlby – wie auch andere Psychoanalytiker (vgl. Stern, 1985) – hauptsächlich die Wirkung inadäquater elterlicher Kommunikation, die bei dem Kind zu Desorganisation oder Verwirrung in den Arbeitsmodellen führen kann. Wenn auch nur kurz, schreibt Bowlby aber auch über die fördernde Rolle der Eltern, ihren Kindern durch sprachlichen Dialog bei der Konstruktion und der Revidierung ihrer Arbeitsmodelle zu helfen. Eltern, die in der eigenen Kindheit eine feinfühlige Bindungsperson erlebt haben, sind, nach Bowlby, später besser in der Lage, auf ihr eigenes Kind einfühlsam, tröstend und unterstützend einzugehen, wenn es Angst hat oder traurig ist. Ein solches Kind fühlt sich verstanden, geliebt und kompetent, was zu der Bildung gut funktionierender Arbeitsmodelle vom Selbst und der Bindungsperson beiträgt:

Innere Arbeitsmodelle von Bindungsbeziehungen als Vorläufer von Resilenz

»Die Familienerfahrungen der Leute, die zu Furcht und Angst neigen, sind nicht nur gekennzeichnet von tiefer Unsicherheit in Bezug auf elterliche Unterstützung, sondern häufig auch durch versteckten, aber stark verzerrenden elterlichen Druck: Beispielsweise Druck auf das Kind, die falschen Modelle eines Elternteils von sich selbst, vom Kind und von ihrer gemeinsamen Beziehung zueinander zu übernehmen. In ähnlicher Weise sind die Familienerfahrungen von Personen, die relativ stabile und selbstsichere Persönlichkeiten wurden, nicht nur gekennzeichnet durch stete elterliche Unterstützung, sondern auch durch beständige Ermutigung zu wachsender Autonomie und offene Kommunikation über Modelle von den Eltern selbst, vom Kind und von anderen, die nicht nur ziemlich gut begründet sind, sondern auch in Frage gestellt und bei Bedarf revidiert werden können… Daher ist die Vererbung geistiger Gesundheit und Un-gesundheit über das Medium der familiären Mikrokultur sicherlich nicht weniger wichtig und vielleicht sogar viel wichtiger als ihre Vererbung durch das Medium der Gene« (Bowlby, 1976, S. 379–380).

Dieses Zitat ist nicht nur deshalb wichtig, weil es Bowlbys Ansicht über die Prozesse der intergenerationellen Weitergabe von Arbeitsmodellen darlegt, sondern auch, weil es die Rolle der Eltern als Basis der Sicherheit erweitert. Bowlby scheint hier vorzuschlagen, dass Eltern ihrem Kind auch als Basis von Sicherheitserleben für die Exploration der Innenwelt dienen können, indem sie sich mit dem Kind sprachlich und gefühlsoffen über bindungsrelevante Themen auseinander setzen.

Innere Arbeitsmodelle in der Bindungsforschung

Empirische Untersuchungen, die sich auf eine bestimmte Theorie stützen, erheben oft den Anspruch, bestimmte Hypothesen zu testen, die auf den Annahmen der Theorie basieren. Das kann von der Bindungstheorie nicht strikt behauptet werden. Vielmehr haben sich die Bindungstheorie und Bindungsforschung schon von Anfang an wechselseitig beeinflusst. So nutzte Ainsworth in der ersten Bindungsstudie in Uganda Bowlbys noch nicht veröffentlichte Ideen über Bindungsentwicklung. Umgekehrt wurden die Ergebnisse dieser und einer weiteren Studie in Baltimore von Bowlby in die ausführlichere Fassung seiner, 1969 publizierten, Theorie eingebaut. In ähnlicher Weise war die Longitudinalstudie von Mary Main ursprünglich nicht konzipiert worden, um Bowlbys unterschiedliche Ansichten über innere Arbeitsmodelle zu prüfen, sondern stellte eine Erweiterung von Ainsworths Forschungen über die Qualität kindlicher Bindungen dar. Da die Arbeit aber Bowlbys Ideen im Wesentlichen bestätigte und darüber hinaus neue Einsichten über innere Arbeitsmodelle lieferte, wurde sie von Bowlby (1988) in dessen Ausführungen über Kommunikation und Arbeitsmodelle übernommen.

Ainsworths bahnbrechende Untersuchungen über Bindung im ersten Lebensjahr

Die sehr ausführlichen Beobachtungsstudien über Bindungsentwicklung während des ersten Lebensjahres, die Mary Ainsworth und ihre Kollegen im Rahmen von Hausbesuchen in Baltimore durchführten, bestätigten Bowlbys Thesen über die Bedeutung der Kommunikationsmuster für die Qualität der Bindung (Ainsworth, Blehar, Waters & Wall, 1978). Es stellte sich heraus, dass Mütter, die während der ersten drei Monate angemessen (im Sinne der Bindungstheorie) und prompt auf die sozialen Signale ihrer Säuglinge reagierten, mit den Kindern im Alter von 9–12 Monaten eine harmonische Beziehung hatten. Diese Kinder schienen auf die Verlässlichkeit, den Schutz und die Fürsorge der Mutter zu vertrauen. Obwohl sie in den ersten drei Monaten nicht weniger schrien als andere Säuglinge, verständigten sie sich im Alter von 9–12 Monaten häufiger durch Gesten und Vokalisationen als die Kinder der weniger feinfühligen Mütter. Diese Kinder suchten weniger oft Körperkontakt als die Kinder abweisender Mütter, allerdings wurden sie meist aufgenommen, wenn sie es benötigten und beruhigten sich dann relativ schnell. In einer Laborsituation (»Fremde Situation«), während der die Mutter zweimal kurz das Zimmer verließ, suchten diese Kinder bei der Rückkehr sofort die mütterliche Nähe. Nachdem die Mutter sie aufgenommen hatte, fingen sie aber recht schnell an, sich wieder für das Spielen zu interessieren. Diese Art von Beziehung wurde als »sicher« charakterisiert, was nicht bedeuten soll, dass sich das Kind zu keiner Zeit unsicher fühlte, sondern dass es bei Beunruhigung oder Angst mit der Feinfühligkeit und Verfügbarkeit der Mutter rechnen konnte.

Eine Reihe von Müttern in Ainsworths Längsschnittuntersuchung reagierte in den ersten drei Monaten relativ wenig auf das Schreien, hielt ihre Säuglinge nur sehr innig und beschränkte den Körperkontakt hauptsächlich auf routinierte Pflegesituationen. Im weiteren Verlauf des ersten Lebensjahres wiesen diese Mütter ihre Kinder bei der Suche nach Körperkontakt häufiger zurück. Ihre Kinder weinten im Alter von 9–12 Monaten öfter als die der feinfühligen Mütter. Zudem zeigten diese Kinder der Mutter gegenüber zuhause mehr unprovoziertes aggressives Verhalten. Während der Rückkehr der Mutter in der Fremden Situation grüßten diese Kinder ihre Mütter nicht, sondern wandten sich von ihr ab oder weigerten sich, auf sie einzugehen. Die Bindungsbeziehungen dieser Kinder mit der Mutter wurden als »vermeidend« bezeichnet. Ainsworth und ihre Mitarbeiter betrachteten das Vermeiden als Abwehrverhalten (oder selbstschützende Anpassung an die erwartete mütterliche Abweisung in der Stress-Situation; vgl. Cassidy & Kobak, 1988).

Eine kleine Minderheit der Mütter in Ainsworths Längsschnittuntersuchung reagierte im Laufe der ersten drei Monate mit sehr unzuverlässiger Feinfühligkeit auf die Signale ihrer Säuglinge. Obwohl diese Mütter manchmal sehr responsiv sein konnten, verhielten sie sich oft zudringlich, ohne dabei auf die Signale der Kinder Rücksicht zu nehmen oder sie überhaupt zu beachten. Sie wiesen allerdings die Suche ihrer Kinder nach engem Körperkontakt nicht ab. In der Fremden

Situation weinten diese Kinder während der Trennungsphase sehr intensiv, weshalb diese gekürzt wurde, und wollten aufgenommen werden, wenn die Mutter zurückkam. Sie konnten sich aber nicht vertrauend an den Körper der Mutter anschmiegen und durch Körperkontakt nicht erfolgreich beruhigt werden. Eine Untergruppe dieser Kinder schien sehr zornig zu sein, während eine andere sich mehr passiv verhielt. Im Allgemeinen weigerten sich diese Kinder, zum Spiel zurückzukehren. Ihre Bindung zur Mutter wurde als ambivalent oder resistent eingestuft. Die Korrelationen des Verhaltens in der Fremden Situation mit den Beobachtungen der Mutter-Kind-Beziehung zuhause, unterstützten die Annahme, dass die Interaktionsmuster bei den Wiedervereinigungen in der Fremden Situation organisierte Verhaltensstrategien darstellen, die bereits durch embryonale Arbeitsmodelle geleitet werden. Das Zutreffen dieser Aussage wird durch eine große Anzahl weiterer Studien untermauert, in denen man Ainsworths Befunde, nicht nur in den USA, sondern auch in andern Ländern bestätigte (z.B. Grossman et al., 1985; Aviezer et al., 1994). In einigen dieser Untersuchungen wurde die spätere Entwicklung von Kindern erfasst, deren Bindungsmuster man zuvor in der Fremden Situation beobachtet hatte. Interessanterweise entdeckten Main und ihre Kollegen (Main, Kaplan & Cassidy, Main, 1997) sogar Zusammenhänge zwischen den kindlichen Bindungsstrategien in der Fremden Situation und analogen Strategien der Eltern, die aus einem ausführlichen Interview über deren Kindheitsbedingungen hervorgingen.

Bindungsstrategien auf der Repräsentationsebene

Vor der Veröffentlichung von Mains einflussreicher Arbeit über Bindung auf der mentalen Ebene, waren sowohl die Theorieentwicklung (Bowlby, 1973, 1980), als auch die Forschung (Belsky, 1984) hauptsächlich an der direkten Übertragung elterlicher Verhaltensweisen auf die Kinder interessiert. Dies traf besonders auf den »circulus vitiosus« im Zusammenhang mit elterlicher Misshandlung zu.

Das sogenannte Bindungsinterview für Erwachsene (Adult Attachment Interview, George, Kaplan & Main, 1985) konnte jedoch entscheidende neue Erkenntnisse liefern. Main und ihre Mitarbeiter (Main et al., 1985) entdeckten, dass Eltern nicht unbedingt die Kindheitsbindungsmuster oder -strategien wiederholen, an die sie sich im Erwachsenenalter erinnerten. Es war also nicht die erinnerte Qualität der Bindungserfahrungen in der Kindheit, sondern die Art und Weise wie die Eltern über diese Kindheitserinnerungen sprachen, die das Bindungsmuster des Kindes in der Fremden Situation voraussagte. Die meisten Eltern, die an dieser Untersuchung teilnahmen, waren fähig, kohärent und gefühlsoffen über ihre Bindungserfahrung in der Kindheit zu berichten. Ihr Stil wurde als sicher-autonom bezeichnet. Obwohl die meisten Eltern in dieser Gruppe von einer sicheren Kindheit berichteten, beschrieb eine kleinere Zahl elterliche Abweisung, Vernachlässigung oder Misshandlung. Wenn solche Eltern aber eine kohärente Darstellung ihrer Kindheitserlebnisse gaben und offen über den Einfluss ihrer Kindheit auf ihr gegenwärtiges Verhalten reden konnten, wurden ihre Kinder in der Fremden Situation als sicher eingestuft. Trotz der Erinnerung an eine unsichere Kindheit, konnten diese Mütter ihren eigenen Kindern Vertrauen und Verlässlichkeit vermitteln.

Im Unterschied zu den Eltern mit sicher-autonom eingestuften Bindungsmustern, neigte eine Teilgruppe dazu, Fragen über Bindungserlebnisse in der Kindheit abzuweisen oder zu umgehen. Diese Eltern waren oft sehr positiv, wenn sie ihre Beziehungen in der Ursprungsfamilie mit Adjektiven beschreiben sollten. Wenn sie dann aber gebeten wurden, die genannten Adjektive mit detaillierten Beispielen zu beschreiben, konnten sie sich oft an nichts Konkretes erinnern. Im Zusammenhang mit anderen Fragen berichteten sie im weiteren Verlauf der Interviews allerdings häufiger über Episoden, die mit den positiven Adjektiven in keiner Weise übereinstimmten. Zudem hielten diese Eltern ihre Bindungserfahrungen in der Kindheit für unwichtig, weshalb ihre Interviews als »abweisend« eingestuft wurden. In der Fremden Situation verhielten sich ihre Kinder während der Wiedervereinigung vermeidend. Der Versuch der Eltern, Bindungsthemen im Interview abzuweisen, ging also bei dem Kind damit einher, die Nähe der Bindungsperson trotz des Stresses nicht zu suchen. Dies war übrigens der Fall, obwohl die Kinder im Laufe des vermeidenden Verhaltens physiologische Stress-Symptome aufwiesen (Spangler & Grossman, 1993).

Eine sehr kleine Minderheit der Eltern berichtete im Laufe des Bindungsinterviews über konfliktgeladene Episoden. Obwohl sie manchmal auch positive Erinnerungen erwähnten, schwankten sie, oft sogar im gleichen Satz, zwischen negativen und positiven Beschreibungen hin und her. Darüber hinaus verloren sie im Laufe ihrer langwierigen Antworten den Faden und konnten die erwähnten Bindungsthemen nicht tiefer verarbeiten. Die Interviews dieser Eltern wurden als »verwickelt« eingestuft. In der Fremden Situation wurden ihre Kinder in der Regel als ambivalent klassifiziert. Das hocherregte, mit Zorn vermischte Bindungsverhalten der Kleinkinder fand also auf der Repräsentationsebene seine Parallele in der Ambivalenz der unverarbeiteten elterlichen Interviewantworten über scheinbar unsichere Bindung in der Kindheit.

Eine vierte Gruppe von Eltern lieferte Interviews, die als »ungelöst« bezeichnet wurden. Diese Eltern zeigten während des Bindungsinterviews oft »Entgleisungen«, die den Fluss der Erzählung abrupt unterbrachen, wenn es um Trauer um einen nahe stehenden Menschen (besonders Eltern) oder andere traumatische Erlebnisse ging. Zum Beispiel verwechselten diese Eltern Pronomina (z.B.: »Ich starb, als meine Mutter 14 Jahre alt war«) oder sie begannen plötzlich eine Lobrede zu halten, die klang als ob sie am Grab des Verstorbenen stünden. Dabei schienen sie den Interviewer vollkommen zu vergessen (Hesse, 1996). In der Fremden Situation wurden die Kinder von Eltern mit ungelösten Interviews als desorganisiert eingestuft, eine Klassifikation, die erst von Main und Solomon (1990) entdeckt und eingeführt wurde, und nicht in Ainsworths ursprünglichem System enthalten ist. Diese Kinder zeigen bei der Wiedervereinigung ihre eigene Art von »Entgleisungen«, nämlich plötzliche Starre oder sehr kurze Angstgesten.

Abgesehen von diesen Entgleisungserscheinungen, konnte ihr restliches Verhalten in eines der drei »organisierten« Muster (sicher, vermeidend oder ambivalent) eingeordnet werden.

Seit der Veröffentlichung dieser Ergebnisse haben eine Reihe anderer Forscher die Übereinstimmung der Klassifikationen von Eltern im Bindungsinterview und Kleinkinder in der Fremden Situation geprüft. Van Ijzendoorn (1995) führte eine Meta-Analyse durch, in der 18 Replikationsstudien, die 800 Eltern-Kind-Paare umfassten, berücksichtigt wurde. Die Übereinstimmungen waren signifikant, unabhängig davon, ob das Bindungsinterview der Eltern vor oder nach der Geburt des Kindes stattfand. Die höchste Übereinstimmung fand sich, wenn die Auswerter ein intensives Training in der komplizierten Klassifikationsmethode erhalten hatten. Die Übereinstimmungen waren auch deutlicher für Mutter-Kind als Vater-Kind-Beziehungen, und für die Fremde Situation im Kleinkindalter, im Gegensatz zu ähnlichen Trennungs-/Wiedervereinigungsprozeduren für Vorschulkinder.

Bindungsqualität und Arbeitsmodelle im Vorschulalter

Wie von bindungstheoretischer Sicht zu erwarten, ergab die Einstufung der Kleinkinder in der Fremden Situation nicht nur Zusammenhänge mit der Eltern-Kind-Kommunikation im ersten Lebensjahr, sondern auch in späteren Altersabschnitten (z. B. Matas, Arend & Sroufe, 1978). Zusätzlich konnte man von der Fremden Situation im ersten oder zweiten Lebensjahr auch die Bindungsrepräsentationen von Vorschulkindern voraussagen. Bei diesen Untersuchungen wurden Kinder im Alter von 3–6 Jahren aufgefordert, bindungsrelevante Familienbilder zu erklären oder Szenen mit kleinen Familienfiguren darzustellen. Die erste derartige Untersuchung wurde von Main, Kaplan und Cassidy (1985) ausgeführt, die eine revidierte Fassung des Trennungsangsttestes von Klagsbrun und Bowlby (1976) anwendeten. Dem Kind wurden Zeichnungen vorgelegt, die eine Reihe milderer und ernsterer Trennungsszenen, vom Gutenachtsagen bis zu einer zweiwöchigen elterlichen Abwesenheit, darstellten. Nach kurzer Beschreibung des Bildes sollte das Kind die Gefühle des dargestellten Kindes benennen und erklären, was das abgebildete Kind als Nächstes tun werde. Kinder, die sich auch für die schwierigen Trennungen kohärente, positive Lösungen ausdenken konnten, waren meist als Kleinkinder in der Fremden Situation mit ihrer Mutter als sicher gebunden eingestuft worden. Ähnliche Resultate ergaben sich auch in Untersuchungen von Slough und Greenberg (1990) und Shouldice und Stevenson-Hinde (1992) mit einer etwas anderen Version des Trennungstests. Cho (1994) berichtete zusätzlich, dass vier- bis sechsjährige Kinder, deren Trennungsantworten als sicher eingestuft worden waren, auch von ihren Müttern als zugänglicher und zutraulicher wahrgenommen wurden.

Auf der Basis der Arbeit von Main et al. (1985) entwickelten Bretherton und Ridgeway eine Reihe von bindungsrelevanten Szenarien, die Dreijährigen mit kleinen Familienfiguren vorgespielt wurden (Bretherton, Ridgeway & Cassidy,

1990). Diese »Geschichten – Ergänzungsaufgabe«, die das Darstellen anhand von Figuren mit Erzählen verband, war für jüngere Vorschulkinder besser geeignet, als eine rein sprachliche Aufgabe. Dreijährige, die kohärente, gefühlsoffene, positive Lösungen für die Bindungsgeschichtenthemen erfinden konnten, wurden in einer, der Fremden Situation analogen, Trennungs- und Wiedervereinigungsprozedur meist als sicher eingestuft. Die Geschichtenergänzungen dieser Kinder korrelierten überdies auch mit einem Interview, in dem die Mutter über ihre Bindungsbeziehung mit dem Kind befragt wurde (Bretherton, Biringen, Ridgeway, Maslin & Sherman, 1989). Wiederholt irrelevante und makabre Lösungen der Bindungsgeschichten (z.B. nach der Wiedervereinigung der Familie brennt das Haus ab) korrelierten hingegen mit unsicherem Bindungsverhalten. Ähnliche Befunde wurden von Cassidy berichtet (1988), die sechsjährigen Kindern verschiedene Geschichten über die Selbstbewertung vorspielte. Darüber hinaus konnten Verschueren, Marcoen und Schoefs (1996) in Belgien zeigen, dass den Antworten auf die Geschichtenergänzungsaufgaben und Trennungstests dasselbe Konstrukt zugrunde liegt. Aus Korrelationen mit sozialer Kompetenz in einer Studie von Granot und Mayseless (im Druck) in Israel ging weiterhin hervor, dass das Geschichtenergänzungsverfahren auch bei älteren Schulkindern anwendbar ist.

Eine wachsende Zahl von Untersuchungen bestätigt somit die Annahme, dass Vorschulkinder, die durch Beobachtung als sicher eingestuft wurden, sich gegenüber einem freundlichen, positiv eingestellten Interviewer kohärent und gefühlsoffen über Bindungsthemen ausdrücken konnten. Man könnte dies als Beleg für die These betrachten, dass ein gut organisiertes Arbeitsmodell von einem geschätzten Selbst sowohl den Antworten auf den Trennungstest als auch den Geschichtenergänzungsaufgaben und somit dem beobachteten Bindungsverhalten zugrunde liegt. Es ist wichtig, dabei hervorzuheben, dass die Lösungen, die die Kinder in diesen Aufgaben erfanden, nicht als exaktes Nacherzählen oder Nachspielen der Wirklichkeit angesehen wird. Kinder inszenierten in ihren Geschichten oft Ereignisse, die Hoffnungen (z.B. Wiedervereinigung geschiedener Eltern) oder Ängstlichkeit (Verlassenwerden oder Unfälle) ausdrückten. Nach Oppenheim, Emde und Warren (1997) betrachten wir als Zeichen der Sicherheit deshalb primär die Fähigkeit, sich kohärent und gefühlsoffen mit der Innenwelt zu befassen und konstruktive Lösungen zu erfinden. Hierbei handelt es sich um eine Fähigkeit, die unserer Meinung nach auf gut organisierten Arbeitsmodellen von Bindungsbeziehungen basiert.

Adoleszente Bindung und Arbeitsmodelle

In dem Kapitel mit der Überschrift »Das Wachstum des Selbstvertrauens« fasste Bowlby (1973) einige Längsschnittstudien zusammen, die die fortgesetzte Bedeutung der Kind-Eltern-Bindung während der Phase von Präadoleszenz bis zum frühen Erwachsenenalter hervorhoben. Er vertrat dabei die Auffassung, dass ein unbekümmertes Vertrauen in die unfehlbare Zugänglichkeit und Unterstützung von

Bindungspersonen der Grund und Boden ist, auf dem sich eine stabile, selbstvertrauende Persönlichkeit aufbauen kann.

Im Unterschied zu anderen Theoretikern (z.B. Anna Freud, 1958) deutete Bowlby also jugendliches Rebellieren gegen die Eltern nicht als notwendige Voraussetzung für eine gesunde Individuierung. Interessanterweise haben eine Reihe von Jugendentwicklungsforschern in letzter Zeit begonnen, Bowlbys Ansicht zu teilen, dass eine Vertrauensbeziehung zu den Eltern das Wachstum von Selbstvertrauen und die Individuierung während der Adoleszenz nicht hindert, sondern fördert (z.B. Grotevant & Cooper, 1986; Steinberg, 1990).

Obgleich die Eltern als primäre Bindungspersonen im Erwachsenenalter durch intime Partner ersetzt werden, zeigen die jüngsten Befunde von Freeman (1977), dass dies bei Jugendlichen in der Regel noch nicht der Fall ist. Freeman verwendete eine Version des schon erwähnten Trennungstests, den Resnick (1993) für Jugendliche umarbeitete. Das Klassifikationssystem lehnte sich eng an das Auswertungssystem für das Erwachsenenbindungsinterview an. Zusätzlich zum Trennungstest forderte Freeman die Jugendlichen auch auf, ihre Haupt-Bindungspersonen aufzuzählen. Von denjenigen Jugendlichen, die als sicher-autonom klassifiziert worden waren, nannten 80% einen Elternteil, zumeist die Mutter, als die primäre Bindungsperson. Dagegen benannte ein Drittel der als abweisend klassifizierten Jugendlichen sich selbst. Diese Selbstbenennungen konnten allerdings nicht als Zeichen von Selbständigkeit und Selbstvertrauen gedeutet werden, wie es beispielhaft aus der Antwort eines Jugendlichen hervorgeht: »Ich will sagen, ich verlasse mich auf mich selbst. Ja, mir ist immer alles etwas gleichgültig gewesen. Wie gesagt, ich lerne mit den Dingen zu leben, so, wie sie kommen, weil man sie meistens nicht ändern kann.« Die übrigen abweisenden Studenten wählten einen Freund oder ein Geschwister, und lediglich einer (unter 26) wählte einen Elternteil als primäre Bindungsperson. Viele der als abweisend klassifizierten Jugendlichen gaben an, dass die jeweils angegebene primäre Beziehung nicht besonders eng war: »Ich habe wirklich keine Zeit, mich hinzusetzen und mit ihnen darüber zu reden.« Im Unterschied dazu benannten Jugendliche, deren Trennungstests als verwickelt eingestuft worden waren, meist Geschwister und beste Freunde, manchmal aber auch Eltern als primäre Unterstützungspersonen; nur ganz wenige nannten sich selbst. Die als verwickelt eingestuften Jugendlichen beschrieben sich jedoch als übermäßig abhängig von ihrer Hauptunterstützungsperson und tendierten zu der passiven Erwartung, dass diese »alles wieder in Ordnung bringen und für mich sorgen wird.« In einer anderen Studie (Fraley und Davis, 1997) wurde gezeigt, dass selbst im jungen Erwachsenenalter zahlreiche Probanden noch immer ihre Eltern als sekundäre Bindungspersonen benennen, obwohl sie zu dieser Zeit ihre primäre Bindung auf intime Partner übertragen hatten.

Analog den Vorschulkindern waren auch als sicher eingestufte Jugendliche besser in der Lage als abweisende, offen mit ihren Eltern über bindungsbezogene Themen zu sprechen. Kobak, Cole, Ferenz-Gillies, Fleming und Gamble (1993) berichteten, dass autonom-sichere Jugendliche (mit Hilfe des Bindungsinterviews eingestuft) sich konstruktiv mit ihrer Mutter über potenziell beunruhigende Bindungsthemen unterhalten konnten. Wenn sie mit der Mutter nicht übereinstimmten, wurden diese Jugendlichen nicht destruktiv ärgerlich, sondern konzentrierten sich auf einen gemeinsamen Problemlösungsprozess. Jugendliche, die als unsicher eingestuft worden waren, tendierten hingegen dazu, Beiträge der Mutter als Angriff auf sich zu deuten oder benutzten die Diskussion als Gelegenheit, die Mutter ihrerseits anzugreifen.

In einer der wenigen Längsschnittuntersuchungen, die Familien von der Geburt des Kindes bis zur Adoleszenz verfolgte, stellten Zimmermann und Grossmann (1996) komplexe Zusammenhänge zwischen der Sicherheit im Kindesalter (Fremde Situation) und der späteren Entwicklung fest. Die Bindung des Kindes in der Fremden Situation mit der Mutter am Ende des ersten Lebensjahres stimmt mit der Einstufung der Mutter im Bindungsinterview überein, das stattfand, als die Kinder sechs Jahre alt waren. Die mütterliche Einstufung im Bindungsinterview sagte ihrerseits die spätere Einstufung des Jugendlichen im Bindungsinterview voraus, allerdings nur bei Familien, die keinen Risikosituationen, wie z.B. bedrohlichen Erkrankungen oder einer Scheidung ausgesetzt waren. Die genannten Risikofaktoren waren im Rahmen des jugendlichen Bindungsinterviews zumeist mit einer Klassifikation als verwickelt verbunden. Allerdings konnte nicht direkt von der Fremden Situation mit einem Jahr auf die Einstufung des Jugendlichen im Bindungsinterview geschlossen werden, obwohl es Korrelationen zwischen frühkindlicher Sicherheit und einem Interview über die Eltern-Kind-Beziehung mit zehn Jahren gab. Kinder, die als Einjährige als sicher gebunden eingestuft worden waren, berichteten als Zehnjährige, dass sie bei Kummer, Angst oder Ärger ihre Bindungsperson aufsuchten. Hingegen äußerten diejenigen, die in der Fremden Situation als vermeidend eingestuft worden waren, im Alter von zehn Jahren, dass sie vermeidende Strategien einsetzen, wenn sie unter Druck stünden. Vom Interview der Zehnjährigen wiederum ließ sich die Einstufung als Jugendliche im Bindungsinterview vorhersagen. Kinder, die im Jugendalter als abweisend eingestuft wurden, hielten ihre Mutter als Zehnjährige für weniger zugänglich und vermieden Alltagsprobleme in der Schule. Die Untersuchung von Zimmermann und Grossmann zeigte somit, zum einen Kontinuität über mehrere Jahre hinweg, insbesondere dann, wenn keine Risikofaktoren vorhanden waren; zum anderen bestätigte diese Studie auch, dass Änderungen in den Arbeitsmodellen in Gang gesetzt werden können, wenn ein ursprünglich sicher gebundenes Individuum nach der frühen Kindheit unter sehr starken Druck gerät.

Schlussbemerkungen

Im Allgemeinen bestätigten die empirischen Bindungsstudien Bowlbys Behauptung, dass gut organisierte und revidierbare innere Arbeitsmodelle der Bindungsbeziehung einhergehen mit offener, kohärenter Kommunikation zwischen Eltern und Kindern, von der frühen Kindheit bis in die Adoleszenz. Aus den Bindungsinterview-Mustern lässt sich schließen, dass Abwehrprozesse – so wie Bowlby dies angenommen hatte – die Organisation der Arbeitsmodelle beeinflussen. Autonom-sichere Eltern, die in der Lage sind, über bindungsbezogene Erinnerungen mit emotionaler Offenheit zu berichten, darüber nachzudenken, und deren Erzählungen über die Eltern-Kind-Beziehung in der Ursprungsfamilie lebendig, glaubhaft und relativ konsistent waren, waren auch effektive Bindungspersonen für ihre eigenen Kleinkinder, Kinder und Adoleszenten. Dies ist bindungstheoretisch dadurch erklärbar, dass sowohl das elterliche Bindungsinterview als auch das alltägliche Verhalten gegenüber den Kindern auf inneren Arbeitsmodellen der Eltern basiert.

Was also in Bezug auf die Übertragung sicherer Beziehungsmuster von Eltern auf Kinder zu zählen scheint, ist die Fähigkeit, die eigenen Bindungserlebnisse in der Gegenwart kohärent zu bewerten und über sie nachzudenken. Diese außerordentlich wichtigen Befunde werfen ein neues Licht sowohl auf die Kontinuitäten, wie auch die Diskontinuitäten in der Übertragung von Bindungsmustern von einer Generation auf die nächste. Sie bestätigen, was Therapeuten und Analytiker seit Freud für das erwünschte Ergebnis einer erfolgreichen Therapie gehalten haben, nämlich die Verknüpfung seelischer Gesundheit mit der Fähigkeit, eine kohärente Lebensgeschichte zu erzählen (Freud & Breuer, 1991; Markus, 1984).

Literatur

Ainsworth, M.D. S./Blehar, M.C./Waters, E./Wall, S.: (1978) Patterns of attachment: A psychological study of the strange situation. Hillsdale, NJ: Erlbaum Associates.

Aviezer, O./van Ijzendoorn, M. H./Sagi, A./Schuengel, C.: (1994) »Children of the dream« revisited: 70 years of collective early child care In Israeli kibbutzims. Psychological Bulletin 116: 99–116.

Bakan, D.: (1966) The duality of human existence: An essay on psychology and religion. Chicago, IL: Rand McNally.

Bandura, A.: (1982) Self-efficacy mechanisms in human agency. American Psychologist 37: 122–147.

Bell, S.M.: (1970) The development of the concept of the object as related to infant-mother attachment. Child Development 41: 291–311.

Belsky, J.: (1984) The determinants of parenting: A process model. Child Development 55: 83–96.

Bowlby, J.: (1969) Attachment and loss. Vol. l: Attachment. New York: Basic Books.

Bowlby, J.: (1973) Attachment and loss. Vol. 2: Separation. New York: Basic Books.

Bowlby, J.: (1980) Attachment and loss, Vol. 3: Loss, sadness and depression. New York: Basic Books.

Bowlby, J.: (1988) A secure base. New York: Basic Books.

Bowlby, J.: (1976) Trennung: Psychische Schäden als Folge der Trennung von Mutter und Kind. München: Kindler.

Bretherton, I.: (1984) Representing the social world in symbolic play: Reality and Fantasy. In: Bretherton, I. (Hrsg.): Symbolic Play: The development of social understanding. New York: Academic Press, 3–41.

Bretherton, I.: (1990) Open communication and internal working models: their role in the development of attachment relationships. In: Thompson, R. A. (Hrsg.): Nebraska Symposium on Motivation. Socioemotional development. Lincoln, NE: University of Nebraska Press 36: 59–113.

Bretherton, I.: (1991). Pouring new wine into old bottles: The social self as internal working model. In: Gunnar, M./Sroufe, L.A. (Hrsg.): The Minnesota Symposia on Child Psychology. Self processes in development. Hillsdale, NJ: Erlbaum 23: 1–41.

Bretherton, I.: (1992) The origins of attachment theory: John Bowlby and Mary Ainsworth. Developmental Psychology 28: 759–775.

Bretherton, I.: (1993) From dialogue to representation: The intergenerational construction of self in relationships. In: Nelson, C.A. (Hrsg.): Minnesota Symposia for Child Development: Memory and affect in development. Hillsdale, NJ: Erlbaum, 26: 237–263.

Bretherton, I./Beeghly, M.: (1982) Talking about internal states: The acquisition of an explicit theory of mind. Developmental Psychology 18: 906–921.

Bretherton, I./Biringen, Z./Ridgeway, D./Maslin, C./Sherman, M.: (1989) Attachment: The parental perspective. Infant Mental Health Journal 10: 203–221.

Bretherton, I./Page, T./Golby, B.: (1997, April) Narratives about attachment and authority by preschoolers in postdivorce families. Paper presented at the biennial meeting of the Society for Research in Child Development, Washington, DC.

Bretherton, I./Ridgeway, D./Cassidy, J.: (1990) Assessing internal working models of the attachment relationship: An attachment story completion task for 3–year-olds. In: Cicchetti, D./Greenberg, M./Cummings, E.M. (Hrsg.): Attachment during the preschool years. Chicago: University of Chicago Press, 272–308.

Bromley, D.B./Livesley, W.J.: (1973) Person perception in childhood and adolescence. London: John Wiley and Sons.

Cassidy, J.: (1988) Child-mother attachment and the self in six-year-olds. Child Development 59: 121–134.

Cassidy, J./Kobak, R.R.: (1988) Avoidance and its relation to other defensive processes. In: Belsky, J./Nezworski, T. (Hrsg.): Clinical implications of attachment. Hillsdale, NJ: Erlbaum, 300–323.

Cho, E.: (1994) Mothers' authoritative and authoritarian parenting: Attitudes related to preschoolers' attachment representations and teacher-rated social competence. Unpublished doctoral dissertation, University of Wisconsin-Madison.

Craik, K.: (1943) The nature of explanation. Cambridge: Cambridge University Press.

Crittenden, P.: (1989) Internal representational models of attachment relationships. Infant Mental Health Journal 11: 259–277.

Damon, W.: (1977) The social world of the child. San Francisco: Jossey-Bass.

Epstein, S.: (1980) A review and the proposal of an integrated theory of personality. In: Staub, E. (Hrsg.): Personality: Basic aspects and current research. Englewood Cliffs, NJ: Prentice Hall, 82–131.

Fairbairn, W.R.D.: (1952) An object-relations theory of the personality. New York: Basic Books.

Fraley, C.R./Davis, K.: (1997) Attachment formation and transfer in young adults' close friendships and romantic relationships. Personal Relationships 4: 131–144.

Freeman, H.: (1997) Who do you turn to?: Individual differences in late adolescent perceptions of parents and peers as attachment figures. Unpublished doctoral dissertation, University of Wisconsin-Madison.

Freud, A.: (1958) Adolescence. Psychonalytic Study of the Child 13: 255–278.

Freud, S.: (1940) Abriss der Psychoanalyse. Internationale Zeitschrift für Psychoanalyse und Imago 25: 5–67.

Freud, S./Breuer, J.: (1991) Studien über Hysterie. Frankfurt/Main: Fischer.

George, C./Kaplan, N./Main, M.: (1985)The Berkeley Adult Attachment Interview. Unpublished manuscript, University of California at Berkeley.

Granot, D./Mayseless, O.: (im Druck) The relationships between attachment patterns and adaptive functioning in the school environment amongst children in middle childhood. International Journal of Behavioral Development.

Grossmann, K.E./Grossmann, K./Spangler, G./Süss, G./Unzner, L.: (1985) Maternal sensitivity and newborns' orientation responses as related to quality of attachment in Northern Germany. In: Bretherton, I./Waters, E. (Hrsg.): Growing points of attachment theory and research, Monographs of the Society for Research in Child Development 50: Serial. No. 209 (1–2): 223–256.

Grotevant, H.D./Cooper, C.R.: (1986) Individuation in family relationships. Human Development 29: 82–100.

Hesse, E.: (1996) Discourse, memory, and the Adult Attachment Interview: A note with emphasis on the emerging cannot classify category. Infant Mental Health Journal 17: 4–11.

Izard, C.E.: (1978) Emotions as motivations: An evolutionary-developmental perspective. In: Dienstbier, R.A. (Hrsg.): Nebraska symposia on motivation. Lincoln, NB: University of Nebraska Press, 163–200.

Klagsbrun, M./Bowlby, J.: (1976) Responses to separation from parents: A clinical test for young children. British Journal of Projective Psychology 21:7–21.

Klein, M.: (1932) The psycho-analysis of children. London: Hogarth Press.

Kobak, R.R./Cole, H.E./Ferenz-Gillies, R./Fleming, W.S./Gamble, W.: (1993) Attachment and emotion regulation during mother-teen problem solving: A control theory analysis. Child Development 64: 231–245.

Livesley, W.J./Bromley, D.B.: (1973) Person perception in childhood and adolescence. New York: Wiley.

Mahler, M.S./Pine, F./Bergman, A.: (1975) The psychological birth of the human infant. New York: Basic Books.

Main, M.: (1995) Recent studies in attachment. In: Goldberg, S./Muir, R./Kerr, J. (Hrsg.): Attachment theory: Social, developmental, and clinical perspectives. Hillsdale, NJ: Analytic Press, 407–474.

Main, M./Kaplan, K./Cassidy, J.: (1985) Security in infancy, childhood and adulthood: A move to the level of representation. In Bretherton, I./Waters, E. (Hrsg.): Growing points of attachment theory and research, Monographs of the Society for Research in Child Development 50: Serial No. 209 (1–2): 66–104.

Main, M./Solomon, J.: (1990) Procedures for identifying infants as disorganized/disoriented during the Ainsworth Strange Situation. In Greenberg, M. T./Cicchetti, D./Cummings, E. M. (Hrsg.): Attachment in the preschool years : Theory, research, and intervention. Chicago: University of Chicago Press, 212–160.

Marcus, S.: (1984) Freud and Dora: Story, history and case history. In Marcus, S.: Freud and the culture of psychoanalysis. Winchester, MA: George, Allen and Unwin, 42–86.

Marvin, R.S./Greenberg, M.T.: (1982) Preschoolers' changing conceptions of their mothers: A social-cognitive study of mother-child attachment. In: Forbes, D./Greenberg, M. T. (Hrsg.): Children's planning strategies. New Directions of Child Development, vol. 18. San Francisco: Jossey-Bass.

Matas, L./Arend, R.A./Sroufe, L.A.: (1978) Continuity and adaptation in the second year: The relationship between quality of attachment and later competence. Child Development 49: 547–556.

Nelson, K.: (1986) Event knowledge: Structure and function in development. Hillsdale, NJ: Erlbaum.

Nelson, K.: (1993) Events, narratives, memory: What develops? In: Nelson, C.A. (Hrsg.): Minnesota Symposia on Child Psychology: Memory and affect. Hillsdale, NJ: Erlbaum 26: 1–24.

Nelson, K./Gruendel, J.: (1981) Generalized event representations: Basic building blocks of cognitive development. In: Lamb, M.E./Brown, A. (Hrsg.): Advances in developmental psychology. Hillsdale, NJ: Erlbaum 1: 131–158.

Oppenheim, D./Emde, R.N./Warren, S.: (1997) Emotion regulation in mother-child narrative co-construction: Associations with children's narratives and adaptation. Developmental Psychology 33: 284–294.

Piaget, J.: (1952) The origins of intelligence in children. New York: Norton.

Piaget, J.: (1954) The child's construction of reality. New York: Basic Books.

Ratner, N./Bruner, J.: (1978) Games, social exchange and the acquisition of language. Journal of Child Language 5: 381–401.

Resnick, G.: (1993) Measuring attachment in early adolescence: A manual for the administration, coding and interpretation of the Separation Anxiety Test for 11 to 14 year olds. Unpublished manuscript, Westat Inc., Rockville, MD.

Schank, R.C.: (1982) Dynamic memory: A theory of reminding and learning in computers and people. Cambridge: Cambridge University Press.

Schank, R.C./Abelson, R.P.: (1977) Scripts, plans, goals and understanding. Hillsdale, NJ: Erlbaum.

Shouldice, A./Stevenson-Hinde, J. (1992). Coping with security distress: The separation anxiety test and attachment classification at 4.5 years. Journal of Child Psychology and Psychiatry 33: 331–348.

Slough, N./Greenberg, M.: (1990) 5-year-olds representations of separation from parents: responses for self and a hypothetical child. In: Bretherton, I./Watson, M. (Hrsg.): New Directions for Child Development: Vol. 48. Children's perspectives on the family. San Francisco: Jossey-Bass, 67–84.

Spangler, G./Grossmann, K.: (1993) Biobehavioral organization in securely and insecurely attached infants. Child Development 64: 1439–1450.

Sroufe, L.A./Fleeson, J.: (1986) Attachment and the construction of relationships. In: Hartup, W./Rubin, Z. (Hrsg.): Relationship and development. Hillsdale, NJ: Erlbaum, 51–71.

Steinberg, L.: (1990) Autonomy, conflict and harmony in the family relationship. In: Feldman, S.S./Elliott, G.R. (Hrsg.): At the threshold: The developing adolescent. Cambridge, MA: Harvard University Press, 255–276.

Stern, D.N.: (1985) The interpersonal world of the infant. New York: Basic Books.

Tulving, E.: (1972) Episodic and semantic memory. In: Tulving, E./Donaldson, W. (Hrsg.): Organization of memory. New York: Academic Press.

van IJzendoorn, M.H.: (1995) Adult attachment representations, parental responsiveness, and infant attachment: A meta-analysis on the predictive validity of the Adult Attachment Interview. Psychological Bulletin 117: 387–403.

Verschueren, K./Marcoen, A./Schoefs, V.: (1996) The internal working model of the self, attachment and competence in 5-year-olds. Child Development 67: 2493–2511.

Winnicott, D.W.: (1958) Collected papers: Through pediatrics to psychoanalysis. New York: Basic Books.

Young, J.Z.: (1964) A model for the brain. London: Oxford University Press. Zimmermann, P.: (1995) Bindungsentwicklung von der frühen Kindheit bis zum Jugendalter und ihre Bedeutung für den Umgang mit Freundschaftsbeziehungen. In: Spangler, G./Zimmermann, P. (Hrsg.): Die Bindungstheorie. Stuttgart: Klett-Cotta, 203–231.

Zimmermann, P./Grossmann, K.: (1996, August). Transgenerational aspects of stability in attachment quality between parents and their adolescent children. Paper presented at the biennial meetings of the International Society for the Study of Behavioral Development, Québec City, Canada.

Resilienz in der Entwicklung[1]: Wunder des Alltags

Ann S. Masten

Es ist noch nicht allzu lange her, dass Entwicklungswissenschaftler begannen, ihre Aufmerksamkeit auf das Phänomen der Resilienz zu richten. Resiliente Kinder und Jugendliche sind dadurch charakterisiert, dass sie Risiken und ungünstigen Lebensumständen trotzen und in ihrem Leben gut zurechtkommen. Resiliente Leben, die durch Erfolg hinsichtlich zahlreicher Indikatoren gekennzeichnet sind, legen den Schluss nahe, dass es im Laufe der Entwicklung protektive Prozesse geben kann. Diese Prozesse waren in den Jahrzehnten, in denen die Forschung sich auf Risiken und negative Ergebnisse von Entwicklung konzentriert hatte, übersehen worden (Garmezy, 1985; Masten, 1989, 1994, 1999, im Druck; Masten, Best & Garmezy, 1990; Rutter, 1990). Die Forscher gingen davon aus, dass das Wissen darüber wie diese Kinder auf positive Entwicklungspfade gelangen, zu Hoffnungen Anlass gibt, neue und möglicherweise bessere Strategien zu entdecken, mit deren Hilfe dem Lebenskurs anderer Risikokinder, die schwierige Pfade entlangsteuern, eine neue Richtung gegeben werden kann.

Dieses Kapitel gibt einen kurzen Überblick über konzeptuelle und empirische Ansätze, die für die erste Generation der Resilienzforschung kennzeichnend sind. Die Ansätze sollen durch Beispiele aus der Arbeit der Autorin und ihrer Kollegen an der Universität von Minnesota während der vergangenen zwei Jahrzehnte veranschaulicht werden. Zunächst werden konzeptuelle Perspektiven diskutiert, gefolgt von Beispielen relevanter Forschungsergebnisse. Der letzte Abschnitt befasst sich mit den Implikationen dieser Arbeit für künftige Forschung und Anwendungen in Praxis und Politik.

---

1 Die in diesem Kapitel beschriebenen Forschungsergebnisse wurden durch die Zusammenarbeit der Autorin mit Professor Norman Garmezy und Auke Tellegen an der Universität von Minnesota befruchtet und profitierten von der Unterstützung durch eine Reihe von Studenten, die Wesentliches zu der Arbeit der Autorin über Resilienz beigetragen haben.
Die Forschungsprojekte wurden unterstützt durch die William T. Grant Foundation, das National Institute of Mental Health, die National Science Foundation, das National Institute of Child Health and Human Development und durch die Graduate School und das Center for Urban and Regional Affairs an der University of Minnesota.

Konzepte von Resilienz

Das Ziel, über systematische Forschung zu einem Verständnis von Resilienz zu kommen, zwingt den Forscher, das zu analysierende Phänomen sowohl aus konzeptueller wie auch operationaler Sicht zu umreißen. Im größten Teil der psychologischen Forschung der letzten 25 Jahre bezieht sich Resilienz allgemein auf *gute Ergebnisse von Entwicklung trotz ernsthafter Gefährdungen für Anpassung oder Entwicklung*. Daraus folgt, dass für »Resilienz« zwei Arten von Bewertung erforderlich sind. Zum einen wird eine Person danach beurteilt, ob sie hinsichtlich bestimmter Kriterien gut zurechtkommt, und zum anderen danach, ob sie signifikante Herausforderungen irgendwelcher Art gemeistert hat. Der Begriff »Resilienz« wird häufig benutzt, um auf die angenommene oder bewiesene Fähigkeit eines Individuums hinzuweisen, ernsthaften Gefährdungen entweder widerstehen zu können, sie zu meistern, oder sich wieder davon erholen zu können. Obwohl es bislang noch keinen Konsens über die Definition von »Resilienz« oder »Widerstandsfähigkeit« gibt, sind beides doch eindeutig abgeleitete Konstrukte angesichts der multiplen Beurteilungen, die erforderlich sind, um sie zu definieren.

»Gute« Ergebnisse von Entwicklung – die Definition der Resilienzforschung

Der Begriff Resilienz impliziert, dass ein Individuum nach bestimmten Kriterien »in Ordnung« ist, wobei die Art dieser Kriterien ganz erheblich variiert. Sie beinhalten, wie gut eine Person in multiplen Bereichen des gesellschaftlichen Lebens zurechtkommt: bei der Arbeit, im Umgang mit anderen Menschen, bei akademischen Leistungen und bei der Einhaltung von Verhaltensregeln. Dazu können außerdem auch Indikatoren für die internale Anpassung eines Individuums gehören, wie Gefühle von Wohlbefinden oder Gefühle von Verzweiflung.

Eine der interessantesten Fragen beim Studium von Resilienz ist die, ob die Definition von Resilienz sowohl internale als auch externale Anpassungskriterien enthalten sollte oder nicht. In der hier vorliegenden Arbeit wird Resilienz auf der Grundlage von externalen Kriterien definiert, die etwas darüber aussagen wie gut ein Individuum in seiner sozialen Umwelt funktioniert. Wir sind jedoch sehr am internalen Wohlbefinden resilienter Individuen interessiert, insbesondere im Hinblick auf die Frage danach, ob ungünstige Lebensumstände und Traumata der internalen Anpassung betroffener Individuen einen Tribut abverlangen, wenngleich sie in den Augen der Gesellschaft erfolgreich waren. Entsprechende Postulate stammen u. a. von Luthar (1991).

In der hier vorgestellten Forschungsarbeit basieren die Bewertungen »gutes Ergebnis« bzw. erfolgreiche Anpassung auf der Kompetenz des Individuums in multiplen Funktionsbereichen, welche die herausragenden Entwicklungsaufgaben von Personen einer bestimmten Altersgruppe in der heutigen amerikanischen Gesellschaft widerspiegeln. Kompetenz ist ein psychologisches Konstrukt mit tiefen theoretischen Wurzeln (Masten & Coatsworth, 1995), das hier definiert wird als:

Ein Muster effektiver Performanz in der Umwelt, bewertet aus der Perspektive der herausragenden Entwicklungsaufgaben wie sie im Kontext der amerikanischen Gesellschaft des späten 20. Jahrhunderts (und nun des frühen 21. Jahrhunderts) gegeben sind.

Mit dem Begriff Muster soll berücksichtigt werden, dass Kompetenz sich auf eine generelle Bewertung von Anpassungsleistungen bezieht, die eher auf Verlaufsbeobachtungen beruht, als auf einer einzigen Begebenheit. Mit dem Begriff *Performanz* wird unterstrichen, dass die Kompetenz anhand des Verhaltens im Umfeld beurteilt wird, obwohl unbestritten ist, dass viele Aspekte des biologischen, psychologischen und sozialen Funktionierens eines Individuums koordiniert werden müssen, damit es zu eben diesem Verhalten kommt, und dass sich aus der beobachteten erfolgreichen Performanz Schlüsse ziehen lassen über die Fähigkeit zu künftiger Kompetenz. Mit dem Terminus *herausragende Entwicklungsaufgaben* soll betont werden, dass diese Definition sich auf höher geordnetes Funktionieren in breit gefächerten Bereichen bezieht, die für viele Individuen von Bedeutung sind, und nicht auf Performanz in eng gefassten Bereichen (wie Mathematik) oder spezifischen Gebieten von Kompetenz, die nur für einige Individuen von Bedeutung sind (wie z.B. Musik oder Rhetorik). Der Begriff *Kontext* soll bedeuten, dass Kompetenz immer im Rahmen eines besonderen ökologischen und historischen Rahmens definiert wird.

Bei Kindern im Schulalter sind drei zentrale Dimensionen von Kompetenz von Bedeutung, die empirisch nachgewiesen werden konnten: akademische Leistung, regelhaftes versus regelwidriges Verhalten und soziale Kompetenz im Umgang mit Gleichaltrigen (Masten, Coatsworth et al., 1995). Später, in der Adoleszenz, kommen zusätzliche Dimensionen als wichtige Entwicklungsaufgaben hinzu, die im Erwachsenenalter eine sehr zentrale Rolle einnehmen werden: Arbeitskompetenz und romantische Beziehungen. Diese Dimensionen von Kompetenz spiegeln breite *Entwicklungsaufgaben* wider, die von entwicklungspsychologischen Theoretikern beschrieben worden sind (Masten & Coatsworth, 1998).

Es ist sinnvoll, davon auszugehen, dass diese Kompetenzbereiche auch die Bereiche reflektieren, über die Eltern, Lehrer und Kinder selbst sich Sorgen machen, und es überrascht nicht, wenn festgestellt wird, dass die Faktorenstruktur vieler Erhebungsinstrumente, die kindliches Verhalten sowie kindliche Selbst-Beurteilungen messen, diese Annahme stützt (Masten & Coatsworth, 1995). Dennoch ist es wichtig, die impliziten Kriterien, nach denen Erwachsene und Kinder die Kompetenz anderer und auch ihre eigene messen, systematischer zu untersuchen, um die Ähnlichkeiten und Unterschiede, die in und über Gesellschaften hinweg vorhanden sind, zu ermitteln.

Durbrow, Tellegen und Masten (1999) haben eine Strategie zur Erhebung dieser Kriterien in und über Kulturen hinweg entwickelt. Daten aus einem kleinen Dorf in der Karibik, das lange von Durbrow untersucht wurde, legen nahe, dass es über Kulturen hinweg auffällige Ähnlichkeiten in globalen Bereichen gibt, nach denen Eltern beurteilen, ob das Leben eines Kindes eine zufrieden stellende Richtung einschlägt (Durbrow, 1999). Zur Zeit werden Erhebungen über völlig verschiedene Kulturen hinweg durchgeführt und es wird erwartet, dass sich in den meisten oder allen diesen Stichproben mehrere hervorstechende Dimensionen ergeben werden, wozu akademische Leistungen, die Einhaltung von Regeln (wobei die Art der Regeln variieren kann) und das Zurechtkommen mit anderen Kindern gehören. Beweise dafür, dass ein Individuum aus der Perspektive von Entwicklungsaufgaben und -erwartungen gesehen »auf dem richtigen Weg« ist, sind natürlich nur ein Teil der Geschichte. Kompetente Individuen können resilient sein oder auch nicht, in Abhängigkeit davon, ob sie durch Gefährdungen für ihre Entwicklung oder ihr Funktionieren in besonderer Weise herausgefordert wurden. Deshalb muss auch die Art der Gefährdung definiert werden.

»Gefährdung« in der Resilienzforschung – eine Definition

Zwei Haupttypen von Gefährdung befinden sich im Mittelpunkt der Resilienzforschung. Der eine Typ ist die »Risikofaktor«-Forschung, in der gut eingeführte bzw. validierte Prädiktoren für unerwünschte Ergebnisse von Entwicklung die Gefährdung darstellen. Dies sind oft »Status«- Indikatoren, wie niedrige soziale Schicht, Frühgeburt, schlechte Ausbildung der Mutter, ein geistig kranker Elternteil oder Obdachlosigkeit. Der zweite Typ von Forschung legt die Betonung auf ungünstige Lebensereignisse und Umstände, von denen generell angenommen wird, dass sie adaptives Funktionieren oder eine adaptive Entwicklung gewaltsam unterbrechen. Dazu gehören der Verlust eines Elternteils, Gewalt in der Familie, Krieg oder Naturkatastrophen. Per definitionem kann dieser zweite Typus von Gefährdung – potenziell stressreiche Lebenserfahrungen oder ungünstige Lebensumstände – als eine Untergruppe von Risikofaktoren angesehen werden, insofern, als einige dieser negativen Erfahrungen gut validierte statistische Prädiktoren für schlechtere Ergebnisse bei den uns interessierenden Kriterien sind. Einige Untersuchungen vermischen beide Arten von Gefährdungen in dem Versuch, das umfassende und kumulative Ausmaß von Risiken für Gefährdungen von Entwicklung zu erfassen (Masten & Wright, 1998).

Die Risikoforschung läuft oft nach einem allgemein verbreiteten Muster ab, wobei zunächst eine initiale Assoziation zwischen einem spezifischen Faktor, z.B. Frühgeburt, und einem besonders unerwünschten Ergebnis, z.B. Lernverzögerungen, festgestellt wird. Die weitere Analyse ergibt, dass der statistische Prädiktor für Risiken mit anderen Risikofaktoren in Beziehung steht, wie z.B. niedrigem sozioökonomischem Status. Werden prospektive Studien durchgeführt, zeigt sich, dass im Leben von Kindern, die zu Beginn den gleichen Risikostatus besitzen, unterschiedliche Muster von Entwicklungsergebnissen auftreten können. Exaktere

Studien zu Risiken und Resilienz konzentrieren sich darauf, diese Variationen in den Ergebnissen zu erklären.

Die Risikoforschung weist häufig darauf hin, wie wichtig es ist, multiple Risiken und andere Variablen bei der Erklärung von Entwicklungsergebnissen zu berücksichtigen. Risikofaktoren treten häufig zusammen auf, und die Entwicklungsergebnisse bei sich anhäufenden Risiken sind in der Regel schlechter (Masten & Wright, 1998). Andererseits haben Risikoforscher oft festgestellt, dass kumulatives Risiko auch aus einer anderen Perspektive betrachtet werden kann. Während einige Risikofaktoren in dem Sinne dichotom sind, dass sie »negative« Ereignisse sind, die auftreten können oder auch nicht, variieren viele Risikofaktoren entlang eines Kontinuums, das einen Bereich von sehr niedrig bzw. negativ bis hin zu sehr hoch bzw. positiv umfasst. Infolgedessen impliziert ein hohes Risiko oft wenig Positiva oder Ressourcen, so dass negative Entwicklungsergebnisse unterschiedliche Ursachen haben können. Schlechte Ergebnisse könnten zum einen auf wenig Ressourcen und zum anderen auf eine hohe Gefährdung zurückgeführt werden. Ironischerweise kann die Aggregierung von Risikofaktoren zu einer viel besseren Vorhersage von Ergebnissen von Entwicklung führen und gleichzeitig die Prozesse, die daran beteiligt sein können, verschleiern.

Forschungsergebnisse zu Risiken und Resilienz

In diesem Abschnitt sollen Beispiele aus der eigenen Arbeit in Minnesota für unterschiedliche Ansätze zum Studium von Resilienz vorgestellt werden. Es handelt sich dabei um a) Ansätze, bei denen die Betonung auf den Risiken liegt, im Gegensatz zu solchen, bei denen die Betonung auf den ungünstigen Lebensumständen liegt, und b) um Variablen-zentrierte im Gegensatz zu Person-zentrierten Ansätzen. Risikoansätze werden durch Studien mit Kindern aus obdachlosen Familien deutlich gemacht, auf Gefährdungen zentrierte Ansätze durch eine Fallstudie (die *Projekt-Kompetenz*-Studie mit normalen Stadtkindern) und durch Studien mit jugendlichen Kambodschanern, die unter dem Pol Pot-Regime massive Traumata überlebt haben.

Obdachlose Kinder

»Obdachlosigkeit« ist ein gutes Beispiel für einen Status-Indikator, der bei Kindern mit einem hohen Risikoniveau assoziiert ist, für Schulprobleme sowie für die Probleme, die die geistige und physische Gesundheit betreffen. Die Ursache hierfür liegt darin, dass der Risikofaktor Obdachlosigkeit mit anderen Risikofaktoren für kindliche Entwicklung eng verknüpft ist. In einer Reihe von Studien, die seit 1989 mit Kindern aus Heimen für obdachlose Familien durchgeführt wurden, zeigt sich, dass diese Kinder hohe Werte haben, was Probleme unterschiedlichster Art und Risikofaktoren angeht, die mit adaptiven Schwierigkeiten und gesundheitlichen Problemen assoziiert sind (Masten, 1992; Masten et al., 1993, 1997; Miliotis, Sesma & Masten, 1999). In Übereinstimmung mit Befunden aus anderen Studien konnte nachgewiesen werden, dass obdachlose Familien eine Vorgeschichte haben mit Armut und vielen damit assoziierten Risikofaktoren: niedrige soziale Schicht, geringes Ausbildungsniveau der Mütter, hohe Mobilität und Wohnen in gefährlichen Stadtrandgebieten. Ferner sind die Kinder sowohl im familiären Kontext als auch im unmittelbaren nachbarschaftlichen Umfeld einem hohen Maß an Gewalt ausgesetzt. Sie machen zahlreiche stressauslösende Lebenserfahrungen, die von einer Unterbringung in Pflegeheimen bis hin zum Verlust von Elternteilen reichen. Studien, die obdachlose Kinder mit anderen Kindern vergleichen, die bezüglich der Risikofaktoren einen ähnlichen Hintergrund haben, aber nicht obdachlos sind, finden unter den zuerst genannten viele Ähn-

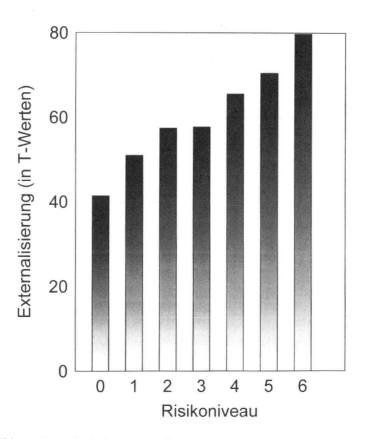

Abbildung 1: Durchschnittswerte auf der Externalisierungs-Skala (in standardisierten T-Werten) der Child Behavior Checklist von 98 Kindern, grafisch dargestellt in Abhängigkeit vom Ausmaß des Risikos.

Protektive Faktoren und Resilienz

lichkeiten, die nahe legen, dass der Obdachlosenstatus eine Gruppe von Kindern identifiziert, die am äußeren oberen Extrem eines Kontinuums von kumulativem Risiko verbunden mit Armut angesiedelt ist (Masten, 1992).

Somit ist klar, dass obdachlose Kinder ein hohes Risiko für Maladaptation in ihrer Entwicklung haben. Bei näherer Betrachtung, zeigt sich jedoch, dass es auch innerhalb dieser Hochrisikogruppe von Kindern ein breites Spektrum von Risikoniveaus gibt, und dass das Risikoniveau mit dem Problemniveau assoziiert ist. Beispiele dafür zeigt Abbildung 1, die Befunde aus einer Studie mit 98 afro-amerikanischen Kindern im Alter von acht bis zehn Jahren wiedergibt, die in einer Unterkunft für obdachlose Familien lebten. Ein grundlegender kumulativer Risikofaktor wurde durch einfaches Addieren der Anzahl von Risikofaktoren geschaffen, die im Leben des jeweiligen Kindes vorhanden waren, und zwar zusammengestellt aus den sechs allgemein anerkannten Prädiktoren für Probleme im

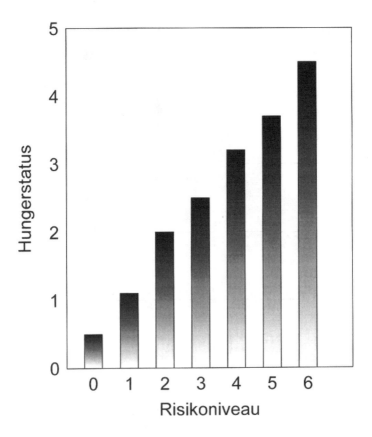

Abbildung 2: Durchschnittswerte auf einem Index für das Hungerrisiko von 98 obdachlosen Kindern, grafisch dargestellt in Abhängigkeit vom Ausmaß von oder Risiko für 6 andere Risikofaktoren.

Kindesalter: alleinerziehendes Elternteil, Mutter hat weniger als eine Gymnasialbildung, ein Elternteil ist gestorben, die Eltern haben sich scheiden lassen, das Kind war in Pflege gegeben worden oder wurde misshandelt oder hat Gewalt mit ansehen müssen. In Abbildung 1 sind die Werte für »Externalisierung« auf der Child Behavior Checklist – einem häufig benutzten Erhebungsinstrument für Verhaltensprobleme – grafisch dargestellt in Abhängigkeit von der Anzahl der Risikofaktoren. Externalisierende Symptome schließen eine Vielzahl von störenden, aggressiven Verhaltensweisen ein; Werte für internalisierende Symptome (z. B. Angst, depressive Stimmung) zeigen in den Ergebnissen ein sehr ähnliches Muster. Die Werte auf diesem Messinstrument, das auf Berichten von Eltern basiert, sind in Standard T-Werten angegeben, wobei 50 der Durchschnittswert ist, der in der Allgemeinbevölkerung zu erwarten ist, und Werte über 60 auf signifikante Probleme hinweisen. Mit Zunahme der Anzahl von Risikofaktoren steigen die Durchschnittswerte auf diesem Instrument dramatisch an. Jedoch könnte man sich über die Bedeutung niedriger Werte für Risiken in dieser Abbildung Gedanken machen. Kinder mit einem oder gar keinem Risikofaktor haben wahrscheinlich beträchtlich mehr Ressourcen in der Familie und auch eine Vorgeschichte mit sehr viel weniger ungünstigen Lebensumständen. Das Verhalten dieser Kinder ist nach Aussage ihrer Eltern durchschnittlich oder besser. Berichte von Lehrern über Verhaltensprobleme, die mit einem vergleichbaren Instrument erhoben wurden, zeigen ein ähnliches Muster, das gleiche gilt für akademische und gesundheitliche Probleme. Mit wachsendem Risiko wachsen auch die Probleme.

Kumulative Risikoniveaus sagen auch die Wahrscheinlichkeit für zusätzliche Risikofaktoren vorher. Dies wird in Abbildung 2 deutlich, die zeigt, wie die gleichen Risikoniveaus bei derselben Gruppe von Kindern mit einem anderen Indikator für Risiko assoziiert sind, einem Hungerindex (der das Risiko in der Familie eines Kindes misst, dass es Hunger leiden muss; dazu gehören auch solche Dinge, wie hungrig ins Bett zu gehen oder am Ende des Monats nichts mehr zu essen zu haben). Je höher das Risikoniveau, um so wahrscheinlicher hat das Kinder in seiner Familie Zeiten mit Hunger erlebt.

Obdachlosigkeit ist somit ein Indikator für Entwicklungsrisiken und Vorgeschichten mit erlebten Gefährdungen, und dennoch ergibt eine engmaschigere Analyse des kumulativen Risikos, dass es sogar in einer Hochrisikogruppe ein weites Spektrum von Risikoniveaus gibt. Weiterhin scheint das »Nettorisiko« im Leben eines Kindes eine Rolle zu spielen; Kinder mit einer größeren Anzahl von Risikofaktoren und einer damit einhergehenden geringeren Anzahl von Ressourcen haben mehr Probleme.

Frühere Forschungsarbeiten zu potenziell »protektiven Faktoren« im Leben eines Kindes machen zudem deutlich, wie wichtig es ist, dass das Muster von Risiken oder Vulnerabilitäten, Ressourcen oder protektiven Faktoren im Leben von Kindern erkannt wird, damit sich die Variationen in den Ergebnissen bei Kindern mit sehr hohem Risiko verstehen lassen. Bei obdachlosen Kindern ist Schulerfolg sowohl hinsichtlich akademischer Leistungen wie auch bezogen auf das Verhalten im Klassenraum signifikant assoziiert mit besserem elterlichen Verhalten und bes-

Protektive Faktoren und Resilienz

serem intellektuellen Funktionieren. Dies sind zwei Prädiktorvariablen für gute Ergebnisse kindlicher Entwicklung, die in verschiedenen Studien am besten validiert werden konnten (Masten & Coatsworth, 1995, 1998).

Abbildung 3 veranschaulicht die Ergebnisse einer Studie an 60 obdachlosen Kindern mit Follow-up Untersuchung zu einem Zeitpunkt, als sie die Obdachlosenunterkunft bereits verlassen hatten. Die Qualität des elterlichen Verhaltens, die während des Aufenthaltes in der Unterkunft von Interviewern erhoben wurde, die nichts über diese Kinder wussten, stand in Zusammenhang mit früheren und zukünftigen akademischen Leistungen und mit ihrem Verhalten nach Lehrerbeurteilungen. Das Engagement der Eltern korrelierte signifikant mit der kumulativen Schulleistung (auf einer 5 Punkte Skala, auf der 1 weit unter dem Durchschnitt liegt und 3 dem Durchschnittswert entspricht) und auch mit globalen Verhaltensproblemen nach Lehrerbeurteilungen (vgl. Miliotis et al., 1999).

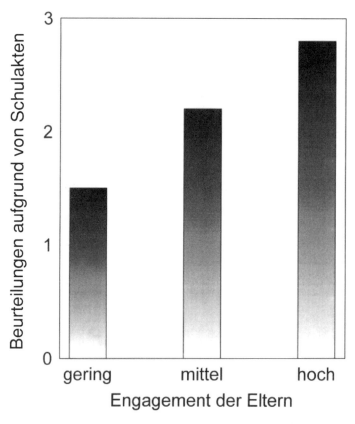

Abbildung 3: Durchschnittswerte für akademische Leistungen (auf einer 5-Punkte-Skala, auf der 3 durchschnittlich gut ist und 1 weit unter Durchschnitt) von 6–11 Jahre alten obdachlosen Kindern, grafisch dargestellt in Abhängigkeit von der Involviertheit der Eltern bei der Erziehung.

Effektivere Eltern haben – in Übereinstimmung mit Ergebnissen zu Schulerfolg in der Allgemeinbevölkerung – erfolgreichere Kinder. Bei diesen Daten waren die Ergebnisse auch signifikant, wenn die IQ-Werte von Eltern und Kindern konstant gehalten wurden. Bemerkenswert ist auch, dass die Qualität des Elternverhaltens bei dieser Hochrisikogruppe von obdachlosen Kindern nicht mit dem Risikoniveau assoziiert war. Dergestalt, dass ein Kind ein sehr hohes Risiko haben konnte, bei gleichzeitigem gutem Elternverhalten und guten Leistungen. Gutes Elternverhalten scheint in einem gewissen Maße ein Gegengewicht zu Risiken zu bilden, wenn auch nur wenige obdachlose Kinder mit hohen Leistungsniveaus gefunden wurden.

Sara: Eine Fallstudie zu Resilienz

Garmezy (1982) hat die Vorteile der Methode der Einzelfallstudie für die Wissenschaft in einem Artikel mit dem Titel »Eine Lanze für den Einzelfall in der Forschung[2]« ausführlich beschrieben. Der Einzelfall kann dramatische und inspirierende Beweise für Resilienz liefern. In der Populärliteratur und in anekdotischen Berichten sind kasuistische Studien reichlich vorhanden. Einzelfälle von Resilienz sind auch in psychologischen und psychiatrischen Zeitschriften veröffentlicht worden. Der Fall Sara (Masten & O'Connor, 1989) ist ein Beispiel dafür. Sara war das Kind einer schizophrenen Mutter und wurde innerhalb weniger Tage nach ihrer Geburt zur Pflege freigegeben. Allen Berichten zufolge entwickelte sie sich während ihres ersten Lebensjahres normal, bis ihr Pflegevater krank wurde und starb. Kurz darauf verlangte ihre trauernde Pflegemutter ganz plötzlich, dass Sara aus ihrem Haus entfernt werden solle. Und so wurde dieses Kind im Alter von 15 Monaten – einem Alter, in dem die mit normalem Bindungsverhalten einhergehende Fremden- und Trennungsangst einen Höhepunkt erreicht – von einem Fremden mitgenommen und in ein fremdes Zuhause gebracht. Sara erlitt daraufhin in den meisten Entwicklungsbereichen einen jähen Leistungsabfall. Ihre sprachliche und motorische Entwicklung regredierte und ihre Wachstumsrate verlangsamte sich dramatisch. Im Alter von 30 Monaten waren ihr Kinderarzt und ihr Betreuer durch ihren Mangel an Erholung stark beunruhigt. Sara fiel aus der Wachstumstabelle heraus und war in ihrer sozialen Entwicklung sehr verzögert. Sie wurde zur Beurteilung und Freigabe in ein Krankenhaus eingewiesen mit den Optionen Heimunterbringung oder Adoption. Eine vollständige klinische Untersuchung ergab keinerlei medizinische Ursachen für ihre Probleme und es gab klare Anzeichen dafür, dass Sara auf die stimulierende Krankenhausumgebung ansprach. Sara wurde zur Adoption vorgeschlagen, und das Interventionsteam hatte die einmalige Chance, »ein *Rezept*[3] für eine neue Umgebung zu schreiben«. Eine passende Familie wurde gefunden, und Sara reagierte auf ihr neues Zuhause mit

---
2 Im Englischen »The case for the Single Case in Research«.
3 Kursiv vom Übersetzer.

einer ungewöhnlichen Erholung, einschließlich eines Wachstumsschubes und gleichermaßen dramatischen Verbesserungen im sprachlichen und sozialen Verhalten. Eine formale Follow-up Beurteilung im Alter von sechs Jahren zeigte ein normales kleines Mädchen und nachfolgende Berichte zeugen weiterhin von normaler Entwicklung. Im Alter von 19 Jahren scheint Sara gut zurechtzukommen. Sie hat aufgrund ihres biologischen Erbguts ein Risiko für Schizophrenie, wenn es auch keine Anzeichen für eine Vulnerabilität für diese Störung gibt. Ihre Erholung von einem katastrophalen Verlust und den Folgen einer zunächst ungünstigen Unterbringung scheinen das Ergebnis von stabilem und hochqualifiziertem Pflegeverhalten in ihrer frühen Kindheit zu sein.

Saras Leben veranschaulicht die menschliche Fähigkeit zu Resilienz auf zwingende Weise genauso, wie dies viele andere Fallberichte tun. Aber individuelle Fälle sind nur begrenzt brauchbar als Erklärungsmodelle für das Verständnis der Prozesse, durch die es zu Resilienz kommen kann. Saras Lebenssituation und die Intervention könnten einzigartig sein. Eine systematische Aggregation einzelner Lebensverläufe ist notwendig, damit sich die protektiven Prozesse verstehen lassen, die zur Erklärung der häufig beobachteten Muster von Resilienz beitragen könnten.

Die Studie Projekt-Kompetenz:
Variablen-zentrierte und Person-zentrierte Ansätze zu Resilienz

Die als *Projekt Kompetenz* bekannte Studie liefert ein Beispiel für multiple Ansätze zu Fragen von Resilienz. Diese Längsschnittstudie wurde Ende der siebziger Jahre von Norman Garmezy initiiert, einem Pionier der Forschungsarbeit zu Risiko und Resilienz. Garmezy war einer der ersten, die die Bedeutung guter Entwicklungsergebnisse in den Studien, die sich auf Risiken und Entwicklung von Psychopathologie konzentrierten, erkannten. In der *Projekt-Kompetenz-Studie* sollte im Rahmen einer normativen Gemeindestudie versucht werden, grundlegende Informationen hinsichtlich der Faktoren zu sammeln, die für einen Unterschied im Leben von erfolgreichen im Gegensatz zu schlecht angepassten Kindern verantwortlich zu sein schienen. Bis dahin gab es nur wenig bis gar keine Informationen darüber, auf welche Weise unterschiedliche Bereiche von Kompetenz mit ungünstigen Lebensbedingungen verknüpft sein könnten. Zudem fehlen Informationen darüber, wie man bei der Beurteilung erfolgreicher Entwicklung von Schulkindern vorgehen könnte. Es war somit notwendig, Messwerte, Modelle und analytische Strategien zu entwickeln, um die Arbeit in diesem neuen Forschungsbereich beginnen zu können.

Die Studie war insofern ungewöhnlich, als der Fokus auf multiplen Bereichen von Kompetenz lag. Bei der Beurteilung wurden Symptome mitberücksichtigt, aber der Schwerpunkt lag mehr auf erfolgreicher Entwicklung als auf Psychopathologie. Eine Kohorte von 205 Kindern im Alter von acht bis zwölf Jahren (114 Mädchen, 91 Jungen, 27 % Minderheitenstatus) wurde zusammen mit ihren

Familien für eine Studie rekrutiert, die als Querschnittsstudie begonnen wurde. Mit multiplen Methoden und aus vielen Quellen wurden umfassende Daten über die Anpassung der Kinder erhoben. Informationen über die Lebensgeschichte, neuere Lebensereignisse, familiäre Ressourcen, Qualität von Zuhause und Elternverhalten wurden mit Hilfe von Interviews und Fragebögen gesammelt. Individuelle Unterschiede zwischen den Kindern wurden in multiplen Bereichen getestet, wozu auch traditionelle IQ-Messungen und Messungen von sozialer Kognition, Humor, Persönlichkeit und vieler anderer Aspekte von Verhalten gehörten. Verhaltensbeurteilungen durch Lehrer und Schulberichte wurden gemeinsam mit individuellen Leistungstests berücksichtigt. Die »Revised Class Play Method« für eine Beurteilung durch Gleichaltrige wurde für diese Studie entwickelt (Masten, Morison & Pellegrini, 1985; Morison & Masten, 1991). Darüber hinaus wurde eine Vielzahl von Fragebögen zu Lebensereignissen und dem Ist-Zustand sowie eine Reihe von Interviewleitfäden erarbeitet, die seitdem auch von anderen Forschern verwendet worden sind.

Im Anschluss daran war es möglich, diese Kohorte nach etwa sieben Jahren und dann wieder nach etwa zehn Jahren in einer Follow-up Studie zu untersuchen. Die Follow-up Untersuchung nach sieben Jahren wurde mit den Jugendlichen und ihren Eltern oder Betreuern brieflich durchgeführt, wobei der aktuelle Status in multiplen Kompetenzbereichen sowie dazwischen liegende Lebenserfahrungen, Schulberichte und Verhaltensprobleme bewertet wurden. Das Follow-up nach zehn Jahren war sehr viel umfangreicher und schloss Interviews der Kohorte – jetzt beim Eintritt ins Erwachsenenalter – und ihrer Eltern oder Betreuer ein, außerdem zahlreiche Fragebögen zur Erfassung von Kompetenz, Persönlichkeit, Selbstkonzept, Lebenserfahrungen und Verhaltensproblemen sowie Symptomen psychischer Gesundheit. Es gelang, den Status von 98 % dieser Kohorte nach zehn Jahren zu erfassen. Die hier vorgestellten Ergebnisse konzentrieren sich vor allem auf die Daten aus der späten Kindheit (Zeitpunkt 1) bis zur späten Adoleszenz (Zeitpunkt 2).

Das globale Ziel von *Projekt Kompetenz* bestand darin, Kompetenz, ungünstige Lebensumstände und die potenziellen individuellen und familiären Unterschiede zu erfassen, die zur Erklärung der besseren Anpassung von Kindern, die unter ungünstigen Bedingungen aufwachsen, beitragen könnten. Großes Interesse bestand zudem an der Rolle, die elterliches Verhalten und intellektuelles Funktionsniveau bei Resilienz spielen, denn es gab gute theoretische und empirische Gründe für die Annahme, dass diese Faktoren fundamentale protektive Prozesse in der menschlichen Entwicklung darstellen.

In dieser Studie wurde eine sorgfältige Bewertung sowohl von Kompetenz als auch von ungünstigen Lebensbedingungen vorgenommen und damit den zentralen Konstrukten aus denen Resilienz abgeleitet worden ist, Rechnung getragen. Gestützt auf eine umfangreiche und breit gefächerte Literatur wurden in der vorliegenden Studie multiple Dimensionen von Kompetenz erfasst. Die Ergebnisse erhärten die erwartete Multidimensionalität von Kompetenz, das Auftauchen neuer Kompetenzbereiche über die Zeit und die Kohärenz innerhalb breiter Bereiche von Kompetenz über die Schuljahre hinweg (Masten et al., 1995). Drei Kernbereiche von Kompetenz, die durch die gesamte Schulzeit hindurch wichtige herausragende Entwicklungsaufgaben zu spiegeln scheinen, wurden durch die Faktorenstruktur einzelner Messwerte sowie auch durch strukturelle Gleichungsmodelle über die Messwerte hinweg bestätigt. Es handelt sich dabei um akademische Leistung, Betragen (regelkonformes versus regelwidriges Verhalten) und soziale Kompetenz im Umgang mit Gleichaltrigen (einschließlich Akzeptanz und Freundschaft). Der Bereich Betragen zeigte eine auffallende Kontinuität über eine Spanne von zehn Jahren, was mit Ergebnissen anderer Studien zur Stabilität von antisozialem Verhalten von der Kindheit bis in die Adoleszenz übereinstimmt. Die Assoziation zwischen akademischer Kompetenz und Betragen wurde über die Zeit hinweg stärker, offensichtlich aufgrund eines Abfalls in den Leistungen der Kinder durch die Persistenz von störendem/aggressivem Verhalten. Im Gegensatz dazu schienen die Zusammenhänge zwischen sozialer Peer-Kompetenz und den beiden anderen Bereichen mit der Zeit schwächer zu werden und zwar in dem Maße, in dem die Jugendlichen sich zunehmend mehr ihre eigenen Freunde aussuchten, die entweder abweichendes oder prosoziales Verhalten zeigten. Erfolgreiche Freundschaften genauso wie romantische Beziehungen in der Adoleszenz waren assoziiert mit sozialer Kompetenz in der Kindheit, standen aber nur in geringem Zusammenhang mit akademischem Erfolg. Der neu auftauchende Bereich der beruflichen Kompetenz in der späten Adoleszenz war verknüpft mit akademischer Leistung (vor allem bei Mädchen), Betragen (vor allem bei Jungen) und sozialer Kompetenz. Kompetenz in allen Hauptbereichen – sowohl in der Kindheit wie in der Adoleszenz – war mit vielen individuellen und familiären Merkmalen assoziiert, einschließlich guten intellektuellen Fähigkeiten, sozio-ökonomischen Vorteilen, effektivem Elternverhalten, sozialen Problemlösefähigkeiten etc. Veränderungen in der Kompetenz über die Zeit konnten ebenso durch derartige Vorteile vorhergesagt werden. Die Vorteile, die durch hohe IQ-Werte und autoritäre kompetente Eltern repräsentiert werden, schienen umfassend und in multiplen Bereichen über die Zeit fortlaufend zu sein.

Die Bewertung von ungünstigen Lebensumständen erfolgte in dieser Studie auf vielerlei Weise, von kontextbezogenen Interviews (vergleichbar mit der Arbeit von Brown & Harris, 1978) bis hin zu strukturierten Fragebögen zu Lebensereignissen, bei denen es sich um Adaptationen älterer Verfahren handelt (siehe Masten, Neemann & Adenas, 1944). Der umfassendste Ansatz bestand in der Entwicklung eines »life chart und rating scale« Ansatzes, der alle erhobenen Informationen über potenziell herausfordernde Lebensereignisse und Erfahrungen über alle Methoden hinweg für jedes Lebensjahr zusammenfasst (Gest, Reed & Masten, 1999). Für die Organisation der umfangreichen Daten aus multiplen Messungen zu jedem der drei Erhebungszeitpunkte wurde eine computerisierte Datenbank entwickelt. Diese enthielt alle Informationen über ungünstige Bedingungen im Leben der Kinder. Ereignisse wurden nach Typ (Familie, Gemeinschaft etc.) und nach Unabhängigkeit vom Verhalten des Kindes (z.B. ob das Ereignis durch das Kind beeinflusst werden konnte oder nicht) kategorisiert. Dann konnten Lebenstabellen aller Ereignisse – geordnet nach dem Jahr ihres Auftretens im Leben des Kindes – ausgedruckt werden. Unabhängige Rater stuften das Ausmaß an ungünstigen Lebensumständen über ein gegebenes Zeitintervall hinweg ein, wobei Dichte und Schweregrad der Ereignisse berücksichtigt wurden. Weitere Informationen über das Kind blieben unberücksichtigt. Um den Schweregrad der ungünstigen Lebensumstände (von sehr gering bis katastrophal) in Kindheit oder Adoleszenz zwischen den Beurteilungen zu raten, wurde eine sieben-Punkte-Skala verwendet. Daten zur Reliabilität dieser Beurteilungen zeigten ein hohes Maß an Übereinstimmung und hohe Intraklassenkorrelationen (Gest et al., 1999).

Erwartungsgemäß waren die familiären Ursachen für ungünstige Lebensumstände in der Kindheit am auffälligsten und zeigten eine beträchtliche Stabilität über die Zeit. Das Ausmaß ungünstiger Lebensumstände, die durch eigenes Verhalten eines Individuums mit verursacht waren, nahm in der Adoleszenz deutlich zu, während ungünstige Lebensumstände, die aufgrund physischer Probleme entstanden waren und vom psychologischen Funktionsniveau unabhängig waren, zurückgingen. In nachfolgenden Analysen von Resilienz wurde nur auf die unabhängigen Beurteilungen der ungünstigen Lebensumstände zurückgegriffen. Als sehr ungünstige Lebensumstände wurden sowohl in der Kindheit als auch in der Adoleszenz Lebensumstände mit Werten von über 5 definiert. Es handelt sich dabei um schwere bis katastrophale Bedingungen. Kinder mit diesen Ausmaßen ungünstiger Lebensumstände waren eindeutig mit vielen Erfahrungen konfrontiert, die sie stark belasteten, wozu u. a. häusliche Gewalt, schwerwiegende körperliche oder psychische Probleme der Eltern, wirtschaftlich schwere Zeiten und instabile Ehen der Eltern gehörten. Zu den schwersten traumatischen Erfahrungen gehörten versuchter Mord durch einen Elternteil, Tod beider Eltern, chronischer Missbrauch, Kindesentführung und Verlassenwerden von den Eltern.

In Übereinstimmung mit den Befunden anderer Studien zeigten die Punktwerte für ungünstige Lebensumstände in dieser Studie (nur die, die unabhängige ungünstige Bedingungen mit berücksichtigen) nur mäßige Zusammenhänge mit Indikatoren für Kompetenz und geistige Gesundheit. Dieses Ergebnis spricht für die Möglichkeit, dass zwischen Individuen, die in vergleichbar hohem Ausmaß ungünstigen Lebensumständen ausgesetzt waren, erhebliche Unterschiede hinsichtlich der Kompetenz existieren. Dies ist eine zentrale Annahme von Resilienzanalysen.

Im Rahmen der hier beschriebenen Studien wurde das Resilienzphänomen mit Hilfe multipler Ansätze analysiert. Hierzu gehören sowohl Variablen-zentrierte wie auch Person-zentrierte Ansätze. Ergebnisse aus neueren hierarchischen Regressionsanalysen veranschaulichen den Variablen-Ansatz, bei dem Kompetenzwerte auf einem logisch angeordneten Satz von Prädiktoren nach jedem Schritt nach der Rückwärtsmethode untersucht werden, um herauszufinden, welche Variablen das interessierende Kriterium vorhersagen. Nach Kontrolle der Haupteffekte wurden Interaktionsbegriffe eingeführt, um die Moderatoreffekte von hypothetisch angenommenen Schutz- oder Vulnerabilitäts-Variablen zu testen, wie z. B. intellektuelles Funktionsniveau oder Elternverhalten. Im Rahmen von Längsschnittstudien wurde Kompetenz (in der späten Adoleszenz) vorhergesagt aus der zehn Jahre zuvor gemessenen Kompetenz im gleichen Bereich. Im Anschluss daran erfolgte ein schrittweises Testen der folgenden Variablen: Geschlecht, Schichtzugehörigkeit, IQ-Wert in der Kindheit, Elternverhalten in der Kindheit, ungünstige Lebensumstände in der Kindheit, IQ in der Adoleszenz, Elternverhalten in der Adoleszenz, ungünstige Lebensumstände in der Adoleszenz und die Interaktionen von ungünstigen Lebensumständen und IQ oder Elternverhalten. Wie bereits erwähnt zeigten die Haupteffekte im allgemeinen, dass psychosoziale Vorteile mit Kompetenz assoziiert waren. Nur wenige Interaktionen erwiesen sich als signifikant. IQ und Elternverhalten schienen in dem Sinne Moderatorvariablen zu sein, dass antisoziales Verhalten sehr viel häufiger war, wenn die Lebensumstände sehr ungünstig und diese Ressourcen gering waren. Waren diese Ressourcen durchschnittlich gut oder besser, gab es wenig Zusammenhänge zwischen ungünstigen Lebensumständen und Verhalten. Somit war es die Kombination aus geringeren intellektuellen Fähigkeiten zusammen mit lang andauernden sehr ungünstigen Lebensumständen, die antisoziale Probleme vorhersagte.

In diesen dimensionalen Analysen wurden alle Hauptbereiche von Kompetenz getrennt untersucht. Im Leben bezieht sich Resilienz jedoch gewöhnlich darauf, dass eine Person trotz hoher Risiken oder ungünstiger Lebensumstände in multiplen Kompetenzbereichen gut zurechtkommt. Um die konfigurale Beschaffenheit von Resilienz besser abbilden zu können, wurde in den hier beschriebenen Studien ein Person-zentrierter Ansatz präferiert. Dabei wurden Gruppen von resilienten Jugendlichen identifiziert und mit schlecht angepassten Gleichaltrigen verglichen, die ähnliche Vorgeschichten mit stark ungünstigen Lebensumständen hatten. Ferner wurden die Jugendlichen mit Individuen verglichen, die nicht durch stark ungünstige Lebensumstände belastet gewesen waren. Es wurde erwartet, dass die resilienten und kompetenten Gruppen hinsichtlich ihrer Ressourcen sehr viel gemeinsam haben würden. Ferner wurde erwartet, dass diese beiden erfolgreichen Gruppen sich auf vielfältige Weise von den nicht erfolgreichen Gruppen unterscheiden würden.

Tatsächlich wurden Gruppen resilienter (stark ungünstige Lebensumstände, gutes Zurechtkommen), kompetenter (geringfügig ungünstige Lebensumstände, gutes Zurechtkommen) und schlecht angepasster (stark ungünstige Lebensumstände, schlechtes Abschneiden) Individuen identifiziert. Jugendliche, die in globalen Bestandteilen von Kompetenz in allen drei Bereichen im Umfang einer halben Standardabweichung oder höher über dem Durchschnitt lagen, wurden als gut zurechtkommend diagnostiziert; Jugendliche, die in mindestens zwei dieser Bereiche eine halbe Standardabweichung unter dem Durchschnitt lagen, wurden als nicht gut zurechtkommend diagnostiziert. Jugendliche, die ungünstigen Lebensumständen ausgesetzt gewesen waren, die durch Kindheit und Jugendalter hindurch konsistent schlechter als 5 (schwer bis katastrophal) bewertet worden waren, wurden in die Kategorie »stark ungünstige Lebensumstände« eingestuft, während jene, die unter 5 (gering bis mäßig) eingestuft worden waren, in dieser Kohorte der Kategorie »geringfügig ungünstige Lebensumstände« zugeordnet wurden. Daraus ergaben sich neun Gruppen von Individuen. Da die beschriebene Studie mit einer normalen Schulpopulation begonnen worden war, wurde eine nahezu »leere Zelle« für eine der Eckgruppen, die »niedrig-niedrig« Randgruppe, die auf einen dysfunktionalen oder hoch vulnerablen Organismus schließen lässt, erwartet. Nur drei Individuen erfüllten die Kriterien für diese Kategorie. Die Analysen konzentrierten sich auf die drei anderen Eckgruppen, die resilienten (N = 43), kompetenten (N = 29) und die maladaptiven Jugendlichen (N = 32). Die übrigen Mitglieder der Kohorte fielen in die fünf mittleren oder gemischten Gruppen, da sie die »cut-off«-Kriterien nicht erfüllten.

Zwei weitere Verfahrensweisen lieferten Beweise dafür, dass diese Person-zentrierte Strategie sinnvoll war. Erstens: Im Laufe der Durchführung der Interviews mit diesen Jugendlichen und ihren Familien wurden zwölf Jugendliche unabhängig von Eltern und Interviewern aufgrund der Teildaten, die einem Interview in Verbindung mit dem klinischen Urteil des Interviewers entnommen worden waren, als »resilient« identifiziert. Von diesen zwölf Fällen wurden neun durch cut-off Scores der »resilienten« Gruppe zugeordnet, die anderen drei verfehlten den cut-off Score gerade eben, was eine höchst signifikante »Trefferrate« ist (Fishers exakter Test, p = .00005). Zweitens ergab eine Clusteranalyse, die auf den gleichen Variablen basierte, die für die cut-off Scores benutzt wurden, resiliente, kompetente und maladaptive Cluster, die stark mit den durch die cut-off Scores identifizierten Gruppen übereinstimmten, wenn sie auch geringfügig größer waren. Außerdem waren die Analysen, die auf diesen Clustern und nicht auf der cut-off Score Strategie basierten, hoch konsistent mit den im Folgenden beschriebenen Ergebnissen. Die weiteren Analysen erfolgten auf der Basis der anhand von cut-off Scores identifizierten Gruppen, da sie hinsichtlich ihrer Vorgeschichte bezüglich ungünstiger Lebensumstände (für die maladaptiven und resilienten Jugendlichen) und ihrer augenblicklichen Kompetenz (für die resilienten und kompetenten Jugendlichen) besser »gematcht« waren.

Um die drei Gruppen hinsichtlich der interessierenden individuellen und familiären Merkmale vergleichen zu können, wurde eine Reihe von MANOVAs und non-parametrischen Tests (wenn die Varianzen ungleich waren) durchgeführt. Resiliente und kompetente Jugendliche erwiesen sich als ähnlich, wobei sich beide Gruppen deutlich von den maladaptiven Jugendlichen unterschieden. Kompetente und resiliente Jugendliche hatten durchschnittliche oder bessere intellektuelle Fähigkeiten, unabhängig davon, ob diese zum gleichen Zeitpunkt oder zehn Jahre früher gemessen worden waren. Sie hatten Persönlichkeitsmerkmale, die mit besserer Anpassung assoziiert sind. Hierzu zählen eine niedrige bis durchschnittliche »Stressreaktivität« (auf dem Multidimensional Personality Questionaire) in der Adoleszenz und durchschnittliche bis hohe Werte in Persönlichkeitsmerkmalen wie »Liebenswürdigkeit« und »Bewältigungsmotivation« in der Kindheit. Es gab keine Anzeichen dafür, dass ungünstige Lebensumstände bei resilienten Jugendlichen auch bezogen auf ihr internales Wohlbefinden ihren Tribut gefordert hätten, wie dies von einigen Forschern angedeutet wird (z.B. Luthar, 1991). Resiliente Jugendliche hatten auch durchschnittliche oder bessere Werte auf Variablen, die Wohlbefinden in Kindheit und Adoleszenz messen, wozu u.a. auch Selbstwertgefühl, positive Emotionalität und internalisierende Symptome gehörten.

In auffallendem Gegensatz zu den beiden Gruppen, die in der späten Adoleszenz gut zurechtkamen, hatten sich die maladaptiven Jugendlichen offensichtlich mit vielen Herausforderungen konfrontiert gesehen, wobei sie nur auf sehr wenige verfügbare protektive Ressourcen zurückgreifen konnten. Mit Erreichen der Adoleszenz waren sie stressanfällig geworden, sowohl in dem Sinne, dass viele von ihnen selbst mitverursachte negative Ereignisse auftraten, wie auch im Sinne negativer Emotionalität, d.h. der Tendenz, auf Stressoren mit Verzweiflung und negativen Gefühlen zu reagieren. Ihr Selbstvertrauen war gering und ihre Aussichten schienen trostlos. Die drei Gruppen unterschieden sich u.a. in vier Variablen (vgl. Abbildung 4 A-D): IQ in der Kindheit (Abbildung 4 A), Qualität des Elternverhaltens in der Kindheit (Abbildung 4 B), Selbstwertgefühl in der Adoleszenz (Abbildung 4 C) und Reaktivität auf Stress in der Adoleszenz (Abbildung 4 D). In allen Fällen unterschieden sich die kompetenten und resilienten Gruppen signifikant von der maladaptiven Gruppen – aber nicht untereinander. Die Tendenz, dass die Werte für elterliches Verhalten bei der resilienten im Vergleich zu der kompetenten Gruppe niedriger waren, auch wenn dies nicht signifikant war, könnte die Effekte hoch ungünstiger familiärer Lebensumstände auf die Eltern abbilden. Zur besseren Vergleichbarkeit sind Mittelwerte in Abbildung 4 A-D in standardisierten z-Werten angegeben. Die Mittelwerte der Stichprobe auf standardisierten Messgrößen, wie z.B. IQ-Werten, waren denen in der Durchschnittsbevölkerung sehr ähnlich, was mit dem normativen Charakter dieser Kohorte im Einklang steht.

Die Grundtendenz der bisherigen Ergebnisse der Studie Projekt Kompetenz könnte wie folgt zusammengefasst werden: Es zeigte sich, dass resiliente Jugendliche viele Gemeinsamkeiten mit ihren kompetenten Gleichaltrigen haben, die nicht mit ungünstigen Bedingungen konfrontiert waren und sowohl in psychologischer wie auch in sozialer Hinsicht über sehr viel mehr adaptive Ressourcen verfügen und verfügten als ihre maladaptiven Peers. Ungünstige Lebensumstände schienen ihre Entwicklung nicht aus der Bahn werfen zu können, es sei denn, ihre adaptiven Ressourcen waren schwach oder entscheidende adaptive Systeme durch die ungünstigen Lebensumstände selbst geschwächt. Die Qualität des Elternverhaltens und das kognitive Funktionsniveau schienen grundlegende menschliche Anpassungssysteme darzustellen. Bei guter Fürsorge und normal verlaufender kognitiver Entwicklung konnten sogar äußerst ungünstige Lebensumstände gut gemeistert werden. Andererseits kamen die meisten Kinder gut zurecht, wenn das Leben relativ problemlos verlief und sich nur wenige Herausforderungen ergaben. Dies galt sogar für die Kinder mit schwachen Ressourcen. Es war die Kombination von wenig adaptiven Ressourcen und ungünstigen Lebensumständen, die das Leben der maladaptiven Jugendlichen kennzeichnete.

In den meisten Fällen waren Kompetenz und Resilienz zu dem Zeitpunkt, als die Kohorte ausgewählt wurde, schon evident. Ähnlich verhielt es sich mit den

Resilienz in der Entwicklung: Wunder des Alltags

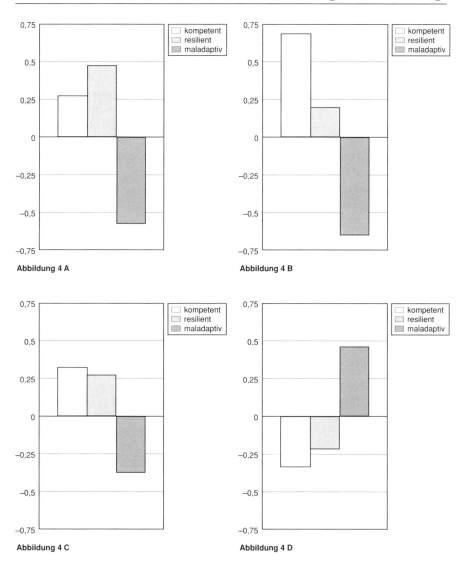

Abbildung 4 A

Abbildung 4 B

Abbildung 4 C

Abbildung 4 D

Abbildung 4 A–D: Ergebnisse aus multivariaten Analysen, in denen Jugendliche als kompetent, resilient und maladaptiv eingestuft worden waren. Zu den Merkmalen gehören: IQ in der Kindheit (4 A), Qualität des Elternverhaltens in der Kindheit (4 B), Selbstgefühl in der Adoleszenz (4 C) und Reaktivität auf Stress in der Adoleszenz (4 D).

adaptiven Ressourcen, den persönlichen und familiären Merkmalen, die mit Kompetenz assoziiert sind und auch den Umfeldbedingungen, die das Ausmaß an ungünstigen Lebensumständen bestimmen würden, dem die Kinder ausgesetzt sein würden. Als Gesamtheit gerieten die Jugendlichen in dieser Kohorte weniger durch eigenes Verschulden in stressreiche Situationen, wohingegen die maladaptiven Jugendlichen sehr viel mehr Risiken ausgesetzt waren, die durch ihr eigenes Problemverhalten beeinflusst worden waren. Es ist jedoch denkbar, dass ihre Stressreaktivität das Ergebnis der sehr ungünstigen Lebensumstände war, denen sie sehr früh in ihrem Leben relativ schutzlos ausgesetzt waren, was später wiederum zu einem Vulnerabilitätsfaktor wurde, der zu ihrer Maladaptation beim Auftreten ungünstiger Lebensumstände beitrug.

Zur Zeit wird nach nunmehr 20 Jahren eine Follow-up Studie durchgeführt, um zu analysieren, wie es dieser Kohorte im frühen Erwachsenenalter ergangen ist. Es wird erwartet, dass die Jugendlichen, die sich schon auf kompetenten Pfaden bewegten, wenig Schwierigkeiten mit dem Übergang ins Erwachsenenleben gehabt haben werden, wohingegen die Maladaptiven weiterhin zu kämpfen haben werden. Ein zentrales Anliegen weiterer Forschung besteht darin, nach Möglichkeiten für lebensverändernde Alternativen und Gelegenheiten Ausschau zu halten, die für maladaptive junge Leute Wendepunkte darstellen können, so dass sie eine zweite Chance erhalten, und ihren Weg zu einem produktiven und sinnvollen Leben finden können, in welchem sie ihren Beitrag zur Gesellschaft und zum Wohlergehen der nächsten Generation leisten können.

Kambodschanische Jugendliche, die massive Traumata überlebten

Menschen, die massive Traumata überlebt haben, ob durch Menschen oder natürliche Katastrophen verursacht, legen Zeugnis ab für die erstaunliche menschliche Fähigkeit zur Resilienz und ihre Grenzen. Traumata beziehen sich auf Lebenserfahrungen, die potenziell alle menschlichen adaptiven Systeme überwältigen können. Massive Traumata beziehen sich auf Situationen, die die menschliche Fähigkeit zur Anpassung bei weitem übersteigen und eine große Anzahl individueller, familiärer und gesellschaftlicher Systeme betreffen (Wright, Masten, Northwood & Hubbard, 1998). Aus der Perspektive des Einzelnen bedrohen die massiven Trauma-Erfahrungen durch Kriege oder natürliche Katastrophen das Leben in vielen Bereichen gleichzeitig. Im Kontext von Trauma oder massivem Trauma bezieht sich Resilienz auf Erholung, wenn normative Bedingungen wiederhergestellt sind.

Kinder, die die von den Roten Khmer unter Pol Pot von 1975 bis 1979 in Kambodscha verübten ausgedehnten Zerstörungen überlebt hatten, und schließlich in die Vereinigten Staaten emigrierten, sind ein Beispiel sowohl für das Potenzial für Erholung wie auch für den bleibenden Einfluss eines Krieges auf das Leben von Kindern. Eine Reihe von Studien mit kambodschanischen Flüchtlingen in der Adoleszenz und im frühen Erwachsenenalter, die als kleine Kinder in Kambodscha entsetzliche Grausamkeiten und Verluste erlebt hatten, und über lange Zeit hinweg durch das Leben in Flüchtlingslagern und das Auswandern in neue Länder starkem Stress ausgesetzt waren, haben bei einem großen Teil dieser Überlebenden eine sehr hohe Rate an Posttraumatischen Belastungsstörungen und wiederkehrenden Problemen mit Depressionen dokumentiert. Noch 15 Jahre nachdem sie Kambodscha verlassen hatten, wurden viele dieser Überlebenden von immer wieder auftretenden Symptomen geplagt, die mit schwerem Trauma assoziiert sind. Hierzu zählen Albträume, Schlafprobleme, Konzentrationsprobleme und physiologische Reaktivität (Hubbard et al., 1995; Wright et al., 1998). Diese Symptome traten immer wieder auf als Reaktion auf Erinnerungen an den Krieg (wie z. B. Life-Berichterstattungen im Fernsehen über den Krieg) oder Nachrichten über in Kambodscha stattfindende Aktivitäten der Roten Khmer. Das überraschendste Merkmal dieser Flüchtlinge war jedoch die Tatsache, dass sie sich bemühten, erwachsen zu werden und in einem neuen Land zurechtzukommen. Ferner nahmen sie die Entwicklungsaufgaben ihrer Altersstufe in Angriff, arrangierten sich mit ihrer bikulturellen Identität und bemühten sich, ihr neues Leben zu meistern. Die Geschicklichkeit beim Erlernen der englischen Sprache erleichterte ihnen die Anpassung an das Leben in einer amerikanischen Gemeinde erheblich. Gleichzeitig zeigte sich, dass bei der Erholung dieser jungen Flüchtlinge viele adaptive Prozesse mitbeteiligt waren. Es handelt sich dabei u. a. um buddhistische Glaubensüberzeugungen und das Training in Meditation bis hin zur Unterstützung durch andere Kambodschaner und eine gastfreundliche Gemeinde, in der sie sich ansiedeln konnten. Der Wille zum Überleben und zum Erfolg war dabei nicht der unerheblichste dieser Prozesse. Eine Kambodschanerin hat es in ihrer Autobiographie über »Rache« so ausgedrückt:

Wiederholt sagten uns die Roten Khmer, dass wir unbedeutend seien, dass es kein Verlust sei, uns zu vernichten... Durch unsere Taten, durch das, was wir erreichen können, wollen wir zeigen, dass wir doch von Bedeutung sind« (Criddle & Butt Mam, 1987, S. 286).

Implikationen für die Resilienzforschung

Implikationen für die zukünftige Forschung

Die Arbeit, über die hier vor allem berichtet wird, weist – genau wie viele andere Anstrengungen zum Verständnis von Resilienz in menschlicher Entwicklung – mit auffallender Regelmäßigkeit auf eine »kurze Liste« von Faktoren hin, die mit Resilienz assoziiert sind (vgl. Tabelle 1).

Diese häufig genannten Faktoren weisen ihrerseits auf adaptive Systeme hin, die sich im menschlichen Leben entwickelt haben, und jetzt Teil des biologischen oder kulturellen Erbes sind. Hierzu zählen die in Tabelle 2 aufgeführten Systeme. Und dennoch wissen wir wenig darüber, wie solche Systeme tatsächlich wirken,

Protektive Faktoren und Resilienz

damit Kompetenz und mentale Gesundheit gefördert werden, und nicht Abweichung und Psychopathologie.

Psychologische Resilienz basiert eindeutig auf der Koordination vieler biologischer und sozialer adaptiver Systeme, die noch nicht wirklich gut verstanden sind. Zum Beispiel weiß man bislang wenig über die Mechanismen, mittels derer die Hirnentwicklung durch ungünstige Lebensumstände beeinflusst wird, oder wie soziale Beziehungen dazu dienen können, dass Erregungsniveaus oder Emotionen unter ungünstigen Bedingungen reguliert werden können. Die Forschung zur »Biologie von Stress bei Menschen und anderen Spezies«, zu »neurologischer Entwicklung«, zu »Kompetenz bei Entwicklungsaufgaben« und zu »Psychopathologie« sind bislang nicht gut integriert. »Resilienz« und menschliche Hirnentwicklung und ihre Verknüpfung mit der Entwicklung von Kompetenz unter ungünstigen Umfeldbedingungen sind ein neues Grenzgebiet der Forschung.

Künftiger Fortschritt beim Verständnis der Prozesse, die der Resilienz zugrunde liegen, erfordert bessere Modelle für das, was im Rahmen dieser Prozesse ablaufen könnte. Ferner ist die Arbeit multidisziplinärer Forschungsteams erforderlich, die multiple Analyseebenen repräsentieren und bereit sind, die komplexen Forschungsarbeiten in Angriff zu nehmen, die mit der Integration von Biologie, Verhalten und Kontextbedingungen menschlichen Verhaltens verbunden sind. Gleichermaßen wichtig werden Präventions- und Interventionspläne sein, die die

Tabelle 1: Aufzählung protektiver Faktoren, die aus der Resilienzforschung hervorgegangen sind

- »Normale Eltern«
- Beziehungen zu anderen kompetenten und fürsorglichen Erwachsenen
- Gute intellektuelle Fähigkeiten
- Selbstwirksamkeit
- Attraktivität
- Begabungen, die von der Gesellschaft und dem Selbst geschätzt werden
- Überzeugung, dass das Leben einen Sinn hat
- Glaube und religiöse Bindungen
- Gute Schulbildung
- Ressourcen auf kommunaler Ebene

Tabelle 2: Protektive Systeme für menschliche Entwicklung, die in Studien zur Resilienz deutlich geworden sind

- Bindungssysteme
- Menschliche Informationsverarbeitungssysteme
- Selbstregulationssysteme für Aufmerksamkeit, Emotion, Erregung, Verhalten
- Freude – am – Bewältigungsmotivationssystem
- Familiensysteme
- Kommunale Organisationssysteme
- Spiritualität und religiöse Systeme

hypothetisch angenommenen Prozesse testen, indem sie versuchen, den Verlauf von Entwicklung durch Manipulation dieser Prozesse zu verändern.

Eine der wichtigsten Fragen, der sich Resilienzforscher gegenübersehen, ist die folgende: wie aufschlussreich ist im natürlichen Setting auftretende Resilienz für die Intervention? Eine der wichtigsten Begründungen für das Studium von Resilienz besteht in der Möglichkeit, Strategien aufdecken zu können, die dazu beitragen, bei Kindern, die aufgrund kumulativer Nachteile oder stark ungünstiger Lebensumstände besonders gefährdet sind, bessere Ergebnisse zu erzielen (Masten, 1999, im Druck). Präventionswissenschaftler haben Interventionspläne gefordert, die auf »kumulativen Protektions-« Modellen basieren, die zum großen Teil aus dem Studium von Resilienz entstanden sind (Coie et al., 1993; Yoshikawa, 1994).

Daten aus Präventions- oder Interventionsstudien mit randomisierter Zuweisung zu alternativen Behandlungsformen können die protektive Rolle angenommener adaptiver Systeme stützen. Dabei sollte jedoch konstatiert werden, dass entsprechende Versuchspläne nichts darüber aussagen wie es ursächlich zu einer Entwicklungsentgleisung kommen konnte. Es wird oft argumentiert, dass ätiologische Modelle für Probleme und Störungen über Präventions- oder Interventionsforschung getestet werden können, dies muss aber nicht unbedingt so sein. Unterstützende protektive Prozesse können dazu beitragen, dass eine Entwicklung in günstigere Bahnen gelenkt wird, unabhängig von den Ursachen, die zu einer abweichenden Entwicklung beigetragen haben oder zu Psychopathologie führen würden, wenn nicht gegengesteuert würde.

Die spezifischen Merkmale adaptiver Systeme und potenziell protektiver Prozesse sind zur Zeit noch unbekannt. Die meisten der in Tabelle 1 und 2 vorgeschlagenen Faktoren und Prozesse sind recht breit angelegt und haben wahrscheinlich eher allgemeine als spezifische Effekte. In diesem frühen Stadium der Forschung ist noch nicht klar, ob die globalen Befunde der Resilienzforschung als Hinweis auf das Wirken mächtiger und flexibler adaptiver Systeme sind, die kohärent in ihren Wirkungen ziemlich generalisiert sind, oder ob sie nur die Frühstadien eines neuen Untersuchungsfeldes abbilden, wobei eine größere Spezifizität aus der Entwicklung verfeinerter Forschungsstrategien resultieren wird, die auf diesen Frühstadien der Arbeit aufbauen.

Implikationen für Praxis und Politik

Sicher ist, dass weitere Forschungsarbeiten nötig sind, um die Prozesse von Protektion und Resilienz in der menschlichen Entwicklung zu verstehen. Angesichts der Sorge um junge Menschen, die den Risiken von Armut sowie vielfältigen negativen Erfahrungen oder sogar Katastrophen ausgesetzt sind, stellt sich die Frage nach den Implikationen bisheriger Forschungsergebnisse für die Politik sowie für mögliche Programme für Kinder in akuten Krisensituationen.

Hinsichtlich der Implikationen für die Praxis sind zwei Aspekte von hervorgehobener Bedeutung. Erstens drängt sich aus der Perspektive der Resilienz ein anderer Bewertungsrahmen für die Konzeptualisierung von Beurteilungen auf. Es ist vermutlich unzureichend, nur die Risiken, Probleme und Symptome im Leben eines Kindes zu bewerten. Wichtig ist vielmehr, die Ressourcen genauso gut zu kennen wie die Risiken, die potenziellen protektiven Systeme ebenso wie die Vulnerabilitäten, vorhandene Kompetenzen genauso wie vorhandene Symptome. Gleichermaßen tendieren die existierenden diagnostischen Systeme dazu, das Hauptaugenmerk auf die Klassifikation von Problemen und die Identifizierung von Störungen aufgrund von Symptomen zu legen. Da im Rahmen vorliegender Studien aber gezeigt werden konnte, dass das Ausmaß der Risiken und der vorhersagbare Verlauf mentaler und behavioraler Probleme und Störungen in der menschlichen Entwicklung in hohem Maße von den Ressourcen und protektiven Einflüssen im Leben eines Menschen abhängig ist, könnte es angebracht sein, die Klassifikation und Diagnose mentaler und behavioraler Störungen neu zu überdenken.

Zweitens kann Intervention als der planmäßige Versuch verstanden werden, die Resilienz von Individuen zu fördern, die großen Gefährdungen ausgesetzt sind, oder bereits Anzeichen für ein Versagen bei den zentralen Entwicklungsaufgaben menschlicher Adaptation zeigen. Aus dem Blickwinkel der Resilienz werden unterschiedliche Strategien für Interventionsschwerpunkte vorgeschlagen.

Zu den *Risiko-zentrierten Strategien* zählen Bemühungen, die das Ausmaß, in dem Individuen Gefährdungen ausgesetzt sind, reduzieren oder das Auftreten gefährlicher Ereignisse verhindern. Im einzelnen handelt es sich dabei z.B. um die pränatale Vorsorge zur Verhinderung von Frühgeburten, um Schulreformen, um die durch Schulwechsel bedingte Stressbelastung bei jungen Adoleszenten zu reduzieren sowie um Anstrengungen der Wohnungspolitik zur Verhinderung von Obdachlosigkeit.

Ressourcen-zentrierte Strategien versuchen, die Effektivität vorhandener Ressourcen im Leben eines Kindes durch solche Bemühungen zu erhöhen, die in der Lage sind, seine Kompetenz direkt oder indirekt zu verbessern. Beispiele für direkte Ansätze sind das Erteilen von Nachhilfeunterricht oder die Teilnahme an zusätzlichen Aktivitäten im Leben eines Kindes außerhalb des Lehrplans. Zu den Beispielen für indirekte Ansätze zählen Eltern-orientierte Programme, die darauf abzielen, die wirtschaftliche Situation der Familie zu verbessern. Weitere Beispiele sind Programme zur Verbesserung der Erziehungsqualitäten von Mutter oder Vater sowie die Bereitstellung von mehr Ressourcen für Lehrer, damit sie im Klassenzimmer effektiver werden.

Prozess-zentrierte Strategien versuchen, einige der mächtigsten protektiven Systeme in die menschliche Entwicklung einzubinden oder dafür verfügbar zu machen. Hierzu gehören Bindungsbeziehungen, das Bewältigungs-Motivationssystem oder selbstregulative Systeme für den Umgang mit Erregung, Emotion und

Verhalten. So wurde zum Beispiel in vielen Kinderprogrammen versucht, die Bindungen zu kompetenten und fürsorglichen Erwachsenen zu fördern, in der Hoffnung, dass diese Bindungen im Leben eines Kindes als protektive Faktoren wirksam werden würden. Ratgeber-Programme wie »Große Brüder oder Schwestern« verfolgen diese Strategie. Andere Anstrengungen haben die Sicherung einer starken und positiven Eltern-Kind-Bindung zum Ziel. Beispiele dafür sind u. a. Hausbesuchsprogramme für Hochrisiko-Kinder und ihre Eltern und Weiterbildungsprogramme für Eltern, bei denen der Schwerpunkt auf der Verbesserung der Bindungsqualität liegt. Unterschiedliche Bemühungen zur Aktivierung des Bewältigungs-Motivationssystems kann man in Schulen und Sportgruppen beobachten, in denen Lehrer und Trainer versuchen, den Kindern Erfolgserlebnisse zu verschaffen, um auf diese Weise ihr Selbstvertrauen zu stärken, und sie dazu zu motivieren, dass sie versuchen, in ihrem Leben erfolgreich zu sein. Diese Strategie macht es oft nötig, Ziele in graduelle Herausforderungen zu gliedern, die individuell auf das Kind zugeschnitten sind. Gefühle von Selbstwirksamkeit oder Kompetenz sind Nebenprodukte dieser Strategie. Der Schwerpunkt entsprechender Programme liegt darin, die Kinder zu motivieren, dass sie sich angesichts von Herausforderungen hartnäckig um ihr Glück bemühen. Die Resilienzforschung zeigt auch, dass Patentrezepte für komplexe Probleme bei Kindern, die unter gefährlichen Lebensumständen aufwachsen, unwahrscheinlich sind. Die Kinder, die es trotz ungünstiger Lebensumstände schaffen, haben mehr als nur einen Schutzfaktortypus, der zu ihren Gunsten wirkt. Erfreulicherweise scheinen resiliente Kinder jedoch keine besonderen Eigenschaften zu haben. Vielmehr scheinen sie über die grundlegenden adaptiven Mechanismen unserer Spezies zu verfügen, die zu ihren Gunsten wirksam werden. Hierzu gehören insbesondere die ganz gewöhnlichen Fähigkeiten des menschlichen Gehirns zur Informationsverarbeitung. Wenn sicher gestellt würde, dass jedes Kind einen stabilen, kompetenten und fürsorglichen Erwachsenen in seinem oder ihrem Leben hat und eine Ernährung für Körper und Geist, die die gesunde Gehirnentwicklung fördert, wäre der Grundstein für eine günstige Entwicklung von Kindern in allen Gesellschaften gelegt.

Zu berücksichtigen ist ferner, dass es Lebensumstände gibt, unter denen kein Kind gedeihen kann. Hierzu zählen Bedingungen, unter denen es so an den Grundbedürfnissen für Ernährung und Pflege mangelt, dass die Entwicklung unvermeidlich gefährdet ist. Resilienz unter derart extremen Bedingungen erfordert, dass normale Umweltbedingungen und Pflege wiederhergestellt werden können, bevor die Deprivation bei der sich entwickelnden Fähigkeit zur Adaptation zu bleibenden Schäden geführt hat.

Schließlich spielt auch die Art und Weise eine Rolle, wie Probleme und Lösungen im Leben von Kindern und Familien konzeptualisiert wurden. Resilienz bietet einen positiven Bezugsrahmen für Interventionen, die bei vielen Lehrern, Eltern, Klinikern und Politikern Anklang finden, die frustriert sind durch die Stigmatisierung, die mit der Etikettierung von Kindern in Begriffen von Risiko, Störung und Nachteil verbunden ist.

Schlussbemerkungen

Mehr als ein Vierteljahrhundert ist es her, dass Pioniere der Entwicklungspsychopathologie erstmals damit begonnen haben, über die Bedeutung positiver Ergebnisse von Entwicklung bei Risikokindern nachzudenken (vgl. Garmezy, 1971, 1974; Rutter, 1979; vgl. Masten, 1989). Zwischenzeitlich existieren Anzeichen dafür, dass dieses Forschungsgebiet heranreift. Zu diesen Anzeichen gehören die schärfere Kritik an bisherigen Konstrukten und Methoden, die Forderungen nach besseren Modellen und einer besseren Theorie sowie Rufe nach Prozess-orientierter Forschung (Luthar, 1999; Masten, 1999b). Fortschritte werden neu bewertet und zukünftige Richtungen abgesteckt (Meyer & Johnson, 1999). Konzepte, die durch die Forschung auf diesem Gebiet in den Mittelpunkt des Interesses gerückt worden sind, sind in die Rahmenbedingungen für Programme und Richtlinien eingegangen, die darauf abzielen, Schulerfolg, adäquates Verhalten oder mentale Gesundheit bei der nächsten Generation zu fördern. Bislang existieren jedoch nur wenige Evaluationsstudien. Das Konstrukt Resilienz könnte den Höhepunkt in seiner Beliebtheit als Modethema jedoch bereits überschritten haben.

Die größte Überraschung der Befunde auf diesem Gebiet ist das Gewöhnliche an der Resilienz (Masten, im Druck). Menschliche Resilienz in der Entwicklung entsteht offenbar durch das ganz normale Operieren gewöhnlicher protektiver Systeme, von denen wir einige zweifellos mit anderen Arten teilen. Was immer wieder erstaunt und möglicherweise zu dem irrigen Glauben verleitet, resiliente Menschen verfügten über ganz besondere, möglicherweise sogar magische Kräfte, ist einfach die Fähigkeit auch unter außergewöhnlichen Bedingungen zu »funktionieren«. Was resiliente Individuen charakterisiert, sind aber normale menschliche Eigenschaften, wie die Fähigkeiten zu denken, zu lachen, zu hoffen, dem Leben einen Sinn zu geben, zu handeln oder das eigene Verhalten zu unterbrechen, um Hilfe zu bitten und diese zu akzeptieren, auf Gelegenheiten zu reagieren oder Erfahrungen und Beziehungen zu suchen, die für die Entwicklung gesund sind – oder viele andere adaptive Verhaltensweisen aus dem menschlichen Repertoire einzusetzen.

Die Hauptaufgabe zukünftiger Forschungsarbeiten besteht darin, zu analysieren, wie sich adaptive Systeme entwickeln, wie sie unter unterschiedlichen Bedingungen funktionieren, wie sie beschädigt, wiederhergestellt, geschützt und gefördert werden können und wie sie für oder gegen die in einer gegebenen Gesellschaft erwünschten Ergebnisse von Erziehung wirksam werden oder für oder gegen bestimmte andere Kriterien, nach denen »erfolgreiche Anpassung« bewertet wird. Unverändert wichtig für die Resilienzforschung bleibt zum einen die zwingende Realität der Phänomene, die durch die erste Generation von Untersuchungen aufgedeckt wurden, und zum anderen das Verständnis der Bedeutung der komplexen Wege, über die menschliche protektive Systeme durch die Entwicklung hindurch wirksam werden.

Literatur

Brown, G.W./Harris, T.: (1978) Social origins of depression: A study of psychiatric disorder in women. New York: The Free Press.

Coie, J.D./Watt, N.F./West, S.G./Hawkins, J.D./Asarnow, J.R./Markman, H.J./Ramey, S.L./Shure, M.B./Long, B.: (1993) The science of prevention: A conceptual framework and some directions for a national research program. American Psychologist 48: 1013–1022.

Criddle, J.D./Butt Mam, T.: (1987) To destroy you is no loss. New York: Doubleday.

Durbrow, E.H.:(1999) Cultural processes in child competence: how rural Caribbean parents evaluate their children. In: Masten, A.S. (Hrsg.): Cultural processes in child development: The Minnesota Symposia on Child Psychology. Mahwah, NJ: Erlbaum 29: 97–121.

Garmezy, N.: (1971) Vulnerability research and the issue of primary prevention. American Journal of Orthopsychiatry 41: 101–116.

Garmezy, N.: (1974) The study of competence in children at risk for severe psychopathology. In: Anthony, E.J./Koupernik, C. (Hrsg.): The child in his family. Children at psychiatric risk. New York: Wiley 3: 77–97.

Garmezy, N.: (1982) The case for the single case in research. In: Kazdin, A.E./Tuma, A.H. (Hrsg.): New directions for methodology of social and behavioral sciences. Single-case research designs 13: 5–17.

Garmezy, N.: (1985) Stress-resistant children: The search for protective factors. In: Stevenson, J. E. (Hrsg.): Recent research in developmental psychopathology: Journal of Child Psychology and Psychiatry Book Supplement. Oxford: Pergamon Press 4: 213–233.

Gest, S.D./Reed, M./Masten, A.S.: (1999) Measuring developmental changes in exposure to adversity: A life chart and rating scale approach. Development and Psychopathology 11: 171–192.

Hubbard, J./Realmuto, G.M./Northwood, A.K./Masten, A.S.: (1995) Comorbidity of psychiatric diagnoses with post-traumatic stress disorder in survivors of childhood trauma. Journal of the American Academy of Child and Adolescent Psychiatry 34: 1167–1173.

Luthar, S.S.: (1991) Vulnerability and resilience: A study of high-risk adolescents. Child Development 62: 600–616.

Luthar, S.S.: (1999,) Measurement issues in the empirical study of resilience: An overview. In: Glanz, M./Johnson, J. (Hrsg.): Resilience and development: Positive life adaptations. New York: Plenum.

Glanz, M./Johnson, J. (Hrsg.): Resilience and development: Positive life adaptations. New York: Plenum.

Masten, A.S.: (1989) Resilience in development: Implications of the study of successful adaptation for developmental psychopathology. In: Cicchetti, D. (Hrsg.): The emergence of a discipline: Rochester Symposium on Developmental Psychopathology. Hillsdale, NJ: Lawrence Erlbaum 1: 261–294.

Masten, A.S.: (1992) Homeless children in the United States: Mark of a nation at risk. Current directions in Psychological Science 1: 41–44.

Masten, A.S.: (1994) Resilience in individual development: Successful adaptation despite risk and adversity. In: Wang, M./Gordon, E. (Hrsg.): Risk and resilience in inner cily America: Challenges and prospects. Hillsdale, NJ: Lawrence Erlbaurn, 3 -25.

Masten, A.S.: (1999 a) The promise and perils of resilience research as a guide to preventive interventions: Comments on Rolf and Johnson. In: Glantz, M.D./Johnson, J./Huffman, L. (Hrsg.): Resilience and development: Positive life adaptations. New York: Plenum.

Masten, A.S.: (1999 b) Resilience comes of age: Reflections on the past and outlook for the next generation of research. In: Glantz, M.D./Johnson, J./Huffinan, L. (Hrsg.): Resilience and development: Positive life adaptations. New York: Plenum.

Masten, A.S.: (im Druck) Ordinary magic: Resilience processes in development. American Psychologist, 56.

Masten, A.S./Best, K.M./Garmezy, N.: (1990) Resilience and development: Contributions from the study of children who overcome adversity. Development and Psychopathology 2: 425–444.

Masten, A.S./Coatsworth, J.D.: (1995) Competence, resilience & psychopathology. In: Cicchetti, D./Cohen, D. (Hrsg.): Developmental psychopathology: Risk, disorder, and adaptation. New York: Wiley 2: 715–752.

Masten, A.S./Coatsworth, J.D.: (1998) The development of competence in favorable and unfavorable environments: Lessons from successful children. American Psychologist 53: 205–220.

Masten, A.S./Garmezy, N./Tellegen, A./Pellegrini, D.S./Larkin, K./Larsen, A.: (1988) Competence and stress in school children: The moderating effects of individual and family qualities. Journal of Child Psychology and Psychiatry 29 (6): 745–764.

Masten, A.S./Coatsworth, J.D./Neemann, J./Gest, S.D./Tellegen, A./Garmezy, N.: (1995) The structure and coherence of competence from childhood through adolescence. Child Development 66: 1635–1659.

Masten, A.S./Hubbard, J.J./Gest, S.D./Tellegen, A./Garmezy, N./Ramirez, M.: (1999) Adaptation in the context of adversity: Pathways to resilience and maladaption from childhood to late adolescence. Development and Psychopathology 11: 143–169.

Masten, A.S./Miliotis, D./Graham-Bermann, S./Ramirez, M./Neemann, J.: (1993) Children in homeless families: Risks to mental health and development. Journal of Consulting and Clinical Psychology 61: 335–343.

Masten, A.S./Morison, P./Pellegrini, D.S.: (1985) A revised class method of peer assessment. Developmental Psychology 21: 523–533.

Masten, A.S./Neemann, J./Andenas, S.: (1994) Life events and adjustment in adolescents: The significance of event independence, desirability, and chronicity. Journal of Research on Adolescence 4: 71–97.

Masten, A.S./O'Connor, M.J.: (1989) Vulnerability, stress, and resilience in the early development of a high risk child. Journal of the American Academy of Child and Adolescent Psychiatry 28: 274–278.

Masten, A.S./Sesma, A./Fraser, S.M./Lawrence, C./Miliotis, D./Dionne, J.A.: (1997) Educational risks for children experiencing homelessness. Journal of School Psychology 35: 27–46.

Masten, A.S./Wright, M.O.D.: (1998) Cumulative risk and protection models of child maltreatment. In: Rossman, B.B.R./Rosenberg, M.S. (Hrsg.), Multiple victimization of children: conceptual, developmental, research and treatment issues. Binghamton, NY: Haworth, 7–30.

Miliotis, D./Sesma, A./Masten, A.S.: (1999) Parenting as a protective process for school success in children from homeless families. Early Education and Development.

Morison, P./Masten, A.: (1991) Peer reputation in middle childhood as a predictor of adaptation in adolescence: A 7–year follow-up. Child Development 62: 991–1007.

Rutter, M.: (1979) Protective factors in children's responses to stress and disadvantage. Annals of the Academy of Medicine, Singnapore 8: 324–338.

Rutter, M.: (1990) Psychosocial resilience and protective mechanisms. In: Rolf, J./Masten, A.S./Cicchetti, D./Nuechterlein, K.H./Weintraub, H.S. (Hrsg.): Risk and protective factors in the development of psychopathology. New York: Cambridge University Press, 181–214.

Werner, E.E./Smith, R.S.: (1982) Vulnerable but invincible: A study of resilient children. New York: McGraw-Hill.

Werner, E.E./Smith, R.S.: (1992) Overcoming the odds: High risk children from birth to adulthood. Ithaca: Cornell University Press.

Wright, M.O'D./Masten, A.S./Northwood, A./Hubbard, J.J.: (1997) Long-term effects of massive trauma: Developmental and psychobiological perspectives. In: Cicchetti, D./Toth, S.L. (Hrsg.): Rochester Symposium on Developmental Psychopathology: The effects of trauma on the developmental process. Rochester: University of Rochester Press 8: 81–225.

Yoshikawa, H.: (1994). Prevention as cumulative protection: Effects of early family support and education on chronic delinquency and its risks. Psychological Bulletin 115: 28–54.

Risiko und psychopathologische Entwicklung

Risiko und Schutzfaktoren der familiären Adaptation an die chronische Erkrankung des Kindes: Ein klinisch-entwicklungspsychologisches Modell als Grundlage ressourcenorientierter Familienberatung

Meinolf Noeker

Einleitung

Die Zahl chronisch kranker, behinderter und entwicklungsbeeinträchtigter Kinder steigt kontinuierlich über die letzten Jahrzehnte. Fortschritte in der Neonatologie haben dazu geführt, dass Kinder mit einer ehemals ungünstigen Prognose heute überleben können (Hein & Lofgren, 1999), allerdings häufig als sogenannte Risikokinder mit einer schwierigen und unsicheren Entwicklungsprognose. Behandlungsfortschritte in vielen pädiatrischen Subdisziplinen haben aus ehemals letal verlaufenden (z. B. Diabetes) oder vital bedrohlichen Krankheitsbildern solche mit einem chronischen Verlauf werden lassen, die zwar nicht kurierbar, aber symptomatisch gut kontrollierbar geworden sind (z. B. Epilepsie, Asthma). Stärker als die Inzidenzzahlen steigen die Prävalenzzahlen chronischer Erkrankung, da es zusätzlich bei vielen Krankheitsbildern gelungen ist, die durchschnittlichen Überlebenszeiten zu verlängern (z. B. Zystische Fibrose, Muskelerkrankungen, chronische Stoffwechselerkrankungen).

Diese Veränderungen in der Patientenstruktur der Kinderheilkunde beeinflussen zeitversetzt auch den Versorgungsauftrag der Erwachsenenmedizin, wenn nämlich die Kohorte der heutigen chronisch-pädiatrischen Patienten bei weiterbestehender Behandlungsbedürftigkeit beispielsweise in die Innere Medizin überwechselt (Kokkonen, 1995; Pless et al. 1989). Die steigenden Inzidenz- und Prävalenzzahlen haben einen veränderten ärztlichen wie psychosozialen Behandlungsbedarf bei chronisch kranken und behinderten Risikokindern mit sich gebracht. Tabelle 1 zeigt eine Typologie chronischer Erkrankungen im Kindes- und Jugendalter. Diese gründet sich auf unterschiedliche Verlaufsmerkmale innerhalb der Gruppe chronischer Erkrankungen, weil gleichartige Verlaufsmuster in der Regel auch mit gleichartigen Schwerpunkten der psychologischen Intervention verknüpft sind (Noeker & Haverkamp, 1997; Noeker & Petermann, 2000).

Tabelle 1: Sechs Verlaufstypen chronischer Erkrankung bei Kindern und Jugendlichen (nach Noeker & Haverkamp,1997).

Je nach Verlaufstypus ergeben sich spezifische Schwerpunktsetzungen in der kinderpsychologischen und familienbezogenen Intervention:

- Progredienter Verlauf (wie z.B. Cystische Fibrose, Muskelerkrankungen, HIV)
- Lebensbedrohlicher Verlauf mit Chance auf Heilung (wie z.B. Tumor- und Leukämieerkrankungen)
- Konstant-stabiler Verlauf bei gleichzeitigem Risiko akuter Exacerbationen (wie z.B. Asthma bronchiale, Typ I – Diabetes, Epilepsie)
- Chronisch-rezidivierender Verlauf (wie z.B. M. Crohn, Colitis ulcerosa, Migräne)
- Zustand nach angeborenen oder erworbenen Schädigungen einzelner Organsysteme mit oder ohne Chance zur medizinischen Korrektur (z.B. angeborene Herzfehler) oder zur funktionellen Kompensation (z.B. dialysepflichtige Nierenerkrankungen)
- Zustand nach angeborenen (wie z.B. Symdromerkrankungen) oder erworbenen (z.B. Cerebralparesen) Schädigungen des ZNS oder der Sinnesorgane, die zu heterogenen Störungen im Bereich des Lernens, der Motorik und des Verhaltens disponieren können (sog. »new morbidity«, vgl. Horowitz et. al., 1992).

Der psychologische Beratungs- und Interventionsbedarf bei diesen Krankheitsbildern steigt, weil im Nachgang zu den verbesserten medizinischen Behandlungsoptionen immer deutlicher die aus der Erkrankung und Behandlung resultierenden Risiken für die Lebensqualität und die Verhaltensentwicklung erkennbar werden. Die Qualität der erreichten Adaptation an die multiplen erkrankungsbedingten Stressoren und Anforderungen entscheidet nicht nur über die psychologische Entwicklungsprognose, sondern auch über den Verlauf, Schweregrad und Outcome der körperlichen Grunderkrankung mit (z.B. beim Diabetes mellitus: DCCT 1993, 1996; Viner et al., 1996; beim Asthma bronchiale: Sly, 1994).

Im Gegensatz zur Behandlung von Akuterkrankungen verlagert sich die Versorgung bei chronisch kranken Kindern von der ärztlich direkt am Kind durchgeführten Intervention hin zu der indirekten, durch die Eltern beziehungsweise das Kind selbst vermittelten Behandlung. Ein großer Umfang der Behandlungsleistungen wird außerhalb des direkten Arztkontaktes inmitten familiärer Alltagsroutinen und Anforderungen durchgeführt. Ärztliche Termine dienen vorrangig der Behandlungsplanung, Krisenintervention oder Evaluation der im häuslichen Umfeld geleisteten Therapieumsetzung. Infolgedessen gewinnen Aspekte der Therapiemitarbeit und des eigenverantwortlichen Krankheits- bzw. Selbstmanagements eine zunehmende Bedeutung (Noeker, 1998; Noeker & Petermann, 2000; Petermann, 1998). Wenn die Familie zum Kontext und Setting für die außerklinische Behandlungsumsetzung wird, so wird der Einbezug der Familie zwangsläufig zur Voraussetzung der Sicherung von Therapieerfolg und Lebensqualität beim Kind (Anderson & Coyne, 1993). Im Zuge dieser veränderten Patientenstruktur und klinischen Versorgungspraxis in der Kinderheilkunde ist das wissenschaftliche Interesse an den Bedingungen einer Adaptation oder Maladaptation an chronische Krankheit deutlich gestiegen. Zunächst haben sich die Forschungsbemühungen vorrangig auf den individuellen Adaptationsprozess beim betroffenen Kind gerichtet. Es zeigten sich jedoch bald enge Verknüpfungen zwischen Prozessen der Krankheitsbewältigung auf der individuellen Ebene des Kindes und der auf der Ebene des gesamten Familiensystems beziehungsweise familiärer Subsysteme (Leonard et al., 1993; Melamed, 1993).

Forschungsparadigmen

Zum Verständnis der Adaptation an eine chronische Erkrankung sind verschiedene Modelle und Paradigmen herangezogen worden. Dazu zählen Theorien aus dem Bereich der pädiatrischen Psychologie (Noeker & Petermann, 1998; Petermann et al., 1987; Thompson & Gustafson, 1996; Warschburger & Petermann, 2000), der Lebensqualitätsforschung (Eiser, 1997; Petermann, 1996; Spieth & Harris, 1996), der Copingforschung (Heim, 1998; Lazarus, 1993; Wendt & Petermann, 1996), der Rehabilitationsforschung (Petermann & Warschburger, 1999) sowie in jüngerer Zeit der Klinischen Entwicklungspsychologie (von Hagen & Noeker, 1999). Alle diese Disziplinen betonen die Notwendigkeit erstens einer entwicklungsorientierten sowie zweitens einer biopsychosozialen Forschungsausrichtung. Diese beiden Prämissen gelten grundsätzlich für das Verständnis chronischer Krankheit über alle Altersstufen, im Falle chronisch kranker Kinder sind sie jedoch besonders evident. Die Notwendigkeit einer Entwicklungsorientierung spiegelt sich nicht nur im chronischen, also längsschnittlich sich verändernden Erkrankungsverlauf und dem damit einhergehenden dynamischen Bewältigungsprozess, sondern auch in der Wechselwirkung mit den parallel sich vollziehenden krankheitsunabhängigen, regulären, normativen Reifungs- und Entwicklungsdynamiken des Kindes- und Jugendalters (Eiser, 1993; Roth & Seiffke-Krenke, 1996). Die biopsychosoziale Dimension chronischer Krankheit zeigt sich bei Kindern in der besonders vitalen Abhängigkeit von familiärer Unterstützung sowie den Auswirkungen auf die Peerbeziehungen (La Greca, 1992).
In dem vorliegenden Beitrag soll die vielschichtige Abhängigkeit des Adaptationsprozesses beim chronisch kranken Kind von den Risiko- und Schutzfaktoren des familiären Adaptationsprozesses eingehender untersucht werden. Es wird ein Bedingungsmodell zu den wesentlichen Determinanten familiärer Adaptation entwickelt. Dieses wird wiederum zur konzeptionellen Fundierung klinischer Familienberatung genutzt.
In schematisierter Form illustriert die Abbildung 1 die übergeordneten Fragestellungen und Untersuchungsrichtungen zwischen Krankheitsparametern, individueller Adaptation des Kindes und Adaptation in der Familie. Die meisten Studien haben die Adaptation beim betroffenen Kind in Abhängigkeit von bestimmten

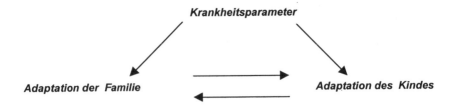

Abbildung 1: Vereinfachte, schematisierte Darstellung von Studiendesigns zur Adaptation an chronische Erkrankung im Kindes- und Jugendalter

Krankheitsparametern zum Gegenstand (z. B. die Metaanalysen von Bennett, 1994; Lavigne & Faier-Routman, 1992). Im Vergleich dazu findet sich eine deutlich geringere Anzahl an Studien zur familiären Krankheitsbewältigung und Adaptation in Abhängigkeit von Merkmalen der vorliegenden chronischen Erkrankung (Canning et al., 1996; Ireys & Silver, 1996; Wallander et al., 1990). Eine dritte Gruppe von Studien untersucht die Beziehung zwischen der Adaptation des Kindes einerseits und der Adaptation in der Familie bzw. in familiären Subsystemen oder bei einzelnen Familienmitgliedern andererseits. Dabei können zwei Wirkungsrichtungen im Blickfeld stehen. Zum einen kann die Maladaptation des Kindes im Sinne einer unabhängigen Variablen als Risikofaktor für die familiäre Adaptation (konzipiert als abhängige Variable) betrachtet werden, die sich beispielsweise im Belastungserleben und der Manifestation depressiver Symptomatik bei der Mutter zeigt. Zum anderen kann das Vorliegen einer Depression der Mutter (konzipiert als unabhängige Variable) als Risikofaktor für den Adaptationsverlauf beim Kind betrachtet werden.

Bedingungsmodell zur Interaktion zwischen patientenbezogener und familienbezogener Adaptation

Eine systematische Darstellung der Forschungsergebnisse zur familiären Adaptation wird dadurch erschwert, dass die überwiegende Zahl der Studien atheoretisch konzipiert ist (Drotar, 1997). Vor diesem Hintergrund wird in dem vorliegenden Beitrag der Versuch unternommen, Modellvorstellungen, die sich im Bereich der individuell-patientenbezogenen Krankheitsbewältigung und Adaptation entwickelt und etabliert haben, auf die Ebene des Familiensystems zu übertragen und dort zu replizieren. Abbildung 2 differenziert die Elemente von Abbildung 1; sie zeigt in Anlehnung an zentrale Konstrukte und Terminologien zur Adaptation beim chronisch kranken Kind (Noeker & Petermann, 1998; Thompson & Gustafson, 1996) ein Bedingungsmodell zum risikoerhöhenden oder -minimierenden Einfluss der Krankheitsverarbeitung im Familiensystem auf die individuelle Krankheitsverarbeitung beim erkrankten Kind. Dabei ist zu berücksichtigen, dass die empirischen Belege für den Stellenwert einzelner Variablen innerhalb dieses Modells beträchtlich variieren. Manche Einflussfaktoren sind empirisch gut belegt, während andere nur aus klinischen Beobachtungen und Kasuistiken gewonnen sind. Zu berücksichtigen ist ferner, dass die Stichproben über die Studien hinsichtlich der Krankheitsbilder und Altersstruktur sehr heterogen sind, so dass sich regelmäßig die Frage nach der Generalisierbarkeit einzelner Untersuchungsergebnisse auf andere Entwicklungsstufen und andere chronische Krankheitsbilder stellt (Drotar, 1997; Holden et al., 1997).

Kennzeichnend für das Modell in Abbildung 2 ist, dass der Adaptationsprozess in der Familie analog dem individuellen Adaptationsprozess über die gleichen Bezugsebenen mit den gleichen Konstrukten dargestellt wird. Auf der ersten Ebene werden die erkrankungsbedingten psychosozialen Folgebelastungen betrachtet (Hamlett et al., 1992). Für die Familienmitglieder ergeben sich sowohl unmittel-

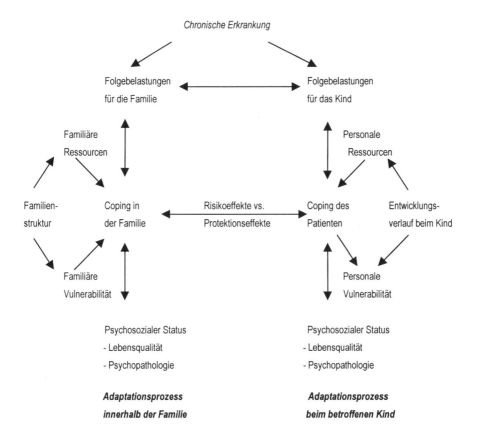

Abbildung 2: Bedingungsmodell zum Zusammenhang zwischen Krankheitsbewältigung im Familiensystem und individueller Krankheitsbewältigung beim chronisch kranken Kind

bar eigene Folgebelastungen (beispielsweise im Bereich der Urlaubs- und Freizeitgestaltung) als auch mittelbar solche infolge der Konfrontation und Identifikation mit den Belastungen beim betroffenen Kind (beispielsweise mit dessen Schmerzerleben). Umgekehrt ist auch das Kind in seiner Krankheitsbewältigung durch die Wahrnehmung von Belastungen auf Seiten der Eltern und Geschwister beeinflusst. Sowohl unmittelbar familienbezogene wie mittelbar patientenbezogene Belastungen stimulieren in der Familie Prozesse der Krankheitsbewältigung (Coping). Die Strategien familiären Copingverhaltens und dessen Effektivität hängt wiederum ab von der Verfügbarkeit intrafamiliärer Ressourcen (z.B. Qualität der innerfamiliären Kommunikation über die Erkrankung), sowie extrafamiliärer Ressourcen (z.B. Unterstützung durch Verwandtschaft, Nachbarschaft oder Selbsthilfegruppe), die als Schutzfaktoren im Adaptationsprozess wirken (Patterson et al., 1997).

Im Gegensatz zu diesen Schutzfaktoren können familiäre Risikofaktoren (z.B. ständig wiederkehrende Auseinandersetzungen zwischen den Eltern) die Vulnerabilität gegenüber den erkrankungsinduzierten Belastungen erhöhen. Je nach Effektivität der eingesetzten Bewältigungsstrategien reduzieren, stagnieren oder intensivieren sich die psychosozialen Belastungen über den Erkrankungs- und Bewältigungsverlauf. Die Adaptivität des Copings beeinflusst wiederum den psychosozialen Status bei Patient und Familie. Dieser Status kann präklinisch in Form von Einschränkungen der Lebensqualität (z.B. Faulkner & Clark, 1998) bzw. klinisch in Form von psychopathologischer Komorbidität bei einzelnen Familienmitgliedern erfasst werden.

Individuelles und familiäres Bewältigungsverhalten stellen wechselseitig Risiko- bzw. Schutzfaktoren dar. Ein kompetentes Bewältigungsverhalten des Kindes wirkt als Schutzfaktor für die familiäre Adaptation. Umgekehrt wirkt die jeweils vorliegende Konstellation familiärer Belastungen, Vulnerabilitätsfaktoren und Ressourcen risikoerhöhend oder -minimierend auf den Verlauf des Bewältigungsprozesses beim Patienten (Hamlett et al., 1992; Timko et al., 1993). Extrawie intrafamiliäre Ressourcen der Familie werden somit mittelbar zu externen Ressourcen des Kindes in seinem eigenen Anpassungsprozess (Kazak, 1992; Wallander et al., 1989). Ebenso erhöhen familiäre Vulnerabilitätsfaktoren das Risiko einer individuellen Fehlanpassung beim Kind (Thompson et al.,1993). Dieser risikomoderierende Einfluss der Familie auf den individuellen Adaptationsprozess beim Kind ergibt sich vor allem dadurch, wie kompetent die Eltern bestimmte Funktionen und Rollen im Erziehungs- und Behandlungskontext wahrnehmen (Hoghughi, & Speight, 1998; Ievers et al., 1994). Tabelle 2 zeigt sieben Wirkungswege, über die das elterliche Verhalten positiven wie negativen Einfluss auf den Adaptationsprozess beim Kind nehmen kann.

Tabelle 2: Sieben Wirkungswege, über die elterliches Verhalten das Bewältigungsverhalten beim Kind risikoerhöhend oder -reduzierend beeinflusst.

Elterliches Erziehungs- und Bewältigungsverhalten im Kontext einer chronischen Erkrankung wirkt als:

1. primäre Sozialisationsinstanz für die generelle Verhaltensentwicklung, besonders aber für die Einübung und Verstärkung erkrankungsbezogenen Gesundheits- und Bewältigungsverhalten,
2. kommunikatives Bindeglied zwischen erkranktem Kind und Behandlungspersonal (Vermitteln, Konflikte abpuffern, Kooperation erwirken sowie Trost spenden bei schmerz- und angstbesetzten Behandlungsmaßnahmen),
3. Erziehungsberechtigte, die stellvertretend für ihr Kind Einverständnis zu Behandlungsmaßnahmen nach Aufklärung erteilen (»informed consent«),
4. Kotherapie zur Durchführung von Pflege und Übungsbehandlungen (z.B. krankengymnastische, ergotherapeutische Übungen) bzw. zur Sicherstellung der Compliance (z.B. Inhalation, Medikation, Diät),
5. wichtigste Quelle sozialer Unterstützung für das Kind, die auch gegebenenfalls unzureichende Unterstützung aus anderen Quellen (Gleichaltrige, Schule, Therapie, Pflege) zu kompensieren hat,
6. ungünstiges Erziehungsverhalten, insbesondere entweder in Form einer Vernachlässigung erkrankungsabhängiger und erkrankungsunabhängiger Bedürfnisse des Kindes oder umgekehrt in Form einer Überprotektion und Abnahme von Entwicklungs- und Bewältigungsaufgaben,
7. Mitbetroffene, die eigene erkrankungsbedingte Anforderungen, Aufgaben und Einschränkungen regulieren müssen und dabei dem Kind als Modell zur Beobachtung für adäquates oder inadäquates Problemlöseverhalten dienen.

Folgebelastungen chronischer Erkrankung für die Familienmitglieder

Die chronische Krankheit eines Kindes zieht nicht nur einschneidende Folgebelastungen für das chronisch kranke Kind selbst nach sich (v. Hagen & Noeker, 1999; Petermann et al., 1987), sondern auch gravierende Veränderungen in den Alltagsroutinen, Verantwortungen, Rollen und Zukunftsentwürfen bei Eltern und Geschwistern. Tabelle 3 führt die Belastungen und Anforderungen auf, die regelmäßig für die Eltern aus der chronischen Erkrankung resultieren. Sie verdeutlicht, dass ein besonders herausragendes Risiko der Belastung und Überforderung auf den Müttern chronisch kranker oder behinderter Kinder lastet, wenn nicht durch gezielte Suche nach Entlastungsmöglichkeiten und Unterstützung gegengesteuert wird (Canning et al., 1996; Noeker et al., 1990; Thompson et al., 1993; Timko et al., 1992).

Tabelle 3: Belastungen der Familie infolge der chronischen Erkrankung (in Anlehnung an: Clawson, 1996; Noeker & Petermann, 1998; Petermann et al., 1987; Petermann et al. 1991; Thompson & Gutafson, 1995; Timko et al., 1993)

Behandlungsbezogene Anforderungen und Belastungen
- Organisation und Koordination von Behandlungsterminen
- Informationen einholen und aufnehmen zu Krankheitsbild und Therapiemöglichkeiten
- Motivieren des Kindes zur Therapiemitarbeit
- Eigene Disziplin aufbringen bei wiederkehrenden Behandlungsmaßnahmen
- Zubereitung von Mahlzeiten nach Diätregeln
- Überwachung des Gesundheitszustandes und verstärkte Beaufsichtigung des Kindes
- Durchführung pflegerischer oder kotherapeutischer Maßnahmen
- Übernahme von Verantwortung bei unsicheren Therapieentscheidungen

Belastungen im Bereich der Alltagsbewältigung
(Anforderungen primär der Problemlösung)
- Verengte Spielräume und erhöhter Koordinationsbedarf bei Urlaubsgestaltung und Freizeitaktivitäten
- Verringerte Planbarkeit im Alltag infolge nicht vorhersehbarer Erkrankungskrisen
- Erhöhter, eventuell konfliktbehafteter innerfamiliärer Abstimmungsbedarf
- Reduzierte Zeit für sich selbst
- Zurückstellen eigener Zukunftsentwürfe (z.B. Berufstätigkeit der Mutter)
- Finanzielle Einbußen bzw. Mehraufwendungen
- Erschwerte Gleichbehandlung der Geschwister bei gleichzeitiger Berücksichtigung der speziellen Bedürfnisse des erkrankten Kindes
- Erziehungsschwierigkeiten
- Dominanz der Elternrolle gegenüber der Partnerschaftsrolle
- Aufklärung des sozialen Umfeldes über die Erkrankung
- Stigmatisierungserfahrungen

Emotionale und existenzielle Belastungen
(Anforderungen primär der Emotionsregulation)
- Unvorhersagbarkeit des Erkrankungsverlaufs
- Akzeptanz der Erkrankung und ihrer Chronizität
- Verarbeitung der enttäuschten Hoffnung auf ein gesundes Kind, Gefühle tiefer Kränkung, mitunter auch Scham oder Wut
- Schuldgefühle bezüglich der Krankheitsverursachung bzw. bezüglich vermeintlich unzureichenden Einsatzes für die Belange des Kindes
- Existenzielle Sinnfrage und evt. Glaubenskrise
  (»Warum unser Kind ?«; »Warum ein unschuldiges Kind?«)
- Entwicklung neuer Wertehierarchien
- Veränderte Perspektiven bei erneutem Kinderwunsch
  (Genetisches Wiederholungsrisiko? Grenzen familiärer Belastbarkeit?)

Risiko u. Schutzfaktoren der familiären Adaption an die chronische Erkrankung

Neben den Eltern sind auch die Geschwister erkrankungsbedingten Belastungen und Anforderungen ausgesetzt, die neben den regulären Entwicklungsaufgaben zu bewältigen sind. Aktuelle Übersichtsarbeiten zeigen, dass zwar die überwiegende Anzahl, aber nicht alle Studien Anpassungsprobleme bei Geschwisterkindern finden. Einzelne Untersuchungen können keine Auffälligkeiten entdecken beziehungsweise identifizieren sogar positive, entwicklungsförderliche Effekte. Es ist möglich, dass die Heterogenität der Ergebnisse teilweise durch eine unzureichende Spezifität und Sensitivität der verwendeten Instrumente zustande kommt. Die neutralen und positiven Resultate können aber auch objektive Entwicklungsgewinne reflektieren, die sich für die betroffenen Geschwisterkinder aus einer kompetenten Bewältigung der Erkrankungssituation ergeben können (Leonard, 1991; v. Hagen & Noeker, 1999). Als Risikofaktoren für eine Maladaptation bei Geschwisterkindern werden unter anderem herausgearbeitet (vgl. Tröster, 1999; Williams, 1997):

- Die Übernahme von Verantwortung für die Betreuung und Versorgung des betroffenen Kindes und die verstärkte Hilfe im Haushalt,
- eine reduzierte Verfügbarkeit der Eltern für die Geschwister,
- überhöhte elterliche Leistungserwartungen,
- eine Überidentifikation mit dem kranken Kind,
- gesamtfamiliäre Risikofaktoren wie elterliche Depression, niedrige interne wie externe familiäre Ressourcen, ungünstige erkrankungsbezogene Kommunikation oder geringe familiäre Kohäsion.

Aus einem systemischen Verständnis heraus können Verhaltensauffälligkeiten bei Geschwistern als Signal gegenüber der Gesamtfamilie und besonders den Eltern verstanden werden, dass bestimmte Balancen des innerfamiliären Ausgleichs, des fairen Gebens und Nehmens nicht angemessen austariert sind. Balancen, die im Zuge des Erkrankungs- und Bewältigungsverlaufs aus dem Lot geraten können, umfassen zum Beispiel solche:

- zwischen dem Stellenwert der Belange der chronischen Krankheit einerseits und dem Stellenwert krankheitsunabhängiger Themen, Anliegen und Bedürfnisse andererseits,
- zwischen der notwendigen Unterstützung in den Bereichen, wo das erkrankte Kind nachvollziehbar auf Hilfe angewiesen ist, und in den Bereichen, wo das erkrankte Kind Aufgaben abgenommen bekommt, deren Erledigung aber eigentlich durch die Erkrankung nicht limitiert ist,
- zwischen notwendiger und auch gewollter Rücksichtnahme des Geschwisters auf Krankheitserfordernisse und seinem Recht auf eine eigenständige Entwicklung.

Wenn Geschwisterkinder beobachten, dass ihre Eltern gegenüber dem erkrankten Kind intensive Zuwendungsreaktionen bei Schmerz- und Beschwerdeäußerungen zeigen, können sie verleitet sein, selbst tatsächliche oder vermeintliche Körperbeschwerden verstärkt zu kommunizieren. Ein solches Risiko zu Somatisierungen lässt sich lerntheoretisch als Prozess des Modell-Lernens beschreiben: Die stellvertretende Verstärkung des erkrankten Kindes fungiert für das Geschwisterkind als Modell zur Initiierung eigener Beschwerdeschilderungen. Auf der Familienebene kann das gleiche Verhalten systemtheoretisch als Versuch der Wiederherstellung gleich und gerecht verteilter elterlicher Zuwendung und Aufmerksamkeit interpretiert werden. Manche Eltern zeigen abweichend von der »objektiven« Bedürftigkeit deutlich herabgesetzte Verhaltens- und Leistungserwartungen an das erkrankte Kind im Vergleich zum gesunden Geschwisterkind. Als Hintergrund findet sich oft, dass die Eltern Schuldgefühle, für die Erkrankung in irgendeiner Weise verantwortlich zu sein, durch eine als Wiedergutmachung gemeinte überprotektive Erziehungshaltung regulieren. Diese Bewältigungsstrategie mag sogar vorübergehend auf das Subsystem Eltern ↔ erkranktes Kind stabilisierend wirken; durch die gleichzeitig damit verbundene Benachteiligung des Geschwisterkindes kann sie jedoch wiederum destabilisierend auf das Subsystem erkranktes Kind ↔ Geschwisterkind oder auf das Subsystem Geschwisterkind ↔ Eltern wirken.

Coping im Familienkontext

Gleiche Belastungen und Anforderungen werden auch bei gleicher Erkrankung vor dem Hintergrund individueller Lerngeschichten mit unterschiedlichen Bewältigungsstrategien beantwortet. Individuelles Copingverhalten gegenüber erkrankungsbedingten Belastungen und Bedrohungen hat zwei Grundfunktionen (Lazarus, 1993): Zum einen die auf die widrigen äußeren Umstände gerichtete Problemlösung (beispielsweise eine asthmatische Atemnot durch die Inhalation eines bronchialerweiternden Medikamentes zu bekämpfen), zum anderen die Funktion der nach innen gerichteten Emotionsregulation (beispielsweise durch die Inhalation gleichzeitig die mit der Luftnot verbundene Angst und Panik zu minimieren).

Bei den meisten erkrankungsbedingten Belastungen sind beide Bewältigungsfunktionen relevant. Dennoch aktivieren spezifische Anforderungen vorrangig eine der beiden Funktionen. Entsprechend sind in der Tabelle 3 neben den behandlungsbezogenen Anforderungen die Folgebelastungen für die Familie danach klassifiziert, ob sie primär Anforderungen zur Problem- oder zur Emotionsregulation darstellen.

Um diese Funktionen der Problemlösung und der Emotionsregulation zu realisieren, kann der Patient wie die Familie eine Vielzahl unterschiedlicher Verhaltensstrategien einsetzen. Zur Identifizierung spezifischer Copingstrategien bei unterschiedlichsten Patientengruppen liegt eine umfangreiche Literatur vor. Diese hat sehr heterogene Ergebnisse gebracht (Roberts & Wallander, 1992; Danielson et al., 1993). Demnach variiert die Auswahl einer spezifischen Copingstrategie nicht nur diagnose- und persönlichkeitsspezifisch, sondern auch in Abhängigkeit von der momentanen Erkrankungsphase und den jeweils untersuchten Belastungsfaktoren (Heim, 1998), sowie methodisch in Abhängigkeit von den eingesetzten Messverfahren und deren zugrunde liegenden Dimensionen (Wendt & Petermann, 1996). Die ärztliche Mitteilung einer lebensbedrohlichen oder lebenslangen Diagnose kann beispielsweise als initiale Bewältigungsreaktion »Schock und Verleugnung« provozieren; im weiteren Verlauf kann diese jedoch durch die Copingstrategie »Informationssuche« abgelöst werden.

Effektivität und Adaptivität individuellen und familiären Bewältigungshandelns

Fragebogendaten zu krankheitsbezogenen Copingstrategien in bestimmten Patientengruppen sind für die klinische Arbeit mit dem einzelnen Patienten und seiner Familie oft nur von begrenztem Wert. In der Beratungspraxis mit einem chronisch Kranken stellt sich vorrangig die Frage nach der Funktionalität und Effektivität der gewählten Strategien: Wie geeignet ist also ein bestimmtes Verhalten, effektive Problemlösung und befriedigende Emotionsregulation in spezifischen Belastungssituationen zu erzielen? Die Beantwortung dieser Frage ist beurteilerabhängig (Tesch-Römer, 1997). Die Beurteilung der Krankheitsbewältigung von chronisch kranken Kindern kann stark variieren, je nachdem ob die Eltern, das betroffene Kind, der Arzt oder der Lehrer des Kindes befragt werden (Canning et al., 1992; Seiffke-Krenke & Kollmar, 1996) und hängt wiederum von psychosozialen Attributen der beurteilenden Person ab (Perrin et al., 1993). Die Definition, ob ein bestimmtes Bewältigungsverhalten als effektiv einzuschätzen ist, ist prinzipiell nicht empirisch zu begründen, sondern stellt immer ein Werturteil dar. Es findet sich demzufolge auch kein »Goldstandard« zur Definition des »richtigen« Bewältigungsverhaltens, das – einmal erkannt – nur noch einzuüben wäre. Auch eher negativ konnotierte Bewältigungsstrategien wie beispielsweise Verleugnungsstrategien können situations- und personspezifisch sehr funktional sein. Ein psychodiagnostisch mit Hilfe von Copinginventaren gewonnenes Wissen um präferierte Bewältigungsstile beim Kind oder der Familie hilft daher im klinischen Kontext nur begrenzt, um den familiären Adaptationsprozess psychologisch zu unterstützen. Für die Optimierung des Bewältigungshandelns und für eine entsprechende Motivierung der Familienmitglieder ist entscheidender, welche Effekte ein gezeigtes Bewältigungshandeln objektiv auf bestimmte Kriterien mit sich bringt und welche Effekte subjektiv die Familienmitglieder jeweils in ihren Erwartungen damit verbinden. Tabelle 4 nennt Kriterien, die zur Einschätzung der Adaptivität des Bewältigungshandelns wissenschaftlich wie klinisch herangezogen werden können.

Tabelle 4: Kriterien für die Effektivität von Bewältigungsstrategien im Adaptationsprozess

1. Positiver Effekt auf den somatischen Krankheitsverlauf (u.a. rezidivfreie Zeit, Überlebenszeit, Schweregradindex);
2. Reduzierung erkrankungsbedingter Belastungen (vgl. Tab. 3);
3. Ausdifferenzierung kompetenten Gesundheitsverhaltens;
4. Stimulation von psychischen Reifungsprozessen und Entwicklungsgewinnen;
5. Korrespondenz von subjektiver Kontrollüberzeugung und Copingverhalten einerseits und objektive Beeinflussbarkeit der jeweiligen Belastung andererseits (also emotional-akzeptierendes Coping bei fehlender Kontrolle sowie aktiv-problemlösendes Coping bei hoher Kontrolle);
6. Stärkung des familiären Zusammenhalts und Erhalt des Zugangs zu sozialer Unterstützung und Aufrechterhaltung der Integration in soziale Netzwerke;
7. Passung zu den in der Familie gültigen Werten, Zielen und Lebensentwürfen;
8. Positiver Effekt auf psychosozialen Status: Verbesserung der Lebensqualität bzw. Reduzierung psychopathologischer Begleitsymptome.

Die in Tabelle 4 genannten Kriterien können im Rahmen von Studien als Outcomemaße für die Effekte spezifischer Copingstrategien herangezogen werden. Im Rahmen der klinisch-psychologischen Beratung können sie genutzt werden, um im Gespräch mit der Familie herauszuarbeiten, welche erwünschten oder unerwünschten Effekte sich bei der Anwendung von bestimmten Bewältigungsstrategien – mit Blick auf die verschiedenen Kriterien – einstellen können. Die Verdeutlichung zu erwartender positiver wie negativer Effekte modifiziert dann die Ergebniserwartungen (»outcome expectations« sensu Bandura, 1986) bezüglich der Anwendung spezifischer Bewältigungsstrategien. So können motivationale Anreize gesetzt werden, Bewältigungsverhalten in Richtung auf eine größere Übereinstimmung mit eigenen Zielen zu ändern, weiterzuentwickeln und zu differenzieren.

Dabei können sich schon auf der intraindividuellen Ebene des Patienten Zielkonflikte zwischen einzelnen Kriterien ergeben, die gegeneinander abzuwägen sind. Diese können sich auf der Ebene des Familiensystems potenzieren, wenn Eltern, erkranktes Kind oder Geschwisterkinder der Erreichung einzelner Ziele und Kriterien ein unterschiedliches Gewicht beimessen. In der Familie eines jugendlichen Typ-I-Diabetikers mögen beispielsweise die Eltern das Bewältigungsverhalten ihres kranken Sohnes entscheidend danach beurteilen, inwieweit es geeignet ist, den somatischen Krankheitsverlauf so positiv zu steuern, dass Stoffwechselkrisen und Langzeitkomplikationen so weit wie möglich ausgeschlossen sind. Ebenfalls spielt für sie eine wesentliche Rolle, dass der Sohn ein kompetentes Gesundheitsverhalten erlernt, das ihnen die Sicherheit vermittelt, dass er einmal ohne ihre Unterstützung und Kontrolle zu einer guten Selbstbehandlung in der Lage sein wird. Für den Jugendlichen mag als Kriterium im Vordergrund stehen, inwieweit ein entsprechend strenger Behandlungsplan seine aktuelle Lebensqualität und Autonomie eingrenzt und die aversiven psychosozialen Folgebelastungen des Diabetes weiter ansteigen lässt. Das Geschwisterkind mag aus seiner Perspektive in den Vordergrund stellen, dass die ständig wiederkehrenden Auseinandersetzungen zwischen Eltern und Diabetiker um die Therapiemitarbeit das Familienklima und den familiären Zusammenhalt belasten.

Auf der familiensystemischen Ebene bemisst sich die Adaptivität des Bewältigungshandelns folglich nicht nur daran, inwieweit das Verhalten funktional für das Erreichen jeweils individuell bedeutsamer Ziele ist, sondern auch danach, inwieweit die individuell-persönlichen Bewältigungsstrategien konstruktiv zusammenwirken oder sich wechselseitig blockieren. Beispielsweise ergibt sich im Anschluss an die Diagnosemitteilung einer schwerwiegenden Erkrankung häufig die Situation, dass ein Elternteil – häufig die Väter – das Erledigen von alltagsbezogenen Anforderungen übernimmt, während der andere Elternteil – häufig die Mütter – die emotionale Verarbeitung der Diagnose intensiver durchlebt (Petermann et al., 1990). Diese Aufteilung in der Familie ergibt sich häufig unabgestimmt infolge biographisch erworbener Bewältigungsstile und familiär eingeübter Rollen. Bei einem Einvernehmen und wechselseitigem Respekt vor dem geleisteten Beitrag des Partners kann eine solche »Arbeitsteilung« sich zumindest vorübergehend positiv auf den familiären Adaptationsprozess auswirken. Die gleiche Aufteilung kann im Falle geringer partnerschaftsbezogener Schutzfaktoren auch in wechselseitige Vorwurfshaltungen münden, bei der jeder Partner glaubt, die Einseitigkeit und vermeintlichen Defizite des Partners ausgleichen zu müssen. Copingstrategien, die individuell zwar als funktional erlebt werden, auf der Familienebene aber nicht produktiv zusammenwirken, ziehen das Risiko von kräfteverzehrenden Auseinandersetzungen nach sich, die den gesamtfamiliären Krankheitsbewältigungsprozess beeinträchtigen. Eine behavioral-systemische Familienberatung bei chronischer Erkrankung ist daher gefordert, ständig zwei Ebenen des Bewältigungsverhaltens zu berücksichtigen: Auf der individuumszentrierten Ebene ist die Adaptivität von Copingstrategien aus der Perspektive des jeweiligen Familienmitglieds herauszuarbeiten und auf der familiensystemischen Ebene ist wiederum die Passung der individuellen Bewältigungsstrategien zueinander abzustimmen.

Familiäre Vulnerabilität und Ressourcen

Effektiv oder weniger effektiv bewältigende Familien unterscheiden sich in einer Vielzahl von Verhaltensmerkmalen, deren Erwerb biographisch bis weit in die Zeit vor dem Erkrankungsausbruch zurückreicht. Analog zu den risikomoderierenden Einflussfaktoren im Rahmen des individuellen Adaptationsprozesses wer-

Risiko und Psychopathologische Entwicklung

den Familienmerkmale, die das Gelingen des familiären Adaptationsprozesses begünstigen, als Schutzfaktoren oder (protektive) Ressourcen bezeichnet; umgekehrt bezeichnen Vulnerabilitätsfaktoren solche Variablen, die zu einer misslingenden Adaptation disponieren.

Tabelle 5: Ressourcen zur erfolgreichen familiären Krankheitsbewältigung (in Anlehnung an Dale, 1996; Masten, 1998; Noeker & Petermann, 1998; Patterson, 1991; Petermann et al., 1990; Roberts, 1998).

1. Strukturelle Ressourcen
- Hoher Bildungsgrad
- Ökonomische Reserven
- Abwesenheit anderer chronischer Stressoren und Anforderungen (z.B. pflegebedürftige Großeltern im gleichen Haushalt)

2. Individuelle Kompetenzen und Ressourcen einzelner Familienmitglieder
- Hoher Informationsstand bezüglich Erkrankung und Therapie
- Bereitschaft zur eigenverantwortlichen Therapiemitarbeit
- Realistische Behandlungsmotivation (ohne Neigung zu Über- bzw. Untertherapie)
- Fähigkeit zu eindeutiger und offener Kommunikation
- Fähigkeit zu engagiertem, aktivem Problemlösen
- Regenerationsfähigkeit, sinnvolles Freizeitverhalten und innere Erlaubnis zu Phasen des Abschaltens und Genießens ohne Schuldgefühle
- Selbstsicherheit

3. Intrafamiliäre Ressourcen: Interaktion, Aufgabenverteilung, Kommunikation und Wertorientierungen
- Rollenflexibilität bei der Aufgabenwahrnehmung in der Familie
- Wechselseitiger Respekt gegenüber individuell verschiedenartigen Stilen der (emotionalen) Krankheitsverarbeitung
- Fähigkeit, Bedürfnisse des Patienten unverzerrt wahrzunehmen
- Orientierung vermittelndes, liebevolles, konsequentes Erziehungsverhalten
- Warmherzige Eltern-Kind-Beziehung
- Ausgewogene Balance zwischen Belangen der chronischen Krankheit und anderen familiären Bedürfnissen
- Positive Geschwisterbeziehungen
- Aufrechterhaltung der Generationsgrenzen
- Zufriedenheit mit der Partnerschaftsbeziehung
- Hohes Verpflichtungsgefühl gegenüber der Familie (»commitment«)
- Wahrnehmung eines positiven Sinns der Erkrankung und weltanschauliche Verankerung in haltgebender Werteorientierung (z.B. Religion, Spiritualität)
- Fähigkeit, um Unterstützung zu bitten und diese annehmen zu können

4. Extrafamiliäre Ressourcen
- Aufrechterhaltung der sozialen Integration in außerfamiliäre Netzwerke (Nachbarschaft, Verwandtschaft, wohlmeinende Freunde) und gegebenenfalls Selbsthilfegruppen
- Konstruktive, kooperative, vertrauensvolle Beziehungen zu Behandlungspersonal

Tabelle 5 führt familiäre Ressourcen auf, die eine erfolgreiche Krankheitsbewältigung begünstigen und damit als Schutzfaktoren der Adaptation wirken. Neben den strukturellen, sozio-demographischen Faktoren können diese entsprechend einer zunehmenden Komplexität danach klassifiziert werden, ob es sich um (a) individuelle Kompetenzen einzelner Familienmitglieder, (b) intrafamiliäre Ressourcen des Familiensystems (z. B. im Bereich innerfamiliärer Kommunikation) oder (c) um die Verfügbarkeit extrafamiliärer Unterstützung handelt.

Analog zum Risiko- und Ressourcenbegriff kann auch der Begriff der Resilienz von der Ebene des Individuums auf die Ebene des Familiensystems übertragen werden. Die Resilienzforschung untersucht, durch welche Merkmale sich Individuen mit extrem starker Risikobelastung und gleichzeitig hoch funktionsfähiger Adaptation auszeichnen (Basic Behavioral Task Force, 1996). In jüngster Zeit wird die gleiche Untersuchungsrichtung auf Bedingungen erfolgreicher Adaptationsprozesse bei hochbelasteten Familiensystemen angewendet (Hawley & DeHaan, 1996; Walsh, 1996). Bezogen auf Familien mit chronisch kranken Kindern beschreibt Resilienz das Phänomen, dass durch das Wirksamwerden familiärer Ressourcen (vgl. Tabelle 5) auch extrem starke Krankheitsbelastungen (vgl. Tabelle 3) gemeistert werden können, ohne dass es dabei zur Dekompensation des Familiensystems, zur Entwicklung von Störungen in Subsystemen bzw. zu Verhaltensstörungen bei einzelnen Familienmitgliedern kommt.

So wie für die individuelle Adaptation des Kindes familiäre Ressourcen relevant sind, so sind es analog für die familiäre Adaptation die wahrgenommene und geleistete Unterstützung aus den umgebenden verwandtschaftlichen, sozialen und professionellen Netzwerken. Der risikoerhöhende- bzw. minimierende Einfluss sozialer Netzwerke auf das familiäre Bewältigungsverhalten bei chronischer Krankheit ist bis jetzt allerdings kaum untersucht (Ell, 1996).

Tabelle 6: Verhaltensweisen der Verwandtschaft, die von Eltern chronisch kranker Kinder als verletzend und nicht unterstützend erfahren werden (in der Reihenfolge der Häufigkeit der Nennungen; nach Patterson et al., 1997).

- Unangemessene Formen der Kontaktaufnahme mit dem erkrankten Kind oder der Familie
- Anbieten unangemessener Formen von Unterstützung
- Keine Unterstützung anbieten oder leisten
- Unsensible oder distanzlose Kommentare oder Nachfragen
- Äusserung negativer Einstellungen zur Erkrankung
- Ignorieren oder Verleugnen erkrankungsbedingter Einschränkungen des Kindes
- Vermeiden, die Erkrankungssituation anzusprechen und angemessene Gefühlsreaktionen zu zeigen
- Fehlende Einsicht in die Erkrankungs- und Behandlungsbedingungen
- Schwierigkeiten, die Erkrankung zu akzeptieren
- Übermäßiger Versuch, Kontrolle auszuüben
- Ausdruck von Angst bezüglich der Erkrankung und ihrer Prognose
- Unüberlegte und wenige hilfreiche Ratschläge

- Andere Form des Umgangs mit dem erkrankten Kind im Vergleich zu gesunden Gleichaltrigen
- Den Umgang der Eltern mit dem Kind kritisieren
- Den Eltern die Schuld an der Erkrankung des Kindes geben
- Abweisendes Verhalten gegenüber der Kernfamilie des Kindes
- Fehlerhafte Informationen oder schlechte Ratschläge vermitteln
- Das Kind anstarren

Tabelle 7: Verhaltensweisen des Behandlungspersonals, die von Eltern chronisch kranker Kinder als verletzend und nicht unterstützend erfahren werden (in der Reihenfolge der Häufigkeit der Nennungen innerhalb der jeweiligen Bereiche; nach Patterson et al., 1997).

Gestaltung der Kommunikation gegenüber der Familie
- Respektlose oder negative Einstellung gegenüber Kind oder Familie
- Unsensibilität gegenüber Bedürfnissen, Gefühlen oder Glaubenshaltungen von Familienmitgliedern
- Unsensible, grobe Gesprächsführung
- Unangemessene Formen der Unterstützung offerieren
- Die negativen Aspekte der Erkrankungssituation herausstellen
- Nicht eingehen auf Fragen, Bedürfnisse und Anliegen der Familie
- Vorhandenes Wissen, Erfahrung und Fertigkeiten auf Seiten der Eltern nicht anerkennen und würdigen
- Sich nicht einverstanden erklären mit der durch die Eltern geleisteten Pflege des Kindes
- Keine Kommunikation mit der Familie
- Den Auffassungen der Familie nicht zuhören

Informationsstrategien
- Inadäquate Informationen vermitteln
- Unrichtige Informationen vermitteln

Gestaltung der Versorgung und Behandlung
- Inadäquate Behandlung
- Schlechte Pflege
- Unkoordinierte oder unvollständige Pflege
- Vermeiden des Kontaktes zur Familie
- Wiederholtes Absagen von Terminen

Merkmale des Behandlungspersonals
- Unzureichendes Behandlungswissen oder unzureichende Erfahrung mit der Erkrankung des Kindes
- Sich unangenehm berührt zeigen von der Erkrankung des Kindes

Eine Studie von Patterson et al. (1997) gibt erste Hinweise darauf, welche Verhaltensweisen der Verwandtschaft (vgl. dazu Tabelle 6) beziehungsweise des professionellen Behandlungspersonals (vgl. dazu Tabelle 7) Eltern chronisch kranker

Kinder als verletzend und zusätzlich belastend erfahren haben. Tabelle 7 enthält damit im Umkehrschluss Hinweise für eine positive, respektvolle und vertrauensvolle Beziehungsgestaltung von professionell Tätigen gegenüber betroffenen Familien (vgl. auch Baine et al., 1995).

Ressourcenorientierte Familienberatung bei chronischer Erkrankung

Die Komponenten des hier vorgestellten Bedingungsmodells zum familiären Adaptationsprozess (vgl. besonders Abbildung 2) sollen genutzt werden, um die Entwicklung von Konzepten zur Beratung von Familien mit einem chronisch kranken Kind zu fundieren. Ressourcenorientierte Familienberatung stellt angesichts der multiplen Wechselwirkungen zwischen individueller und familiärer Adaptation neben verhaltensmedizinischen Strategien und neben dem Einsatz von Patientenschulung eine wichtige dritte Säule pädiatrisch-psychologischer Intervention dar. Eine an den Risiko- und Schutzfaktoren des Adaptationsprozesses orientierte Familienberatung setzt sich folgende übergeordnete Ziele:

– Reduktion erkrankungsbedingter Folgebelastungen für Kind und Familie,
– Minimierung von Adaptationsrisiken infolge erkrankungsunabhängiger Vulnerabilitätsfaktoren,
– Verbesserung der Effektivität und Adaptivität individueller Bewältigungsstrategien und deren intrafamiliäre Passung,
– Aufbau und Aktivierung familiärer Ressourcen zur Krankheitsbewältigung.

Grundzüge des therapeutischen Vorgehens werden im Folgenden skizziert (vgl. im Detail: Noeker & Haverkamp, 1997; Noeker & Petermann, 2000; Petermann et al., 1990).

Exploration erkrankungsbedingter Belastungen und Anforderungen

Das klinische Vorgehen einer Familienberatung startet mit einer Erläuterung zu Ablauf, Inhalten und Zielen des Beratungsangebotes, um Transparenz zu erhöhen, Erwartungen zu klären und ein Einvernehmen zu Setting und Vorgehen herzustellen. Den eigentlichen inhaltlichen Einstieg in den Beratungsprozess bildet in der Regel die Exploration der erkrankungsassoziierten Belastungen bei Kind und Familie. Die Klärung der vorrangigen und Leidensdruck erzeugenden Belastungen ist nicht nur inhaltlich-psychodiagnostisch wichtig, sondern befördert zusätzlich eine positive, motivierende, vertrauensvolle Beziehungsgestaltung zwischen pädiatrisch-psychologischem Berater und Familie. Ein alltagsorientierter Einstieg über die Exploration konkreter Folgebelastungen aus der jeweiligen Sicht der Familienmitglieder kann mögliche Vorbehalte und Ängste der Familie reduzieren, in einen psychotherapeutischen Prozess im engeren Sinne involviert zu werden, der (noch) nicht gewollt ist und für den kein Auftrag formuliert wurde. Grundsätzlich gilt, dass eine Beratungsperson umso besser in der Lage ist, sich adäquat einzufühlen, zu kommunizieren und zu intervenieren, je vertrauter er oder sie mit den behandlungsbezogenen, psychosozialen, ökonomischen, alltagspraktischen und existenziellen Folgen für die Familie und ihre Mitglieder ist (vgl. Tabelle 3). Die von der Familie zum Ausdruck gebrachten Belastungen und Probleme werden vom Berater explizit in den Kontext der chronischen Erkrankung gerückt (»Normale Probleme einer normalen Familie in einer unnormalen Situation«). Eine solche normalisierende Vorgehensweise reduziert für Kind und Familie die Bedrohung, sich über die körperlichen »Defizite« hinaus durch die Annahme der Beratung implizit als psychisch auffällig und inkompetent zu definieren und zu stigmatisieren. Ein initial zu »psychotherapeutisch« präsentiertes Beratungsangebot bedeutet nachvollziehbar für viele chronisch Kranke und ihre Familien eine Selbstwertbedrohung, die oft nur noch durch eine Ablehnung der Beratung reguliert werden kann.

Exploration familiärer Vulnerabilität

Neben dem diagnostischen Erkenntnisgewinn leistet die Exploration der individuellen erkrankungsabhängigen Belastungen in Gegenwart der anderen Familienmitglieder auch schon erste Interventionseffekte im Sinne einer verbesserten Perspektivenverschränkung zwischen den Familienmitgliedern. Im zweiten Schritt können auf der Basis des erreichten Vertrauens dann auch solche erkrankungsunabhängigen Schwierigkeiten der Familie thematisiert werden, die schon vor Ausbruch der Erkrankung oder parallel zu ihr die Bewältigung der Erkrankungssituation erschweren. Im Sinne des in diesem Beitrag vorgestellten theoretischen Modells (vgl. Abbildung 2) geht es dann also um die Interaktion von erkrankungsbezogenen Folgebelastungen einerseits und erkrankungsunabhängigen Vulnerabilitätsfaktoren andererseits sowie mögliche Interferenzen zwischen der Bewältigung der nicht-normativen Krankheitsbelastungen und Behandlungsanforderungen einerseits und der Bewältigung normativer, regulärer Entwicklungsaufgaben andererseits.

Ressourcenaufbau

Darauf aufbauend werden dann eingehend die für die Krankheitsbewältigung erforderlichen Ressourcen bei Kind und Familie exploriert. Werden unzureichende Ressourcen für das Krankheitsmanagement diagnostiziert, so können ergänzende Interventionen zum Kompetenz- und Ressourcenaufbau initiiert werden. Bei unzureichendem Wissen über die Erkrankung und Behandlung können beispielsweise zusätzliche ärztliche Aufklärungsgespräche angeboten, einschlägige Laienliteratur empfohlen oder der Kontakt zu einer Selbsthilfegruppe vermittelt werden. Kompetenz- und Ressourcendefizite im Bereich des Krankheitsmanagements können die Indikation für eine Patientenschulung beim Kind und/oder den Eltern begründen. Eine inadäquate Beschwerde- und Symptomverarbeitung kann den Einsatz von verhaltensmedizinischen Interventionen nahe legen; unzureichende sozial-kommunikative Fertigkeiten können ergänzende verhaltenstherapeutische Strategien begründen.

Ressourcenmobilisierung

Auch wenn Ressourcen grundsätzlich verfügbar sind, werden diese im Bewältigungsverhalten nicht unbedingt auch realisiert. Ein wesentlicher Schwerpunkt familienbezogener Intervention liegt demzufolge in der verhaltensnahen Mobilisierung und Aktivierung von verfügbaren Ressourcen. Entsprechend Tabelle 5 kann es sich dabei handeln um:

- strukturelle Ressourcen, die jedoch durch sozialarbeiterische Unterstützung häufig effektiver beeinflussbar sind als durch psychologische Interventionen,
- Kompetenzen einzelner Familienmitglieder, die schon im Verhaltensrepertoire vorhanden, aber noch nicht für die Krankheitsbewältigung genutzt sind,
- innerfamiliäre Ressourcen erworbener Problemlösefähigkeiten und wechselseitig unterstützender Interaktions- und Kommunikationsfertigkeiten sowie die
- Mobilisierung vorhandener, aber bisher ungenutzter extrafamiliärer Unterstützungsmöglichkeiten.

Das Ressourcenkonzept zeichnet sich durch enge Schnittstellen zwischen Grundlagenforschung und klinischer Anwendung aus. Ressourcen, die sich empirisch als Prädiktoren erfolgreicher Adaptation erwiesen haben, bieten direkte Ansatzpunkte für erfolgversprechende Interventionen. Als Grundregel kann gelten, dass Interventionen, die geeignet sind, die in Tabelle 5 aufgeführten Ressourcenvariablen in der Familie des chronisch Kranken zu mobilisieren, wichtige Etappenziele auf dem Weg zu einer Optimierung der familiären und damit mittelbar auch der kindlichen Adaptation darstellen. Eine wichtige Domäne psychologisch akzentuierter Beratung bezieht sich auf die Förderung einer konstruktiven innerfamiliären Interaktion und Kommunikation (Noeker & Petermann, 2000).

Ein übergeordnetes Ziel ist dabei, die individuellen Bedürfnisse, Kompetenzen, Rollen und Verarbeitungsstile der einzelnen Familienmitglieder so zu synchronisieren, dass alle Beteiligten eine alltagspraktische und emotionale Entlastung erfahren. Ressourcenorientierte Familienberatung knüpft an erfolgreich praktizierte, im Verhaltensrepertoire schon vorhandene Bewältigungskompetenzen an und versucht diese zur Bewältigung der aktuellen Herausforderungen zu reaktivieren. Solche Strategien verbessern deutlich die Chancen eines Transfers vom Beratungsgespräch in die Alltagssituation. Eine gemeinsame, ressourcenorientierte

Suche nach nutzbaren familiären Stärken unterstützt zusätzlich – im Gegensatz zu einer betont defizitorientierten Gesprächsführung – die familiäre Kooperation und Zuversicht in dieser Lebenssituation, die ohnehin mit Ohnmachts-, Hilflosigkeits- und Versagensgefühlen assoziiert sein mag. Die Mobilisierung familienexterner Ressourcen kann sich darauf richten, Barrieren des Annehmens von Hilfe aus Freundeskreis, Verwandtschaft und Nachbarschaft zu identifizieren und Wege zu deren Überwindung zu entwickeln (vgl. Tabelle 6). Auch medizinisch-behandlungsbezogene Anliegen, deren Formulierung Kind und Eltern im Arztgespräch schwer fällt, können so vorbereitet werden, dass die gewünschte ärztliche Unterstützung erzielt werden kann.

Die Effekte einer Familienberatung auf den psychosozialen Status bei Kind und Familie können entsprechend dem in Abbildung 2 gezeigten Modell sowohl im Sinne einer Verbesserung der Lebensqualität als auch in Einzelfällen in einer Reduzierung psychopathologischer Komorbidität erfasst werden. Angesichts der vielschichtigen Effekte des familiären und besonders elterlichen Verhaltens auf den kindlichen Bewältigungsprozess (vgl. Tabelle 2) können familienzentrierte Interventionen auch dann Vorrang haben, wenn ausgeprägte Adaptationsprobleme des Kindes im Vordergrund stehen. Der explizite Einbezug der anderen Familienmitglieder mit ihren jeweiligen Belastungen, Einschränkungen und Befürchtungen kann Bewältigungsperspektiven eröffnen, die in besserer Weise mit den Belangen aller Familienmitglieder kompatibel sind und so die familiäre Unterstützungsbereitschaft für das Kind absichern helfen. Eine ressourcenorientierte Beratung, die eine gesamtfamiliär integrierte Krankheitsverarbeitung unterstützt, trägt so dazu bei, die mit der Erkrankung und ihrer Behandlung verbundenen Lebensveränderungen so in die familiären Routinen, Rollen und Beziehungen zu integrieren, dass innerfamiliäre Ausgrenzungen, Konflikteskalationen, Zerwürfnisse und Überforderungen Einzelner vermieden werden können. Die Verbesserung der familiären Kohärenz kommt dann wiederum in besonderer Weise dem betroffenen Kind zugute, so dass der scheinbare »Umweg« über die Familie sich auch zur Behandlung von Adaptationsproblemen beim Kind als »Abkürzung« herausstellen kann.

Literatur

Anderson B.J./Coyne J.C.: (1993) Family context and compliance behavior in chronically ill children. In: Krasnegor, N.A./Epstein, L./Johnson, S.B./Yaffee, S. (Hrsg.): Developmental aspects of health compliance behavior. Hillsdale, NJ: Lawrence Erlbaum, 77–90.

Bandura, A.: (1986) Social foundations of thought and action: A social-cognitive theory. Engelwood Cliffs: Prentice Hall.

Baine, S./Rosenbaum, P./King, S.: (1995) Chronic childhood illnesses: What aspects of caregiving do parents value ? Child: care, health, and development 21: 291–304.

Basic Behavioral Task Force of the National Advisory Mental Health Council (1996). Vulnerability and resilience. American Psychologist 51: 22–28.

Bennett, D.S.: (1994) Depression among children with chronic medical problems: A meta-analysis. Journal of Pediatric Psychology 19: 149–169.

Canning, R.D./Harris, E.S./Kelleher, K.J.: (1996) Factors predicting distress among caregivers to children with chronic conditions. Journal of Pediatric Psychology 21: 735–749.

Clawson, J.A.: (1996) A child with chronic illness and the process of family adaptation. Journal of Pediatric Nursing 11: 52–61.

Danielson, C.B./Hamel-Bissel, B./Winstead-Fry, P.: (1993) Families, health and illness. St. Louis: Mosby.

Diabetes Control and Complications Trial Research Group (DCCT) (1993). The effect of intensive treatment of diabetes on the development and progression of long-term complications in insulin-dependent diabetes mellitus. New England Journal of Medicine 329: 977–986.

Diabetes Control and Complications Trial Research Group (DCCT) (1996). Influence of intensive diabetes treatment on quality-of-life outcomes in the diabetes control and complications trial. Diabetes Care 19: 195–203.

Drotar, D.: (1997) Relating parent and family functioning to the psychological adjustment of children with chronic health conditions: What have we learned? What do we need to know? Journal of Pediatric Psychology 22: 149–165.

Eiser, C.: (1993) Growing up with a chronic disease: The impact on children and their families. London, Philadelphia: Jessica Kingsley Publishers.

Eiser, C.: (1997) Children's quality of life measures. Archives of Disease in Childhood 77: 347–354.

Ell, K.: (1996) Social networks, social support and coping with serious illness: The family connection. Social Science and Medicine 42: 173–183.

Faulkner, M.S./Clark, F.S.: (1998) Quality of life for parents of children and adolescents with type 1 diabetes. The Diabetes Educator 24: 721–727.

Hamlett, K.W./Pellegrini, D.S./Katz, K.S.: (1992) Childhood chronic illness as a family stressor. Journal of Pediatric Psychology 17: 33–47.

Hawley, D.R./DeHaan, L.: (1996) Toward a definition of family resilience: Integrating lifespan and family perspectives. Family Process 35: 283–298.

Heim, E.: (1998) Coping – Erkenntnisstand der 90er Jahre. Psychotherapie, Psychosomatik, medizinische Psychologie 48: 321–337.

Hein, H.A./Lofgren, M.A.: (1999) The changing pattern of neonatal mortality in a regionalized system of perinatal care: A current update. Pediatrics 104: 1064–1069.

Holden, F.W./Chmielewski, D./Nelson, C.C./Kager, V.A./Foltz, L.: (1997) Controlling for general and disease-specific effects in child and family adjustment to chronic childhood illness. Journal of Pediatric Psychology 22: 15–27.

Houghughi, M./Speight, A.N.P.: (1998) Good enough parenting for all children – and strategies for a healthier society. Archives of Diseases in Childhood 78: 203–300.

Ievers, C.E./Drotar, D./Dahms, W.T./Doershuk, C.F./Stern, R.C.: (1994) Maternal child-rearing behavior in three groups: Cystic fibrosis, insulin-dependent diabetes mellitus, and healthy children. Journal of Pediatric Psychology 19: 681–687.

Ireys, H.T./Silver, E.J.: (1996) Perception of the impact of a child's chronic illness: Does it predict maternal mental health? Developmental and Behavioral Pediatrics 17: 77–83.

Johnson, S.B.: (1994). Family management of childhood diabetes. Journal of Clinical Psychology in Medical Settings 1: 309–315.

Kazak, A.E.: (1992) The social context of coping with childhood chronic illness: Family systems and social support. In: LaGreca, A./Siegel, L./Wallander, J./Walker, C.E. (Hrsg.): Advances in pediatric psychology: Stress and coping with pediatric conditions. New York: Guilford Press, 262–278.

Kokkonen, J.: (1995) The social effects in adult life of chronic physical illness since childhood. European Journal of Pediatrics 154: 676–681.

La Greca, A.M.: (1992) Peer influences in pediatric chronic illness: An update. Journal of Pediatric Psychology 17: 773–784.

Lavigne, J.V./Faier-Routman, J.: (1992) Psychological adjustment to pediatric physical disorders: A meta-analytic review. Journal of Pediatric Psychology 17: 133–157.

Lazarus, R.S.: (1993) Coping theory and research: Past, present, and future. Psychosomatic Medicine 55: 234–247.

Leonard, B.J.: (1991) Siblings of chronically ill children: A question of vulnerability versus resilience. Pediatric Annals 20: 501–506.

Leonard B.J./Brust J.D./Nelson, R.P.: (1993) Parental distress: Caring for medically fragile children at home. Journal of Pediatric Nursing 8: 22–30.

Melamed, B.G.: (1993) Putting the family back in the child. Behaviour Research Therapy 31: 239–247.

Noeker, M./Petermann, F.: (1990) Beratungsarbeit mit Familien krebskranker Kinder. In Seiffke-Krenke, I. (Hrsg.): Jahrbuch der Medizinischen Psychologie. Bd. 4: Krankheitsverarbeitung bei Kindern und Jugendlichen. Berlin: Springer, 300–315.

Noeker, M./Petermann, F.: (1997) Körperlich-chronisch kranke Kinder: Psychosoziale Belastungen und Krankheitsbewältigung. In: Petermann, F. (Hrsg.): Lehrbuch der Klinischen Kinderpsychologie, 3., korrigierte Auflage. Göttingen: Hogrefe, 517–553.

Noeker, M./Haverkamp, F.: (1997) Chronische Erkrankungen im Kindes- und Jugendalter – Entwicklung einer Typologie und Zuordnung spezifischer pädiatrisch-psychologischer Interventionskonzepte. Monatsschrift für Kinderheilkunde 145: 387–394.

Noeker M./Petermann F.: (2000) Interventionsverfahren bei chronisch kranken Kindern und deren Familien. In: Petermann, F. (Hrsg.): Lehrbuch der Klinischen Kinderpsychologie. 4., vollständig überarbeitete und erweiterte Auflage. Göttingen: Hogrefe, 514–540.

Noeker, M.: (1998) Selbstmanagement, Compliance und glykämische Kontrolle beim Typ-I-Diabetes. In: Petermann, F. (Hrsg.): Compliance und Selbstmanagement. Göttingen: Hogrefe, 201–215.

Patterson J.M./Garwick, A.W./Bennett, F.C./Blum, R.W.: (1997) Social support in families of children with chronic conditions: Supportive and non-supportive behaviors. Developmental and Behavioral Pediatrics 18: 383–391.

Perrin, E.C./Ayoub, C.C./Willett, J.B.: (1993) In the eyes of the beholder: Family and ma-

ternal influences on perceptions of adjustment of children with chronic illness. Developmental and Behavioral Pediatrics 14: 94–105.
Petermann, F. (Hrsg.): (1996) Lebensqualität und chronische Krankheit. München-Deisenhofen: Dustri.
Petermann, F. (Hrsg.): (1998) Compliance und Selbstmanagement. Göttingen: Hogrefe.
Petermann, F./Noeker, M./Bode, U.: (1987) Psychologie chronischer Krankheiten. München: Psychologie Verlags Union.
Petermann, F./Noeker, M./Bochmann, F./Bode, U.: (1990) Beratung von Familien mit krebskranken Kindern: Konzeption und empirische Ergebnisse (2. überarb. Auflage). Frankfurt/Main: Peter Lang.
Petermann, F./Warschburger, P.: (1999) Kinderrehabilitation. Göttingen: Hogrefe.
Pless, I.B./Cripps, H.A./Davies, J.N.C./Wadsworth, M.E.J.: (1989) Chronic physical illness in childhood: Psychological and social effects in adolescence and adult life. Developmental Medicine and Child Neurology 31: 746–755.
Roberts, M.C./Wallander, J.L.: (1992) Family issues in pediatric psychology. Hillsdale, NJ: Erlbaum.
Roth, R./Seiffke-Krenke, I.: (1996) Die Realisierung von Entwicklungsaufgaben. Gelingt es chronisch kranken Jugendlichen, ihre Defizite aufzuholen? Zeitschrift für Entwicklungspsychologie und Pädagogische Psychologie 28: 108–125.
Seiffke-Krenke, I./Kollmar, F.: (1996) Der jugendliche Diabetiker und sein Arzt: Diskrepanzen in der Einschätzung der Arzt-Patient-Beziehung und der Compliance. Kindheit und Entwicklung 5: 240–248.
Sly, R.M.: (1994) Changing asthma mortality, Annals of Allergy 73: 259–268.
Spieth, L.E./Harris, C.V.: (1996) Assessment of health-related quality of life in children and adolescents: An integrative review. Journal of Pediatric Psychology 21: 175–193.
Tesch-Römer, C./Salewski, C./Schwarz, G. (Hrsg.): (1997) Psychologie der Bewältigung. Weinheim: Psychologie Verlags Union.
Timko, C./Baumgartner, M./Moos, R.H./Miller, J.J.: (1993) Parental risk and resistance factors among children with juvenile rheumatic disease: A four-year predictive study. Journal of Behavioral Medicine 16: 571–588.
Timko, C./Moos, R.H./Miller, J.J.: (1992) Adaptation to juvenile rheumatic disease: A controlled evaluation with a one-year follow up. Health Psychology 11: 67–76.
Thompson, R.J./Gustafson, K.E.: (1996) Adaptation to chronic childhood illness. Washington: American Psychological Association.
Thompson, R.J./Gil, K.M./Burbach, D.J./Keith, B.R./Kinney, T.R.: (1993) Psychological adjustment of mothers of children and adolescents with sickle cell disease: The role of stress, coping methods and family functioning. Journal of Pediatric Psychology 18: 549–559.
Tröster, H.: (1999) Sind Geschwister behinderter oder chronisch kranker Kinder in ihrer Entwicklung gefährdet? Ein Überblick über den Stand der Forschung. Zeitschrift für Klinische Psychologie 28: 160–176.
Viner, R./McGrath, M./Trudingher, P.: (1996) Family stress and metabolic control in diabetes. Archives of Disease in Childhood 74: 418–421.
von Hagen, C./Noeker, M.: (1999) Entwicklungsergebnis bei chronischer somatischer Erkrankung im Kindes- und Jugendalter: Psychische Störung versus Kompetenzgewinn. In: Oerter, R./v. Hagen, C./Röper, G./Noam, G. (Hrsg.): Klinische Entwicklungspsychologie. Weinheim: Psychologie Verlags Union, 654–690.
Wallandar J.J./Pitt, L.C./Mellins, C.A.: (1990) Child functional independence and maternal psychological stress as risk factors threatening adaptation in mothers of physically or

sensorially handicapped children. Journal of Consulting and Clinical Psychology 58: 818–824.

Wallander, J.L./Varni, J.W./Babani, L./Banis, H.T./DeHaan, C.B./Wilkox, K.T.: (1989) Family resources as resistance factors for psychological maladjustment in chronically ill and handicapped children. Journal of Pediatric Psychology 14: 157–173.

Walsh, F.: (1996) The concept of family resilience: Crisis and challenge. Family Process 35: 261–281.

Warschburger, P./Petermann, F.: (2000) Belastungen bei chronisch kranken Kindern und deren Familien. In: Petermann, F. (Hrsg.): Lehrbuch der Klinischen Kinderpsychologie, 4. vollständig überarbeitete und erweiterte Auflage. Göttingen: Hogrefe, 479–511.

Wendt, A./Petermann, F.: (1996) Messverfahren zur Erfassung des Bewältigungsverhaltens: Eine kritische Bestandsaufnahme. Zeitschrift für Klinische Psychologie, Psychiatrie und Psychopathologie 44: 3–32.

Williams, P.D.: (1996) Siblings and pediatric chronic illness: A review of the literature. International Journal of Nursing Studies 4: 312–323.

Bedeutungen konstruieren und wieder verlieren: Auf dem Weg zu einem besseren Verständnis für suizidales Verhalten bei Jugendlichen[1]

Gil G. Noam und Sophie Borst

Mehr als 200 Jahre nach seinem ersten Erscheinen vermittelt Goethes (1774/ 1973) psychologisches Portrait des jungen Werther wie kein anderes literarisches oder wissenschaftliches Dokument tiefe Einsichten in den Wunsch junger Menschen zu sterben. Dabei ist eine einfache Interpretation dieses literarischen Portraits nicht ausreichend. Es ist, als ob wir immer wieder auf eine Landschaft schauen, während sie sich direkt vor unseren Augen verändert. Auf die gleiche Weise entziehen sich unsere beharrlichen Versuche, den Suizid von Kindern und Jugendlichen ganz zu verstehen, auch unseren größten Bemühungen.

Werther diskutiert in den Briefen an seinen Freund Wilhelm nicht nur seine wachsende Liebe zu Lotte und seine zunehmende Verzweiflung, sondern er breitet eine vollständige Lebensphilosophie aus, den Wunsch nach Einheit bei der Entwicklung seines Selbst und eine sorgfältige Beschreibung der vielen bedeutungslosen Konventionen des Erwachsenenalters. Werthers Gedanken sind bei Lotte, aber die tragische Beziehung steigert nur seine Hoffnungslosigkeit und seinen Widerwillen, die Welt so zu akzeptieren wie er sie vorfindet.

Über die Jahrhunderte hinweg gab es zahlreiche psychologische Deutungen des Werther: Das Dreieck zwischen Lotte, Werther und Albert (Lottes Mann) hat Psychoanalytiker zum Beispiel zu einem ödipalen Verständnis inspiriert. Andere Autoren vermuteten eine affektive Störung oder gar eine psychotische Depression, und zwar wegen Werthers abnehmender Fähigkeit, alternative Modi des Denkens und Fühlens zu entwickeln und wegen seiner grenzenlosen Verzweiflung, die alle Beziehungsprobleme weit übersteigt. Durch das Aufstellen solcher Behauptungen haben wir indes nur wenig gelernt, denn diese Deutungen beschreiben nur die relevantesten Dimensionen und machen sie zu primären Erklärungen. Wie in den meisten anderen Fällen ist bei Werther der Suizid mit komplexen Bedeutungen und Erfahrungen verknüpft, letzter Ausweg für eine komplizierte Vielzahl verschiedener Probleme. In einer wichtigen Passage des Romans macht Werther dies selbst deutlich: »Warum müssen Menschen wie Du, rief ich aus, wenn Du von irgendeiner Tat berichtest, sofort sagen: Dies ist dumm, dies ist weise; dies ist

---

[1] Deutsche Fassung des Originalbeitrags: Developing Meaning, Losing Meaning: Understanding Suicidal Behavoir in the Young (siehe Literaturverzeichnis, S. 263).

gut, dies ist schlecht? Und was bedeutet dies alles? Bedeutet es, dass Du die inneren Umstände einer Tat schon wirklich entdeckt hast? Weißt Du, wie man endgültig den Grund erklären kann, warum es geschah, warum es geschehen musste? Wenn Du es wirklich wüsstest, wärest Du weniger hastig in Deinen Urteilen« (Goethe, 1973, S. 46)[2].

In der Tat dürfen wir weder simplifizieren noch moralisieren oder pathologisieren, wollen wir Zugang bekommen zu den vielen Facetten und Faktoren, die den Wunsch zu sterben herbeiführen. In diesem Kapitel wird die Perspektive der Klinischen Entwicklungspsychologie eingenommen. Unter dieser Perspektive wird postuliert: Es gibt ein lebenslang sich veränderndes Muster von Bedeutungsstrukturen über das Selbst und seine Beziehungen und auch darüber, wie sich Interaktionsmuster mit Menschen, die uns wichtig sind, entwickeln. Diese theoretischen Überlegungen werden mittels qualitativer Daten und quantitativer Studien mit psychiatrisch auffälligen Jugendlichen belegt. Viele Befunde zeigen, dass suizidale Kinder und Jugendliche in ihren Familien, mit Gleichaltrigen und Liebespartnern destruktive Beziehungen erleben (vgl. Asarnow, Carlson & Guthrie, 1987; Campbell, Milling, Laughlin & Bush, 1993; Blumenthal, 1990). Suizidale Jugendliche sind ansonsten genau wie ihre gleichaltrigen Freunde damit beschäftigt, kognitiv Bedeutungen zu konstruieren über sich selbst, ihre Beziehungen und ihr Leben (Noam, Powers, Kilkenny & Beedy, 1990). Eben diese Prozesse der Bedeutungsbildung tragen aber zu dem bei, was dann als besonders destruktiv und schmerzhaft interpretiert wird und suizidauslösend ist.

Suizidverhalten und sozial-kognitive Entwicklung: Die Perspektive der klinischen Entwicklungspsychologie

Epidemiologische Studien finden übereinstimmend heraus, dass versuchter Selbstmord, der in der Kindheit relativ selten ist, im Jugendalter zu einer ernsthaften Bedrohung wird. Die Zahl der Suizidversuche zeigt einen drastischen Anstieg im Alter von dreizehn und vierzehn Jahren (Carlson & Cantwell, 1982; Rutter & Garmezy, 1983). In Risikogruppen sind Selbstmordgedanken und -versuche oft der Hauptgrund für eine stationäre Aufnahme.

Warum nehmen Suizide in den Jahren der Adoleszenz derart zu? Diese Frage hat viele Kliniker und Forscher vor ein Rätsel gestellt. Durch die Anwendung von Prinzipien aus Entwicklungspsychologie und Psychopathologie sind interessante Denkmodelle entstanden. So vertreten beispielsweise einige Forscher die Auffassung, ein früher Beginn der Pubertät erhöhe das Suizidrisiko, weil dies zu einem biopsychosozialen Ungleichgewicht beitrage (Diekstra, 1993).

---

2 Zitiert nach: von Goethe, J.W. (1998) Werke. Band 6, Romane und Novellen I. Hamburger Ausgabe. Deutscher Taschenbuch Verlag.

Andere mutmaßen, dass erst auf dem *formal operationalen Niveau* (nach Piaget, 1932) Verzweiflung, Selbsthass und Hoffnungslosigkeit verstärkt erlebt werden. Ein Entwicklungsfortschritt trägt also zur Entstehung von Suizidgedanken und suizidalem Verhalten bei (Carlson, Asarnow & Orbach, 1987; Shaffer & Fischer, 1981). Rutter (1986) stellte eine ähnliche Hypothese auf: Er führt die Zunahme an Depression und Suizidalität bei Jugendlichen auf kognitive Fortschritte sowie auf mehr Selbstbeobachtung und eine stärkere Zukunftsorientierung zurück. Noam et al. (1994) fanden, dass die sozial-kognitive Entwicklung mit stärkerer Depression bei Risikogruppen in Beziehung steht. Verglichen wurden in dieser Studie jugendliche psychiatrische Patienten mit einer entwicklungsverzögerten Gruppe gleichaltriger Probanden.

Diese Befunde können nutzbringend in der Tradition von Piaget (1932), Werner (1959), Wygotsky (1987) und anderen interpretiert werden, die alle zum Aufbau der Perspektive der klinischen Entwicklungspsychologie beigetragen haben. Dieser Sichtweise folgt einer Reihe von Annahmen, die in früheren Publikationen vorgestellt wurden (Noam, 1988; Noam & Vaillant, 1994). Hier sollen nur kurz drei Themen herausgegriffen werden, die für die Suizidforschung der Autoren relevant sind: Die Entwicklung von Bedeutungen und Lebensalter, Entwicklung und Psychopathologie sowie Entwicklung und Dysfunktion.

Entwicklung von Bedeutungsmustern

Für klinische Entwicklungspsychologen ist die Transformation von mentalen Repräsentanzen des Selbst und von Beziehungen die Grundlage, auf der ein Verständnis von Psychopathologie aufzubauen ist. Viele Längs- und Querschnittsstudien haben gezeigt, dass alle Menschen ihr Verständnis von der sozialen Welt immer wieder neu konstruieren. Piagets (1932) frühe Arbeit über das moralische Urteil des Kindes war ein Meilenstein in der Forschungsarbeit über Entwicklungsunterschiede in der Art und Weise wie Kinder soziale Regeln konstruieren und wahrnehmen.

Seitdem sind auch viele Teilbereiche der sozialen Entwicklung untersucht worden, darunter die soziale Perspektivenübernahme, die moralische Entwicklung sowie die Konzeption von Konventionen und vom Selbst. Gemeinsam ist allen dieser Studien der Gedanke, dass Entwicklungsniveaus am besten in Begriffen der Komplexität der Repräsentanz von sozialer Realität verstanden werden können. Sie teilen außerdem alle die Annahme – auch nachdem die meisten Forscher die Vorstellung einer einfachen stufenweisen Progression kognitiver Funktionen aufgegeben haben –, dass diese Repräsentanzen sich von weniger reifen und weniger differenzierten zu komplexeren und integrierteren Formen entwickeln.

Während man sich anfangs vor allem damit beschäftigte, die *normativen* Pfade von Entwicklung nachzuzeichnen, werden nunmehr eine ganze Reihe von Implikationen für das Studium *dysfunktionaler* Entwicklungspfade deutlich. Weil wir annehmen, dass identische Ereignisse unterschiedlich erlebt und erfahren werden, und zwar je nach Entwicklungsniveau von Kognition, sozialer Kognition und sozio-emotionaler Entwicklung, richtet sich unsere Aufmerksamkeit nicht nur auf Verhalten und Symptome des Einzelnen, sondern auch und gleichzeitig auf die Bedeutungen, die das Problemverhalten für ihn hat. Zum Beispiel kann ein versuchter Selbstmord Teil eines sorgfältig geplanten und kognitiv komplexen Sets von Handlungen sein oder eine impulsive Entscheidung ohne Berücksichtigung der Konsequenzen, die dieses Verhalten nach sich zieht. Im Augenblick ist nur wenig darüber bekannt, wie die Zusammenhänge zwischen der Komplexität des Denkens und dem Verständnis für Symptome, deren Entwicklung und Aufrechterhaltung aussehen. Das Aufdecken von Verbindungen zwischen der besser erforschten Welt von sozialer Kognition und mentalen Repräsentanzen und dem relativ unbekannten Bereich ihrer Beziehung zu Dysfunktionen macht die Klinische Entwicklungspsychologie zu einem spannenden neuen Forschungsgebiet.

Lebensalter, Entwicklung und Psychopathologie

Es sind heute interessante Alterstrends bei verschiedenen Psychopathologien bekannt. So sind zum Beispiel bestimmte Phobien und Ängste wie Trennungsangst und Albträume besonders in der frühen Kindheit vorherrschend und nehmen tendenziell in der mittleren Kindheit ab. Suizidraten steigen während der Adoleszenz dramatisch an, und das gleiche gilt für eine Reihe anderer Störungen wie Zwangsverhalten, Depression und Verhaltensauffälligkeiten. Das Alter kann als einfaches Organisationsmoment für viele zugrunde liegende Prozesse dienen. Aber die Einfachheit eines Altersansatzes täuscht. Wenn mentale Repräsentanzen und Bedeutungssysteme untersucht werden, ist sehr schnell festzustellen: Ein bestimmtes Alter garantiert durchaus nicht, dass grundlegende kognitive und sozialkognitive Prozesse tatsächlich abgelaufen sind.

Viele Jugendliche und Erwachsene erreichen zum Beispiel nie das Niveau formal-operationalen Denkens, auch wenn in den meisten Lehrbüchern das Erreichen dieses Entwicklungsniveaus mit der Adoleszenz gleichgesetzt wird. Diese Tabellen spiegeln sicherlich eine allgemeine Fehlanwendung der Theorie, denn die Adoleszenz befördert die kognitive Weiterentwicklung nicht notwendigerweise. Viele Jugendliche funktionieren weiterhin auf einem konkret-operationalen Niveau und dabei bleibt es.

Solange das Lebensalter als Merkmal für die Entwicklung psychischer Störungen benutzt wird, ist leicht die Tatsache zu übersehen, dass innerhalb einer einzigen Altersgruppe viele unserer Probanden und Patienten sich grundsätzlich darin unterscheiden wie sie ihre internalen und interpersonalen Realitäten konstruieren (Noam, 1988; Recklitis & Paget, 1991). Aus diesem Grund ist es notwendig, die Komplexität von Bedeutungssystemen zu untersuchen, einerseits entlang ihrer kognitiven, sozialen und emotionalen Entwicklungslinien und andererseits in Beziehung zu Symptomen, Syndromen oder Typen von Maladaptation.

Entwicklung und Dysfunktion

Klinische Entwicklungspsychologie besteht nicht nur in einer einfachen Anwendung kognitiver Psychologie auf das Gebiet psychologischer Dysfunktionen. Sie formuliert vielmehr viele der traditionell als gesichert angesehenen Annahmen der normativen Theorien neu. So ist zum Beispiel aus einer Perspektive der Entwicklungspsychopathologie die von Piaget (1932) und Kohlberg (1984) vertretene Vorstellung, höhere Entwicklungsstufen seien adaptiver, ernsthaft zu überdenken (Noam & Valiant, 1994; Röper & Noam, 1999): Die gleiche Fähigkeit nämlich, die zu mehr Wissen über das eigene Selbst und zu mehr Anpassung führen kann, bringt auch komplexere Formen von Selbsttäuschung und Selbstzerstörung hervor, wie zum Beispiel Suizidverhalten.

Ich-Entwicklung und Suizidalität: Ein Forschungsbereich

Mit den eben vorgestellten Gedanken wurde ein systematisches Studium suizidalen Verhaltens in Angriff genommen, um beurteilen zu können, ob die theoretischen Annahmen und klinischen Beobachtungen zu einer Entwicklungstypologie der Suizidalität einer strengeren empirischen Überprüfung standhalten. Die Wahl fiel auf Loevingers (1976) Konzept der Ich-Entwicklung als geeignetes Instrument für die Suizidforschung, weil es insbesondere die Entwicklungsaspekte von Impulskontrolle, Erleben von Schuldgefühlen und Komplexität emotionaler Erfahrungen betont. Das Ich, so wie es von Loevinger definiert wird, ist der »master trait«, um den herum die Persönlichkeit sich konstruiert. Die Grundidee dabei ist, dass jedes Individuum über einen eigenen Bezugsrahmen verfügt, mit dem es seine oder ihre Erfahrungen vom eigenen Selbst oder von anderen Menschen organisiert. Loevinger schlägt neun Stufen vor, entlang derer diese Bezugsrahmen angeordnet werden können. In ihren berichteten Forschungsvorhaben konzentrierten sich die Autoren auf die wichtige Unterscheidung zwischen dem, was Loevinger präkonformistische (Stufen 2, Delta und Delta/3) und konformistische (Stufen 3 und ¾) Stufen nennt. Jugendliche auf präkonformistischen Stufen sehen sich selbst und andere unter einem dem Konkreten verhafteten, egozentrischen Blickwinkel. Sie neigen zu Impulsivität und zu Beziehungen, in denen der andere für die eigenen Vorteile ausgenutzt wird. Mit fortschreitender Entwicklung lernt der Jugendliche, die Perspektive eines anderen einzunehmen und erreicht die Fähigkeit zur Empathie. Bei den Sorgen konformistischer Jugendlicher geht es somit sehr viel wahrscheinlicher darum, ob sie gemocht und akzeptiert werden, und sie drücken ihre Ansichten häufig in Klischees und Stereotypen aus. Sie sehen sich selbst oft durch die Augen anderer Personen und zeigen mehr kognitive Komplexität als dies präkonformistische Jugendliche tun.

Die vorgestellte Hypothese lautet: In einer klinischen Stichprobe weisen die reiferen konformistischen Entwicklungsniveaus eine höhere Inzidenzrate von Suizidgedanken und -versuchen auf. Es ging also explizit darum, die Entwicklungspositionen immer im Kontext anderer Risikofaktoren zu untersuchen – in diesem Fall Alter, Geschlecht und psychiatrischen Störungen. Die Probanden waren 219 Patienten in der frühen Adoleszenz zwischen zwölf und sechzehn Jahren, die eine DSM-III Diagnose einer affektiven Störung, einer Verhaltensstörung oder beider Störungen hatten (beurteilt mit dem Diagnostic Interview Schedule for Children = DISC; siehe Costello et al., 1984). Die Ich-Entwicklung wurde mit dem Washington University Sentence Completion Test erfasst (Loevinger, Wessler & Redmore, 1970; dt.: vgl. Bösch, 2000).

Wie vorhergesagt stellte sich heraus, dass die Wahrscheinlichkeit, einen Suizidversuch zu machen, bei Mädchen höher war als bei Jungen; Jugendliche, die einen Suizidversuch verübten, hatten öfter Diagnosen einer affektiven Störung oder gemischte Diagnosen (eine affektive Störung und eine Verhaltensstörung) als reine Verhaltensstörungen. Von den Jugendlichen mit einer Verhaltensstörung hatten nur zwölf Prozent einen Suizidversuch gemacht, dagegen 51 Prozent der Jugendlichen mit einer affektiven Störung und 55 Prozent der Jugendlichen mit gemischten Diagnosen. Außerdem konnte eine signifikante Beziehung zwischen Suizidversuch und Komplexität des Entwicklungsniveaus aufgezeigt werden, wobei konformistische Jugendliche öfter einen Suizidversuch ausführten als präkonformistische Jugendliche. Von den konformistischen Jugendlichen waren 62 Prozent suizidal im Vergleich zu nur 32 Prozent der präkonformistischen Jugendlichen. Diese Korrelation blieb auch signifikant, wenn Geschlecht und Diagnose berücksichtigt wurden. Über schrittweise logistische Regression stellte sich heraus, dass ein Modell, das Geschlecht, Diagnose und Ich-Entwicklung kontrolliert, den Suizidstatus von 76 Prozent der Stichprobe korrekt vorhersagen konnte. Diese Studie stützt außerdem die Annahme, dass es notwendig ist, über »Alter« als Schlüsselvariable für Entwicklung hinauszugehen, denn in dieser Stichprobe von Jugendlichen war keinerlei Beziehung zwischen Alter und Suizidversuch zu finden. Statt dessen erwies sich der Bezugsrahmen der Jugendlichen als nützliches Konzept für das Verständnis der Entwicklungsdimensionen von Suizidalität.

In Übereinstimmung mit dem Konstrukt der Ich-Entwicklung werden die Befunde wie folgt interpretiert: Mit der sozial-kognitiven Reorganisation, die normalerweise in der Adoleszenz stattfindet, wird das Unglücklichsein, welches früher auf äußere Ursachen zurückgeführt wurde und dem man durch bestimmte Verhaltensweisen begegnete, mehr und mehr zu einem Teil der inneren Bewertungen des Selbst. Es ist wahrscheinlich, dass nach einer solchen Transformation die typische Reaktion auf zwischenmenschliche Enttäuschungen zunehmend in Selbstbeschuldigungen und Selbstschädigung besteht (vgl. Noam, 1988).

Die Ergebnisse stützen außerdem das Konzept, dass reifere Ich-Stufen mit maladaptivem und selbstschädigendem Verhalten einhergehen können. Tatsächlich kann man nach dieser Studie annehmen, dass eine Entwicklungsverzögerung bei suizidalem Verhalten eher als protektiver Faktor wirkt und nicht notwendigerweise als Risikofaktor. Zwar sind Jugendliche auf früheren Entwicklungsniveaus einem höheren Risiko hinsichtlich Impulsivität, Problemen mit Ausagieren und Delinquenz ausgesetzt, doch deren selbstschützende und externalisierende Qualitäten sie davor bewahren kann, die Aggression gegen das eigene Selbst zu richten.

Die Befunde legen weiterhin nahe, dass es nicht nur einen einzigen Typus von Suizidalität gibt. Es gab suizidale Jugendliche, die depressiv, verhaltensgestört oder beides waren. Durch Anwendung des Modells von Ich-Entwicklung fand sich aber auch eine Gruppe von suizidalen Jugendlichen, die in ihrer Entwicklung verzögert war. Dies machte eine systematische Untersuchung der verschiedenen Typen erforderlich, die vorher konzeptuell postuliert worden waren (Noam, 1987). Es schien immer klarer angezeigt, dass eine solche Aufstellung von Subtypen von großer Bedeutung für die Praxis sein kann. Die meisten Fortschritte bei klinischen Interventionen gründen nämlich auf einem tieferen Verständnis für die unterschiedlichen Prozesse, die scheinbar identischen Handlungen, wie dem Suizidverhalten, innewohnen.

Der Gedanke, suizidale Jugendliche in Subtypen einzuteilen, ist selbstverständlich nicht neu. Es sind zwei Haupt-Subtypen von Suizidalen definiert worden: Solche, die primär impulsiv und aggressiv sind, und solche, die primär depressiv sind und sich wenig oder gar nicht aggressiv verhalten (Brent et al., 1988; Pfeffer et al., 1989). Brent et al. (1988) haben gezeigt, dass der aggressive Typus mit unterschiedlichem Vorsatz impulsive Selbsttötungsversuche macht, während der depressive Typus resigniert und mit ernsthafter suizidaler Absicht seine Versuche plant. Ähnlich hat Shaffer (1974) drei Typen von Kindern und Jugendlichen beschrieben, die sich tatsächlich umgebracht haben: Diese waren depressiv, delinquent oder gemischt depressiv und delinquent. Pfeffer et al. (1989) fanden wichtige Unterschiede zwischen Jugendlichen, die sowohl aggressiv als auch suizidal waren, und solchen, die nur suizidal waren.

Bisher sind diese Subtypen überwiegend anhand ihrer Symptome klassifiziert worden. Wie oben angesprochen, kann das Entwicklungsniveau von Jugendlichen ein wichtiger Moderator für Symptomausdruck sein (Kadzin, 1989). So gelangten die Autoren zu der Überzeugung, dass die sozial-kognitive Entwicklung eine wichtige Rolle spielt für das Verständnis der Unterschiede zwischen den verschiedenen Suizidprofilen, die bisher beschrieben worden sind.

Insbesondere wurde vorhergesagt, dass Jugendliche auf einem präkonformistischen Niveau von Ich-Entwicklung, die einen Suizidversuch machen, sich offen zornig, impulsiv und konkret geben und große Schwierigkeiten haben, die Perspektive anderer Personen einzunehmen. Andererseits war zu erwarten, dass Jugendliche depressiver sind und eine stärkere Tendenz zu Selbstbeschuldigungen aufweisen, wenn sie auf einem konformistischen Entwicklungsniveau sind und versuchen, sich das Leben zu nehmen. Entsprechend ihren Eigenschaften bezeichnen die Autoren die erste Gruppe als *angry-defiant*[3] und die zweite Gruppe als *self-blaming*[4].

Zur Prüfung der Hypothesen wurde eine Studie durchgeführt (Noam, 1993) an zweiundfünfzig Probandinnen im Alter von dreizehn bis sechzehn Jahren, die sich stationär in einer geschlossenen psychiatrischen Abteilung aufhielten. Jedes dieser Mädchen hatte laut Krankenakte innerhalb von sechs Monaten vor der Aufnahme einen ernsthaften Suizidversuch unternommen. Mit einem Satzergänzungstest, Messinstrument für Ich-Entwicklung von Loevinger et al. (1970), wurden die Mädchen in zwei Gruppen unterteilt: präkonformistische (N = 29) und konformistische (N = 23) Entwicklungsniveaus. Beide Gruppen waren hinsichtlich Alter und sozioökonomischem Status vergleichbar.

Aus zwei Gründen wurden für diese Studie Mädchen ausgewählt. Einmal ist die Wahrscheinlichkeit, dass sie einen Suizidversuch machen, höher als bei Jungen. Zum anderen gibt es Zusammenhänge zwischen dem Geschlecht und anderen Variablen, die in dieser Studie von Interesse waren: Mädchen haben häufiger Diagnosen einer affektiven Störung (Noam et al., 1994; Hauser, Jacobson, Noam & Powers, 1983; Redmore & Loevinger, 1979) und funktionieren in der Adoleszenz im Vergleich zu Jungen tendenziell auf höheren Stufen der Ich-Entwicklung (Noam et al., 1994; Hauser, Jacobson, Noam & Powers, 1983; Redmore & Loevinger, 1979).

Eine der Hauptfragen dieser Studie betraf die Rolle internalisierender und externalisierender Symptome der zwei Entwicklungstypen. Messinstrumente waren die Achenbach und Edelbrock (1987) Youth Self-Report Symptom Checklist (YSR, dt.: 1998), sowie das bereits erwähnte DISC zur Diagnose von Störungen nach DSM-III. Auf der Grundlage der YSR- Daten stellte sich heraus, dass die Mädchen auf präkonformistischen und konformistischen Niveaus hinsichtlich internalisierender Symptome vergleichbar waren. Mädchen auf präkonformistischen Niveaus berichteten, wie vorhergesagt, von signifikant mehr externalisierenden Symptomen. Auf diagnostischem Niveau fanden sich entsprechende Ergebnisse: Bei den meisten Mädchen – 86 Prozent in beiden Gruppen – wurde eine affektive Störung diagnostiziert. Außerdem hatten die Mädchen auf konformistischen Niveaus signifikant häufiger Diagnosen einer rein affektiven Störung (48 versus 10 Prozent), wogegen die präkonformistischen Mädchen häufiger gemischte Diagnosen hatten mit affektiven und Verhaltensstörungen (76 versus 39 Prozent).

Der Gebrauch von Abwehrmechanismen wurde mit einem Papier-und-Bleistift-Test erfasst, dem Defense Mechanisms Inventory (Version für Jugendliche). Zwischen den beiden Gruppen fanden sich signifikante Unterschiede bei den jeweils benutzten Abwehrstilen. Präkonformistische Probandinnen benutzten mehr externalisierende Abwehrmechanismen wie Verschiebung, Regression und Identifizierung mit dem Aggressor sowie solche, die unter dem Cluster Wendung-

---

3 wütend-herausfordernd
4 selbst-beschuldigend

gegen-den-anderen zusammengefasst sind. Die konformistischen Probandinnen dagegen setzten mehr internalisierende Abwehrmechanismen ein, wie Umkehrung, wozu Verleugnung und Reaktionsbildung gehören, und Prinzipalisierung, dazu zählen Intellektualisierung, Rationalisierung und Affektisolierung. Beide Gruppen erreichten ähnliche Werte auf dem Abwehrcluster »Wendung-gegen-sich-selbst«. Dieser Cluster unterscheidet im Allgemeinen deutlich zwischen suizidalen und nicht-suizidalen Patienten – und zwar in Stichproben von Erwachsenen und von Jugendlichen (Scholz, 1973; Recklitis, Noam & Borst, 1992). Insofern war dieses Resultat nicht überraschend.

Diese Ergebnisse stützen also die Auffassung, dass es zwei Entwicklungstypen gibt, die Suizidversuche machen, und die sich in Symptomen, Diagnose und Abwehrstil signifikant unterscheiden. Die Probandinnen auf präkonformistischen Niveaus vom *angry-defiant Typ* hatten zwar Depressionen, waren aber auch aggressiv und setzten externalisierende Abwehrmechanismen ein.

Die Mädchen auf konformistischen Niveaus vom *self-blaming Typ* waren depressiv und benutzten beim Umgang mit Konflikten mehr internalisierende Abwehrmechanismen. Sie verbrachten außerdem tendenziell weniger Zeit im Zimmerarrest als die präkonformistischen Mädchen. Der Stubenarrest wurde bei ihnen eher für selbstdestruktives als für aggressives Verhalten verhängt und dies war im Allgemeinen auf einen einzigen Vorfall begrenzt. Die präkonformistischen Mädchen erfahren dagegen häufiger für aggressives Verhalten negative Konsequenzen. Daraus folgte, dass Entwicklungsdimensionen für das Verständnis der vorhandenen Unterschiede zwischen suizidalen Mädchen eine wichtige Rolle spielen.

Qualitative Analysen der Entwicklungstypologie

Es wurde eine gründliche empirische Untersuchung qualitativer Daten durchgeführt. Dafür wurde ein halbstrukturiertes klinisch-entwicklungspsychologisches Suizid-Interview entwickelt, das Art des Erlebens und Konstruktion des suizidalen Ereignisses erhebt. Zusätzlich wurde ein Manual für die Kodierung des Interviewmaterials erarbeitet. Jonckheer (1992) interviewte eine Teilstichprobe der Probandinnen unserer oben beschriebenen empirischen Studie. Zwei kurze Fallvignetten sollen hier diese qualitative Studie und unsere empirischen Daten zu einer Entwicklungstypologie suizidaler Mädchen illustrieren. Zwei Probandinnen – ein Mädchen vom *angry-defiant*-Typ auf einem präkonformistischen Entwicklungsniveau und eines vom *self-blaming*-Typ auf einem konformistischen Niveau – wurden über ihre Selbstmordversuche befragt und über ihre Sicht der Ereignisse, die zu dem suizidalen Verhalten geführt hatten. Wir legen den Schwerpunkt vor allem auf die unterschiedliche Art und Weise wie die suizidale Krise verstanden und erlebt wurde und nicht auf vorhandene Gemeinsamkeiten zwischen diesen beiden und den anderen Probandinnen.

Risiko und Psychopathologische Entwicklung

Vignette 1: Die Geschichte von Yolanda ist charakteristisch für den angry-defiant suizidalen Typ. Sie war fünfzehn, weiß, übergewichtig und das älteste von drei Kindern. Eine Notaufnahme hatte sie ans Center überwiesen. Ihre Mutter hatte sie in die Notfallambulanz gebracht, nachdem Yolanda angekündigt hatte, dass sie am nächsten Morgen tot sein werde. Zwei Wochen vorher hatte sie ihre Handgelenke aufgeschnitten, aber nicht so schlimm, dass eine medizinische Versorgung notwendig gewesen wäre. Sie schilderte auch, dass sie Überdosen von Tabletten eingenommen habe, ohne jedoch näher auf den Zeitpunkt und die Art der Tabletten einzugehen. Dies war ihre erste stationäre psychiatrische Aufnahme. Im Alter von neun Jahren hatte sie wegen einer Depression und niedrigem Selbstwertgefühl schon eine Beratungsstelle aufgesucht. Vor etwa einem Jahr waren ihre Eltern geschieden worden. Während des Interviews sprach sie davon, dass sie ihren Vater verachte, weil er sie schlecht behandelt habe. Nach einer Auseinandersetzung hatte sie seine Autoreifen mit einem Messer aufgeschlitzt.

Mit dieser Vorgeschichte war verständlich, warum sie in ihren Beziehungen einen so starken Selbstschutz aufbaute. Zum Beispiel erklärte sie: »Ich mag Leuten nicht nahe kommen, weil ich das Gefühl habe, ich kann niemandem trauen«. Sie fühlte sich so »mit allen Menschen in meinem Leben!« Und sie glaubte, dass ihr Vater wesentlich zu ihrem Misstrauen beigetragen hatte. Es wurde deutlich, dass Yolanda sehr einsam war, ohne einen einzigen Menschen, dem sie sich anvertrauen konnte. Sie erfuhr auch wenig Unterstützung von ihrer Mutter und erlebte wenig Vertrautheit mit ihr. Darüber zerbrach sie sich zuweilen den Kopf: »Meine Mutter steht nicht hinter mir, aber ich weiß nicht warum.«

Yolanda sprach sehr anschaulich über ihre Suizidalität und konzentrierte sich auf einzelne Ereignisse im »Hier und Jetzt«. Als Grund für ihren letzten Versuch verwies sie auf einen Streit mit ihrer Mutter, weil sie öfter zu spät nach Hause gekommen war. Nachdem ihre Mutter sie angeschrieen und gezwungen hatte, allein in einem anderen Zimmer zu essen, nahm Yolanda eine Rasierklinge und schnitt sich damit. Als sie gefragt wurde, warum dieser Streit sie suizidal gemacht hätte, sagte sie: »Weil es drei (Mutter und Geschwister) gegen eine war«. Yolanda hatte das Gefühl, dass ihre Mutter ihr eine bessere Mutter sein könnte, aber dies war kein Thema, über das sie je mit ihr gesprochen hätte. Wie es typisch ist für angry-defiant Jugendliche, fanden wir auch bei ihr: Sie legte großes Gewicht auf Unabhängigkeit im Leben: »Ich kann alleine zurechtkommen; ich habe es die letzten fünfzehn Jahre getan«, und »Ich kann mich nicht erinnern, dass mich jemals irgend jemand unterstützt hätte«. Ein anderes Motiv für ihren Selbstmordversuch war nach ihren Worten, »um die Frustration loszuwerden«. Yolanda empfand es als sehr schlimm, dass ihr letzter Suizidversuch vergeblich gewesen war. Wenn sie gestorben wäre, so dachte sie, wäre sie in den Himmel gekommen und ihre Mutter hätte sich »schlecht gefühlt, aber andererseits wäre ihr auch eine große Last von den Schultern genommen worden, weil sie nichts mehr mit den Streitereien und Diskussionen zu tun gehabt hätte«. Rache ist für viele Jugendliche vom angry-defiant Typ ein wichtiges Motiv.

In Übereinstimmung mit früheren empirischen Befunden beschrieb Yolanda Gefühle von Trauer und Wut. Sie war depressiv, weil sie »hässlich« war und »ein Versager«. Und sie war zornig »über alles, über die Welt«. Sie sah sich selbst als »tough« kid[5] und beschrieb auch ihre Freundinnen als »tough« mit »schlimmeren Problemen als ich«. Diese Freundinnen schienen ihr nur sehr wenig emotionale Unterstützung zu bieten und sie sprachen untereinander nicht über Probleme oder Gefühle. Dagegen gerieten sie in ernsthafte Schlägereien mit anderen Mädchengruppen. Eine Freundin, sagte Yolanda, ist jemand, der sie verteidigt, wenn sie angegriffen wird.

Während des Interviews fühlte sie sich immer noch akut suizidal. Sie empfand die Behandlung im Krankenhaus nicht als hilfreich, sondern eher als Bestrafung, die dazu dienen sollte, ihrer Mutter »eine Ruhepause« zu verschaffen. Ihr fiel nichts ein, woran sie hätte denken können, um sich besser zu fühlen; das einzige was sie von der Zukunft wollte, war »zu sterben«.

Vignette 2: Anna ist ein Beispiel für den self-blaming suizidalen Typus, der auf dem komplexeren konformistischen Entwicklungsniveau funktioniert. Sie war eine attraktive Fünfzehnjährige, die mit ihrer Mutter, ihrem Stiefvater und einer jüngeren Stiefschwester zusammenlebte. Dies war ihre zweite psychiatrische Einweisung und sie war aufgenommen worden, weil sie sich akut suizidal und depressiv fühlte und sich schon seit einigen Monaten immer wieder Schnittverletzungen zugefügt hatte.

Anna berichtete über Perioden von Hoffnungslosigkeit und Hilflosigkeit sowie Gefühlen von Einsamkeit mit verminderter Energie. Annas Eltern ließen sich nach einer langen Zeit von Zwistigkeiten scheiden, als Anna vier Jahre alt war. Anna fand, dass die Scheidung ihrer Eltern eine große Wirkung auf sie gehabt hatte: »Ich glaube, als ich zwölf war, habe ich das erste Mal darüber nachgedacht, Selbstmord zu begehen. Ich war wirklich oft außer mir; es kann sein, dass ich von der Scheidung meiner Eltern her noch eine Menge Wut in mir hatte, die ich nie mit jemandem geteilt habe, und jetzt kann ich mich nicht mehr erinnern, weshalb ich eine solche Wut hatte ... Ich habe sie ein bisschen an meinem Vater ausgelassen, denn er hat mich damals oft auf die Palme gebracht, und dann habe ich einfach angefangen ihn zu schlagen und so ... Aber nach einer Weile habe ich gemerkt, dass das nicht richtig war.«

Nach einem Streit mit ihrem Vater überkam Anna einmal das Gefühl, das Leben sei es einfach nicht wert, gelebt zu werden: »Es war direkt danach, nachdem mein Vater über mich gefluchet hatte und mich so beschimpfte. Er hatte das nie vorher getan. Er war immer richtig sanft mit mir gewesen und deshalb machte mir das große Angst. Ich glaube, das hat mir den Rest gegeben. Deshalb habe ich mich dann wirklich allein gefühlt. So wie: Wenn es niemandem etwas bedeutet, warum sterbe ich dann nicht einfach.« Für diesen Streit schien sich Anna selbst

---

5 Als eine Jugendliche, die hart im Nehmen ist.

die Schuld zu geben und auch für die daraus entstandene suizidale Krise: »Ich weiß nicht, aber ich wollte nicht, dass er denkt, es wäre sein Fehler, weil das nicht stimmt. Ich meine, ich bin sicher, dass es etwas damit zu tun hatte, dass ich es verdient hatte, mich so zu beschimpfen, oder dass ich ihn provoziert hatte. Und es war auch, weil ich nicht in der Lage war, zu dem Zeitpunkt damit fertig zu werden, was mich so weit gebracht hat. Es war nicht seine Schuld, er hat einfach die Nerven verloren und das ist nur menschlich.« Sie beschrieb den Suizidversuch folgendermaßen: »Es war einfach: Oh ja, mein Dad liebt mich nicht mehr, keiner mag mich, meine Mom schreit mich immerzu an und solche Sachen. Es war zu dem Zeitpunkt kein vernünftiger Gedanke, fast so wie etwas Impulsives«.

Wenn Anna über die Schwierigkeiten mit ihrer Mutter sprach, zeigte sie ein bemerkenswertes Feingefühl für ihre Probleme und schien sie vor ihrer eigenen Kritik schützen zu wollen: »Meine Mutter versucht wirklich ernsthaft, die Dinge in Ordnung zu bringen, aber ich habe das Gefühl, dass sie nicht verstehen kann, weil es in der Vergangenheit so viele Missverständnisse gegeben hat; und dass ich, wenn irgendwelche Dinge geschehen, es ihr nicht erzählen will, weil sie es wahrscheinlich nicht versteht oder es falsch versteht oder es persönlich nimmt als Widerstand, der gegen sie selbst gerichtet ist. Ich will auch nicht, dass sie sich zu sehr Sorgen macht, deshalb erzähle ich ihr nicht viel.« Beide Eltern kämpften mit ihren eigenen Problemen. Kurz vor Annas Aufnahme musste auch ihr Vater ins Krankenhaus und zwar sowohl wegen einer Depression als auch wegen suizidaler Absichten.

Auch wenn Anna zugab, dass sie zornig war, war dies doch selten gegen ihre Umgebung gerichtet, wie folgende Bemerkung treffend verdeutlicht: »Ich schließe einfach alles irgendwie innen drin ein und das funktioniert nicht. Ich kann meinen Ärger nicht nach innen schieben und hoffen, dass er dann weg geht, denn er geht nicht weg. So verwandelt es sich irgendwie in Traurigkeit, weil ich es nicht mag, wenn ich zornig bin, und so werde ich statt dessen traurig.« Anna fand es auch schwierig, ihre Probleme mit ihren gleichaltrigen Freunden zu teilen, aus Angst ihre Freunde zu verletzen oder dann nicht mehr akzeptiert zu werden. Sie berichtete, wie sie ihrer besten Freundin von ihren Selbstmordgedanken erzählt hatte, und dass dies die Beziehung zerstörte: »Die Hauptprobleme in meinem Leben drehen sich im Moment um meine Depression und das zu hören, kann für andere wirklich beängstigend sein, besonders für meine Freunde. Das ist es, weshalb ich die größten Probleme in meinem Leben mit niemandem teilen kann.«

Zum Zeitpunkt des Interviews war Anna weniger selbstmordgefährdet, aber die Gründe für ihr Weiterleben fand sie außerhalb ihrer selbst: »Ich glaube, gerade jetzt denke ich nicht, dass ich Selbstmord begehen würde. Weil mir genug Leute gesagt haben, dass sie wirklich verzweifelt wären, und dass ich es nicht durchziehen könnte, nur zu meiner eigenen Erleichterung. Es ist zu egoistisch, ich möchte wirklich niemandem weh tun.«

Interpretation der qualitativen Interviews

Verzweiflung und Einsamkeit standen bei diesen beiden und auch bei anderen Mädchen, die interviewt wurden, im Vordergrund. Alle glaubten, dass es niemanden gäbe, an den sie sich wenden könnten. Alle erlebten einen Zusammenbruch ihrer Beziehungen zu den Eltern, gleichaltrigen Freunden oder zu beiden als eines der auslösenden Ereignisse, die zu der suizidalen Krise führten. In der Literatur gibt es beträchtliche Übereinstimmung hinsichtlich der Befunde, die die Rolle einer Abnahme von Selbstwertgefühl und interpersonaler Probleme des Jugendlichen mit seinen oder ihren Eltern betreffen (Blumenthal, 1990; Gilligan, Lyons & Hanner, 1990). Eine Reihe von Studien hat gezeigt, dass suizidale Kinder und Jugendliche ihre Familien als konfliktträchtig wahrnehmen und wenig Zusammenhalt verspüren (Asarnow, Carlson & Guthrie, 1987; Campbell, Milling Laughlin & Bush, 1993), und dass sie wenig aktive und kommunikative Beziehungen zu ihren Vätern haben (King et al., 1990). Familienzusammenhalt hat sich auch als protektiver Faktor gegen suizidales Verhalten erwiesen (Rubenstein et al., 1989).

Yolanda und Anna waren von den schmerzhaften Gefühlen, die sie zur Zeit ihrer Selbstmordversuche hatten, überwältigt. Dennoch schienen sie diese Erfahrungen auf radikal verschiedene Art und Weise zu verstehen. Wie die vorgetragenen empirischen Studien vermuten ließen – und wie es diese beiden Fallgeschichten bestätigen – tragen Unterschiede in der Persönlichkeitsentwicklung auch zu unterschiedlichen klinischen Bildern bei. Wie die meisten der suizidalen Probandinnen vom self-blaming Typ zeigte Anna eine gewisse psychologische Einsicht, wogegen es Yolanda daran zu mangeln schien, wie der Mehrzahl der Probandinnen, die als *angry-defiant* eingestuft wurden. Zusätzlich zu den verschiedenen Arten zu verstehen und sich auszudrücken, hatten die beiden Mädchen unterschiedliche Symptome und Copingstile. Yolanda zeigte eine Mischung von Depression und Aggression und geriet häufig in Streitereien mit ihren Eltern und Freunden. Anna war stärker manifest ängstlich und depressiv. Im Vordergrund standen Selbstanklage und ihre Angst, egoistisch zu sein. Sie schien ihren ganzen Ärger »geschluckt« zu haben. Yolanda erzählte, dass sie niemandem traue und keinen Trost darin fand, sich mit anderen zu unterhalten. Anna dagegen beschrieb Beziehungen zu anderen als wertvolles Mittel, um Hilfe zu bekommen. Yolandas Problem zu vertrauen wurde auch während des Interviews deutlich: Wie die meisten *angry-defiant*-Mädchen blieb sie sehr auf der Hut und gab fast nichts von sich preis. Im Gegensatz dazu schien Anna motiviert, über ihre Probleme zu sprechen.

Wie sich am Beispiel von Yolanda zeigt, haben *angry-defiant* suizidale Mädchen nur eine begrenzte Perspektive, wenn es um das Wissen geht, warum Beziehungen mit signifikanten Anderen als problematisch erlebt werden. Mädchen wie Yolanda haben das Gefühl, dass ihre Familien sich nicht um sie kümmern und dass sie nicht verstanden werden; das macht sie sehr wütend auf ihre Umgebung. Es ist wichtig, Yolandas Deutungen nicht auf internale Konstruktionen zurückzuführen, sondern auf valide interpersonale Erfahrungen. Aber es ist genauso wichtig festzuhalten, dass Yolandas Bedeutungsrahmen, der durch ihr Entwicklungsniveau mitbestimmt wird, in dieser Welt komplexer Interaktionen zwischen ihr und ihrer Mutter ganz besonders auf das Negative, Zurückweisende und Strafende abhob, ohne viel Verständnis für die Dilemmata, mit denen sich ihre Eltern konfrontiert sahen. Obwohl es natürlich Familienumgebungen gibt, die »nur schlecht« sind, gab es in Yolandas Familie eine Reihe positiver Merkmale, die aber wegen der destruktiven Interaktionsmuster nicht in den Vordergrund treten konnten.

Angry-defiant suizidale Jugendliche berichten oft von dem starken Gefühl, keine Kontrolle über ihr Leben zu haben. Sie fühlen sich ohne Grund bestraft, gefangen und machtlos. Ihre Suizidalität sehen sie als eine konkrete Form, Grenzen zu setzen, als einen Weg, »heraus zu kommen«. Eine Reihe von angry-defiant Mädchen der Studie nannte Rache an ihren Eltern als das Hauptmotiv für ihre Suizidversuche: »Vielleicht merkt meine Familie, wenn ich sterbe, dass sie eine Tochter hatten, die gestorben ist, weil sie sie nicht so behandelt haben, wie sie es hätten tun sollen.«

Self-blaming suizidale Jugendliche haben typischerweise eine breitere Perspektive. Anna konnte zum Beispiel eine Palette von auslösenden Ereignissen angeben (meist zwischenmenschliche Enttäuschungen), die dazu beigetragen hatten, dass sie sich suizidal fühlte. Sie sah Ereignisse vor ihrem Hintergrund und war in der Lage, einen Begriff von Veränderung zu verbalisieren. Sie erklärte die Motive für ihr eigenes Handeln und konnte sich in die Lage ihrer Eltern versetzen. Genau wie Anna haben die meisten self-blaming Jugendlichen Probleme, Kritik zu äußern. Sie mögen nicht sichtbar wütend sein, weil es Beziehungen gefährdet. Der Ärger der anderen wird als »nur menschlich« beurteilt, wogegen sie sich mit ihrem eigenen Ärger sehr schlecht fühlen. Im Gegensatz zu den angry-defiant Mädchen lassen sie sich auf intimere Beziehungen ein, aber dann scheinen sie häufig einen Verlust an Selbstgefühl zu erleben. Sie werden extrem verletzlich, besonders dann, wenn die anderen wichtigen Personen in ihrem Leben kritisch und tadelnd sind. Schuldgefühle spielen bei ihren Selbstmordversuchen oft eine wichtige Rolle.

Auch bei der Art der Suizidversuche stellten wir Entwicklungsunterschiede fest. Die *angry-defiant*-Mädchen machten häufig impulsive, handlungsorientierte Versuche. Eines der interviewten Mädchen wurde nach einem Streit mit seiner Mutter so wütend und geriet so außer sich, dass es aus dem Fenster sprang. Während des Interviews wurde klar, dass sie überhaupt nicht an die möglicherweise tödlichen Konsequenzen ihrer Handlung gedacht hatte. Die *self-blaming*-Jugendlichen hatten im Gegensatz dazu oft einige Zeit über einen Selbstmord nachgedacht und neigten eher dazu, Überdosen von Tabletten einzunehmen. Es war viel wahrscheinlicher, dass sie bewegende Abschiedsbriefe mit dem Inhalt schrieben, anderen nicht länger eine Last sein zu wollen.

Wie wir zu einem noch besseren Verständnis für suizidale Jugendliche kommen

Diese Untersuchung weist deutlich auf die Komplexität multipler Risikofaktoren bei suizidalen Jugendlichen hin. Versuchter Selbstmord bedeutet eigentlich einen schwerwiegenden Zusammenbruch aller Sinnhaftigkeit, Verlust an Hoffnung und fehlendes Vertrauen in die Zukunft. Ohne einen Zugang zu den internalen und interpersonalen Bedeutungssystemen der Betroffenen kann das Phänomen Suizid nicht verstanden werden.

Die vorgestellten Untersuchungen konzentrieren sich hauptsächlich auf Kinder und Jugendliche, deren Familien zerrüttet sind. Missbrauch in der Vorgeschichte und gestörte Beziehungen zu Gleichaltrigen haben sie verständlicherweise das Gefühl für einen positiven Sinn ihrer Zukunft verlieren lassen. Werden sie aber in eine stützende Umgebung gebracht oder erhalten die Familien die umfassende Hilfestellung, die sie benötigen, gibt es für sie fast immer Hoffnung. Suizidale Kinder und Jugendliche brauchen produktive Beziehungen zu Gleichaltrigen und zu Erwachsenen. So können sie neues Vertrauen gewinnen und ein Gefühl von Selbstkontrolle, das sich vorher einzig darin äußerte, ihr Leben beenden zu wollen. In vielen Fällen benötigen sie psychiatrische und psychologische Hilfe, um mit ihrer Impulsivität, ihrer Delinquenz, ihrer Depression und ihrer Angst umgehen zu lernen. Sie haben ihre langandauernden Probleme häufig internalisiert und so ein inneres Milieu von Selbst-Aggression geschaffen, das kompetente und differenzierte Formen der Intervention verlangt.

Oft liegt es nicht am Patienten und seiner Familie, wenn der Versuch, sinnvolle Interventionen zu entwickeln, nicht recht gelingt: In vielen Fällen erlaubt es ein unvollständiger Kenntnisstand nicht, gute Interventionspläne zu erstellen. Beim Aufbau von Rahmenmodellen hat man sich bislang zu sehr darum bemüht, Beschreibungen des *typischen* suizidalen Kindes bzw. Jugendlichen zu liefern. Statt dessen ist es angezeigt, weit genug in die Bedeutungsstrukturen jedes *Einzelnen* vorzudringen, um die organisierenden kognitiven, emotionalen und behavioralen Faktoren erkennen zu können, die für den Suizid verantwortlich sind. Weil Sinn und Bedeutung für jedes Kind anders sind, suchen Kliniker gewöhnlich nach dem spezifischen Aspekt jedes einzelnen Falles. Forscher dagegen sind mehr an Unterschieden zwischen Gruppen als zwischen Einzelnen interessiert. Aber wenn diese Kinder aus einer Perspektive der klinischen Entwicklungspsychologie betrachtet werden, können einige Verallgemeinerungen festgehalten werden. Eine Vorgehensweise dabei besteht darin, typische Bedeutungszuschreibungen (und dazu gehören auch die, die sich auf den Suizid beziehen) entlang einem Entwicklungskontinuum anzuordnen. Genau das wurde hier unternommen und die Studien zu Ich-Entwicklung und suizidalem Verhalten legen nahe, dass die sozial-kognitive Entwicklung bei Entstehung und Umsetzung von suizidalem Verhalten bei Kindern in der frühen Adoleszenz eine wichtige Rolle spielt.

Ein Verständnis für die Entwicklungskomponenten bei suizidalen Kindern und Jugendlichen ist zwingend notwendig, weil es in die Lage versetzt, die Interventionen besser zu steuern. Aus klinischer Sicht hat die Forschung zur Verbesserung der Interventionsstrategien geführt, und zwar nicht nur im Sinne eines Sets einfacher Techniken, sondern in erster Linie im Sinne eines Denkrasters zur Steuerung des Explorationsprozesses.

Viele Fragen bleiben unbeantwortet. Wie im Fall des jungen Werther, mit dem dieses Kapitel begonnen wurde. Was könnte man z.B. tun, um ein junges Leben wie seines zu retten, ohne dabei die grundlegenden Fragen zu ignorieren, die er sich über das Leben und die Liebe stellte? Hätte er gerettet werden können, wenn jemand in der Lage gewesen wäre, in seine Welt vorzudringen, in seine Gedanken und seine emotionalen Schwankungen? Wenn wir Kliniker bessere Landkarten entwickeln für die internalen und interpersonalen Welten der Hoffnungslosigkeit und eine komplexere und umfassendere Sprache schaffen, um zwischen den Erfahrungen, die oberflächlich betrachtet identisch aussehen, zu differenzieren, können wir dann Hoffnung wecken und einen neuen Glauben an das Leben? Kann da, wo Isolation und Verzweiflung herrschen, ein menschlicher Kontakt hergestellt werden? Verstanden zu werden mag Selbstbeherrschung und Impulskontrolle nicht ersetzen, aber es ist ein Ausgangspunkt für einen Prozess, der den Unterschied zwischen Tod und Leben bedeuten kann.

Literatur

Achenbach, T.M./Edelbrock, C.S.: (1987) Manual for the Youth Self-Report and Profile. Burlington: University of Vermont, Department of Pychiatry. dt.: 2. Auflage (1998) Fragebogen für Jugendliche. Arbeitsgruppe. Köln: KJFD.

Asarnow, J./Carlson, G./Gutherie, D.: (1987) Coping Strategies, Self-Perceptions, Hopelessness, and Perceived Family Environments in Depressed and Suicidal Children. Journal of Consulting and Clinical Psychology 55: 361–366.

Blumenthal, S.: (1990) An Overview and Synopsis of Risk Factors, Assessment, and Treatment of Suicidal Patients Over the Life Cycle. In: Blumenthal, S./Kupfer, D. J. (Hrsg.): Suicide Over the Life Cycle: Risik Factors, Assessment, and Treatment. Washington, DC: American Psychiatric Press.

Bösch, J.: (2000) Satzergänzungstest (WUSCT) und seine Verwendbarkeit für klinische Stichproben mit Erwachsenen Probanden. München: unveröff. Dissertation.

Borst, S./Noam, G.G.: (1993) Developmental Psychopathology in Suicidial and Non-Suicidal Adolescent Girls. Journal of American Academy of Child and Adolescent Psychiatry 32: 501–508.

Brent, D./Perper, J./Goldstein, C./Kolko, D./Allan, M./Allman, C./Zelenak, J.: (1988) Risk Factors for Adolescent Suicide: A Comparison of Adolescent Suicide Victims with Suicidal Inpatients. Archives of General Psychiatry 45: 581–588.

Campbell, N./Milling, L./Laughlin, A./Bush, E.: (1993) The Psychosocial Climate of Families with Suicidal Pre-Adolescent Children. American Journal of Orthopsychiatry 63: 142–145.

Carlson, G.A./Asarnow, J.R./Orbach, I.: (1987) Developmental Aspects of Suicidal Behavior in Children, Part 1. Journal of the American Academy of Child and Adolescent Psychiatry 26: 186–192.

Carlson, G.A./Cantwell, D.P.: (1982) Suicidal Behavior and Depression in Children and Adolescents. Journal of the American Academy of Child and Adolescent Psychiatry 21: 361–368.

Costello, A./Edelbrock, C./Dulcan, M./Kalas, R./Klaric, S.: (1984) Development and Testing of the NIMH Diagnostic Interview Schedule for Children in Clinical Population: Final Report. Contract RFP-DB-81-0027. Rockville, MD: Center for Epidemiologic Studies, National Institute for Mental Health.

Damon, W.: (1977) The Social World of the Child. San Francisco: Jossey-Bass.

Diekstra, R.: (1993) Depression and Suicidal Behavior in Adolescence. In: Rutter, M. (Hrsg.): Psychosocial Problems of Youth. New York: Cambridge University Press.

Gilligan, C./Lyons, N./Hammer, T. (Hrsg.): (1990) Making Connections: The Relational World of Adolescent Girls at Emma Willard School. Cambridge, MA: Harvard University Press.

Goethe, J.W.: (1973) The Sorrows of Young Werther. (Mayer, E./Bogan, L., trans.) New York: Vintage Books. (Originally plublished 1774.) Dt.: Die Leiden des jungen Werthers.

Hauser, S./Jacobson, A./Noam, G./Powers, S.: (1983) Ego Development and Self-Image Complexity in Early Adolescence: Longitudinal Studies of Diabetic and Psychiatric Patients. Archives of General Psychiatry 40: 325–332.

Jonckheer, J.: (1992) Developmental Dimensions of Suicidality. Unpublished master`s thesis, Vakgroep Klinische Psychologie, Universiteit van Amsterdam.

Kazdin, A.E.: (1989) Developmental Psychopathology. American Psychologist 44: 180–187.

King, C.A./Raskin, A./Gdowski, C.L./Butkus, M./Opipari, L.: (1990) Psychosocial Factors Associated with Urban Adolescent Female Suicide Attempts. Journal of the American Academy of Child and Adolescent Psychiatry 29: 289–294.

Kohlberg, L. (1984): The Psychology of Moral Development. San Francisco: Harper & Row.

Loevinger, J.: (1976) Ego Development: Conceptions and Theories. San Francisco: Jossey-Bass.

Loevinger, J./Wessler, R./Redmore, C.: (1970) Measuring Ego Development: Scoring Manual for Women and Girls. San Francisco: Jossey-Bass, vol. 2.

Noam, G.G.: (1987) Clinical-Developmental Psychology: Implications for Understanding Child and Adolescent Suicide. Paper presented at Children and Adolescents in Jeopardy: A Clinical-Developmental Perspektive of Suicidal Youth conference at McLean Hospital/Harvard University Medical School, Belmont, MA, April 1987.

Noam, G.G.: (1988) A Constructivist Approach to Developmental Psychopathology. In: Nannis, E.D./Cowan, P.A. (Hrsg.): Developmental Psychopathology and Its Treatment. New Directions for Child Development. San Francisco: Jossey-Bass, vol. 39.

Noam, G.G.: (1993) Development: True as False? Psychological Inquiry 4: 43–48.

Noam, G.G.: (1992) Development as the Aim of Clinical Intervention. Development and Psychopathology 4: 679–696.

Noam, G.G./Borst, S.: Developing Meaning, Losing Meaning: Understanding Suicidal Behavoir in the Young. In: G.G. Noam & S. Borst (Hrsg.): Children, Youth, and Suicide: Developmental Perspectives. W. Damon (Hrsg. der Gesamtreihe) New Directions for Child Development, 64. San Francisco: Jossey-Bess.

Noam, G.G./Paget, K./Valiant, G./Borst, S./Bartok, J.: (1994) Conduct and Affective Disorders in Developmental Perspective: A Systematic Study of Adolescent Developmental Psychopathology. Development and Psychopathology, 6 (3): 519–532.

Noam, G.G./Powers, S./Kilkenny, R./Beedy, J.: (1990) The Interpersonal Self in Life-Span Developmental Perspective: Theory, Measurement, and Longitudinal Case Studies. In: Baltes, P.B./Featherman,/Lerner, R.M. (Hrsg.): Life-Span Development and Behavior. Hillsdale, NJ: Erlbaum , vol. 10.

Noam, G.G./Recklitis, C./Paget, K.: (1991) Pathways of Ego Development: Contributions to Maladaptation and Adjustment. Development and Psychopathology 3: 311–321.

Noam, G,G./Valiant, G.: (1994) Clinical-Developmental Psychology in Developmental Psychopathology: Theory and Research of an Emerging Perspective. In: Cicchetti, D./Toth, S. (Hrsg.), Disorders and Dysfunktions of the Self. Rochester Symposia on Developmental Psychopathology. Rochester, NY: University of Rochester Press, vol. 5.

Pfeffer, C.R./Newcorn, J./Kaplan, G./Mizruchi, M.S./Plutchik, R.: (1989) Subtypes of Suicidal and Assaultive Behaviors in Adolescent Psychiatric Patients: A Research Note. Journal of Child Psychology and Psychiatry and Allied Disciplines 30: 151–163.

Piaget, J.: (1932) The Moral Judgement of the Child. Orlando, Fla.: Harcourt Brace Jovanovich.

Recklitis, C./Noam, G.G./Borst, S.: (1992) Adolescent Suicide and Defensive Style. Suicide and Life-Threatening Behavior 22: 374–387.

Redmore, C./Loevinger, J.: (1979) Ego Development in Adolescence: Longitudinal Studies. Journal of Youth and Adolescence 8: 1–20.

Röper, G./Noam, G.G. (1999): Entwicklungsdiagnostik in klinisch-psychologischer Therapie und Forschung. In: Oerter, R./von Hagen, C./Röper, G./Noam, G.: Klinische Entwicklungspsychologie. Weinheim: Beltz, 240–269.

Rubenstein, J./Heeren, T./Housman, D./Rubin, C./Stechler, G.: (1989) Suicidal Behavior in ›Normal‹ Adolescents: Risk and Protective Factors. American Journal of Orthopsychiatry 59: 59–71.

Rutter, M.: (1986) The Developmental Psychopathology of Depression: Issues and Perspectives. In: Rutter, M./Izard, C. E./Read, P. B. (Hrsg.): Depression in Young People: Developmental and Clinical Perspectives. New York: Guilford.

Rutter, M./Garmezy, N.: (1983) Developmental Psychopathology. In: Hetherington, E. M. (Hrsg.): Handbook of Child Psychology: Socialization, Personality, and Social Development. New York: Wiley, vol. 4.

Scholz, J.A.: (1973) Defense Styles in Suicide Attempters. Journal of Consulting and Clinical Psychology 41: 70–73.

Shaffer, D.: (1974) Suicide in Childhood and Early Adolescence. Journal of Child Psychology and Psychiatry and Allied Disciplines 15: 275–291.

Shaffer, D./Fisher, P.: (1981) The Epidemiology of Suicide in Children and Young Adolescents. Journal of the American Academy of Child and Adolescent Psychiatry 20: 545–565.

Werner, H.: (1959) Einführung in die Entwicklungspsychologie. München: Barth.

Wygotzky, L.: (1987) Ausgewählte Schriften. Arbeiten zur psychischen Entwicklung der Persönlichkeit, Band II. Berlin: Volk und Wissen.

Der desorganisierte Bindungsstil als Risikofaktor bei der Entwicklung der Borderline Persönlichkeitsstörung

Giovanni Liotti

Eine der gegenwärtig am häufigsten diagnostizierten psychiatrischen Störungen in der westlichen Welt ist die Borderline Persönlichkeitsstörung (Borderline Personality Disorder, BPD: American Psychiatric Association, 1994; Paris, 1993). Um eine solche Diagnose stellen zu können, müssen zeitgleich mindestens fünf von den neun unten angeführten diagnostischen Kriterien vorhanden sein, die sich auf das Verhalten und den charakteristischen emotionalen Ausdruck des Patienten beziehen.

Die Borderline Persönlichkeitsstörung ist charakterisiert durch ein tiefgreifendes Muster von Instabilität in zwischenmenschlichen Beziehungen, im Selbstbild und in den Affekten sowie von deutlicher Impulsivität. Der Beginn liegt im frühen Erwachsenenalter und manifestiert sich in den verschiedenen Lebensbereichen.

1. Verzweifeltes Bemühen, tatsächliches oder vermutetes Verlassenwerden zu vermeiden. Beachte: Hier werden keine suizidalen oder selbstverletzenden Handlungen berücksichtigt, die in Kriterium 5 enthalten sind.
2. Ein Muster instabiler, aber intensiver zwischenmenschlicher Beziehungen, das durch einen Wechsel zwischen Extremen der Idealisierung und Entwertung gekennzeichnet ist.
3. Identitätsstörung: ausgeprägte und andauernde Instabilität des Selbstbildes oder der Selbstwahrnehmung.
4. Impulsivität in mindestens zwei potenziell selbstschädigenden Bereichen (Geldausgabe, Sexualität, Substanzmissbrauch, rücksichtsloses Fahren, »Fressanfälle«). Beachte: Hier werden keine suizidalen oder selbstverletzenden Handlungen berücksichtigt, die in Kriterium 5 enthalten sind.
5. Wiederholte suizidale Handlungen, Selbstmordandeutungen oder -drohungen oder Selbstverletzungsverhalten.
6. Affektive Instabilität infolge einer ausgeprägten Reaktivität der Stimmung (z.B. hochgradige episodische Dysphorie, Reizbarkeit oder Angst, wobei diese Verstimmungen gewöhnlich einige Stunden und nur selten mehr als einige Tage andauern).
7. Chronisches Gefühl von Leere.
8. Unangemessene, heftige Wut oder Schwierigkeiten, die Wut zu kontrollieren (z.B. häufige Wutausbrüche, andauernde Wut, wiederholte körperliche Auseinandersetzungen).

9. Vorübergehende, durch Belastungen ausgelöste paranoide Vorstellungen oder schwere dissoziative Symptome.
(DSM-IV, 1996).

Epidemiologische Studien zeigen, dass diese Störungen eine Prävalenzrate von ca. 2 % bei der westlichen Population aufweisen. Diese Rate ist bei Jugendlichen seit einigen Jahren besonders stark angestiegen (Paris, 1996). Die Entwicklung der BPD wird dem Zusammenfallen von zahlreichen Risikofaktoren zugeschrieben. Insbesondere das bio-psycho-soziale Modell der Ätiopathogenese von Persönlichkeitsstörungen (Paris, 1966) behauptet, dass biologische Faktoren (erbliche Aspekte des Temperamentes oder spezifische neuropsychologische Fehlfunktionen), psychologische Faktoren (traumatische Erfahrungen oder abnorme Arten von Versorgung und Kommunikation innerhalb der Familie) und soziale Faktoren (Anomie, also die Zersetzung von traditionellen Werten, wie sie in der heutigen Gesellschaft üblich ist) in verschiedenen Kombinationen an der Entstehung von BPD beteiligt sind.

Um zu verstehen, wie sich im Laufe der Persönlichkeitsentwicklung die verschiedenen Risikofaktoren so miteinander verflechten, dass eine BPD entsteht, ist es hilfreich, wenn nicht sogar notwendig, zuerst das Kernproblem zu identifizieren, das durch die neun diagnostischen Kriterien des klinischen Störungsbildes dargestellt wird. Wenn tatsächlich ein solches zentrales Problem existiert, dann könnten wir verstehen wie die verschiedenen Risikofaktoren durch ihr Zusammenwirken dieses Problem ausbilden und es im Laufe seiner Entwicklung so verstärken, bis es schließlich mächtig wird und die einzelnen Anzeichen und Symptome von BPD entstehen können. Es wurden sowohl in der psychoanalytischen wie auch in der kognitiv-verhaltenstherapeutischen Disziplin verschiedene theoretische Modelle vorgeschlagen.

Psychoanalytische und kognitive Modelle zum Kern von BPD

Einige psychoanalytische Theorien behaupten, dass der Kern der Borderline Pathologie ein unheilbarer Konflikt zwischen libidinösen und aggressiven Impulsen ist, der in der präödipalen Phase (also in den ersten zwei Lebensjahren) auftritt und dem ein primitiver Abwehrmechanismus entgegenwirkt: die Spaltung. Sie verhindert eine Konfrontation und Integration von positiven und negativen Repräsentationen im Bewusstsein sowohl von sich selbst als auch von anderen Personen (Kernberg, 1975). Andere psychoanalytische Theorien wiederum behaupten, dass die zentrale Störung der Persönlichkeit bei Borderline Patienten nicht durch einen Konflikt, sondern durch ein Defizit verursacht wird, und zwar durch ein Defizit der internalisierten Repräsentation jener Person, die mit der Pflege betraut war (caregiver). Dieses ist entstanden durch die schwerwiegende Unfähigkeit dieser Person (gewöhnlich die Mutter), auf die Bedürfnisse des Kindes nach

Rückhalt und Schutz feinfühlig zu reagieren. Aufgrund dieses Defizits ist der Patient nicht fähig, sich in Momenten von emotionalem Stress beruhigende Erinnerungen ins Gedächtnis zu rufen: Dadurch entsteht ihm eine extreme Vulnerabilität in Bezug auf schmerzliche Erfahrungen wie Angst, Scham, Einsamkeit und Verlassenheit (Adler, 1985). Wieder andere psychoanalytische Theorien sind der Ansicht, dass im Zentrum der Borderline Pathologie ein Defizit in der metakognitiven Fähigkeit steht – die Fähigkeit, zwischen Wahrnehmung und Realität zu unterscheiden, zu reflektieren, oder sich eine »theory of mind« zu konstruieren (Fonagy et al. 1995). Des Weiteren existieren psychoanalytische Theorien, die anscheinend eine Position zwischen den gegensätzlichen Thesen von Konflikt und Defizit einnehmen. Diese Theorien postulieren ein Wahrnehmungsdefizit seitens der Mutter, was die Bedürfnisse nach Autonomie und Individualität betrifft (eher als Pflege und Rückhalt), die das Kind im Alter von ca. zwei Jahren zeigt, und einen daraus resultierenden Konflikt zwischen Bedürfnissen einerseits nach Autonomie und andererseits nach Schutz (Masterson, 1972).

Im Kontext der kognitiven Psychotherapie wurden zwei Modelle des Kernproblems, aus dem BPD entsteht, vorgeschlagen: das Modell von Aaron Beck (1993) und jenes von Marsha Linehan (1993). Gemäß Beck und seiner Mitarbeiter stellt sich der Kern der Borderline Pathologie durch die kognitive Verkettung von drei Grundannahmen (davon zwei über sich und eine über die Welt) dar, aus denen die entsprechenden pathogenen Überzeugungen entstehen: 1. Die Welt ist gefährlich und böse, 2. die eigene Person ist besonders empfindlich und verletzlich, und 3. man wird prinzipiell nicht akzeptiert und ist daher für das Verlassenwerden prädisponiert. Aufgrund der ersten Überzeugung entstehen Ängste und Phobien, aber auch die Veranlagung zu unmotiviertem und starkem Zorn; aufgrund der zweiten die Unfähigkeit, sich kohärent auf Lebensprojekte einzulassen und die Neigung zu starken gefühlsmäßigen Reaktionen auf das Verlassenwerden bei interpersonellen Beziehungen. Aus der dritten Überzeugung erwachsen Gefühle der Leere und Verhaltensmuster der Selbstverletzung (Pretzer & Beck, 1995).

Das Modell der BPD von Marsha Linehan wiederum behauptet, dass der Kern der Störung in einem schwerwiegenden Defizit des emotionalen Regulationssystems besteht. Aufgrund dieses Defizits neigen alle Gefühle dazu, sich in exzessiver Stärke zu manifestieren, sei es bei subjektiven Erfahrungen, sei es in Bezug auf Verhaltensweisen oder auf Kommunikation. Dadurch lassen sich – nach dem Linehan Modell – die starken und unmotivierten Zornausbrüche erklären, die schnellen Stimmungsschwankungen, die chaotischen Züge der affektiven Beziehungen, die übersteigerte Angst vor möglichem Verlassenwerden und die Unfähigkeit, Gefühlsimpulse zu kontrollieren (die zu Verhalten von Selbstverletzung führen können). Der Versuch, die starken und chaotischen, schmerzlichen Erfahrungen zu reduzieren, kann den Borderline Patienten zu Drogen- und Alkoholmissbrauch sowie gestörtem Essverhalten führen. In einigen Situationen kann es zur völligen Hemmung der gesamten Gefühlserfahrungen kommen mit der Konsequenz, beunruhigende Gefühle der Leere und der Niedergeschlagenheit durchleben zu müssen (Linehan, 1993). Gemäß der Theorie von Linehan ist das Defizit im Regulationssystem von Emotionen durch die Interaktion zweier Gruppen von Variablen verursacht: Temperamentsvariablen, die eine besonders starke und schnelle gefühlsmäßige Reaktion mit sich bringen (gefühlsmäßige Verletzbarkeit) und Variablen, die an das soziale Erlernen der Werte und der Bedeutung von Gefühlen gebunden sind. Diese erlernten Variablen werden von Linehan im Konzept »Außerkraftsetzung der emotionellen Erfahrung« wieder aufgenommen: Die interpersonalen Erfahrungen eines Patienten bringen ihn dazu, den Emotionen, die er in sich oder an anderen wahrnimmt, keine Bedeutung oder Wert beizumessen (Linehan, 1993).

Schließlich soll noch hervorgehoben werden, dass einige aktuelle Beiträge unter den kognitiven Modellen von BPD, wie jene bereits erwähnten psychoanalytischen von Fonagy et al. (1995) und von Maffei (1997), die zentrale Rolle des metakognitiven Defizits (Cotugno, 1995, 1997) in der Entstehung und Aufrechterhaltung der Störung unterstreichen.

Integration der Modelle zur Pathogenese von BPD

Bei der Identifikation des Kerns der Störung rücken die verschiedenen Modelle der BPD drei Hauptprobleme in den Mittelpunkt:

1. Die abnorme emotionale Reaktion auf reale oder eingebildete Ereignisse von Verlassenwerden, Trennung und Einsamkeit (Adler, 1985; Beck, 1993; Masterson, 1972,
2. die Schwierigkeit, emotionale Reaktionen zu modulieren – aufgrund eines Defizits der mentalen Prozesse, die dieser Funktion übergeordnet sind (Adler, 1985; Fonagy, 1995; Linehan, 1993),
3. eine vielschichtige, widersprüchliche und nichtintegrierte Repräsentation von sich selbst und von anderen (besonders im Modell Kernbergs hervorgehoben).

Für den Kliniker, der Borderline Patienten in der Therapie begleitet, kommen alle drei Bereiche als sinnvolle Kernpunkte der Störung in Frage. In der konkreten psychotherapeutischen Arbeit erscheint es oft notwendig, nicht nur eines der drei oben erwähnten Probleme auszuwählen, um das sich die verschiedenen Problembereiche des Patienten drehen (Maffei, 1997). Mit anderen Worten: Es ist für den Psychotherapeuten empfehlenswert, dem Borderline Patienten mit dem Wissen zuzuhören, dass der zentrale Punkt seiner Störung sowohl eine widersprüchliche und nicht vollständige Repräsentation von sich selbst und von anderen ist, als auch eine besondere Reaktionsweise auf Verlassenwerden verbunden mit der Schwierigkeit, emotionale Erfahrungen zu modulieren und zu regulieren. Aufgrund dieser klinischen Perspektive ist ein einheitliches und vollständiges theoretisches Modell für die Borderline Pathologie wünschenswert. Ein Modell, dessen Kernpunkt so beschrieben wird, dass man sowohl die dissoziierten Vorstellungen des Selbst als auch die Sensibilität hinsichtlich des Verlassenwerdens und die abnormen Gefühlsregulierungen als Aspekte eines *einzigen* krankhaften Prozesses auffasst.

Für die Erforschung der Ätiopathogenese der BPD – also der Risikofaktoren, die das Auftreten begünstigen – wäre ein vollständiges und einheitliches Modell der Kernstörung, die der Borderline Pathologie zugrunde liegt, ebenso wichtig wie für ihre Behandlung. Wenn wir einen einheitlichen Prozess identifizieren könnten, der sowohl die Vielfältigkeit der dissoziierten Repräsentationen als auch die Reaktionsweisen auf das Verlassenwerden und die eingeschränkte Gefühlsregulierung bestimmen könnte, wäre es einfacher, über das entsprechende Gewicht zu reflektieren, das die diversen Risikofaktoren in der Pathogenese von BPD haben, die bis heute erkannt oder hypothetisiert wurden (genetisch bestimmte Persönlichkeitszüge, Dysfunktionen in der familiären Kommunikation, psychologische Traumata, soziale Risikofaktoren. Paris, 1996).

Die zentrale These dieses Beitrages ist folgende: Es ist heute möglich, einen mentalen und interpersonalen einheitlichen Prozess zu identifizieren, der sich im Kontext der Bindungsbeziehungen entfaltet (also direkt die Dynamik von Trennung betreffend) und aus dem sich sowohl eine vielschichtige und dissoziierte Repräsentation vom Selbst als auch die Schwierigkeit entwickelt, mentale Zustände zu erkennen und zu regulieren (einschließlich der Gefühle). Dieser einheitliche Prozess ist als »desorganisiertes Bindungsmuster« bekannt (Main, 1995; Main und Hesse, 1990; Main und Solomon, 1990; Solomon und George, 1999). Wenn dies zutrifft, so erscheint es nicht nur interessant zu untersuchen, in welchem Ausmaß dieses desorganisierte Beziehungsmuster als Risikofaktor in der Entstehung von BPD zu betrachten wäre, sondern auch über die Möglichkeit nachzudenken, ob dieses Muster, das sich durch die gesamte Entwicklung und später durch das Erwachsenenalter zieht, ein adäquates Modell des zentralen Kerns der Borderline Pathologie darstellt (Liotti, 1993, Cotugno & Monicelli, 1995).

Die Desorganisation in der Bindung

Die Erforschung der Bindung während des ersten Lebensjahres zeigt, dass es in Familien mit niedrigem Risiko von psychopathologischen Störungen dem Großteil der Kinder gelingt, das Bindungsverhalten beiden Elternteilen gegenüber zu organisieren. Das Kind gestaltet sein Bindungsverhalten gemäß einem Muster, das den Stil, mit dem der jeweilige Elternteil das Kind versorgt, widerspiegelt (eine Reihe von Forschungsübersichten liegen zu diesem Thema vor und alle bestätigen die oben erwähnten Folgerungen: Ainsworth, Blehar, Waters und Wall, 1978; Bretherton, 1985, 1990; Main, 1995; Meins, 1997). Es wurden drei Muster von Bindungsverhalten identifiziert: sicher, unsicher-vermeidend und unsicher-ambivalent. Zirka 80% der Kinder aus der Gruppe mit niedrigem Risiko gelingt es, ihr Verhalten gemäß eines der drei Muster zu organisieren. Jedoch zwischen 15% und 20% der Kinder aus dieser Gruppe gelingt dies nicht: Das Verhalten dieser

Kinder erscheint desorganisiert (Main & Morgan, 1996; Solomon & George, 1999). Untersucht man nun am Ende des ersten Lebensjahres das Verhalten von Kindern aus Hochrisiko-Familien (Kinder von ledigen, jugendlichen und wirtschaftlich benachteiligten Müttern; Kinder, die in chaotischen Familien aufwachsen und Misshandlungen ausgesetzt sind, oder Kinder von depressiven oder alkoholkranken Müttern), so zeigt sich, dass die Mehrheit oder fast die Mehrheit (von 40% bis ca. 80% der Kinder, je nach Untersuchungsreihe) desorganisiertes Bindungsverhalten zeigt (Carlson, Cicchetti, Barnett & Braunwald, 1989; Lyons-Ruth, 1996; O'Connor, Sigman & Brill, 1987; Radke-Yarrow, McCann, DeMulder, Belmont et al., 1995).

Wir können das Konstrukt des desorganisierten Bindungsverhaltens als Gegensatz zu den drei übrigen Grundstrategien der Bindung verstehen. Bekanntlich werden diese Organisationsstrategien oder Muster am Ende des ersten Lebensjahres sichtbar, wenn das Kind einer standardisierten Sequenz von kurzer Trennung und von Wiedervereinigung mit einem Elternteil oder einer anderen stabilen Bezugsperson ausgesetzt wird (diese Sequenz ist als Fremde Situation bekannt: Ainsworth et al. 1978). Beim Muster des sicheren Bindungsstils (bei ca. 50–60% der Kinder in der Niedrig-Risiko-Gruppe beobachtet) protestiert das Kind während der Phase der Trennung und beruhigt sich sofort, wenn es wieder mit der Bezugsperson vereint wird.

Beim Muster unsicher-vermeidend (bei 15–20% der Kinder beobachtet) protestiert das Kind bei der Trennung nicht, jedoch vermeidet es im Moment der Wiedervereinigung aktiv den Kontakt mit der Bezugsperson. Beim Muster unsicher-ambivalent schließlich (die verbleibenden 5–10% der Kinder aus der Gruppe mit niedrigem Risiko) protestiert das Kind weiter, obwohl es im Moment der Wiedervereinigung getröstet und sogar von der Bezugsperson in die Arme genommen wird.

Diese drei Muster korrelieren mit der Art von Kontaktverhalten, die das Kind während des ersten Lebensjahres durch seine Bezugsperson erfahren hat. Das Muster »sicher« ist die Folge von schnellen und effizienten Reaktionen auf die kindliche Forderung nach Pflege, Trost und Schutz. Das Muster »vermeidend« ist seitens der Bezugsperson verbunden mit der Forderung an das Kind, gefühlsmäßig unabhängig zu sein, und zwar dadurch, dass auf das kindliche Verlangen nach Nähe (gezeigt durch Weinen) beständige Nichtverfügbarkeit gezeigt wird. Das Muster »ambivalent« entsteht durch Reaktionen auf das Weinen des Kindes bei der Trennung, die unvorhersehbar sind und zwischen Annäherung und Nichtbeachtung auf inkonstante Weise wechseln. Man kann leicht nachvollziehen, wie das Verhaltensmuster des Kindes in einer *fremden Situation* sich als gut organisierte Strategie zeigt, die dem Modus entspricht, mit dem der versorgende Elternteil das Kind behandelt. Beim Muster »sicher« drückt das Kind mit seinem Verhalten die Erinnerung und Erwartung aus, dass auf sein Weinen prompt reagiert wurde. Beim Muster »vermeidend« drückt es jedoch die Absicht aus, die Bezugsperson mit seinen Forderungen nach Nähe nicht unnötig zu belästigen, da diese erfahrungsgemäß nicht gewährt und nicht erhört wurden. Das Muster »ambivalent« drückt klar die Erinnerung aus, dass es für das Kind nicht vorhersagbar war, ob die Annäherung der Bezugsperson erfolgen würde oder nicht (das Kind weint in den Armen der Bezugsperson weiter, als ob es ein neuerliches Verlassenwerden befürchtet und mit seiner Reaktion versucht, diesem Ereignis zuvorzukommen). In allen drei Fällen zeigt das Kind, dass es sehr gut weiß, was von der Bezugsperson zu erwarten ist und dass es sein eigenes Verhalten aufgrund dieser Erwartung organisiert hat[1].

Wie bereits gesagt, ist ein beträchtlicher Prozentsatz aus der Gruppe von Kindern mit niedrigem Risiko und die Mehrheit aus der Hochrisiko-Gruppe nicht in der Lage, am Ende des ersten Lebensjahres ihr Verhalten in irgendeiner sinnvollen Weise zu organisieren (weder im Sinne der sicheren Forderung nach Nähe noch in jener der beharrlichen Forderung, selbst wenn die Nähe bereits gewährt wurde, noch in jener der Selbstgenügsamkeit oder dem Vermeiden jeglicher Forderung). Per Definitionem manifestiert sich das Verhalten des desorganisierten Bindungsstils in Handlungsweisen, die in sich widersprüchlich sind, aber gleichzeitig oder rasch hintereinander ablaufen können; Handlungsweisen, die untereinander unvereinbar sind oder unvereinbare Ziele verfolgen oder die durch Orientierungs- oder Zielverlust gekennzeichnet sind (Main & Solomon, 1990). Kinder, die im Falle einer *fremden Situation* die Nähe der Bezugsperson während der Phase der Trennung suchen, um sie dann in der Phase der Wiedervereinigung aktiv zu vermeiden, werden als desorganisiert klassifiziert. Auch solche Fälle, in denen die Kinder sich mit abgewendetem Kopf der Bezugsperson nähern, um auf diese Weise deren Blick zu vermeiden, oder jene, in denen der Forderung nach Nähe unmittelbar Angstverhalten, plötzliche Starrheit (freezing) oder Flucht folgt, werden als desorganisiertes Bindungsverhalten betrachtet. Während der Ausführung von Handlungen, in denen Annäherung und Entfernung gleichzeitig vorkommen, zeigen sich nicht selten bei Kindern mit desorganisiertem Verhalten auch Gesichtsausdrücke oder Gesten, die eine funktionale Störung der Aufmerksamkeit und des Bewusstseins nahe legen (Main, 1995; Main & Morgan, 1996): Starrer Gesichtsausdruck, Ausdruckslosigkeit im Gesicht wie in Trance, anormale Körperhaltungen, ungewöhnlich verzögerte Bewegungen, ungewöhnliche Stimmlagen. Dies alles macht es schwierig, sie dem einen oder anderen Gefühlszustand zuzuordnen, die normalerweise in der *fremden Situation* hervorgerufen werden (Angst, Zorn, Traurigkeit, Interesse).

Untersuchungen, die sich mit der Definition der Umstände beschäftigt haben, die dem desorganisierten Bindungsverhalten im ersten Lebensalter vorausgehen, haben bis heute eine starke Korrelation identifiziert zwischen der Existenz von Trauer oder anderen nicht verarbeiteten und ungelösten Traumata in dem Elternteil, dem gegenüber das Kind das desorganisierte Verhalten zeigt, und dem desorganisierten Bindungsstil. Kinder mit desorganisiertem Verhalten einem Elternteil

---

[1] Ausführliche Darstellung zur Organisation von Beziehungsstilen s. Ainsworth et al. (1978), Bretherton (1985), Carlson & Sroufe (1995) und Meins (1997).

gegenüber zeigen oft ein ausreichend organisiertes Verhalten dem anderen Elternteil gegenüber, was die Hypothese ausschließt, dass die Desorganisation von Variabeln des Temperamentes oder von primären neurologischen Fehlfunktionen abhängt. Die Korrelation zwischen desorganisiertem Bindungsverhalten bei Kindern und nicht verarbeiteten Traumata bei einem Elternteil wurde zum ersten Mal von Main und ihren Mitarbeitern beobachtet (Main & Hesse, 1990; Main & Solomon, 1990). Danach wurde diese Beobachtung mehrmals von unabhängigen Forschergruppen repliziert (Ainsworth & Echberg, 1991; Benoit & Parker, 1994; Lyons-Ruth & Block, 1996; Ward & Carlson, 1995).

Um die Verbindung zwischen ungelöster Trauer oder einem Trauma eines Elternteils und desorganisiertem Verhalten bei Kindern zu erklären, haben Main und Hesse (1990) die folgende Hypothese aufgestellt: Die Erinnerung an das nicht verarbeitete Trauma hat die Tendenz, im Bewusstsein zwanghaft, bruchstückhaft und unvorhersehbar aufzutauchen (Horowitz, 1986). Wenn sich traumatische Intrusionen dem Elternteil aufdrängen, der gerade das Kind versorgt, entsteht in dessen Gesicht ein Ausdruck von Angst, der das Kind erschreckt. Die angeborene Reaktion von kleinen Kindern, mit Angst auf die Angst im Gesichtsausdruck des versorgenden Erwachsenen zu reagieren, ist gut bekannt (Fields & Fox, 1985). Auf diese Weise entsteht im Kind ein unlösbarer Konflikt zwischen zwei angeborenen Motivationssystemen[2]: dem System der Zuneigung, das es dazu bringt, die schützende Nähe des Elternteiles zu suchen, wann immer es in Gefahr ist, und dem archaischeren System der Verteidigung, das es zur Flucht oder Starre zwingt, wenn es mit einer furchteinflößenden Situation konfrontiert wird (Main & Hesse, 1990). Dieser unlösbare Konflikt – zwischen Bedürfnis nach schützender Nähe und dem Bedürfnis, sich vom Elternteil zu entfernen, der zur Gefahrenquelle geworden ist – zeigt sich natürlich auch, wenn der Elternteil mit einem ungelösten Trauma während der Versorgung des Kindes plötzlich dem Kind gegenüber gewalttätig wird (das Risiko, dass traumatisierte und erschreckte Eltern plötzlich gewalttätig den eigenen Kindern gegenüber werden, ist von Bowlby (1988, 5. Kapitel) meisterhaft untersucht worden). Damit sich die Desorganisation des Bindungsverhaltens entwickelt, ist es nicht notwendig, dass ein Elternteil dem Kind durch Gewalttätigkeit Angst einflößt: Der einfache Fakt, Angst zu zeigen, macht diesen Elternteil für das Kind zu einer Gefahrenquelle und aktiviert auf diese Weise den Konflikt zwischen dem System der Zuneigung und anderen Systemen der Verteidigungsmotivation (Liotti, 2000; Main & Hesse (1990) haben zusammenfassend den Elternteil, der für das desorganisierte Bindungsverhalten verantwortlich ist, »frightened/frightening« genannt).

---

2 Die angeborene Reaktion junger Säugetiere im Allgemeinen, bei Primaten im Speziellen, die schützende Nähe zu den behütenden Erwachsenen zu suchen, ist die Grundannahme der Bindungstheorie von Bowlby (1982). Sicherlich existieren weitere angeborene Motivationssysteme bei Primaten – z. B. mit Flucht, Angriff oder plötzlicher Starre auf Gefahren zu reagieren (LeDoux, 1996), neben dem System der Kontrolle über das Bindungsverhalten (vgl. Liotti, 2000).

Desorganisierter Bindungsstil und die Vielfältigkeit der Repräsentationen des Selbst

Die Theorie von Bowlby (1982, 1988) beinhaltet, dass die Eindrücke, die man als Kind während der ersten Bindungserfahrungen sammelt, in bestimmten Strukturen des impliziten Gedächtnisses abgespeichert werden (Amini, Lewis, Lannon, Louie et al., 1996), die Interne Arbeitsmodelle oder Internal Working Models (IWM) genannt werden. Die IWM enthalten die Repräsentationen des Selbst und des Elternteils, der die Bindungsperson war und bestimmen das weitere Bindungsverhalten (Bowlby, 1982; Bretherton, 1985, 1990).

Das Bindungsverhalten, das an sich angeboren ist, differenziert sich dank der Wirkung unterschiedlicher IWM als Ergebnis der Erfahrung und organisiert sich gemäß den drei Mustern – sicher, vermeidend, ambivalent – oder entpuppt sich eben als desorganisiert.

Im »sicheren Bindungsmuster« enthalten die IWM eine einheitliche, logische und organisierte Repräsentation von sich selbst und der Bezugsperson, hier werden die Gefühlserfahrungen des Selbst positiv bewertet, da sie von einer verfügbaren und vertrauenswürdigen Bezugsperson wertgeschätzt werden. Im Muster »vermeidend« werden die Gefühle der Verletzbarkeit des Selbst als eine Quelle der Belästigung für die Bezugsperson empfunden und deswegen als etwas erlebt, das es zu vermeiden gilt. Trotz der negativen Bindungsrepräsentation bewahrt sich das Innere Arbeitsmodell des »vermeidenden Bindungsstils« genügend Charakteristika von Einheitlichkeit, Kohärenz und Organisation. Auch das Innere Arbeitsmodell des »ambivalenten Bindungsstils« erlaubt eine ausreichende Repräsentation von Kohärenz: Zwar wird die Bezugsperson in ihren Reaktionen als unvorhersagbar empfunden, aber das Selbst ist spürbar, noch einheitlich und bereit dafür, mit besonderer Energie und Beständigkeit den eigenen Bindungsstil auszudrücken – auf diese Weise soll das ansonsten unvorhersehbare Sich-Entfernen der anderen Personen kontrolliert werden. Bei den inneren Arbeitsmodellen jedoch, die mit dem desorganisierten Bindungsstil einhergehen, konnte keinerlei auch nur relativ einheitliche und kohärente Repräsentanz aufgebaut werden (Main, 1991; Hesse & Main, in Druck; Liotti, 1992, 1995, 1999a, 1999b, 2000).

Der vielfältigen, unzusammenhängenden und bruchstückhaften Natur der Inneren Arbeitsmodelle, die dem desorganisierten Bindungsstil entspricht, kann mit folgender Frage nachgegangen werden: Welche expliziten Repräsentationen können der Erfahrung entsprechen, die im impliziten Gedächtnis[3] eines Kindes ent-

---

3 Das implizite Gedächtnis (Amini et al., 1996) enthält Erinnerungen, die nicht durch konzeptuale Gedanken und Sprache vermittelt sind (perzeptiv-motorische Schemata, emotionale Schemata). Ihrer Natur entsprechend sind diese Erinnerungen nicht gleich klar im Bewusstsein vorhanden, wie Erinnerungen aus dem expliziten Gedächtnis (auch deklaratives oder autobiographisches – wenn es sich um das Selbst handelt – Gedächtnis genannt) (Rubin, 1986). Deswegen wird der Begriff »implizites Gedächtnis« von einigen Autoren auch als Synonym für »unbewusstes Gedächtnis« verwendet (LeDoux, 1996).

halten ist, das von einem frightened/frightening Elternteil versorgt wird? Ausgehend von einer Bezugsperson, die das Kind mit einem Ausdruck von Angst versorgt, kann es eine Repräsentanz von sich aufbauen, in der es *selbst* der Grund für die Angst ist, die es im anderen sieht (das Selbst ist »Verfolger«, der andere »Opfer«), aber auch gleichzeitig eine Repräsentation des anderen als böswillig und als verantwortlich für die eigene gefühlte Angst entwickeln (das Selbst ist »Opfer«, der andere »Verfolger«). So kann das Kind, ausgehend von der gleichen im impliziten Gedächtnis registrierten Sequenz, sich selbst als »Opfer« empfinden und den anderen als »Retter« (die Bezugsperson wendet sich dem Kind zu, wenn auch mit einem Ausdruck von Angst) und auch sich selbst als »Retter« und den Elternteil als »Opfer« (der traumatisierte Elternteil, der sich dem Kind zuwendet, während er sich mit Angst an ein nicht verarbeitetes Trauma erinnert, wird leicht von der Zärtlichkeit getröstet, die durch den Kontakt mit dem Kind hervorgerufen wird).

Schließlich kann sich das Kind sowohl sich selbst als auch die Bezugsperson als verletzlich, erschreckt und unfähig empfinden, wenn es einer unsichtbaren und daher bedrohlicheren Gefahr ausgesetzt ist (das Selbst und der andere sind »Opfer«). Kurz gesagt kann man folgern, dass die Erfahrung, von einem frightened/frightening Elternteil versorgt zu werden, sich in einer Tendenz widerspiegelt, Repräsentationen des Bezogenseins Selbst-Anderer (sé-con-l'altro) zu konstruieren, die vielfältig und gegenseitig inkompatibel sind und dauernd zwischen den dramatisch repräsentierten Polen des »Retters«, »Verfolgers« und »Opfers« wechseln (Liotti, 1995, 1999a, 1999b, 2000). Diese Schlussfolgerung wird unterstützt von einer Studienreihe über die Selbstrepräsentationen von Kindern im Schulalter und von Heranwachsenden, die früher ein desorganisiertes Bindungsverhalten zeigten (Zusammenfassungen dieser Studien, vgl. Hesse & Main, im Druck; Liotti, 1999a, 1999b; Main & Morgan, 1996).

Die Ähnlichkeit zwischen dem fragmentierten und widersprüchlichen Repräsentationsstil, der aus den Inneren Arbeitsmodellen des desorganisierten Bindungsverhaltens hervorgeht und jenem, der dem Spaltungeffekt nach Kernberg (1975) entspricht, ist deutlich. Man könnte einwenden, dass in der Theorie von Kernberg die Spaltung ein intrapsychischer Abwehrmechanismus ist, während die Inneren Arbeitsmodelle des desorganisierten Bindungsstils die dissoziierte Vielfältigkeit der Repräsentationen einer kognitiven Dynamik verdanken (Übersetzung der Elemente des impliziten Gedächtnisses in deklaratives Wissen), die ihrerseits auf den Charakteristika einer *realen* Beziehung beruht. Dennoch, die Unterschiede in der erklärenden Grundtheorie (klassische Triebtheorie nach dem Modell von Kernberg, evolutionistische Epistemologie und kognitive Neuropsychologie im Fall der Bindungstheorie) widerlegen nicht die Tatsache, dass gleich großes Gewicht auf den vielfältigen, gegensätzlichen und vor allem unvollständigen Repräsentationsstil gelegt wird, der bezeichnend ist sowohl für den Borderline Patienten nach Kernberg als auch für den desorganisierten Bindungsstil.

Desorganisierter Bindungsstil und Defizit in der metakognitiven Entwicklung

Eine Forschungsreihe von großem theoretischen und klinischen Interesse verbindet die Bindungsunsicherheit im Allgemeinen und die Desorganisation im Speziellen mit einem Defizit in der Entwicklung und Ausübung von metakognitiven Funktionen (Flavell, 1979). Ein ernst zu nehmendes Defizit in der Steuerung auf der Metaebene – der Fähigkeit, mentale Vorgänge des Denkens und der Emotionen während des Auftretens wahrzunehmen, um so deren Ablauf zu kontrollieren – ist charakteristisch für Beziehungen, in denen desorganisiertes Bindungsverhalten vorkommt (Main, 1991, 1995; Main & Hesse, 1992; Main & Morgan, 1996). Auch eine andere Funktion, die von der Metakognition abhängt, nämlich die Fähigkeit des Selbst, die Bewusstseinszustände (Gedanken, Gefühle, Überzeugungen, Erinnerungen) als diskrete, relative und subjektive Einheiten zu reflektieren, scheint in Beziehungen mit unsicherer Bindung besonders gefährdet zu sein, also auch bei desorganisierter Bindung (Fonagy et al., 1995). Bindungssicherheit im ersten Lebensjahr korreliert mit einer größeren Fähigkeit im Alter zwischen drei und fünf Jahren, »false belief-tasks« zu lösen, was die erfolgreiche Ausbildung einer »theory of mind« demonstriert (Meins, 1997). Im Gegensatz zu Kindern mit unsicherer und desorganisierter Bindung unterscheiden Kinder mit sicherer Bindung anhand ihrer impliziten metakognitiven Funktionen müheloser zwischen Wahrnehmung und Realität (auf dieser Unterscheidung basieren die Aufgaben von »false believes«: Flavell, Flavell & Green, 1983; Wimmer & Perner, 1983).

Jugendliche mit Biographien, die einen desorganisierten Bindungsstil vermuten lassen, zeigen sicherlich eine niedrigere Fähigkeit im formal-logischen Denken als ihre Altersgenossen gleicher Intelligenz, aber mit sicherer, unsicher-vermeidender oder unsicher-ambivalenter Bindung (Jacobson, Edelstein & Hoffmann, 1994)[4]. Jugendliche, die im frühen Alter (im Alter von einem Jahr) ein desorganisiertes Bindungsverhalten zeigten, wurden in einer neueren Studie von Lehrern als eher zu »geistiger Abwesenheit neigend« (also einem Aufmerksamkeits- und Gedankenzustand ähnlich einer spontanen Absence) eingeschätzt (Carlson, 1997). Auch dieser Hang zu dissoziierten Bewusstseinszuständen weist auf eine reduzierte oder funktionsgestörte Nutzung der metakognitiven Fähigkeiten hin.

Es ist offensichtlich, dass die Steuerung auf der Metaebene und die Fähigkeit, die eigenen mentalen Zustände und jene der anderen zu reflektieren, wesentliche Voraussetzungen sind für Regulierung und Modulation von Gefühlen und zwar sowohl für sich allein als auch mit anderen. Die Metakognition und die »theory of mind« stehen also im Mittelpunkt jenes mentalen Systems, das die emotiona-

---

4 Die Fähigkeiten im Jugendalter der formalen, der hypothetisch-deduktiven und der gedanklichen Operationen, wie sie Jean Piaget definiert, korrelieren mit der Kapazität der Dezentralisierung, die ihrerseits mit der Metakognition korreliert (Flavell, 1963).

len Erfahrungen reguliert, die Linehan (1993) in ihrem Modell der Borderline Persönlichkeitsstörung als defizitär betrachtet. Im Laufe der kognitiv-emotionalen Entwicklung ist es nur dank einer effizienten Steuerung auf der Metaebene möglich:

1. die kontextuelle, relationale und transitorische Natur der Gefühle zu verstehen (wie auch alle anderen mentalen Zustände);
2. eine effiziente »Theorie« der Beziehung zwischen Emotionen und spezifischen Umgebungsvorgängen aufzustellen;
3. jeder Emotion einen passenden Namen zu geben.

Mit anderen Worten, die metakognitiven Fähigkeiten liefern im Laufe der Entwicklung die mentalen Mittel, die nach Linehan das Regulationssystem für die Emotionen formen. Die Idee, dass aus einer gestörten Bindungsbeziehung ein Defizit der mentalen Funktionen entstehen könnte, die auf die Regulation der emotionalen Erfahrungen einwirken, ist natürlich ganz im Sinne der Zentralthesen der psychoanalytischen Modelle in Verbindung mit der Psychologie des Selbst. Diese besagt, dass die Funktionen des Objekt-Selbst (von entscheidender Bedeutung für die Fähigkeit der Selbsttröstung) durch bestimmte Störungen in den ersten Objektbeziehungen ein Defizit erleiden. Dank dieser wesentlichen Übereinstimmung erscheint ein Modell der Borderline Pathologie, das von dem desorganisierten Bindungsstil abgeleitet wird, nicht nur kompatibel mit dem kognitiv-verhaltenstheoretischen von Linehan sondern auch mit den psychoanalytischen Modellen von Borderline Persönlichkeitsstörung wie z.B. dem Modell von Adler (1985).

Desorganisierter Bindungsstil und Reaktion auf Traumata

Die Bindungstheorie beinhaltet, dass im Laufe des Lebens die weniger dysfunktionalen Reaktionen auf Trennung, Verlust, Verlassenwerden und ganz allgemein auf traumatische Vorfälle eine Folge von vorhergehenden Erfahrungen von (zumindest) einer sicheren Bindung sind, also verbunden mit der Existenz eines sicheren Inneren Arbeitsmodells (Bowlby, 1969, 1973, 1980). Die bisher verfügbaren Forschungsdaten bekräftigen und bestätigen diese Annahme jedoch nur zum Teil. Insbesondere die Studie von Adams, Keller & West (1995) legt nahe, dass die Dimension »Organisation-Desorganisation« wichtiger ist als die Dimension »Sicherheit-Unsicherheit«, um eine Vorhersage negativer Reaktionen auf Traumata, Trennung und Verlust – als Funktion von Bindungserfahrungen – zu ermöglichen. Mit anderen Worten: Das desorganisierte Bindungsverhalten verursacht ungleich stärker als die einfache Unsicherheit die offensichtlich pathologischen Reaktionen auf traumatische Vorfälle oder Verlust. Eine zentrale, wenn auch kontrovers diskutierte Funktion haben Traumata bei der Entstehung der Borderline Persönlichkeitsstörung (Paris, 1996). Das Thema des desorganisierten

Bindungsstils als wichtiger Faktor einer Prädisposition für post-traumatische emotionale Störungen ist einen Exkurs und einige Überlegungen wert.

Opfer eines potenziell traumatisierenden psychologischen Vorfalles zu werden, führt per Definitionem zur Aktivierung des motivationalen Bindungssystems (eine ausführlichere Darstellung kann bei Liotti 1999a, 1999b nachgelesen werden). Der physische und psychische Schmerz zusammen mit der Wahrnehmung der eigenen Verletzbarkeit bildet in der Tat den stärksten Auslöser des angeborenen menschlichen Bedürfnisses nach Hilfe, Trost und Schutz (Bindung). Die Reaktion auf das psychologische Trauma löst aber nicht nur das angeborene Bedürfnis nach Bindung aus, sondern aktiviert auch das innere Arbeitsmodell, das dieses reguliert; also die Erwartung wie andere auf die eigene Forderung nach Fürsorge reagieren sowie Bedeutung und Wert, die man den eigenen Bindungsgefühlen beimisst. Die Erwartungen positiver Reaktionen von anderen und die positiv bewerteten eigenen Gefühle (Erwartungen, die vom Internalen Arbeitsmodell der sicheren Bindung getragen werden) vermindern einerseits schon auf intrapsychischer Ebene die schmerzlichen Auswirkungen des Traumas und führen andererseits auf der Beziehungsebene wirksam zu einem Verhalten, das durch die Herstellung realer Interaktionen intrinsisch Hilfe und Trost gewährleistet. Die Internalen Arbeitsmodelle der sicheren Bindung scheinen also einen Schutzfaktor im Falle von PTSD (Post-traumatic Stress Disorder) zu bilden. Die Internalen Arbeitsmodelle der verschiedenen unsicheren Bindungstypen und noch mehr diejenigen des desorganisierten Bindungsstils bringen umgekehrt Erwartungen von Ablehnung, Grenzüberschreitungen oder von anderen Gefahren als Reaktion auf die eigenen Bindungsbedürfnisse mit sich. Sie schützen also nicht vor den psychologischen Auswirkungen traumatischer Ereignisse, sondern verstärken diese geradezu (Liotti, 1999a, 1999b). Im Falle der Inneren Arbeitsmodelle des desorganisierten Bindungsstils bringt deren bloße Aktivierung eine weitere dissoziierende Erfahrung mit sich. Solche Inneren Arbeitsmodelle bergen tatsächlich unvollständige, widersprüchliche und dramatische Repräsentationen des Selbst und der Personen, von denen man Fürsorge erwartet: Zu den gut bekannten dissoziativen Auswirkungen des Traumas gesellt sich so die Dissoziation der Repräsentation von sich in Beziehung zum Anderen (sé-con-l'altro), die im desorganisierten Bindungsverhalten entstanden ist. Daher können Befunde wie z.B. die Ergebnisse der bereits zitierten Studie von Adams et al. (1995) dahingehend verstanden werden, dass der desorganisierte Bindungsstil ein Risikofaktor für die Entwicklung von PTSD ist.

Wenn wir uns jetzt vor Augen halten, dass die Familien mit dem höchsten Risiko von Missbrauch, Misshandlung oder Gewalttätigkeit (Carlson et al., 1989) auch diejenigen sind, in denen der desorganisierte Bindungsstil sich am leichtesten entwickelt, so können wir ahnen, was diese beiden Risikofaktoren oft gemeinsam zur Entwicklung von BPD beitragen – vor allem was Dissoziation betrifft oder Spaltung, die diese Störung charakterisieren. Aufgrund der Tatsache, dass der desorganisierte Bindungsstil an sich schon einen Faktor für die Dissoziation der Repräsentationen von sich in Beziehung zum Anderen (sé-con-l'altro) darstellt, kann es durchaus Fälle von BPD geben, in deren Entwicklungsgeschichte keine besonderen traumatischen Erfahrungen vorkamen. Schließlich kann die Schutzfunktion der Internalen Arbeitsmodelle einer sicheren Bindung zur Erklärung beitragen, warum Traumata während der Entwicklung nicht immer zu einem Auftreten einer dissoziativen Pathologie im Allgemeinen oder Borderline im Speziellen führen (zur Beschreibung der Rolle von Traumata in der Pathogenese von BPD siehe Paris, 1996).

Eine Hypothese zur Entwicklung der BPD ausgehend vom desorganisierten Bindungsstil

Die bisher genannten Punkte machen deutlich, dass der desorganisierte Bindungsstil ein einheitliches Modell für die beiden Grundstörungen der Borderline Pathologie liefert, wie sie in den psychoanalytischen (insbesondere von Kernberg) und den kognitiv-behavioralen Modellen (insbesondere von Linehan) theoretisch entworfen wurden. Die Vielfältigkeit der Repräsentationen des Selbst und die mangelnde Funktion der Regulierung von schmerzhaften Gefühlen – verbunden mit einem metakognitiven Defizit – erscheinen tatsächlich als zwei Aspekte jener speziellen Entwicklung, wie es sich im desorganisierten Bindungsstil verhält, sowohl intrapsychisch als auch relational gesehen. Ein Modell der Borderline Pathologie, das die desorganisierte Bindung zugrunde legt, erlaubt außerdem sowohl in der Entwicklung als auch im klinischen Ausdruck dieser Störung zwei weitere wesentliche Aspekte zu verstehen: Die Reaktion auf Traumata und die ungewöhnlich starken Reaktionen auf Trennung.

Die psychoanalytischen und kognitiv-behavioralen Modelle der BPD – die sich auf die dissoziierte und dramatische Vielfältigkeit der Repräsentationen vom Selbst in Beziehung zum Anderen (sé-con-l'altro), auf die kärgliche Regulierung von emotionellen Erfahrungen und auf das Defizit der Metakognition beziehen – können auf der Basis einer zentralen Störung deren klinische Aspekte gut erklären (Impulsivität, Wechsel zwischen Idealisierung und Abwertung von sich selbst und den anderen, Gefühl der Leere, unmotivierte und starke Zornausbrüche, selbstverletzendes Verhalten, instabile und stark affektive Beziehungen). Auch das auf dem desorganisierten Bindungsstil basierende Modell ist also in der Lage, diese klinischen Aspekte zu bestätigen, da es in einem einzigen mentalen und interpersonellen Prozess die Kernstörungen einzuordnen vermag, die auch von den anderen Modellen hypostasiert werden. Darüber hinaus jedoch beleuchtet es besser als die anderen Modelle die interpersonale Dynamik, die der Grund für die typischen Erfahrungen und das Verhalten der Borderline Patienten sein könnte. Diese interpersonale Dynamik ist verknüpft mit der Aktivierung des motivationalen Bindungssystems.

Das Kind mit einem desorganisierten Bindungsstil tendiert dazu jedes Mal, wenn in ihm das motivationale Bindungssystem aktiviert wird, dramatische, dissoziierte und unvollständige Repräsentationen von sich selbst und von den anderen zu aktivieren. Eine solche Aktivierung

1. findet unausweichlich (das motivationale Bindungssystem ist angeboren und primär in Bezug auf die erlernten Bedürfnisse) jedes Mal statt, wenn Unbehagen und persönliche Verletzbarkeit empfunden werden,
2. bringt eine gefühlsmäßig heftige und schmerzliche Interaktion mit anderen mit sich, von denen normalerweise Fürsorge erwartet wird (man erinnere sich an die Repräsentationen vom Selbst in Beziehung zum Anderen (sé-con-l'altro), wechselnd zwischen den Rollen des Verfolgers, des Retters und des Opfers),
3. impliziert das Risiko von erschreckenden dissoziativen Erfahrungen (Vernichtungsempfindungen, veränderte Bewusstseinszustände) verbunden mit der Unfähigkeit der integrierenden Funktionen des Bewusstseins, gleichzeitige, unvereinbare Repräsentation von sich in Beziehung zum Anderen (sé-con-l´altro) zusammenzuhalten.

Wahrscheinlich wird eine Person, die wiederholt derartig schmerzhafte Erfahrungen im Zusammenhang mit der Aktivierung des Bindungsstiles gemacht hat, dazu tendieren, ein solches motivationales System zu unterdrücken, zusätzlich zur Entwicklung eines instabilen und emotional intensiven Beziehungsstils. Um bei der Wahrnehmung der eigenen Verletzlichkeit diese Unterdrückung zu erreichen, gibt es zwei Möglichkeiten: Die Anstrengung, einen Zustand von emotionaler Distanz zu erreichen oder die untergründige Aktivierung von Beziehungen mit anderen Modalitäten, die unterschiedlich zur Bindung sind, und mit denen die eigene Vulnerabilität vermieden werden kann (zum Beispiel sexuell-verführerisch oder kompetitiv; Gilbert, 1989).

Im Zusammenhang mit der Neigung zur Aktivierung des Bindungssystems können sich so Erfahrungen von emotionaler Distanz ergeben (das Gefühl der Leere, über das sich die Borderline Patienten oft beschweren) oder Tendenzen zu promiskuitivem und unangebrachtem Sexualverhalten oder auch unmotivierte Ausbrüche von kompetitivem Zorn. In seiner Bemühung, eine emotionale Distanz aufzubauen, die vor den schmerzhaften Erfahrungen der Bindungsinteraktionen – vermittelt durch den desorganisierten Bindungsstil – schützen soll, lernt der Patient z.T. Stimuli einzusetzen, die ihn von der Verzweiflung und vom verzweifelten Bedürfnis eines nie erreichbaren Trostes »ablenken« (Ess-Störungen, Alkoholmissbrauch und Drogenmissbrauch). Oder es kommt zu einem Sich-Einlassen auf riskante Verhaltensweisen, die übrigens mit zwei negativen Repräsentationen des Selbst übereinstimmen: Machtloser Verfolger oder Opfer, wie sie die Internalen Arbeitsmodelle des desorganisierten Bindungsstils mit sich bringen. Die defizitäre metakognitive Fähigkeit verhindert während eines solchen Prozesses abnormaler Entwicklung die kritische Einschätzung des eigenen Verhaltens und der eigenen mentalen Zustände. Nur eine kritische Einschätzung des eigenen Verhaltens könnte – bei Abwesenheit wichtiger das desorganisierte Bindungsverhalten korrigierender Beziehungserfahrungen – verschiedene interpersonale Verhaltensformen hervorrufen (avviare) und alternative Möglichkeiten für den Ausdruck von schmerzlichen Gefühlen explorieren.

An dieser Stelle soll betont werden, dass die in diesem Beitrag vorgestellte Hypothese keineswegs impliziert, ein desorganisierter Bindungsstil als Kernstörung der Borderline Pathologie sei der *einzige* Risikofaktor für deren Entwicklung. Verschiedene Risikofaktoren können mit den Auswirkungen des desorganisierten Bindungsstils zusammenfallen und somit eine BPD verursachen.

Es ist wahrscheinlich, dass auch BPD – wie der Großteil der psychiatrischen Störungen – multifaktorielle oder auch bio-psycho-soziale Entstehungsbedingungen aufweist (Paris, 1996). Traumatische Erfahrungen, die auf einen frühzeitigen desorganisierten Bindungsstil folgen, tragen sicherlich in gravierender Weise dazu bei, die Entwicklung einer Persönlichkeit in Richtung Borderline zu lenken. Persönlichkeitszüge, die von verschiedenen genetischen und konstitutionellen Variabeln bestimmt sind (wie zum Beispiel Impulsivität und ein besonderes Reaktionsvermögen des neuro-vegetativen Systems auf emotionelle Reize) sind möglicherweise wichtige zusätzliche Risikofaktoren (Linehan, 1993; Paris, 1996). Ererbte oder erworbene neuropsychologische Anomalien könnten den desorganisierten Bindungsstil und die psychologischen Auswirkungen von Traumata zur Pathogenese von BPD werden lassen (Van Reekum, Links & Boiago, 1993). Abnorme Kommunikationsformen innerhalb der Familie, die nicht unmittelbar die Bindungsinteraktionen betreffen, spielen möglicherweise ebenfalls eine Rolle bei der Entstehung der Störung. Es ist außerdem absolut notwendig, bei der Untersuchung der Pathogenese der BPD die Rolle der Schutzfaktoren in Betracht zu ziehen, die im Laufe der Entwicklung den Einfluss von vorhergehenden Risikofaktoren neutralisieren können. Spätere Erfahrungen von sicherer Bindung, die vorhergehende Erfahrungen der Desorganisation korrigieren, können einen wichtigen Schutzfaktor darstellen.

Das eben skizzierte Erklärungsmodell erlaubt nun genaue empirische Untersuchungen. Die Hypothese, dass eine frühzeitige Desorganisation im Bindungsstil ein wichtiger Risikofaktor für die Entstehung von BPD sei, kann überprüft werden. Eine Möglichkeit dazu wird angeboten von der bereits festgestellten Korrelation zwischen dem kindlichen desorganisierten Bindungsverhalten und der fehlenden Verarbeitung von Trauer und Traumata der Person, die das Kind versorgt (eine Korrelation, die im Abschnitt 3 dieses Beitrages ausführlich diskutiert wurde). Die Borderline Patienten müssten daher mit größerer Wahrscheinlichkeit als andere psychiatrische Patienten (mit Ausnahme der dissoziativen Patienten: Liotti, 1992, 1993, 1995, 1999a) aus Familien stammen, in denen nicht verarbeitete Trauer und Traumata vorkommen. Hierzu ist in Italien derzeit eine umfangreiche epidemiologische Untersuchung im Gange. Die ersten vorläufigen Ergebnisse (Pasquini, persönliche Mitteilung) favorisieren allerdings die Hypothese, dass die desorganisierte Bindung ein Risikofaktor für BPD ist.

Abschließende Betrachtungen

Die Kenntnis eines Risikofaktors und der daraus resultierenden Kernstörung, geht in die Prävention und Therapie ein. Die Implikationen für die Prävention, die aus dem vorgeschlagenen Modell hervorgehen, sind offensichtlich. Der kindliche desorganisierte Bindungsstil entsteht durch die Existenz nicht verarbeiteter Trauer und Traumata im Elternteil, der das Kind versorgt. Wenn die desorganisierte Bindung ein Risikofaktor für BPD ist, dann wäre es also grundsätzlich möglich, die Häufigkeit des Auftretens der Störung in der Gesellschaft zu reduzieren, indem man Eltern mit traumatischen Erfahrungen Hilfestellung und Beratung anbietet, um diese aufzuarbeiten. Die Aufarbeitung einer traumatischen Erfahrung für einen Elternteil mittels einer passenden psychologischen Beratung ist ein Vorhaben, das ungleich einfacher und ökonomischer ist, als die Psychotherapie eines Borderline Patienten.

In der Psychotherapie für den Borderline Patienten bietet das vorgeschlagene Modell dem Therapeuten Hilfestellung, um

1. die Natur und die Bedeutung der dramatischen und vielfältigen Empfindungen von sich und von den Anderen zu verstehen, die der Patient zeigt, sowohl in der therapeutischen als auch in anderen affektiven Beziehungen,
2. nicht zu vergessen, dass solche Repräsentationen gewöhnlich mit Ängsten des Verlassenwerdens durch den Anderen verbunden sind, wenn dieser als eine Bezugsperson wahrgenommen wird und
3. sich vor Augen zu halten, dass der Patient nicht über angemessene metakognitive Fähigkeiten verfügt, aus den gleichen Gründen, aus denen er übersensibel auf das Verlassenwerden reagiert und aus denen er vielfältige, gespaltene und dramatische Empfindungen von sich im Verhältnis zum Anderen hat. Diese Gründe sind zurückzuführen – gemäß der Hypothese, die hier diskutiert wird – auf die Aktivierung des motivationalen Bindungssystems (Liotti, 2000).

Wenn also während der Therapie die Aktivierung des Bindungssystems, das innerhalb der therapeutischen Beziehung besteht, unter Kontrolle gehalten wird, kann folgendes Risiko reduziert werden: Der Ausbruch dramatischer Repräsentationen vom Selbst in Beziehung zum Anderen (sé-con-l'altro), in denen man sich selbst und den Anderen gleichzeitig oder in schneller Abfolge als ohnmächtiges Opfer oder bedrohlichen Verfolger erlebt. Jeder Kliniker weiß, dass in der Arbeit mit Borderline Patienten zwei Hauptprobleme auftreten können: Akte der Selbstverletzung und vorzeitiges Abbrechen der Therapie (drop-out). Die Kenntnis dieses Risikofaktors, der hier hypostasiert wird, könnte also nicht nur dazu dienen, Psychologen der Beratungsstellen in der Prävention von BPD anzuleiten, sondern den Therapeuten auch Strategien an die Hand geben, die den Patienten helfen, in der Therapie zu bleiben. Tatsächlich basiert das therapeutische Programm, das die größte Wirksamkeit in der Reduzierung der drop-out-Wahrscheinlichkeit zeigte (Linehan, 1993), auf einer gut verständlichen Strategie, die den desorganisierten Bindungsstil berücksichtigt. Diese Strategie besteht darin, den Borderline-

Patienten gleichzeitig in zwei therapeutische Settings aufzunehmen, in denen der Patient jeweils einen anderen Therapeuten antrifft: ein individuelles und ein Gruppen-Setting. Durch die Aufteilung des Bindungsbedürfnisses des Patienten auf zwei verschiedene Therapeuten ist es weniger wahrscheinlich, dass sich eine abnorme und starke Aktivierung des Bindungssystems einem einzigen Therapeuten gegenüber herausbildet (Liotti, 2000): Der Patient ist somit geschützt vor den Auswirkungen der Reaktivierung der vielfältigen, dramatischen und dissoziierten Internalen Arbeitsmodelle auf hohem Intensitätsniveau, die auf eine einzige Person bezogen sind.

Literatur

Adam, K.S./Keller, A.E.S./West, M.: (1995) Attachment organization and vulnerability to loss, separation and abuse in disturbed adolescents. In: Goldberg, S./Muir, R./Kerr, J. (Hrsg.): Attachment Theory: Social, developmental and clinical perspectives. Hillsdale, NJ: Analytic Press.

Adler, G.:(1985) Borderline Psychopathology and its treatment. New York: Jason Aronson.

Ainsworth, M.D.S./Blehar, M.C./Waters, E./Wall, S.: (1978) Patterns of attachment. Hillsdale, NJ: Lawrence Erlbaum Associates.

Ainsworth, M.D.S./Eichberg, C.: (1991) Effects on infant-mother attachment of mother's unresolved loss of an attachment figure, or other traumatic experiences. In: Parkes, C.M./Stevenson-Hinde, J./Marris, P. (Hrsg.): Attachment across the life cycle. London: Routledge, 160–180.

American Psychiatric Association: (1994) Diagnostic and statistical manual of mental disorders, 4th ed: DSM-IV. Washington, DC: American Psychiatric Association.

Amini, F./Lewis, T./Lannon, R./Louie, A./Baumbacher, G./McGuinnes, T./Zirker, E.: (1996) Affect, attachment, memory: Contributions toward psychobiologic integration. Psychiatry 59: 213–239.

Beck, A./Freeman, A.: (1993) Kognitive Verhaltenstherapie der Persönlichkeitsstörung. Weinheim: Beltz.

Benolt, D./Parker, K.C.: (1994) Stability and transmission of attachment across three generations. Child Development 65: 1444–1456.

Bowlby, J.: (1969) Attachment and Loss. Vol. 1: Attachment. London: Hogarth Press.

Bowlby, J.: (1973) Attachment and Loss. Vol. 2: Separation. London: Hogarth Press.

Bowlby, J.: (1980) Attachment and Loss. Vol. 3: Loss. London: Hogarth Press.

Bowlby, J.: (1982) Attachment and Loss. Vol. 1: Attachment. (2nd Hrsg.) London: Hogarth Press.

Bowlby, J.: (1988) A secure base. London: Routledge.

Bretherton, I.: (1985) Attachment theory: Retrospect and prospect. In: Bretherton, I./ E. Waters (Hrsg.) Growing points of attachment theory and research. Monographs of the society for Research in Child Development (Bd. 50, 3–35).

Bretherton, I.: (1990) Open communication and internal working models: Their role in attachment relationships. In: Thompson, R. (Hrsg.): Socioemotional development. Lincoln: University of Nebraska Press, 57–113.

Carlson, E.A.: (1997) A prospective longitudinal study of consequences of attachment disorganization/disorientation. Paper read at the 62nd Meeting of the Society for Research in Child Development.

Carlson, E.A./Cicchetti, D./Barnett, D./Braunwald, K.: (1989) Disorganized/disoriented attachment relationships in maltreated infants. Developmental Psychology 25: 525–531.

Carlson, E.A./Sroufe, L.A.: (1995) Contribution of attachment theory to developmental psychopathology. In: Cicchetti, D./Cohen, D. (Hrsg.): Developmental psychopathology: Theory and methods. New York: Wiley 1: 581–617.

Cotugno, A.: (1995) La psicoterapia nella patologia borderline. Psicoterapia 1: 89–116.

Cotugno, A.: (1997) Psicoterapia cognitiva e stati borderline. Psicobiettivo 17(3): 17–34.

Cotugno, A./Monticelli, F.: (1995) Disturbi dissociativi e disturbo borderline di personalitá: Analogie e differenze. In: Una sola moltitudine: La coscienza e i suoi disturbi (a cura di Cotugno, A. & Intreccialagi, B.). Roma: Melusina.

Fields, T.M./Fox, N.A.: (1985) Social perception in infants. Norwood, NJ: Ahler.

Flavell, J.H.: (1963) The developmental psychology of Jean Piaget. New York: Van Nostrand.

Flavell, J.H.: (1979) Metacognition and cognitive monitoring: A new area of cognitive-developmental inquiry. American Psychologist 34: 906–911.

Flavell, J.H./Flavell, E.R./Green, F.L.: (1983) Development of the appearance-reality distinction. Cognitive Psychology 15: 95–120.

Fonagy, P./Steele, M./Steele, H./Leigh, T./Kennedy, R./Mattoon, G./Target, M.: (1995): Attachment, the reflective self, and borderline states. In: Goldberg, S./Muir, R./Kerr, J. (Eds): Attachment Theory: Social, developmental and clinical perspectives. Hillsdale, NJ: Analytic Press, 233–278.

Gilbert, P.: (1989) Human nature and suffering. New York: Lawrence Erlbaum Associates.

Hesse, E./Main, M. (im Druck): Second-generation effects of trauma in non-maltreating parents: Previously unexamined risk factor for anxiety. Psychoanalytic Inquiry.

Horowitz, M.J.: (1986) Stress response syndromes (2nd Hrsg.). New York: Aronson.

Kernberg, O.F.: (1975) Borderline conditions and pathological narcissism. New York: Jason Aronson.

Jacobsen, T./Edelstein, W./Hofmann, V.: (1994) A longitudinal study of the relation between representation of attachment in childhood and cognitive functioning in childhood and adolescence. Developmental Psychology, 112–124.

Le Doux, J.: (1996) The emotional brain. New York: Simon & Schuster.

Liotti, G.: (1992a) Disorganized/disoriented attachment in the etiology of the dissociative disorders. Dissociation 5: 196–204.

Liotti, G.: (1993) Le discontinuitá della coscienza. Milano: Angeli.

Liotti, G.:(1995) Disorganized/disoriented attachment in the psychotherapy of the dissociative disorders. In: Goldberg, S./Muir, R./Kerr, J. (Hrsg.): Attachment Theory: Social, developmental and clinical perspectives. Hillsdale, NJ: Analytic Press, 343–363.

Liotti, G.: (1999a) Disorganization of attachment as a model for understanding dissociative psychopathology. In: Solomon, J./George, C. (Hrsg.): Disorganization of attachment. New York: Guilford Press.

Liotti, G.: (1999b) Understanding the dissociative processes: The contribution of attachment theory. Psychoanalytic Inquiry 19: 757–783.

Liotti, G.: (2000) Disorganised attachment, models of borderline states, and evolutionary psychotherapy. In: Gilbert, P./Bailey, K. (Hrsg.): Genes on the couch: Explorations in evolutionary psychotherapy. Hove: Psychology Press.

Linehan, M. M.: (1993) Cognitive-behavioral treatment for borderline personality disorder. New York: Guilford Press.
Lyons-Ruth, K.: (1996) Attachment relationships among children with aggressive behavior problems: The role of disorganized early attachment patterns. Journal of Consulting and Clinical Psychology 64: 64–73.
Lyons-Ruth, K./Block, D.: (1996) The disturbed caregiving system: Relations among childhood trauma, maternal caregiving, and infant attachment. Infant Mental Health Journal 17: 257–275.
Maffei, C.: (1997) Interpretazione di transfert e relazione interpersonale nella psicoterapia analitica dei disturbi di personalità. In: Conoscenza ed emozione nei disturbi di personalità (a cura di Barone, L. & Maffei, C.). Milano: Angeli.
Maffei, C.: (1998) Disturbo borderline di personalità, metacognizione ed autoregolazione. Articolo presentato al IX Congresso della Società Italiana di Terapia Cognitiva e Comportamentale, Torino: 15 Novembre 1998.
Main, M.: (1991) Metacognitive knowledge, metacognitive monitoring, and singular (coherent) versus multiple (incoherent) models of attachment. In: Parkes, C.M./Stevenson-Hinde, J./Marris, P. (Hrsg.): Attachment across the life cycle. London: Routledge, 127–159.
Main, M.: (1995) Recent studies in attachment: Overview, with selected implications for clinical work. In: Goldberg, S./Muir, R./Kerr, J. (Hrsg.): Attachment Theory: Social, developmental and clinical perspectives. Hillsdale, NJ: Analytic Press, 407–474.
Main, M./Hesse, E.: (1990) Parents' unresolved traumatic experiences are related to infant disorganized attachment status: Is frightened and/or frightening parental behavior the linking mechanism? In: Greenberg, M.T./Cicchetti, D./Cummincs, E.M. (Hrsg.): Attachment in the preschool years. Chicago: Chicago University Press, 161–182.
Main, M./Morgan, H.: (1996) Disorganization and disorientation in infant Strange Situation behavior: Phenotypic resemblance to dissociative states? In: Michelson, L./Ray, W. (Hrsg.): Handbook of dissociation. New York: Plenum Press, 107–137.
Main, M./Solomon, J.: (1990) Procedures for identifying infants as disorganized/disoriented during the Ainsworth Strange Situation. In: Greenberg, M.T./Cicchetti, D./Cummings, E.M. (Hrsg.): Attachment in the preschool years. Chicago: Chicago University Press, 121–160. Masterson (1972).
Meins, E.: (1997) Security of attachment and the social development of cognition. Hove: Psychology Press.
O'Connor, M.J./Sigman, M./Brill, N.: (1987) Disorganization of attachment in relation to maternal alcohol consumption. Journal of Consulting and Clinical Psychology 5: 831–836.
Paris, J. (Hrsg.): (1993) Borderline personality disorder: Etiology and treatment. Washington, DC: American Psychiatric Press.
Paris, J.: (1996) Social factors in the personality disorders. New York: Cambridge University Press.
Pretzer, J.L./Beck, A.T.: (1995) Cognitive theory of personality disorders. In: Clarkin, J. F./Lenzenweger, M. F. (Hrsg.): Theories of personality disorders. New York: Guilford.
Radke-Yarrow, M./McCann, K./De Mulder, E./Belmont, B./Martinez, P./Richardson, D.T.: (1995) Attachment in the context of high-risk conditions. Development and Psychopathology 7: 247–265.
Rubin, D. (Hrsg.):(1986) Autobiographical memory. Cambridge: Cambridge University Press.

Solomon, J./George, C.: (1999) Disorganization of attachment. New York: Guilford Press.
Van Reekum, R./Links, P.S./Boiago, I.: (1993) Constitutional aspects of borderline personality disorder. In: Paris, J. (Hrsg.): Borderline personality disorder: Etiology and treatment. Washington, DC: American Psychiatric Press.
Ward M.J./Carlson E.A.: (1995) The predictive validity of the adult attachment interview for adolescent mothers. Child Development 66: 69–79.
Waters, E. (Hrsg.): Growing points of attachment theory and research. Chicago Monographs of the Society for Research in Child Development, The University of Chicago Press, 3–35.
Wimmer, H./Perner, J.: (1983) Beliefs about beliefs: Representations and constraining function of wrong beliefs in young children's understanding of deception. Cognition 13: 103–128.

Chronische innere Unsicherheit und ihre Bedeutung für die Entstehung der Zwangsstörung – ein klinisch-entwicklungspsychologisches Störungsmodell

Gisela Röper

Einleitung

Die entwicklungspsychologische Perspektive in Klinischer Psychologie und Psychiatrie gewinnt derzeit durch die Etablierung der Fächerkombination der Klinischen Entwicklungspsychologie erneut und verstärkt an Bedeutung (Oerter, von Hagen, Röper & Noam, 1999). Insbesondere im Bereich der Kinder- und Jugendlichenpsychotherapie sowie der Kinder- und Jugendlichenberatung führt die Berücksichtigung entwicklungspsychologischer Grundlagen und Forschungsergebnisse zu neuen Störungsmodellen und Behandlungskonzepten (Petermann, Noeker, Bochmann & Bode, 1990; Petermann, 1997; Resch, 1992, 1996; vgl. Noeker im gleichen Band).

Eher wenig Berücksichtigung fand die Verbindung von Entwicklungspsychologie und Klinischer Psychologie bisher sowohl in der Theoriebildung als auch in den Behandlungsansätzen bei psychischen Störungen im Erwachsenenalter. Eine entwicklungspsychologische Orientierung in der Verhaltenstherapie wurde von Röper (1992, 1994, 1997), in der Gestalttherapie von Butollo (1998, 1999) sowie in einem um die Entwicklung über die Lebensspanne erweiterten psychoanalytischen Ansatz von Noam eingeführt (1988b).

In diesem Beitrag soll das Sicherheitsmodell der Zwangsstörung vorgestellt werden, das die Entstehung der Zwangsstörung über den Verlauf der Lebensspanne beschreibt bis zur Erstmanifestation der Störung. Die Darstellung der Entstehungsgeschichte orientiert sich am Konzept von Entwicklungsstufen und ihren Übergangskrisen, deren spezifische Vulnerabilitäten aufgezeigt werden.

Die Zwangsstörung, so wie sie sich in einer konkreten Symptomatologie äußert, wird als der Ausdruck eines chronischen Gefühls innerer Unsicherheit verstanden. Die biographische Lerngeschichte beginnt im familiären Umfeld und bis zum sichtbaren Ausdruck der Störung kumulieren im Verlauf der Entstehung eine Reihe negativer, das heißt zur Verunsicherung beitragende Lernerfahrungen. Die jeweils individuelle, von vielfältigen Unsicherheiten geprägte Lerngeschichte führt zu einem je einzigartigen Symptombild bei gleichzeitig beeindruckender Parallelität zwischen unterschiedlichen Symptombildern, wie sie von den betroffenen Menschen präsentiert werden.

Innere Unsicherheit und ihre Bedeutung für die Entstehung der Zwangsstörung

1839 beschrieb Esquirol einen Patienten mit Zwangsgedanken und betonte die ungetrübte Intelligenz dieses Menschen und die Einsicht in die Absurdität der Fantasien. Dieser Widerspruch und die in ihm verankerte klare Abgrenzung zur Psychose stand im Mittelpunkt aller Beschreibungen der Störung in der frühen psychiatrischen Literatur und wurde definiert als das zentrale differenzialdiagnostische Kriterium zwischen Psychose und Zwangsneurose (Bleuler, 1911; Mayer-Gross, 1969; Kolb, 1973; Curran & Partridge, 1972). Jedoch hatte schon Schneider (1925) darauf aufmerksam gemacht, dass es unterschiedliche Schattierungen von Einsicht in die Sinnlosigkeit gebe, und subjektive Zwänge oft nur bei ruhiger Überlegung als sinnlos erkannt würden. Lewis maß dem inneren Widerstand gegenüber Zwangsgedanken und -impulsen die größere Bedeutung bei (1965). Bleuler (1911) sah die Zwangsneurose als Vorläufer der Schizophrenie, während Kraepelin (1904) und Lewis (1965) nicht von einer derartigen Beziehung ausgingen.

In den Beschreibungen der frühen psychiatrischen Literatur dominiert die Betonung der Zwangsgedanken. Zwangshandlungen dienen nach Lewis (1965) dazu, die Angst, die durch die bedrängenden Obsessionen hervorgerufen wird, zu dämpfen. Heute werden Zwangsrituale als ein Zwangsphänomen gesehen, das entweder gemeinsam mit Zwangsgedanken, oder auch unabhängig von diesen, auftreten und einen ebenso großen Leidensdruck verursachen kann. Lewis machte als erster darauf aufmerksam, dass nicht unbedingt Angst das motivierende Gefühl hinter ritualistischem Verhalten sein müsse; vielmehr reiche auch Unbehagen (discomfort) aus, um durch ritualistische Handlungen dem Verlangen nach einer bestimmten Ordnung nachgehen zu müssen. Dieser Aspekt wurde später von Rachman (1980) wieder aufgegriffen. Der Zwangsneurotiker wurde auch als der Zweifler beschrieben, dessen ausschweifende, umständliche Sprache davon zeugt, wie wichtig ihm im Gespräch mit dem Arzt die exakte Vermittlung seines Leidens ist (Janet, 1903). Ältere Autoren betonen immer wieder die Übergenauigkeit und Gewissenhaftigkeit der Patienten (Janet, 1903; Bleuler 1911; Kolb, 1973).

Diese Auswahl psychiatrischer Definitionsmerkmale der Zwangsstörung gibt einen Einblick in die Phänomenologie der Störung, die immer Grundlage sein muss, wenn Experten den Versuch unternehmen, Erklärungsmodelle zur Entstehung und Aufrechterhaltung einer Störung zu entwickeln.

Verhaltenstheoretische und Kognitive Modelle der Zwangsstörung

Der aktuelle Stand der Theoriebildung wird von Reinecker (1994) sehr treffend beschrieben. Eine einheitliche Theorie zur Entstehung und Aufrechterhaltung der Zwangsstörung existiere derzeit nicht. Jedoch gebe es eine Reihe sehr brauchbarer »Bestandteile« eines theoretischen Modells. »Diese Bestandteile stammen aus epidemiologischen Forschungsarbeiten, aus diagnostisch-psychometrischen Untersuchungen, aus der klinischen Arbeit mit Patienten und letztlich aus Befunden kontrollierter Therapiestudien« (Reinecker, 1994, S. 46). Reinecker legt seiner Darstellung ein »pluralistisches Theorienverständnis« zugrunde. Für ihn stehen die verschiedenen Modellvorstellungen in einem »Ergänzungsverhältnis«, nicht in Konkurrenz zueinander.

In dem vorliegenden Modell wird ein zentraler Kern der Störung hypostasiert, um den herum sich verschiedene Einflussfaktoren und Auswirkungen gruppieren. Im Gesamtmodell sind sowohl hinsichtlich der Einflussfaktoren als auch bezüglich des Symptomausdruckes Komponenten anderer Modelle integriert. Mit anderen Worten: das hier hypostasierte Konstrukt eines zentralen Kerns der Störung ermöglicht eine Integration des »pluralistischen Theorienverständnisses«, wodurch der Versuch unternommen werden kann, ein einheitliches Modell zu präsentieren.

Ein klinisch-entwicklungspsychologisches Modell der Zwangsstörung

Mit dem Sicherheitsmodell der Zwangsstörung (Röper, 1998) wird eine Zusammenführung existierender theoretischer Konzepte zur Entstehung von Zwangsstörungen unternommen. Im Kern der Störung wird ein Grundgefühl chronischer mangelnder Sicherheit postuliert, was eine Erweiterung der bisherigen Störungsmodelle darstellt. Dieses chronische Gefühl mangelnder Sicherheit führt zu einer Reihe von Bewältigungsversuchen als Ausdruck einer Suche nach Sicherheit. Diese Bewältigungsversuche sind jedoch letztlich Wege in die Symptomatik.

Das Modell ist systemisch und sequenziell aufzufassen. Es beschreibt einerseits die je aktuelle Problemsituation mit ihren die Störung aufrechterhaltenden Wirkfaktoren sowie andererseits den Entwicklungsverlauf, der von einer Ansammlung folgenschwerer Erfahrungen im Verlauf der affektiv-kognitiven Entwicklung gekennzeichnet ist.

Die entwicklungspsychologische Perspektive bei der Entstehung von Zwangsstörungen

Dem Sicherheitsmodell der Zwangsstörung liegt die Auffassung zugrunde, dass alle Menschen im Verlauf ihres Lebens einer Reihe vorhersagbarer Krisen begegnen, jedoch für die Ausbildung einer Pathologie eine Vielzahl von negativen Erfahrungen kumulativ anwachsen muss. Wie Menschen ohne psychopathologische Auffälligkeiten sind auch Patienten mit Zwangsstörungen Menschen in Entwicklung mit Entwicklungsaufgaben, die allerdings derzeit durch das akute Leiden Bewältigungsprobleme haben oder gänzlich blockiert sind.

Innere Unsicherheit und ihre Bedeutung für die Entstehung der Zwangsstörung

Entstehung und Verlauf der Zwangsstörung stehen in einer individuell geprägten Beziehung zum Entwicklungsverlauf. Diese Beziehung zwischen Zwangsstörung und dem Durchlaufen einer bestimmten Abfolge von Entwicklungsstufen soll im Folgenden aufgezeigt werden. Die Darstellung stützt sich auf das Entwicklungsmodell von Kegan (1982), das mit seiner Beschreibung von Entwicklungsstufen des Selbst für die klinische Anwendung besonders geeignet ist. Es soll die Entwicklung der Zwangsstörung beschrieben werden entlang der relevanten Entwicklungsstufen, jedoch in Parallelität zu »normaler« menschlicher Entwicklung über den Verlauf der Lebensspanne.

Bei dieser entwicklungspsychologischen Konzeption der Zwangsstörung in Bezug auf Entstehung, Verlauf und Therapieansatz soll ein zweites entwicklungspsychologisches Modell herangezogen werden, nämlich die Theorie von Biographie und Transformation von Noam (1988; vergl. Röper & Noam, 1998). Noam weist zurecht darauf hin, dass entwicklungspsychologische Modelle wie das von Kegan (1986) und Erikson (1959) pathologische Entwicklungen nicht ausreichend erklären. Neben den zu erwartenden Entwicklungskrisen nimmt er eine pathologische Lerngeschichte an. Negative Erfahrungen in der Kindheit und im weiteren Verlauf des Lebens (Traumata oder langanhaltende ungünstige Umfeldbedingungen) führen zu besonders starren Überzeugungen, die er Einkapselungen nennt. Nach Noam können im Verlauf des gesamten Lebens Problembereiche entstehen, die sich aufgrund besonders schmerzhafter Erfahrungen zu solchen Einkapselungen formieren. Diese können wegen ihrer besonderen, belasteten Bedeutung nicht in das sich transformierende Selbst- und Weltbild integriert werden, sie wirken sich als Diskrepanzen im Selbst-System aus.

Noams Modell bezieht sich auf die repetitiven Strukturen im Erleben und Verhalten auf der Basis früher internaler und interpersonaler Erfahrungen. Diese Erfahrungen wirken formativ für spätere Interaktionen mit der Welt. Als Wurzeln individueller Entwicklung betrachtet Noam nicht nur traumatische frühkindliche Erfahrungen, sondern er geht von einer komplexen Interaktion zwischen biologischer Disposition, Umgebungseinflüssen und Reifungsgeschehen auf der kognitiv-affektiven Ebene aus. Diese Interaktionen schaffen eine »grammar of self-other relationships« (Noam, 1986b, S. 80) die auch erhalten bleibt, lange nachdem der eigentliche Sinn und Zweck dieser spezifischen Weltsicht überholt ist (Noam, 1988). So sollen bei der Betrachtung von Entstehung und Verlauf der Zwangsstörung »normale Entwicklung« und Einflüsse einer sich formierenden Pathologie gleichermaßen berücksichtigt werden. Für ersteres wird das Entwicklungsmodell von Kegan (1986) herangezogen, für den pathologischen Anteil der Zwangsentwicklung das Modell von Biographie und Transformation von Noam (1986). Kegan und Noam berufen sich auf Piaget (1952) und folgen beide der klinisch-entwicklungspsychologischen Prämisse der dualen parallelen Sichtweise von normaler und pathologischer Entwicklung.

Nach Kegan befindet sich der Mensch ständig in einem Prozess der Bedeutungsbildung (meaning-making), der affektiver und kognitiver Natur zugleich ist. Die Aktivität der Bedeutungsbildung vollzieht sich auf der Grundlage zweier menschlicher Strebungen: dem Wunsch, dazuzugehören (yearning to belong) und dem Wunsch, unabhängig und einzigartig zu sein (yearning to be different). Wenn eine der beiden Strebungen zum Kern des Selbst- und Weltbildes wird, entsteht eine klar definierte Lebensphilosophie, in der sich der Mensch vorübergehend in gelassener Haltung zu Hause fühlt. Diese Zeiten des inneren Gleichgewichtes wechseln ab mit Zeiten inneren Umbruchs, in denen das alte Selbst- und Weltbild aufgegeben und ein neues geschaffen werden muss. Jede neue Entwicklungsstufe eröffnet einen größeren Blickwinkel, der die jeweils vorherige Stufe integrativ einschließt. Die beiden Pole, die zum einen durch den Wunsch, dazuzugehören und zum anderen durch den Wunsch nach Unabhängigkeit und Einzigartigkeit charakterisiert sind, stehen einander diametral gegenüber. Daher muss immer wieder ein zentraler Lebenswunsch aufgegeben werden, um Platz zu schaffen für ein neues Weltbild. Diese Umbruchsphasen können durch schrittweise Veränderungen erfolgen oder auch in dramatische Lebenskrisen münden.

Für die entwicklungspsychologische Betrachtung von Entstehung und Verlauf der Zwangsstörung sind die Übergangsphasen genauer zu beleuchten. Es sind die besonders vulnerablen Lebensabschnitte, die einerseits von innerer Unruhe und Unsicherheit gekennzeichnet sind, andererseits sind es aber auch die Phasen, die für Wachstum und Veränderung besonders fruchtbar sind. Nach Noam (1988; Noam, Chandler & LaLonde 1995) kann sich das Selbst in seiner Gesamtheit fortschreitend weiterentwickeln, während Subdomänen stecken bleiben. Dies sind die sogenannten Einkapselungen, deren Einfluss sich beeinträchtigend während des gesamten Lebens auswirken kann. Es handelt sich also nicht um »archäologische Einheiten«, sondern um aktiv einwirkende Muster, die in gegenwärtiges Erleben eingreifen.

Noam unterscheidet zwei »Schicksale« von Einschließungen: vertikale und horizontale Einkapselungen. Vertikale Einkapselungen sind innere Haltungen, die in ihrer Bedeutungsstruktur in dem affektiv-kognitiven Niveau verhaftet bleiben, in dem sie gebildet wurden. Trotz fortschreitender Entwicklung wird die alte Erlebnislogik beibehalten und es entsteht eine immer deutlicher werdende hierarchische Diskrepanz zwischen eingekapselten Themenbereichen und dem Verhaltens- und Erlebenspotenzial in anderen Lebensbereichen. Ein Beispiel wäre die kindliche Schlussfolgerung, Schuld zu sein an der Scheidung der Eltern. Erhalten bleiben kann eine Überzeugung der eigenen Schuldhaftigkeit. Diese vertikalen Einkapselungen führen zu einem schlecht integrierten Affektsystem des Selbst. Sie treten in neuen Primärbeziehungen hervor, und es muss viel Energie investiert werden, um die Abtrennung von der erreichten reiferen Selbststruktur zu erhalten.

Horizontale Einkapselungen sind verdecktere Abweichungen vom erreichten Entwicklungsstand, da sie unter der vorherrschenden Struktur ihren Ausdruck finden. Es handelt sich um Einkapselungen von Subdomänen. Dies führt zu einer Art Entgleisung, nicht aber zu einem Anhalten der Entwicklung. Horizontale Einkapselungen formen einen Aspekt der Weltsicht des Individuums. Die Inhalte dieser Einschließungen verändern sich und werden mit fortschreitender Entwicklung differenzierter. Theoretisch mag die Integration »Horizontaler Einkapselungen« in die Gesamtpersönlichkeit einfacher erscheinen als die Integration »Vertikaler Einkapselungen«, da hier ein massives Zurückbleiben im Vergleich zur vorherrschenden Struktur vorliegt. Dies ist jedoch nicht der Fall. Vielmehr erweist sich die Auflösung der horizontalen Abspaltungen vom Gesamtsystem als therapeutisch sehr viel komplizierter.

In ihrer Entstehung beginnen Einkapselungen als entwicklungsangemessene Arten von Bedeutungsbildung, und zwar als die bestmögliche Lösung einer als stark bedrohlich empfundenen Situation. Sie nehmen erst im späteren Verlauf ihren beeinträchtigenden, ungelösten Charakter an. Menschen halten diesen alten verfestigten Einstellungen die Treue, auch wenn sie nicht mehr brauchbar sind und nur noch Schmerzen und Konflikte hervorbringen. Die Loslösung von ihnen wird oft als Verlust empfunden, der den erwarteten Entwicklungsgewinn in den Schatten stellt.

In diesem Kontext unterscheidet sich Noams Theorie klar von denjenigen von Kohlberg (1974), Kegan (1986) und Piaget (1969), auf den sich alle anderen Autoren beziehen, obwohl Piaget selber scheinbar seine Zweifel an der stufenweise fortschreitenden Entwicklung einer einheitlichen Selbststruktur hatte. Er sprach zwar von der Einheit der Persönlichkeit, wies aber darauf hin, dass eine strukturelle Einheit nicht bewiesen sei, und beschrieb die Persönlichkeit an anderer Stelle als » multiple, divisée et contradictoire« (zitiert nach Noam, 1986b, S. 82). Kegan (1986) stellt die verschiedenen Übergangsphasen unter ein gemeinsames Thema. Seiner Ansicht nach sind sie gekennzeichnet von Wachstum und Verlust. Wenn am Ende einer Übergangsphase ein neu erschaffenes Weltbild steht, so war auf dem Weg dahin einiges aufzugeben. Das engere, eingeschränktere Weltbild ist immer bequemer und beinhaltet weniger Pflichten. So ist Entwicklung stets von Ambivalenz gekennzeichnet, es ist für den Menschen immer spürbar, dass Wachstum seinen Preis hat. Die vulnerablen Übergangsphasen können sich als schwerer zu meisternde Lebensphasen oder als gerade noch bewältigbare Entwicklungskrisen oder auch als Lebensabschnitte gestalten, deren schmerzhafte Eindrücke den weiteren Lebensweg negativ beeinflussen.

Kegan (1986) stellt die These auf, dass Menschen, die therapeutische Hilfe aufsuchen, diesen Entschluss immer in einer Übergangskrise fassen, da dann neben dem Leidensdruck durch die Symptomatologie die fortschreitende affektiv-kognitive Entwicklung zusätzliche innere Verwirrung stiftet, andererseits aber auch neue Möglichkeiten schafft, sich selbst und die Welt neu zu begreifen. In der fortlaufenden Entwicklung gibt es immer einen neuesten Stand: »the cutting edge« (Noam, 1986b, S. 92), der die Basis unserer Selbst- und Weltsicht bildet und durch innere und äußere Erlebnisse und Erfahrungen im Alltag konsolidiert oder verändert wird. Die von Kegan beschriebenen Übergangsphasen sollen nun in ihrer Relevanz für die Entstehung und den Verlauf der Zwangsstörung betrachtet werden. Bei der folgenden Darstellung der kumulativen Anhäufung zwangsinduzierender Lernerfahrungen werden Gleichgewichtsphasen kürzer beschrieben als die vulnerablen Übergangsphasen. Alle Übergangsphasen sollen erläutert werden in Bezug auf ihr Entwicklungsthema, ihre spezielle phasenspezifische Vulnerabilität, die Bedeutung der familiären Einflüsse, die Formierung von Einkapselungen und die Zwangsentwicklung.

Die erste Übergangsphase auf dem Weg in die Stufe des Impulsiven Selbst ist wie die Frühphase der ersten Lebensmonate dem Lernen und Erfahren von komplexen Interaktionsmustern gewidmet (Stern, 1977; Dornes 1993). In dieser Lebensphase entsteht nach Erikson (1958) das Urvertrauen, das er beschreibt als Einstellung gegenüber sich selbst und der Welt. Mit dem Begriff Urvertrauen impliziert Erikson, dass hierüber keine Bewusstheit besteht, und dass die Qualität des Urvertrauens über den gesamten Verlauf des Lebens den Menschen prägt (Erikson, 1959). An dieser Stelle liegt nach Bowlby der Beginn eines Bindungsmusters, das durch die Konstruktion eines sogenannten »Inneren Arbeitsmodells« den Umgang mit Beziehungen in der Zukunft bestimmen wird (Bowlby, 1995).

Das *Entwicklungsthema* dieser Phase lautet »Suchen und Finden«. Das Kind lernt, dass man Menschen und Dinge suchen und finden kann. Impulsives Ausleben von Bedürfnissen ist das Charakteristikum der am Ende dieser Übergangsphase stehenden Gleichgewichtsstufe. Wachsende körperliche Kompetenz – vom Krabbeln zum Laufen – ermöglicht einen kraftvolleren Ausdruck der spontan auftretenden Impulse. Die Neigung zur Impulsivität entfaltet sich im Verlauf dieser Übergangsstufe.

Die spezielle *Vulnerabilität* dieses Lebensabschnittes ergibt sich daraus, dass die innere Spannung zwischen Suchen und Finden ausgehalten werden muss. Das Kind kann noch keinerlei Wahrscheinlichkeiten konstruieren, mit der ein Mensch oder Gegenstand wiedergefunden werden kann. Von daher ist auch der momentane Verlust einer Bezugsperson existenziell bedrohlich.

Die Einflüsse der *familiären Umgebung*, die für diese Phase postuliert werden, wurden im Rahmen einer neuen empirischen Untersuchung von Patienten erschlossen und werden derzeit in ersten Auswertungen zur Überprüfung des Sicherheitsmodells der Zwangsstörung detaillierter beleuchtet (Röper & Gavranidou, 1999). Diese Übergangsphase scheint von mangelnder Einfühlung mindestens eines Elternteils und einem Versorgungsstil nach starren Regeln gekennzeichnet zu sein. Eine Versorgung, die sich nicht an wechselnde Bedürfnisse eines Kindes oder unterschiedliche Bedürfnisse von Geschwistern anpasst, schafft kein Urvertrauen (Röper & Gavranidou, 1999).

So berichtet eine Patientin, die Mutter habe ihr erzählt, die Nachbarn hätten wiederholt die Eltern angesprochen, ob man denn einen Säugling jeden Tag so viel schreien lassen müsse. Es sei ihnen aufgefallen, dass das Kind immer zu bestimmten Zeiten schreie. Die Mutter habe ihnen erklärt, dass sie es für wichtig hielte, dass Kind zu regelmäßigen Zeiten zu füttern und auch abends, wenn es vor dem Einschlafen schreie, nicht aus dem Bett zu holen. Eine andere, die jüngste von fünf Kindern berichtete, die Mutter habe es der ältesten Schwester streng verboten, sich um sie zu kümmern, wenn sie schreie. Die Mutter sprach auch später noch von ihr als dem besonders braven Kind, »das man gar nicht gemerkt hat«.

Die in dieser Lebensphase drohenden *Einkapselungen* beziehen sich auf die Qualität von Trennungsangst. Die Angst vor dem plötzlichen Verlust von Bezugspersonen, sei es real oder emotional als Angst vor dauerhafter Ablehnung. In Form von vertikalen Einkapselungen werden derartige Verlustängste in kognitiv undifferenzierter Form zu immer wiederkehrenden Störfaktoren in Beziehungen. Auf der Ebene horizontaler Einkapselungen, deren Entgleisungsursprung in dieser Phase liegt, lassen sich differenziert begründete Verlustängste oder auch ausgeprägtes Streben nach Autonomie ausmachen, in dessen Kern wiederum tiefe Verlustängste verborgen liegen.

Für die *Zwangsentwicklung* beginnt in dieser Phase das zentrale Lebensthema: die Suche nach Sicherheit und das Vermeiden oder Verhindern von Unsicherheit. Das Streben nach Sicherheit wird gekennzeichnet bleiben von einer Qualität der Impulsivität. Hiermit ist die innere Notwendigkeit gemeint, Zwangsrituale nicht aufschieben zu können. Den stärksten Einfluss bei dem Drang zu sofortiger Ausübung der Rituale übt sicher die erlebte Angst aus. Die Tatsache, dass das Aufnehmen ritualistischer Aktivitäten in derart automatischer Weise, auch bei geringem Ausmaß von erlebter Angst (vgl.: anxiety/discomfort nach Rachman und Hodgson, 1980), zeigt von einem Mitwirken der für diese Lebensphase charakteristischen Impulsivität.

Die Gleichgewichtsstufe zwischen der ersten und der zweiten Übergangsstufe bezeichnet Kegan als die Stufe des *Impulsiven Selbst*. Die enge Bindung an die Umgebung ist der Ausgangspunkt für den Umgang mit der Welt, dem Streben nach Zugehörigkeit wird der Vorrang eingeräumt. Hier ist das Selbst eingebunden in Wahrnehmung und Impulse. Diese müssen unmittelbar ausgedrückt werden. Die engen Bezugspersonen werden noch nicht so weit entlassen, dass erkannt werden könnte, dass sie eigene Pläne und Ziele verfolgen. Sie bleiben in dieser Phase noch die Garanten für die eigene Bedürfnisbefriedigung. Nicht-Ausdruck von Impulsen bedeutet eine Bedrohung für das Selbst. Der Wutanfall ist der charakteristische Ausdruck von Kummer.

In der folgenden Übergangsstufe beginnt das Kind, ein Gefühl für die Privatsphäre zu entwickeln, es entdeckt das Geheimnis. In die Auseinandersetzung mit der Umwelt fließt die Fähigkeit zum magischen Denken ein. Gleichzeitig findet in diesem Lebensabschnitt die Geburt der Rolle statt. Das Kind lernt jetzt, dass die Menschen unterschiedliche Aufgaben, Rollen und eigene Pläne haben, und das macht sie unkontrollierbar. Für die wachsende Selbständigkeit des Kindes bedarf es des Respekts und der Anerkennung durch die einbindende Kultur.

Das *Thema* dieser Übergangsstufe ist der Aufbau einer ersten Form von Selbständigkeit und Unabhängigkeit. In dieser Lebensphase wird die Schulfähigkeit vorbereitet.

Die *Vulnerabilität* dieser Übergangsphase liegt in der Erkenntnis der Unkontrollierbarkeit der Umgebung. Gefühle der Einsamkeit, die von anderer Qualität sind als Trennungsängste, können hier erstmals auftreten. Den inneren Ängsten kann jedoch mit magischen Ritualen begegnet werden, die vor der Außenwelt geheim gehalten werden können.

Das *familiäre Umfeld* begegnet sowohl der aus der vorherigen Gleichgewichtsstufe oft noch lebendigen Impulsivität als auch der Erprobung von Selbständigkeit im ungünstigen Falle negativ. Eine charakteristische Begleiterscheinung jeder Übergangsphase ist die Angst, sie ist Ausdruck von Entwicklung. Das Aufgeben von Vertrautem und das Sich-hineinwagen in Neues bringt Angstgefühle mit sich.

Nach Auffassung Kegans beeinflusst der Umgang der Eltern mit den Ängsten der Kinder deren Lebensentwurf entscheidend. Wenn ein Kind Angst zeigt, können sich die Eltern entweder darauf konzentrieren, dem Kind sofort die Angst nehmen zu wollen, oder sie können ihre Aufmerksamkeit richten auf die Situation des Kindes und seine Beweggründe für die Angst. Sie widmen sich also entweder der Angst und deren Linderung oder – dem Menschen in Angst. »Richten sie ihre Bemühungen auf das Nehmen von Angst, so vermitteln sie gleichzeitig die Botschaft: ›Angst ist nicht gut, darf nicht sein.‹ So kann sich mehr oder weniger stark einprägen: alles, was Angst macht, alles was neu ist, ist nicht gut, sollte vermieden werden. Wenn Eltern mit den Ängsten ihrer Kinder in dieser Weise umgehen, erscheint dies bei extremer Ausprägung als der ideale Nährboden für das allmähliche Entstehen von zwanghaften Denkstrukturen und für die Schaffung mannigfacher Rituale« (Röper, 1992).

Als *Einkapselungen* auf der vertikalen Ebene finden sich vielfältige Formen des magischen Denkens, die ursprünglich als Notlösung gegen Hilflosigkeit eingesetzt wurden. Weiterhin verfestigt sich aus dieser Zeit die Angst vor dem Unvorhersehbaren und den Folgen des eigenen Handelns. Diesbezügliche komplexe Theorien von Bewertung sowie Erfindungen von Vorkehrungsmaßnahmen gegenüber Folgen des eigenen Handelns können an dieser Stelle als horizontale Einkapselungen ihren Entwicklungspfad beginnen.

Die *Zwangsentwicklung* beginnt besonders deutlich in dieser Übergangsphase und nimmt mit einer Tendenz zur Erschaffung einer scheinbaren Sicherheit durch Rituale vermutlich in dieser Lebensphase ihren Anfang. Wenn Noams Konzept der Einkapselung herangezogen wird, so kann man davon ausgehen, dass in dieser Lebensphase entscheidende Denkschemata geformt werden, die in dem affektiv-kognitiven Niveau dieser Phase »eingefroren« werden und von daher ebenso wenig wie damals rationalen Argumenten zugänglich sind.

Die in dieser Übergangsphase vorbereitete nun folgende Gleichgewichtsstufe bezeichnet Kegan (1986) als die Stufe des *Souveränen Selbst*, die zu Beginn des Schulalters erreicht werden kann. In dieser Stufe erlebt sich das Kind erstmals als getrennt von anderen. Es versteht das Prinzip unterschiedlicher Rollen und erprobt sie gern im Spiel. Es kann seine Impulse beherrschen und misst sie an den Erwartungen von den Konsequenzen des eigenen Handelns. Beziehungen spielen sich im Rahmen von Regeln ab und werden danach beurteilt wie nützlich sie sind. Das Prinzip von Ursache und Wirkung wird in dieser Phase intellektuell erfasst. Eine Vorliebe für Ordnung, Regeln und Rituale geht einher mit dem Streben nach Kompetenz und Selbstachtung. Der Mensch wird nun erstmals selber Mitglied einer einbindenden Kultur für Schulkameraden und Freunde. Wenn auch der Einfluss der einbindenden Kultur während der Übergangsphasen als bedeutender erachtet wird, so wird aus dem kurzen Abriss der Stufe des *Souveränen Selbst* deutlich, dass auch die Konsolidierung einer Gleichgewichtsstufe sensible Entwicklungsaufgaben beinhaltet. Deren nicht optimale Bewältigung kann aufgrund mangelhafter Unterstützung von außen zu einem fragilen Selbstwertgefühl beitragen und in eine dauerhafte Selbstunsicherheit münden.

Die nächste Übergangsphase ist der Weg hin zum zwischenmenschlichen Selbst. Hier besteht die Aufgabe darin, aus der Identifikation mit den eigenen Bedürfnissen herauszuwachsen und die Fähigkeit zu entwickeln, verschiedene Bedürfnisse, auch die verschiedener Menschen, zu koordinieren. Das *Thema* dieser Lebensphase ist der Eintritt in die Welt der Gefühle. Es eröffnet sich ein Bewusstsein für eigene und die Gefühle anderer Menschen. Das Einfühlungsvermögen entwickelt sich. Die Übernahme von Verantwortung gewinnt eine neue Qualität, nämlich die von emotional geprägten Zuverlässigkeiten.

Die *Vulnerabilität* ist die Bedrohung durch die Welt der Gefühle. Bei Kindern bzw. Jugendlichen, die sich in dieser Übergangsphase befinden, zeigen sich oft abrupte Schwankungen zwischen kindlichem und erwachsenem Verhalten. Es ist spürbar, dass eine Welt, in der die Gefühle anderer Menschen eine Rolle spielen, komplizierter wird und dagegen entsteht Widerstand. Von außen vorgegebene Regeln bezüglich »richtig« oder »falsch« greifen nicht mehr unhinterfragt. Das eigene Gewissen entwirft neue Pflichten.

Der *Einfluss der familiären Umgebung* lässt sich aus den Schilderungen der Patienten von der häuslichen Atmosphäre, in der sie im Jugendalter aufwuchsen, erschließen. Diese Schilderungen enthalten viele Gemeinsamkeiten. Die Familienatmosphäre ist im Allgemeinen von strengen Regeln und der Beachtung gesellschaftlicher Normen gekennzeichnet. Die Eltern werden als fleißig und strebsam geschildert, das gute Ansehen in der umgebenden Gemeinschaft ist wichtig. So forderte eine berufstätige, nach dem Tod des Vaters alleinerziehende Mutter von ihren drei heranwachsenden Kindern, den ordentlichen und aufgeräumten Zustand der Wohnung ständig zu erhalten, es »könne ja unerwartet jemand aus der Nachbarschaft klingeln«. Sie konnte ihren Arbeitsplatz gelegentlich für kurze Zeit verlassen und machte »Kontrollbesuche«, um den Zustand der Wohnung zu überprüfen.

Die Kinder werden meist zuverlässig versorgt, aber sie müssen funktionieren, ihre Wünsche und Bedürfnisse haben keinen hohen Stellenwert. Sie folgen ungewöhnlich früh dem Vorbild der Eltern an Zuverlässigkeit und Fleiß und schildern das Gefühl, nur für Leistung Anerkennung gewonnen zu haben. Es werden keine Erinnerungen geschildert, dass die Eltern Freude an den Eigenheiten des Kindes gezeigt hätten. Aus der Rückschau der Erwachsenen schien für persönliche Eigenheiten und Bedürfnisse kein Platz zu sein. Sie mussten sich einfügen. Dies schien häufig keine leichte Aufgabe zu sein. Bei den Schilderungen der Elternpersönlichkeiten fällt auf, dass die beiden Elternteile häufig als sehr unterschiedliche Charaktere beschrieben werden. Ein Elternteil – meist der dominierende – hat eine eher zwanghafte Persönlichkeitsstruktur, der andere Elternteil hat ein lebensfroheres Naturell, das aber durch Zurückgezogenheit oder Anpassung nicht zum

Tragen kommt. In der emotionalen Beziehung der Klienten zu ihren Eltern tritt dann zutage, dass zwar der zwanghafte Elternteil imitiert und respektiert wird, die Liebe jedoch dem anderen Elternteil gilt. Zwischen den unterschiedlichen Charakteren der Eltern und einem oft spannungsgeladenen Beziehungsgeschehen einen eigenen Platz auszumachen, erweist sich für die späteren Zwangspatienten als problematisch.

Einkapselungen aus dieser Phase haben den gemeinsamen Nenner eines extremen Verantwortungsgefühls. Andere Menschen dürfen nicht verletzt oder übergangen werden. Überall, wo eigene Verantwortlichkeit im Spiel ist und potenzielle Fehler lauern, entsteht Angst. Daraus folgt eine ständige Wachsamkeit gegenüber Gefahren. Diese spezielle Reaktionsbereitschaft verfestigt sich in Form einer ständigen Bereitschaft zu Schuldgefühlen.

Der *Zwangsentwicklung* wird in dieser Phase die Komponente der Bereitschaft zu Schuldgefühlen hinzugefügt. Der Eintritt in die Welt der Gefühle, wenn ihm nicht mit Einfühlsamkeit der einbindenden Kultur begegnet wird, kann als überwältigend erlebt werden. Alleingelassen mit den Anforderungen dieser Lebensphase kommt es unter dem Einfluss von Angst vor den negativen Folgen des eigenen Handelns zur Übernahme von Schuld und Verantwortung. Verantwortungsgefühl ist bei den meisten Zwangsneurotikern im Übermaß vorhanden.

Die nächste Stufe, die des *Zwischenmenschlichen Selbst,* ist dem Streben nach Zugehörigkeit gewidmet. Das Selbstwertgefühl ist bestimmt von Anerkennung und Zuwendung durch andere. Eigene Gefühle und die anderer Menschen stehen im Mittelpunkt allen Erlebens. Ambivalenzen können nicht im Inneren ausgetragen werden. Sie spielen sich ab zwischen der Zugehörigkeit zu einer Gruppe oder Person und deren Wertesystem und dem eigenen inneren Erleben. Das Selbst ist an andere gebunden, es residiert nicht im eigenen Inneren. Selbst und Selbstwertgefühl schweben zwischen der Person und seiner Umgebung. Die in dieser Stufe sich entfaltenden Fähigkeiten führen für den Menschen mit zwanghaften Tendenzen nicht nur zu einer Erweiterung der Selbst- und Weltsicht, sondern bedeuten auch eine zunehmende Belastung. Wenn nicht nur erkannt wird, dass auf das eigene Verhalten bestimmte Reaktionen zu erwarten sind, sondern die Einfühlsamkeit in die Gefühle anderer voll entwickelt ist, können sich Schuldgefühle auf einer tieferen Ebene breit machen. »Böse Gedanken« lösen intensivere Schuld- oder Schamgefühle aus. Es wird fantasiert, dass andere Menschen von diesen Gedanken wissen könnten, und deren angenommene gefühlsmäßige Reaktion verursacht Schuldgefühle. Der gute oder schlechte Mensch ist nicht mehr nur der, der sich richtig oder falsch verhält, sondern auch der, der richtig oder falsch fühlt oder denkt. So wird auf dieser Ebene eine stärkere Verantwortung für die eigenen Gedanken übernommen und aus den Zwangsgedanken oft eine eigene Schlechtigkeit abgeleitet.

Bei der Suche nach den Wurzeln des übergroßen Verantwortungsgefühls von Menschen mit Zwangsstörungen lassen sich oft weit zurückliegende Ansätze dieses Gefühls ausmachen. Es eröffnet sich ein Bild der Familienatmosphäre aus der Lebensphase des *Impulsiven Selbst,* in der für launenhaft wechselnde impulsive

Bedürfnisse der Kinder kein Platz war, sondern die Grenzen dessen, was sein darf und was nicht sein darf, eng gesteckt waren. Die Kinder mussten lernen, die Verhaltensregeln der Eltern zu akzeptieren, da diese oft mit massiven Mitteln auf kindliche Impulsivität reagierten. In der Phase des *Impulsiven Selbst* sowie in der Übergangsphase zum Souveränen Selbst bildet sich die Überzeugung: »Ich bin verantwortlich für Zufriedenheit oder Unglück meiner Umgebung«. Innere Unsicherheit mündet in Grübeln und Ritualen.

Der Entstehung des chronischen Gefühls mangelnder Sicherheit wird in den höheren Stufen nichts Wesentliches hinzugefügt. Vielmehr beinhalten die folgenden Stufen und Übergangsstufen für die Unterstützung bei der Überwindung der Symptomatologie Erweiterungen, die für den Heilungsprozess nutzbar gemacht werden können. Der Weg in die erwachsene Unabhängigkeit der Stufe 4, die Kegan die Stufe des *Institutionellen Selbst* nennt, gestaltet sich für Menschen, die an Zwangsstörungen leiden, oft sehr schwer. Die leichte Entflammbarkeit von Schuldgefühlen lässt vor Eigenständigkeit, die selbständiges Handeln und Entscheiden einschließt, zurückschrecken.

Hiermit endet die Ausführung des sequenziellen biographischen Abschnitts des Sicherheitsmodells. Im Folgenden wird der systemische Teil des Modells mit dem Kernstück des chronischen Gefühls mangelnder Sicherheit dargestellt, von besonderer Bedeutung sind dabei biologische und (vorausgehend bereits ausführlich dargestellte) biographische Einflussfaktoren sowie die Auswirkungen des zentralen Gefühls auf Bewältigungsversuche, die in die Pathologie der Zwangsstörung münden.

Mangelnde Sicherheit und die Suche nach Sicherheit

Ausgangspunkt des Sicherheitsmodells ist ein angenommenes chronisches Gefühl mangelnder Sicherheit im Kern der Persönlichkeit von Menschen, die an Zwangsstörungen leiden. Die Intensität dieses Gefühls mangelnder Sicherheit ist von entscheidender Bedeutung. Im Verlauf der Entwicklung muss – wie oben aufgeführt – eine Vielzahl negativer Einflüsse zusammentreffen; eine Reihe von einzelnen Entwicklungsbahnen bündelt sich zu einem bestimmten Entwicklungspfad, der in eine Zwangsstörung mündet.

Das *chronische Gefühl mangelnder Sicherheit* wird aus zwei Richtungen gespeist. Zum einen handelt es sich um den Komplex: *Konstitutionell erhöhtes Erregungsniveau* (Beech & Perigault, 1974), *problematische/pathologische Netzwerkstrukturen* (Kanfer, Reinecker & Schmelzer, 1990) und *Einkapselungen* (Noam, 1988). Ein konstitutionell erhöhtes Erregungsniveau, das schnelle und überdauernde Konditionierungsprozesse in Gang setzt (Beech & Perigault, 1974), hat zwangsläufig ein chronisches Gefühl innerer Unsicherheit zur Folge. Hiermit ist ein entscheidender Einflussfaktor gegeben. Ein instabiles Arousalsystem ist

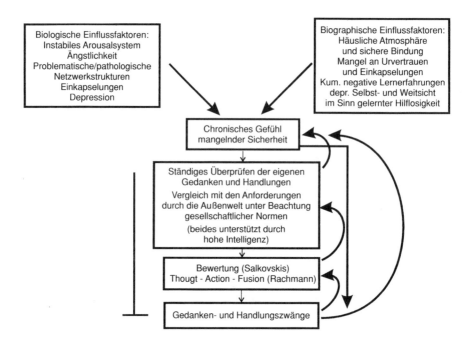

Abbildung 1: Das Sicherheitsmodell beschreibt Entstehung und Aufrechterhaltung der Zwangsstörung. Affektiv-kognitive Entwicklung im Verlauf ist gekennzeichnet durch die Suche nach Sicherheit in sich selbst (Streben nach Unabhängigkeit) und die Suche nach Sicherheit im Kontakt zu anderen (Streben nach Zugehörigkeit). Bei ungünstiger Lerngeschichte addieren sich negative Lernerfahrungen aus der Entwicklungsgeschichte.

möglicherweise als Angst wahrnehmbar und begünstigt somit ein Grundgefühl der Ängstlichkeit.

Da sind weiterhin die problematischen Netzwerkstrukturen, die sich im Laufe der Entwicklung zu *pathologischen Netzwerkstrukturen* verfestigen können. Netzwerkstrukturen sind im Gedächtnis verankert und gebunden an bzw. aktiviert durch Angst und damit verwandte Emotionen. Mit diesen Emotionen verknüpfte Informationen sind im Gedächtnis neurophysiologisch in propositionalen Netzwerken kodiert, die bei Wahrnehmung relevanter Stimuli schnell aktiviert werden können und dem Individuum erlauben, auf diese Bedeutungsinhalte entsprechend zu reagieren. Dieser im Normalfall nützliche Vorgang verkehrt sich ins Gegenteil, wenn sich durch individuelle Erfahrungen und Lernprozesse eine pathologische Gedächtnisstruktur ausgebildet hat. Diese nach Kanfer, Reinecker und Schmelzer (1990; s. auch Lang, 1979) benannten Netzwerkstrukturen finden ihre Entsprechung in dem von Noam (1988) entwickelten Konzept der Einkapselungen. Noam spricht auch von inneren Schemata, die in jede kognitive Aktivität, nach Kegan (1982) in jede Aktion der Bedeutungsbildung und auch in alle Handlungen, einfließen. Wie oben ausgeführt, gibt es zwei Arten von Einkapselungen, vertikale und horizontale, die in Entstehung und Auswirkung je eigenen Gesetzen folgen.

Als häufigste Komorbidität bei Zwangsstörungen findet sich die Depression. Der Zusammenhang zwischen Depression und Zwang scheint in 75 % aller Fälle dergestalt zu sein, dass sich die Depression als Folge der Zwangsproblematik entwickelt. Von Bedeutung für das Sicherheitsmodell ist die umgekehrte Verbindung, in der die Depression Grundlage der Zwangsstörung zu sein scheint. Hier müssen wir von einer Neigung zu einer negativen Sicht von sich selbst, der Welt und der Zukunft ausgehen (Beck, 1976), die gekoppelt mit innerer Unruhe (Vaughan, 1976), zu einem Gefühl chronischer innerer Unsicherheit führt.

Der zweite Komplex von Einflussfaktoren für ein chronisches Gefühl mangelnder Sicherheit bezieht sich auf Umwelteinflüsse. Als wesentlichstes Element wird die häusliche Atmosphäre erachtet. Diese wird geprägt durch eine von den Eltern geschaffene Familienphilosophie. Im Idealfall wird eine solche Familienphilosophie zu etwa gleichen Teilen, wenn auch mit unterschiedlicher Durchsetzungskraft in verschiedenen Phasen der Familiengeschichte, von beiden Elternteilen geformt. Wie bereits ausgeführt, geht aus den Schilderungen der Patienten deutlich hervor, dass die Eltern von stark unterschiedlichem Charakter waren und sich bei der Schaffung der Familienphilosophie ein Elternteil durchsetzte, und zwar der, der mit einer eher zwanghaften Persönlichkeitsstruktur ausgestattet war. Im diesem Spannungsfeld stetiger Auseinandersetzungen, mal offen, mal durch unausgesprochene Vorwürfe geführt, bekämpft das Kind ein Gefühl ständiger innerer Unsicherheit oft schon sehr früh im Leben mit der Erschaffung von Ritualen, die zunächst ein gewisses Maß an Sicherheit gewährleisten. Wie weiter oben ausgeführt, ist die Familienphilosophie geprägt durch rigide moralische Standards, übertriebene Beachtung sozialer Normen und einen durch Regeln bestimmten Alltagsablauf. In diesem Kontext wurde das Konzept der Einkapselungen noch einmal aufgeführt, um zu verdeutlichen, dass, gebunden an eine spezifische Familienatmosphäre, sich ganz spezifische emotionale, sowie auch handlungsbestimmende Reaktionsweisen herausbilden, die über allgemeinere Muster, z. B. ängstlich oder vorsichtig zu reagieren, hinausgehen.

Ein Mangel an Urvertrauen (Erikson, 1950; 1976) kann aufgrund früher Erinnerungen, Informationen durch der Familie nahe stehende Bezugspersonen sowie aufgrund von Rückschlüssen auf die frühere Kindheit auf der Basis späterer klarer Erinnerungen angenommen werden. Der Faktor des mangelnden Urvertrauens wurde an zweiter Stelle aufgeführt, da empirische Untersuchungsbefunde, zumindest für die Zwangsstörung, fehlen. Der Einfluss der Familienatmosphäre konnte in einer früheren Untersuchung auf der Basis von umfangreichem Anamnesenmaterial belegt werden (Röper, 1975).

Nach dieser Beschreibung der Einflussfaktoren auf ein *chronisches Gefühl mangelnder Sicherheit,* sollen im Folgenden die Auswirkungen der inneren Unsicherheit aufgeführt werden.

Als direkte Folge eines *chronischen Gefühls mangelnder Sicherheit* kann die Tendenz gesehen werden, eigene Gedanken und Handlungen ständig zu überprüfen. Die ohnehin vorhandene innere Unsicherheit wird durch einen Prozess der inneren Beobachtung weiter verstärkt. Darüber hinaus werden eigene Gedanken und Handlungen an den Anforderungen oder Erwartungen der Umwelt gemessen, je nach Stufenentwicklung auf der Basis von übernommenen Regeln oder später auf der Basis des strengen eigenen Gewissens. Die kritische Überprüfung der eigenen Gedanken und Handlungen auch in Hinblick auf die Standards der Umgebung wird intensiviert durch die den Menschen mit Zwangsstörungen im Allgemeinen zur Verfügung stehende hohe Intelligenz.

Der Überprüfung der eigenen Gedanken und Handlungen folgt dann die Bewertung (Salkovskis, 1985, 1989). Die oben genannten Einflussfaktoren führen zu einer durch Unsicherheit, Ängstlichkeit und strenge Maßstäbe gekennzeichneten Bewertung. Die Tendenz zur »thought-action-fusion« (Rachman, 1993), die Überzeugung, dass negative Gedanken ein schlimmes Ereignis bewirken oder die Ausführung des Gedankens nach sich ziehen bzw. die moralische Gleichsetzung von Gedanken und Handlungen, geben dieser Bewertung eine umso schwerwiegendere Bedeutung. Diese beiden Schritte der Überprüfung und Bewertung sind zu verstehen als ein *Bewältigungsversuch bei der Suche nach Sicherheit.* Dieser Bewältigungsversuch führt jedoch nicht zu der erwünschten Herstellung einer inneren Sicherheit, was im Modell grafisch als ein Weg in die Sackgasse dargestellt ist. Der Bewältigungsversuch ist gleichzeitig der Weg in die Symptomatik, die die erhoffte Lösung nicht herbeiführen kann. Da die Rituale nur vorübergehende Erleichterung bringen, beginnt der auch in anderen Modellen beschriebene Rückkoppelungsprozess, der entweder direkt oder über die Schritte der Bewertung und des erneuten Überprüfens zur Verstärkung des *chronischen Gefühls mangelnder Sicherheit* führt.

Therapeutische Implikationen, die aus diesem Modell abzuleiten sind, sollen im Folgenden kurz skizziert werden. Der therapeutische Ansatz einer entwicklungspsychologisch fundierten Verhaltenstherapie wurde bereits an anderer Stelle ausführlich dargestellt (Röper, 1992, 1994, 1997). Es ist vorauszuschicken, dass die Anwendung von Stufenkonzepten bei der Betrachtung und Beschreibung der affektiv-kognitiven Entwicklung eine vergleichbare aber noch ausgeprägtere Vorsicht als die Nutzung psychiatrischer Klassifikationen erfordert. Die inhaltliche Beschreibung von Stufen und deren Übergangsphasen stellen Konstrukte dar, in denen Beobachtungen vergleichbarer Selbst- und Weltsichten zusammengefasst werden. Therapeutisch werden Stufenkonzepte selbstverständlich nicht zur Etikettierung menschlicher Reife eingesetzt, sondern als Hilfskonstrukt, wenn es darum geht, einen Menschen zu verstehen, der darum ringt, äußere und innere belastende Prozesse neu zu begreifen. Die Problematik der Nutzung von Stufenkonzepten wurde von Röper und Noam (1999) ausführlich diskutiert.

Der entwicklungspsychologische Ansatz in Kombination mit bewährten verhaltenstherapeutischen Standardmethoden beinhaltet zwei Elemente. Zunächst handelt es sich dabei um die biographische Arbeit, das heißt das Eruieren und Verstehen einer emotionalen Lerngeschichte, insbesondere die Beleuchtung der Familienatmosphäre und der Familienphilosophie. Die vorbereitende Atmosphäre in der Ursprungsfamilie wird aufgespürt, mögliche traumatische Ereignisse werden zum Thema der Therapie gemacht, deren Inhalte in Verbindung mit den Symptomen gebracht oder umgekehrt die Wurzeln der Inhalte von Symptomen gesucht.

Dabei wird auch die retrospektiv erschlossene Entwicklungsphase in der Zeit des Ausbruchs der Symptomatologie und des Verlaufs bis zum Therapiebeginn beachtet. Hiermit ist bereits das zweite Element des entwicklungspsychologischen Ansatzes angesprochen, das den aktuellen Entwicklungsstand und die anstehenden Aufgaben einer fortschreitenden Entwicklung betrifft. Die Herausforderungen der persönlichen Entwicklung werden im Zusammenhang mit und unabhängig von der Symptomatologie betrachtet. Die affektiv-kognitive Perspektive, die gegenwärtig vorherrscht, wird beachtet und insbesondere alle kognitiv-emotionalen Veränderungen, die eine Erweiterung der persönlichen Sicht der Dinge anzeigen.

Klienten, die unter Zwangsstörungen leiden, beschreiben eine Selbst- und Weltsicht, die trotz der massiven Beeinträchtigungen durch die Symptomatik und des enormen Leidensdruckes der Lebensphilosophie anderer Altersgenossen vergleichbar ist, d.h. es zeigt sich selten ein Entwicklungsrückstand. Da der Ausbruch der Störung im Allgemeinen im frühen Erwachsenenalter liegt, und der Weg in die Therapie heute weit schneller gefunden wird als in früheren Jahren, befinden sich die meisten Klienten zu Beginn der Therapie im Alter zwischen 20 und 30, das heißt in der Nähe der Stufe des *Zwischenmenschlichen Selbst*.

Dieser Entwicklungsschritt gestaltet sich, wie oben angedeutet, für Menschen mit Zwangsstörungen sehr schwierig. Sie haben eine Lebensphilosophie, die von innerer Unabhängigkeit geprägt ist und keine Vorbilder, da die Eltern – oder zumindest ein Elternteil – dem Urteil anderer Menschen meist keine eigene unabhängige Meinung entgegenhielten (Röper & Gavranidou, 1999). Sie haben also kein familiäres Modell für eine unabhängige und eigenverantwortliche innere Haltung. Die ausgeprägte Bereitschaft zu Schuldgefühlen verleitet dazu, moralische Entlastung durch die Unterstützung und Anerkennung anderer Menschen zu suchen, und führt zur inneren Verhaftung in der Welt des *Zwischenmenschlichen Selbst*.

Auf dem Weg in die Stufe des *Institutionellen Selbst* muss therapeutische Arbeit im Wesentlichen auf die Unterstützung der inneren Eigenständigkeit abzielen. Es geht darum, auch kleinste Schritte, die mehr Eigenständigkeit und innere Unabhängigkeit aufscheinen lassen – oft durch die Klienten selbst nicht als neue, veränderte Sichtweise wahrgenommen – aufzuzeigen und zu verankern. Es muss häufig eine Brücke geschlagen werden zwischen dem Wunsch nach Anerkennung und dem Wunsch nach mehr Unabhängigkeit und innerer Bewegungsfreiheit. Die

Unterstützung durch den Therapeuten, sich mit diesen inneren Konflikten zu konfrontieren und sie auszutragen, ist hier erforderlich.

Einige, wenn auch eher wenige Klienten, befinden sich zu Beginn der Therapie in der vorhergehenden Übergangsstufe, auf dem Weg in die Stufe des *Zwischenmenschlichen Selbst*. Bei Berichten von sozialen Begegnungen zwischen den Sitzungen wird das Augenmerk auf die emotionale Komponente der Klienten und die vermuteten emotionalen Reaktionen der Anderen gelegt. Darüber hinaus wird die therapeutische Beziehung zu einem wesentlichen Übungsfeld, in dem von Therapeutenseite immer wieder die Einladung ausgesprochen werden kann, die Kontaktqualität wahrzunehmen. Es kann regelmäßig auf die Atmosphäre in den Sitzungen, z.B. Zurückhaltung, Spannung, flacher Kontakt oder offener, lebendiger Austausch aufmerksam gemacht werden. Eine ausführliche Darstellung des therapeutischen Ansatzes wurde bereits an anderer Stelle erläutert (Röper, 1992, 1994, 1997). Die entwicklungspsychologische Komponente dieses Ansatzes steuert neben der Reduktion des Leidensdruckes auf der Symptomebene besonders die Verbesserung der Entwicklungsfähigkeit der betroffenen Menschen an, zukünftige Herausforderungen der persönlichen Lebensgestaltung eigenverantwortlich und in Kommunikation mit anderen annehmen und gestalten zu können.

Zusammenfassend ist festzustellen, dass das *Sicherheitsmodell* Entstehung und Aufrechterhaltung der Zwangsstörung abbildet. Die Entstehung der Zwangsstörung vollzieht sich auf der Basis von Erfahrungen mit der Umwelt und der Aktivität der Bedeutungsbildung im Verlauf eines affektiv-kognitiven Entwicklungsprozesses in der Auseinandersetzung mit sich selbst (Streben nach Unabhängigkeit und Einzigartigkeit) und den Anderen (Streben nach Zugehörigkeit). Der Prozess der Aufrechterhaltung der Zwangsstörung wird in dem Modell durch das Ineinander greifen von miteinander gekoppelten Wirkfaktoren gleichermaßen abgebildet. Das Sicherheitsmodell der Zwangsstörung beschreibt die bedeutsamen Komponenten eines chronischen Gefühls mangelnder Sicherheit und seine Entstehungsgeschichte. Aus diesem Modell lassen sich direkt handlungsrelevante Schlüsse für eine Erweiterung bewährter verhaltenstherapeutischer Verfahren durch den entwicklungspsychologischen Blickwinkel ziehen.

Literatur

Beck, A.T.: (1976) Cognitive therapy and the emotional disorders. New York: International Universities Press.

Beech, H.R./Perigault, J.: (1974) Toward a theory of obsessional disorder. In: Beech, H.R. (Hrsg.): Obsessional States. London: Methuen.

Bleuler, E.: (1911) Handbuch der Psychiatrie. Leipzig: Deuticke.

Bowlby, J.: (1955) Elternbindung und Persönlichkeitsentwicklung. Heidelberg: Dexter-Verlag.

Butollo, W.: (1998) Trauma und Selbst-Antwort. Gestalttherapie 12 (1): 54–68.

Butollo, W./Maragkos, M.: (1999) Gestaltorientierte empirische Forschung. In: Fuhr, R./Sreckoviv, M./Gremmler-Fuhr, M. (Hrsg.): Das Handbuch der Gestalttherapie. Göttingen: Hogrefe Verlag, S.1091–1120.

Curran, D./Partridge, M.: (1972) Psychological Medicine. An Introduction to Psychiatry. Edinburgh and London: Churchill Livingstone.

Dornes, M.: (1993) Der kompetente Säugling. Frankfurt/Main: Fischer.

Erikson, E.H.: (1950) Childhood and Society. New York: Norton.

Erikson, E.H.: (1959) Identity and the life cycle. New York: Norton.

Erikson, E.H.: (1979) Identität und Lebenszyklus. Frankfurt/Main: Suhrkamp.

Esquirol, J.E.D.: (1839) Des Maladies Mentales. Vol. II. Paris: Baillière.

Janet, P.: (1903) Les Obsessions et la Psychasténie. Paris: Baillière (2nd ed. 1908).

Kanfer, F.H./Reinecker, H./Schmelzer, D.: (1990) Selbstmanagement – Therapie. Ein Lehrbuch für die klinische Praxis. Berlin: Springer.

Kegan, R.: (1982) The Evolving Self. Problem and process in human development. Dt.: Die Entwicklungsstufen des Selbst: Fortschritte und Krisen im menschlichen Leben. München: Kindt, 1986.

Kegan, R.: (1995) In Over our Heads. Cambridge, MA: Harvard University Press.

Kohlberg, L.: (1969) Stage and sequence: the cognitive-developmental approach to socialisation. In: Goslin, D. (Hrsg.): Handbook of socialisation theory and research. Chicago, 347–480. Dt. In: Zur kognitiven Entwicklung des Kindes. Frankfurt/Main: Suhrkamp, 1974.

Kolb, L.C.: (1973) Modern Clinical Psychiatry. Philadelphia: Saunders (8th ed.).

Kraepelin, E.: (1904) Psychiatrie. 2. Band, Leipzig: Barth.

Lang, P.J.: (1979) A bio-informational theory of emotional imagery. Psychophysiology 16: 495–512.

Lewis, A.J.: (1965) A note on personality and obsessional illness. Psychiatria et Neurologia, 150 (5): 299–305.

Mayer-Gross, W.: (1969) Clinical Psychiatry. In: Slater, E./Roth, M. (Hrsg.): London: Baillière (3rd ed.).

Noam, G.G.: (1986a) Borderline personality disorders and the theory of biography and tranformation (Part I). McLean Hosp J 11: 19–43.

Noam, G.G.: (1986b) The theory of biography and transformation and the borderline personality disorders (Part II). McLean Hosp J 11: 79–105.

Noam, G.G.: (1988a) A constructivist approach to developmental psychopathology. New Directions for Child Development 33: 91–121.

Noam, G.G.: (1988b) The theory of biography and transformation: Foundation for clinical-developmental therapy. In: Shirk, S.R. (Hrsg.): Cognitive development and child psychotherapy. New York: Plenum, 273–317.

Noam, G.G.: (1996) High Risk Youth: Transforming our understanding of human development. Human Development, 39: 1–17.

Noam, G.G.: (1997) Solving the Ego-Development Mental Health Riddle. In: Westenberg, P./ Michiel, P. (Hrsg.): Personality development: Theoretical, empirical, and clinical investigations of Loevinger's conception of ego development. NJ: Lawrence Erlbaum 271–295.

Noam, G.G./Chandler, M./LaLonde, C.: (1995) Clinical Developmental Psychology: Constructivism and Social Cognition in the Study of Psychological Dysfunction. In: Cicchetti, D./Cohen, D. (Hrsg.): Handbook of Developmental Psychopathology. New York: Wiley & Sons 1: 424–464.

Oerter, R./von Hagen, C./Röper, G./Noam, G.G.: (1999) Klinische Entwicklungspsychologie. Weinheim: Beltz.
Petermann, F.: (1997) Kinderverhaltenstherapie. Grundlagen und Anwendungen. Baltmannsweiler: Schneider Verlag Hohengehren.
Petermann, F./Noeker, M./Bochmann, F./Bode, U.: (1990) Beratung von Familien mit krebskranken Kindern: Konzeption und empirische Ergebnisse (2. überarb. Auflage). Frankfurt/Main: Peter Lang.
Piaget, J.: (1952) The origins of intelligence in children. New York (1936). Dt.: Das Erwachen der Intelligenz beim Kinde. Stuttgart, 1969.
Rachman, S.J.: (1993) Obsessions, responsibility and guilt. Behaviour Research & Therapie 31: 149–154.
Rachman, S.J./Hodgson, R.J.: (1980) Obsessions and compulsions. Englewood Cliffs, NJ: Prentice-Hall.
Reinecker, H.: (1994) Zwänge – Diagnose, Theorien und Behandlung. Bern: Hans Huber.
Resch, F.: (1992) Therapie der Adoleszentenpsychosen: Psychopathologische, psychobiologische und entwicklungspsychologische Aspekte aus therapeutischer Sicht. Stuttgart: Thieme.
Resch, F.: (1996) Entwicklungspsychopathologie des Kindes- und Jugendalters. Weinheim: Psychologie Verlags Union Verlag.
Röper, G.: (1975) The Nature and Modifikation of Obsessive-Compulsive Behavior: An Experimental Analysis. Unveröff. Diss. Universität London.
Röper, G.: (1977) The Role of the Patient in Modelling/Flooding Treatment. In: Boulougouris, J.C./Rababvillas, A.D. (Hrsg.): Phobic and Obsessive Compulsive Disorders. Oxford: Pergamon Press.
Röper, G.: (1992) Die Zwangsstörung und ihre Lerngeschichte: Implikationen für die Therapie. Verhaltensmodifikation und Verhaltensmedizin 1/2: 44–70.
Röper, G.: (1994) Die entwicklungspsychologische Perspektive in der verhaltenstherapeutischen Behandlung von Zwängen. Praxis Klinische Verhaltensmedizin und Rehabilitation 7: 23–31.
Röper, G.: (1997) Developmental Behavior Modification for the Treatment of Obsessive-Compulsive Disorder. European Psychologist 2/1: 64–70.
Röper, G.: (1998) Auf der Suche nach Sicherheit – Ein klinisch-entwicklungspsychologisches Modell zur Entstehung und Aufrechterhaltung der Zwangsstörung. Psychotherapie in Psychiatrie, Psychotherapeutischer Medizin und Klinischer Psychologie 3(2): 263–280.
Röper, G./Gavranidou, M.: (1999) A Behavioural Developmental Model of Obsessive Compulsive Disorder. Poster presented at the IX European Conference on Developmental Psychology, Island of Spetses, Greece, September 1–5.
Röper, G. & Noam, G.G.: (1999) Entwicklungsdiagnostik in klinisch-psychologischer Therapie und Forschung. In: Oerter, R./von Hagen, C./Röper, G./Noam, G.: Klinische Entwicklungspsychologie. Weinheim: Beltz, 240–269.
Röper, G./Rachman, S.J.: (1975) Obsessional-compulsive checking: Replication and development. Behaviour Research & Therapie 13: 25–32.
Röper, G./Rachman, S.J./Hodgson, R.: (1973) An experiment on obsessional checking. Behaviour Research & Therapie 11: 271–277.
Röper, G./Rachman, S.J./Marks, I.M.: (1975) Passive and participant modelling in exposure treatment of obsessive-compulsive neurotics. Behaviour Research & Therapie 13: 271–279.

Salkovskis, P.M.: (1985) Obsessional-compulsive problems: A cognitive-behavioral analysis. Behaviour Research & Therapie 23: 571–583.

Salkovskis, P.M.: (1989) Obsessions and compulsions. In: Scott, J./Williams, J.M.G./Beck, A.T. (Hrsg.): Cognitive therapy in clinical practice. An illustrative casebook. London: Routledge.

Salkovskis, P.M.: (1996) The Cognitve Approach to Anxiety: Threat Beliefs, Safety-Seeking Behaviour, and the Special Case of Health Anxiety and Obsessions. In: Salkovskis, P.M.: Frontiers of Cognitive Therapy. New York: Guilford.

Salkovskis, P.M./Kirk, J.: (1997) Obsessive-compulsive disorder. In: Clark, D.M./Fairburn, C. (Hrsg.): The science and practise of cognitive behaviour therapy Oxford: University Press.

Salkovskis, P.M./Westbrook, D.: (1989) Behavior therapy and obsessional ruminations: Can failure be turned into success? Behaviour Research & Therapy 127: 149–160.

Schneider, K.: (1925) Klinische Psychopathologie. Stuttgart: Thieme.

Stern, D.: (1979) Mutter und Kind. Die erste Beziehung. Stuttgart: Klett-Cotta.

Vaughan, M.: (1976) The relationship between obsessional personality, obsessions in depression and symptoms of depression. British Journal of Psychiatry 129: 36–39.

Astrid Schütz

Psychologie des Selbstwertgefühls

Von Selbstakzeptanz
bis Arroganz

2000. X, 268 Seiten
mit 32 Abbildungen
Kart. DM 52,80
ISBN 3-17-016685-9

Dieses Buch stellt die erste deutschsprachige Gesamtdarstellung zum Thema Selbstwertgefühl dar. In einer fundierten, theoretisch wie empirisch systematisch angelegten Untersuchung befasst sich die Autorin u.a. mit folgenden Aspekten: Selbstwertquellen, Selbstwertschätzung, Selbstwertregulation, Selbstwertstabilität und -schwankungen, Selbstakzeptanz, Selbstabgrenzung und Selbstaufwertung. Das Buch ist damit für zahlreiche Themenfelder aus den Teilbereichen der Persönlichkeits-, Sozial- und Entwicklungspsychologie relevant.

Prof. Dr. Astrid Schütz lehrt Differentielle Psychologie an der Technischen Universität Chemnitz.

Kohlhammer

W. Kohlhammer GmbH · 70549 Stuttgart · Tel. 0711/78 63 - 280

WOLFGANG VOLLMOELLER

Was heißt psychisch krank?

Der Krankheitsbegriff in Psychiatrie, Psychotherapie und Forensik

2001. 2. überarb. u. erw. Auflage
268 Seiten. Kart. DM 62,40
ISBN 3-17-016763-4

Jeder dritte wird irgendwann in seinem Leben psychisch krank. Aber was heißt das eigentlich? Wo liegt die Grenze zum psychisch Gesunden? Wer bestimmt, was psychisch krank zu nennen ist? Dieses Buch geht ausführlich auf die unterschiedlichen Sicht- und Definitionsweisen psychischer Krankheit ein. Unter Berücksichtigung früherer Ansätze erläutert der Autor detailliert den aktuellen Stand der Diskussion in den Fächern Psychiatrie, Psychotherapie und Forensik. Dabei verknüpft er anhand zahlreicher Beispiele wissenschaftliche Fragestellungen mit praktischen Gesichtspunkten. Für die 2. Auflage wurde das Werk aktualisiert und erweitert.

Priv.-Doz. Dr. med. Dipl.-Psych. Wolfgang Vollmoeller ist Facharzt für Neurologie, Psychiatrie und Psychotherapeutische Medizin und Stellvertretender Ärztlicher Leiter des Westfälischen Zentrums für Psychiatrie und Psychotherapie der Ruhr-Universität Bochum.

Kohlhammer

W. Kohlhammer GmbH · 70549 Stuttgart · Tel. 0711/78 63 - 280